A Construção do Brasil

O GEN | Grupo Editorial Nacional reúne as editoras Guanabara Koogan, Santos, LTC, Forense, Método, E.P.U. e Forense Universitária, que publicam nas áreas científica, técnica e profissional.

Essas empresas, respeitadas no mercado editorial, construíram catálogos inigualáveis, com obras que têm sido decisivas na formação acadêmica e no aperfeiçoamento de várias gerações de profissionais e de estudantes de Administração, Direito, Enfermagem, Engenharia, Fisioterapia, Medicina, Odontologia, Educação Física e muitas outras ciências, tendo se tornado sinônimo de seriedade e respeito.

Nossa missão é prover o melhor conteúdo científico e distribuí-lo de maneira flexível e conveniente, a preços justos, gerando benefícios e servindo a autores, docentes, livreiros, funcionários, colaboradores e acionistas.

Nosso comportamento ético incondicional e nossa responsabilidade social e ambiental são reforçados pela natureza educacional de nossa atividade, sem comprometer o crescimento contínuo e a rentabilidade do grupo.

JORGE COUTO

A Construção do Brasil

*Ameríndios, portugueses e africanos,
do início do povoamento a finais de Quinhentos*

3ª edição

Rio de Janeiro

- A EDITORA FORENSE se responsabiliza pelos vícios do produto no que concerne à sua edição, aí compreendidas a impressão e a apresentação, a fim de possibilitar ao consumidor bem manuseá-lo e lê-lo. Os vícios relacionados à atualização da obra, aos conceitos doutrinários, às concepções ideológicas e referências indevidas são de responsabilidade do autor e/ou atualizador.

    As reclamações devem ser feitas até noventa dias a partir da compra e venda com nota fiscal (interpretação do art. 26 da Lei n. 8.078, de 11.09.1990).

- A Construção do Brasil
    Copyright © Edições Cosmos, 1997

- **A Construção do Brasil**
    ISBN 978-85-309-3586-3

    Direitos exclusivos para o Brasil na língua portuguesa
    Copyright © 2011 by
    FORENSE UNIVERSITÁRIA um selo da EDITORA FORENSE LTDA.
    Uma editora integrante do GEN | Grupo Editorial Nacional

    Travessa do Ouvidor, 11 – 6º andar – 20040-040 – Rio de Janeiro – RJ
    Tel.: (0XX21) 3543-0770 – Fax: (0XX21) 3543-0896
    bilacpinto@grupogen.com.br | www.grupogen.com.br

- O titular cuja obra seja fraudulentamente reproduzida, divulgada ou de qualquer forma utilizada poderá requerer a apreensão dos exemplares reproduzidos ou a suspensão da divulgação, sem prejuízo da indenização cabível (art. 102 da Lei n. 9.610, de 19.02.1998).

    Quem vender, expuser à venda, ocultar, adquirir, distribuir, tiver em depósito ou utilizar obra ou fonograma reproduzidos com fraude, com a finalidade de vender, obter ganho, vantagem, proveito, lucro direto ou indireto, para si ou para outrem, será solidariamente responsável com o contrafator, nos termos dos artigos precedentes, respondendo como contrafatores o importador e o distribuidor em caso de reprodução no exterior (art. 104 da Lei n. 9.610/98).

3ª edição – 2011

- CIP – Brasil. Catalogação-na-fonte.
    Sindicato Nacional dos Editores de Livros, RJ.

C91c
3.ed.
    Couto, Jorge, 1951-
        A construção do Brasil: ameríndios, portugueses e africanos, do início do povoamento a finais de Quinhentos/Jorge Couto. – 3.ed. – Rio de Janeiro: Forense, 2011. 406p.

        Inclui índice
        ISBN 978-85-309-3586-3

        1. Índios da América do Sul – Brasil – Primeiros contatos com europeus. 2. Negros – Brasil – História – Séc. XVI. 3. Aculturação – Brasil – História – Séc. XVI. 4. Brasil – História – Período colonial, 1500-1822. 5. Brasil – Descobertas e explorações portuguesas. 6. Brasil – Relações raciais. I. Título.

11-2375.   CDD: 981.01
                                                                                CDU: 94(81)

Índice Sistemático

Introdução 1

Capítulo I – Os fundamentos geográficos 7
    1. O "continente do Brasil" 9
    2. O relevo 10
    3. O litoral 14
    4. A hidrografia 17
    5. O clima 18
    6. Os solos 19
    7. A vegetação 21

Capítulo II – As sociedades indígenas 29
    1. O povoamento do continente americano 31
    2. O povoamento da América do Sul 35
    3. O povoamento do Brasil 36
    4. Dispersão geográfica e diferenciação linguística 44
    5. A disputa pelo domínio do litoral 48
    6. A demografia 54
    7. As sociedades semissedentárias 58
    8. A agricultura de coivara 60
    9. A horticultura 66
    10. A pesca 68
    11. A caça 72
    12. A recoleção 77
    13. A alimentação 80
    14. A cultura material 83
    15. As relações entre litoral e interior 86
    16. Os padrões de estabelecimento e habitação 87
    17. A estrutura social 90

18. A organização política 94
19. A guerra 97
20. A antropofagia 102
21. Os sistemas de crenças 111

Capítulo III – O descobrimento 121
1. A rivalidade luso-castelhana na disputa do Atlântico 123
2. O Tratado de Tordesilhas 127
3. O significado do alargamento do meridiano luso-castelhano de partilha do Atlântico 140
4. Viagens no Atlântico austral posteriores a Tordesilhas 152
5. A viagem de Duarte Pacheco Pereira ao continente americano (1498) 156
6. O descobrimento oficial. A expedição cabralina (1500) 169
7. Casualidade *versus* intencionalidade 181

Capítulo IV – O tempo das feitorias 197
1. A integração da terra de Santa Cruz no contexto do Império 199
2. A divulgação da descoberta da terra de Santa Cruz 202
3. A expedição de 1501-1502 205
4. O arrendamento da terra de Santa Cruz 207
5. A feitoria de Cabo Frio 209
6. Viagens de exploração aos limites do Brasil 212
7. As capitanias de mar e terra e a feitoria régia de Pernambuco ... 215
8. A intensificação da disputa pelo Brasil 218

Capítulo V – Os modelos de colonização 225
1. Prelúdios da colonização 227
2. A exclusividade régia 228
3. A exclusividade particular 238
4. Balanço do funcionamento do modelo da exclusividade particular 246
5. O modelo misto 251

Capítulo VI – A consolidação da conquista 259
1. A instalação do governo geral 261
2. A atividade governativa de Tomé de Sousa 263
3. A penetração no sertão 265
4. A França Antártica 267
5. A reação portuguesa 273
6. A fundação de São Sebastião do Rio de Janeiro 277
7. A consolidação do domínio lusitano na Guanabara 282

8. A resistência indígena	287
9. As disputas pela fixação dos limites do Brasil	294
10. Alterações nas capitanias	296
11. O governo dual (1572-1577)	297
Capítulo VII – A organização econômica e social	301
1. A população	303
2. A fase do escambo	310
3. A cultura da cana sacarina	314
4. A produção de açúcar	317
5. Preços e comercialização	327
6. Outras atividades produtivas	329
7. A escravidão indígena	333
8. A escravidão africana	337
9. Os grupos sociais	341
Capítulo VIII – A aculturação	345
1. A miscigenação	347
2. Os primórdios da missionação	349
3. As estratégias de aculturação e evangelização dos índios	352
4. A questão do financiamento das atividades missionárias	357
5. A Companhia de Jesus e a questão da escravatura dos negros	361
6. Intercâmbios civilizacionais	364
Considerações finais	371
Anexos	377
Anexo A	379
Anexo B	381
Anexo C	383
Bibliografia essencial	385
Índices	389
Índice geográfico	391

Índice dos mapas

1. Distribuição das "nações" tupi-guarani ao longo do litoral brasileiro, no início do século XVI 50
2. Proposta de delimitação das áreas de influência luso-castelhanas no Atlântico 142
3. As delimitações do Atlântico de acordo com as bulas e tratados, e a geografia imaginária e real 147
4. O descobrimento do Brasil 178
5. Principais tipos de falsificação da costa brasileira na primitiva cartografia de origem portuguesa 214
6. A expedição de Martim Afonso de Sousa, 1530-32 232
7. Distribuição das donatarias 241
8. A baía da Guanabara, baluarte da França Antártida 284

Índice das figuras

1. Administração colonial portuguesa 245
2. Evolução da população do Brasil no século XVI, segundo os grupos étnicos 306
3. Evolução comparada: Pernambuco, Bahia e restantes capitanias 308
4. Organograma de um engenho de açúcar 320
5. Evolução dos preços do açúcar branco pagos aos engenhos baianos na segunda metade do século XVI 327

Índice das tabelas

1. Estimativa da população indígena da América à época da conquista europeia 56
2. Estimativa da população ameríndia no território brasileiro em 1500, por regiões 57
3. Distribuição das donatarias 240
4. Evolução da população do Brasil no século XVI, por capitanias 305
5. Evolução do número de engenhos no Brasil quinhentista, por capitanias 318
6. Estimativa da produção anual de açúcar 326
7. Preços dos animais em Pernambuco (1591), por espécies 332
8. Aldeamentos dos jesuítas na Bahia (1557-1562) 355

Introdução

"E por honra de tão grande terra chamemos-lhe Província".
João de Barros, Ásia. *Primeira Década* (1532).

"Este Brasil é já outro Portugal".
Fernão Cardim, *Tratados da Terra e Gente do Brasil* (1535)

Este livro, integrado no projeto editorial Portugal e o Mundo, concebido pela Fundação Mapfre América no âmbito das Coleções Mapfre 1492, tem por objeto a construção do Brasil do início do povoamento a finais de Quinhentos, processo em que participaram Ameríndios, Portugueses e Africanos.

O primeiro capítulo é dedicado ao ecossistema, nomeadamente aos aspectos geológicos, climatéricos, orográficos, hidrográficos e botânicos, uma vez que estes influenciaram quer a forma como decorreu a ocupação humana do espaço brasílico, quer o padrão civilizacional desenvolvido pelas comunidades que aí se fixaram.

A generalidade dos povos caribe e aruaque, bem como os pertencentes às famílias isoladas, ocupava, à época do contato, as áreas periféricas do território que viria a constituir o Brasil, pelo que a análise do processo evolutivo e das principais características das sociedades indígenas pré-cabralinas incide sobre algumas famílias dos troncos Macro-Jê e, fundamentalmente, do Macro-Tupi. A este último pertenciam os grupos tribais que desempenharam, ao longo de Quinhentos, em face dos Portugueses, um papel primordial tanto nas relações amistosas como na resistência. Merecem particular atenção as teorias referentes às origens do tronco Macro-Tupi e, sobretudo, da família Tupi-Guarani, analisando-se as suas mais relevantes componentes civilizacionais, como a cultura material, a estrutura social, a organização política e o sistema de crenças.

Os temas da intencionalidade ou casualidade do descobrimento da Terra de Vera Cruz e do reconhecimento geográfico da orla marítima sul-americana são tratados de acordo com as mais recentes contribuições historiográficas, em que se destacam as investigações do comandante Max Justo Guedes, diretor do Serviço de Documentação da Marinha do Brasil.

No estudo da formação e evolução das sociedades ameríndias, bem como dos seus contatos com os europeus, torna-se imprescindível recorrer à Arqueologia, à Antropologia e à Etnologia, pelo que se abordou esse processo com base não só em fontes escritas e investigações históricas, mas também à luz das valiosas contribuições fornecidas por aquelas disciplinas.

A adoção dos sistemas de arrendamento e, posteriormente, de "capitanias de mar e terra" – formas de integração do Brasil no Império português no decurso das três primeiras décadas de Quinhentos – é interpretada no contexto das opções estratégicas globais definidas pela Corte de Lisboa.

Analisam-se, numa perspectiva de História comparada, as sucessivas alterações geopolíticas e econômicas, ocorridas entre 1529 e 1548, que induziram o governo de D. João III a desencadear a colonização da Província de Santa Cruz e, ao longo de vinte anos, aplicar-lhe sucessivamente três modelos institucionais distintos. Estuda-se a tenaz luta travada pelos Portugueses para garantir a soberania sobre a totalidade da possessão americana que, de acordo com o Tratado de Tordesilhas, se encontrava na sua área de influência. Equaciona-se ainda a formulação do projeto – que perdurou até a independência do Brasil – de construir uma América portuguesa, do Amazonas ao Prata.

Presta-se especial atenção aos aspectos relacionados com as estruturas produtivas – com destaque para a cultura da cana e a produção de açúcar –, bem como às relações com os grupos indígenas e à introdução de escravos negros.

Tendo o Brasil resultado de um processo de construção empreendido pelos Portugueses em cooperação ou conflito com outros grupos étnicos, ou seja, Ameríndios e Africanos, destacam-se os aspectos relacionados com os intercâmbios civilizacionais euro-afro-americanos – da religião à linguística e da gastronomia às doenças –, que deram origem a uma criação profundamente original e distinta de cada uma das suas componentes.

Quanto à delimitação temporal, o plano da coleção apontava 1580 como baliza cronológica, até porque outra obra, intitulada **O Brasil Filipino**, abordaria o período da Monarquia Dual (1580-1640). O novo enquadramento político da Metrópole, resultante da união das Coroas de Espanha e Portugal sob o cetro de Filipe II, acarretou profundas modificações no quadro das relações internacionais que repercutiram de forma muito significativa no Brasil quinhentista, mas, sobretudo, seiscentista.

Uma palavra de especial agradecimento é devida aos nossos amigos Prof. Aziz Nacib Ab'Sáber, do Instituto de Estudos Avançados da Universidade de São Paulo e Presidente do Sociedade Brasileira para o Progresso da Ciência, pelo apoio que nos facultou, nomeadamente na disponibilização de bibliografia especializada sobre o ecossistema brasileiro; ao Prof. Arno Alvarez Kern, da Universidade Federal do Rio Grande do Sul e Presidente da Sociedade Brasileira de Arqueologia, que aceitou discutir conosco a parcela referente à Pré-História do Brasil, enriquecendo-a com diversas sugestões; ao Dr. José Pereira da Costa, antigo Diretor do Arquivo Nacional da Torre do Tombo, pelo convite que nos endereçou para integrar o Projeto Mapfre; e ao Comandante Carlos Mesquita, representante do editor Mapfre em Portugal, pelo incentivo e compreensão com que acompanhou a elaboração desta obra.

Lisboa, agosto de 1993.

Nota à edição portuguesa

A integração desta obra na coleção espanhola a que se destinava condicionou quer o período cronológico abrangido, quer a elaboração do respectivo plano, que se centrou em três tópicos essenciais: as sociedades indígenas, a época do contato e a colonização. Tratava-se, além disso, de um livro essencialmente destinado ao mundo hispano-americano, onde reina, na generalidade dos casos, um grande desconhecimento da História do Império português de que o Brasil constituiu, a partir de meados do século XVI, uma das parcelas que foi gradualmente conquistando uma importância crescente. Essa circunstância aconselhou a que se tivessem desenvolvido alguns temas de forma a procurar situar, em diversos momentos, a posição relativa do Brasil no contexto imperial lusitano.

A estrutura, as citações e a apresentação da bibliografia obedeceram às normas gerais adaptadas pelas Coleções Mapfre 1492.

Queremos expressar o nosso reconhecimento à Professora Doutora Maria Augusta Lima Cruz, Presidente do Grupo de Trabalho do Ministério da Educação para as Comemorações dos Descobrimentos Portugueses, pela iniciativa de patrocinar, através do organismo a que preside, a edição portuguesa desta obra. Desejamos, igualmente, agradecer a Luis Filipe Guerra e a Vasco Medeiros Rosa, das Edições Cosmos, o empenhamento colocado no planeamento e revisão deste livro.

Lisboa, setembro de 1995.

I

Os Fundamentos Geográficos

1. O "CONTINENTE DO BRASIL"

O Brasil situa-se, na sua totalidade, na América do Sul, subcontinente que se estende dos 12° 11' de latitude norte aos 56° 31' de latitude sul, localizando-se majoritariamente na zona intertropical.

O território brasílico tem atualmente uma superfície de 8.511. 965 km² (8.456.508 de área terrestre e 55.457 de águas internas), correspondente a 1,7% do globo, a 5,7% das terras emersas, a um quinto das regiões tropicais, a 41,5% da América Latina e a 47,3% da América do Sul. A quinta maior formação política do mundo em extensão atinge 4.320 quilômetros no sentido norte-sul – desde os 5° 16' 20" de latitude norte (nascentes do rio Ailã, situadas no monte Caburaí, em Roraima) aos 33° 45' 10" de latitude sul (arroio Chuí, no Rio Grande do Sul) – e 4.328 quilômetros na direção leste-oeste – da ponta do Seixas (no cabo Branco, Paraíba) ao rio Moa (Acre) – tendo fronteiras de 15.719 quilômetros com dez estados sul-americanos.

A dimensão continental da antiga América portuguesa não decorre de fatores naturais nem de unidades políticas já existentes em 1500, mas resulta, por um lado, do secular processo de colonização lusitana do litoral e de penetração no sertão – que envolveu a conquista do território pertencente a numerosos grupos tribais ameríndios – e, por outro, da gradual anexação de regiões correspondentes a aproximadamente dois terços da atual superfície do Brasil (cerca de 5.000.000 de km²) que, segundo o Tratado de Tordesilhas (1494), pertenciam, *de jure*, à América espanhola.

A soberania sobre vastas áreas territoriais e a demarcação das fronteiras dos domínios americanos estiveram na origem da eclosão, na época colonial, de vários confrontos entre Portugal e quatro estados europeus: a Espanha, a França, a Holanda e a Inglaterra. Idênticos motivos suscitaram conflitos, já na fase pós-independência, entre o Brasil e, respectivamente, a França (disputa do Amapá), a Bolívia (posse do Acre), a Argentina, o Uruguai e o Paraguai (questões platinas).

A maior parte do território brasílico localiza-se na zona intertropical, definida como a região do globo que, duas vezes por ano, recebe perpendicularmente os raios do sol ao meio-dia quando este atinge o zénite.[1] Por seu turno, a parcela meridional – a extremidade sul do Mato Grosso do Sul, o sul do Estado de São Paulo, uma grande porção do Paraná, bem como a totalidade dos Estados de Santa Catarina e do Rio Grande do Sul –, localizada a partir do Trópico de Capricórnio (23° 27' S), pertence ao campo subtropical.

Situando-se cerca de 90% do espaço brasileiro entre o Equador e o Trópico de Capricórnio,[2] a tropicalidade constitui a sua característica dominante. Os traços essenciais que a definem são os seguintes: temperatura do mês mais frio igual ou superior a 18° centígrados; índice pluviométrico anual superior a 250 mm e, ainda, possibilidade de cultivar o solo sem necessidade de recorrer à irrigação.[3] Além destes indicadores genéricos, salientam-se a presença de extensas áreas de florestas quentes e úmidas, a existência de formações (caatingas, campos e cerrados) semelhantes às das savanas tropicais, a erosão provocada no relevo pelo regime pluvial, os tipos de solos de aluvião marcados pela influência do clima tropical, bem como as características acentuadamente intertropicais da vegetação.[4]

2. O RELEVO

O Brasil é composto, geologicamente, por áreas de velhas plataformas ou setores de escudos expostos – de origem pré-câmbrica (entre quatro mil e seiscentos milhões de anos) –, caso dos escudos das Guianas, Brasileiro (constituído pelos núcleos sul-amazônico, do Gurupi, de Perizes, bolívio-matogrossense, goiano, nordestino, oriental e sul-oriental) e Uruguaio-Sul-rio-grandense, bem como por bacias sedimentares e basálticas paleomesozoicas (entre seiscentos e sessenta milhões de anos) soerguidas a diferentes níveis altimétricos (Amazônica, do Meio-Norte, do Nordeste, do São Francisco e do Paraná).[5] Aproximadamente 2.500.000 km² do território brasílico são formados por estruturas geológicas muito antigas, enquanto mais de 5.000.000 de km² são constituídos por extensas cober-

---

1 Cfr. DAVEAU, Suzanne e RIBEIRO, Orlando. **La Zone Intertropicale Humide**. Paris, 1973. p. 13.
2 Cfr. LE LANNOU, Maurice. **Brasil**. Lisboa, trad. port., 1957. p. 17.
3 Cfr. PENTEADO, António Rocha. "La Tierra Brasileña": **Historia General de America**, dir. de Guillermo Morón. Caracas, 1991. v. 17, p. 126-127.
4 Cfr. AZEVEDO, Aroldo de. "O 'Continente' Brasileiro": **Brasil. A Terra e o Homem**, dir. de Aroldo de Azevedo, São Paulo, 1964. v. I, p.7.
5 Cfr. AB'SÁBER, Aziz Nacib. "Províncias geológicas e domínios morfoclimáticos no Brasil": **Geomorfologia** (São Paulo), 20 (1970). p. 4-5.

turas sedimentares e, eventualmente, basálticas[6] não sujeitas a quaisquer dobramentos modernos.

O relevo brasileiro, milenarmente sujeito à erosão física e química, não foi atingido pelos movimentos tectônicos mais recentes que, por exemplo, deram origem, há cerca de 60 a 70.000.000 de anos Antes do Presente (doravante A.P.), à cordilheira dos Andes. Daí que seja caracterizado, em média, por níveis altimétricos baixos e pelo predomínio das formas suaves: 22,28% dos terrenos situam-se entre os 0 e 100 metros (1.884.110 km^2); 18,48% entre os 100 e os 200 metros (1.562.763 km^2); 17,20% entre os 200 e os 300 metros (1.454.519 km^2); 27,41% entre os 300 e os 600 metros (2.317.929 km^2); 11,51% entre os 600 e os 900 metros (973.344 km^2) e apenas 3,12% entre os 900 e os 3.014 metros (263.843 km^2). Verifica-se, por conseguinte, que a esmagadora maioria do espaço brasílico (7.219.321 km^2 correspondentes a 85,37%) se situa na faixa hipsométrica dos 0 aos 600 metros, enquanto apenas 14,63% (1.237.187 km^2) ultrapassam os 600 metros.[7]

As províncias morfológicas do Brasil são compostas por 5/8 de planaltos de média altitude e por 3/8 de planícies. O tipo de relevo predominante é o planalto de grês e, mais raramente, de calcário, vulgarmente designado por chapadas ou chapadões.[8]

As terras altas brasílicas formam o mais amplo planalto sul-americano, com uma extensão de 4.000 quilômetros de nordeste a sudeste e de 3.000 quilômetros na sua largura máxima, estendendo-se de 5º a 30º de latitude sul. As suas características essenciais são, por um lado, a muito menor altura dos seus planaltos, picos e montanhas comparativamente com a região andina e, por outro, a sua enorme superfície que se afasta progressivamente da região das altas montanhas em direção ao Nordeste.[9]

A zona de planaltos distribui-se – embora muito desigualmente em termos de área – por três grandes núcleos topográficos sul-americanos. Assim, o território brasílico abrange uma considerável parcela do planalto das

---

6   Cfr. Idem. "Fundamentos Geográficos da História Brasileira": **História Geral da Civilização Brasileira**, dir. de Sérgio Buarque de Holanda. 7. ed. São Paulo, 1985. v. I, p. 59-63.
7   Cfr. GUIMARÃES, Fábio Macedo Soares. "Relêvo do Brasil": **Boletim Geográfico** (Rio de Janeiro), I (4), 1943. p. 70-71.
8   Cfr. MONBEIG, Pierre. **Le Brésil**. 5. ed. Paris, 1983. p. 20.
9   Cfr. KERN, Arno Alvarez. "Paleopaisagens e Povoamento Pré-Histórico do Rio Grande do Sul": **Arqueologia Pré-Histórica do Rio Grande do Sul**, dir. de Arno Alvarez Kern. Porto Alegre, 1991. p. 15-17.

Guianas, a totalidade do planalto brasileiro e um trecho do baixo planalto Uruguaio-Sul-rio-grandense.[10]

O *planalto das Guianas* é formado pelos terrenos cristalinos e regiões serranas situados a norte das planícies do Amazonas, sendo dividido em duas áreas separadas pela depressão do Pirara: a ocidental, constituída por terras de altitudes médias elevadas, designadamente as serras de Tumucumaque, Acaraí e Pacaraíma, e a oriental, em que predominam plainos que descem suavemente em direção ao oceano e às planícies amazônicas.

O *planalto Brasileiro*, localizado a sul das terras baixas amazônicas, compreende cinco núcleos principais (planalto do Meio-Norte, planalto Nordestino, planalto Central, planalto Atlântico e planalto Meridional).

O planalto do Meio-Norte, onde se processa a transição da região amazônica para a nordestina, abarca os chapadões predominantemente sedimentares do Maranhão-Piauí.

O planalto Nordestino – que agrupa o Ceará, Rio Grande do Norte, Paraíba, Pernambuco, Alagoas, Sergipe e a zona norte da Bahia – é composto por dois pediplanos, sendo o primeiro a chapada da Borborema (do Rio Grande do Norte a Alagoas), com altitudes médias da ordem dos 500-600 metros, e o segundo, mais baixo, correspondente aos sertões semiáridos (do Ceará ao norte da Bahia), que engloba as chapadas de Ibiapaba (nos limites do Piauí com o Ceará), do Apodi (na fronteira Ceará-Rio Grande do Norte) e do Araripe (na divisória Ceará-Pernambuco).

O planalto Central – que abrange uma importante fatia do Pará e de Rondônia, as mais significativas parcelas do Mato Grosso, do Tocantins e de Goiás, a região oeste da Bahia e o noroeste de Minas Gerais – constitui a mais vasta região brasílica. Aí se concentram as formas tabuliformes com altitudes médias superiores a 1.000 metros, nomeadamente a serra do Roncador (Mato Grosso), a serra dos Pirineus e a chapada dos Veadeiros (Goiás), bem como o chapadão do Espigão Mestre (Tocantins-Goiás-Bahia). Funciona como divisor das bacias do Amazonas (chapadão dos Parecis, no noroeste do Mato Grosso), do Paraná, do São Francisco (serra da Canastra, onde brotam as nascentes desse rio) e do Tocantins (Espigão Mestre).

O planalto Atlântico – que compreende o sudoeste da Bahia, a maior parte de Minas Gerais, o interior do Espírito Santo e do Rio de Janeiro e as faixas litorâneas de São Paulo e do Paraná – é formado fundamentalmente por rochas cristalinas, possuindo o relevo mais ondulado do Brasil e as

---

10   Cfr. AB'SÁBER, Aziz Nacib. "O Relevo Brasileiro e seus problemas": **Brasil. A Terra e o Homem**. v. I, p. 141.

Cap. I | Os Fundamentos Geográficos

maiores altitudes médias do planalto Brasileiro. Na borda oriental, destaca-se a serra do Mar, que acompanha os recortes do litoral em média acerca de doze quilômetros da costa, atravessando os Estados do Rio de Janeiro, São Paulo, Paraná e Santa Catarina, e recebendo designações locais ao longo da sua extensão, designadamente Macaé, Órgãos e Parati (Rio de Janeiro), Bocaina, Cubatão e Paranapiacaba (São Paulo), Verde, Negra e Graciosa (Paraná), confundindo-se, a partir das proximidades de Tubarão (Santa Catarina), com as escarpas litorâneas.

A ocidente da serra do Mar corre paralelamente a serra Geral – onde nascem vários afluentes do Paraná – que se estende de forma descontínua ao longo de cerca de 1.500 quilômetros de São Paulo ao Rio Grande do Sul. No interior do planalto Atlântico desenvolve-se a serra da Mantiqueira, que se inicia em São Paulo, penetra em Minas Gerais, dividindo-se em três seções que recebem designações regionais: a ocidental (serra da Canastra); a oriental (Chibata, Caparaó e Aimorés), terminando no Rio de Janeiro; a setentrional atravessa, no sentido norte-sul e ao longo de cerca de 1.000 quilômetros, os Estados de Minas Gerais e da Bahia, sendo geralmente designada por serra do Espinhaço (na região mineira, onde alguns trechos possuem denominações locais, nomeadamente Ouro Preto, Cerro Frio e Congonhas) e chapada Diamantina (na Bahia).

O planalto Meridional – que agrupa o sul de Goiás, o sudoeste de Minas Gerais e a maioria do território do Mato Grosso do Sul, de São Paulo, do Paraná, de Santa Catarina e do Rio Grande do Sul – é essencialmente composto de declives areníticos e de escarpamentos basálticos, correspondendo à bacia sedimentar do Paraná. Nesse planalto situam-se, designadamente, os declives do Botucatu (São Paulo) e as serras de Caiapó (Goiás) e de Maracaju (Mato Grosso).

O planalto Uruguaio-Sul-rio-grandense abarca a parcela meridional do Rio Grande do Sul, caracterizando-se pela existência de pequenas colinas recobertas de vegetação herbácea que constituem a paisagem característica dos pampas (as chamadas coxilhas gaúchas).

O Brasil é um dos raros estados sul-americanos que não tem uma orografia de tipo alpino-andino, sendo geralmente considerado como um "país de altitudes médias medíocres".[11] No entanto, possui dois importantes sistemas orográficos correspondentes aos planaltos das Guianas e Brasileiro. No primeiro situam-se as cadeias montanhosas nortenhas, que ultrapassam os 2.000 metros, onde se erguem as duas maiores elevações do país – o

---

11   MONBEIG, Pierre. Op. cit. p. 18.

pico da Neblina (2993,78 metros) e o pico 31 de Março (2.992 metros) – integradas na serra de Imeri (Amazonas). Pertence, ainda, ao mesmo sistema a serra da Pacaraíma, onde se localiza o monte Roraima (2.875 metros), na fronteira com a Venezuela. Os pontos mais elevados do planalto Brasileiro são o pico da Bandeira (2.899 metros), na serra de Caparaó (na divisória Minas Gerais-Espírito Santo); o pico do Cruzeiro (2.861 metros), em Minas Gerais; a serra do Cristal (2.798 metros), na Bahia, e o pico das Agulhas Negras, no maciço de Itatiaia (2.787 metros).

A área das planícies compreende três unidades distintas: a amazônica, o pantanal e a costeira. Nas planícies amazônicas – formadas pelos detritos depositados pela rede hidrográfica homônima – distinguem-se três níveis: a terra firme, formada por sedimentos terciários, corresponde à esmagadora parcela da região amazônica, nunca sendo atingida pelas enchentes; a várzea, constituída por sedimentos quaternários que deram origem a ricos solos de aluvião, está periodicamente sujeita às cheias, e o igapó (vocábulo tupi que significa terreno alagadiço) é a zona das terras baixas permanentemente inundadas.

A planície do pantanal – situada na região matogrossense – é formada por terrenos quaternários regularmente alagados, resultando do processo sedimentar originado pelo rio Paraguai e respectivos afluentes (Miranda, Taquari, São Lourenço etc.). As planícies litorâneas refletem as condições morfológicas da costa e são relativamente homogêneas. Encontram-se localizadas numa faixa que se estende do sul da planície amazônica até a baía da Guanabara, sendo a sua sequência interrompida no litoral sudeste e sul, devido às escarpas da serra do Mar e da serra Geral, somente voltando a surgir na orla meridional do Rio Grande do Sul.[12]

3. O LITORAL

A fachada atlântica brasileira possui uma extensão de 5.864 quilômetros em linha reta ou de 9.198 quilómetros se se tomar em consideração os recortes do perímetro real. As condições diversificadas de clima, relevo, solo, vegetação e hidrografia que se verificam numa linha costeira de dimensão continental originaram, naturalmente, diferenças regionais muito significativas. Atendendo a esses fatores, é possível distinguir cinco grandes complexos na faixa litorânea (equatorial ou amazônico, nordestino ou das barreiras, oriental, sudeste ou das escarpas cristalinas e meridional ou subtropical).

---

12 Cfr. AB'SÁBER, Aziz Nacib. Op. cit. p. 135-200.

No litoral equatorial – que se estende da foz do Oiapoque (Amapá) ao delta do Parnaíba (na fronteira entre o Maranhão e o Piauí) – as características da orla costeira e as condições da dinâmica marítima permitem subdividi-lo em três trechos. O litoral guianense ou costa do Amapá (da foz do Oiapoque ao cabo Norte) é de tipo pantanoso, com costa muito baixa, sendo constituído por terrenos sedimentares recentes. Nesta zona deságuam numerosos rios e as correntes marítimas transportam uma significativa parcela das enormes quantidades de material lodoso em suspensão, despejadas no estuário do Amazonas. Estes fatores originam um constante processo de modificação do litoral, que avança permanentemente em direcção ao oceano, provocando o fecho de lagoas, bem como o aparecimento de mangues e de ilhas rasas de aluvião (a maior das quais é a de Maracá).

O segundo trecho corresponde ao golfão amazônico (do cabo Norte à ponta da Tijoca), onde se verificam permanentes alterações da linha de costa, quer devido ao enorme volume de material sedimentar transportado pelos rios Amazonas (cerca de 3.000.000 de metros cúbicos diários) e Tocantins, quer à ação combinada dos agentes naturais, originando, nomeadamente, a erosão das falésias (o fenômeno das *terras caídas*), a formação e desaparecimento das chamadas *ilhas novas* e modificações nos grupos insulares antigos (arquipélago de Bailique, grupo de Caviana, arquipélago de Marajó, ilhas do galho superior do Amazonas, ilhas a oeste de Marajó e ilhas do rio Pará). Finalmente, no litoral amazônico oriental – compreendido entre a ponta da Tijoca e o delta do Parnaíba – surgem, a partir do sul da baía de São Marcos (Maranhão), significativas diferenças no tipo de faixa litorânea, devido à existência de cordões de dunas (os *lençóis maranhenses*).

O litoral nordestino – que vai da foz do Parnaíba à baía de Todos os Santos – reúne duas parcelas distintas: a costa semiárida, que se estende do Parnaíba até o cabo de São Roque (Rio Grande do Norte), onde a intensa ondulação deposita grandes quantidades de areia no litoral que o clima quente e o vento forte secam quase instantaneamente, formando enormes *dunas* que chegam a atingir 30 metros de altura; por seu turno, na costa nordeste oriental, abrangendo a faixa dos 5º 29' aos 13º S, existe um significativo grau de umidade, sendo marcada pelo aparecimento, nas proximidades da orla marítima, de paredões escarpados designados por *barreiras*, podendo alcançar 150 metros de altura, o que contribui para reduzir a zona litorânea à praia. No mar, à curta distância da costa, dispõem-se *recifes* constituídos por finas faixas de rochas pouco elevadas com extensões que variam entre centenas de metros e mais de dez quilômetros, formando lagoas de água salgada em frente às praias.

O litoral oriental – localizado entre a baía de Todos os Santos e o sul do Espírito Santo – é geralmente baixo, bordejado de largas planícies, caracterizando-se pela existência de extensas restingas que protegem a costa da ação erosiva das vagas, permitindo, conjuntamente com a atuação de importantes cursos fluviais (Pardo, Contas, Jequitinhonha, Belmonte, Mucuri, São Mateus, Doce etc.), a formação de significativas redes de lagoas, canais e mangues. No extremo sul da costa baiana, cerca de 70 quilômetros ao largo de Caravelas, os planaltos submarinos favoreceram a elevação de recifes coralinos onde assenta o arquipélago dos Abrolhos.

O litoral sudeste – que vai do sul do Espírito Santo até Laguna (Santa Catarina) – é predominantemente rochoso, sendo com frequência atingido pelos esporões da serra do Mar, fato que lhe confere a designação de costa das *escarpas cristalinas*. Dispõe, contudo, de um assinalável número de enseadas e de planícies litorâneas. Na região compreendida entre Santos (São Paulo) e o Paraná, a característica dominante é a existência – sobretudo na embocadura de pequenos rios – de restingas, finas faixas de areias emersas que formam extensos cordões dispostos ao longo da costa.

O litoral meridional – de Laguna até ao arroio Chuí – é fundamentalmente constituído por uma planície baixa e arenosa em que se formou uma importante rede de grandes e pequenas lagoas, entrecortadas por enormes dunas originadas pelos intensos ventos que atuam naquela região, com particular destaque para o carpinteiro-da-praia, que sopra perpendicularmente à costa, e o pampeiro, vento continental.[13]

O litoral brasílico é muito maciço, dispondo de poucos recortes significativos comparativamente com a América do Norte, a Europa ou a Ásia. Constituem importantes exceções o golfo amazônico (974 quilômetros de contorno); as baías de São Marcos e de São José (183 quilômetros), no Maranhão; a baía de Todos os Santos (291 quilômetros), na Bahia; a baía da Guanabara (131 quilômetros), no Rio de Janeiro e a baía de São Francisco do Sul (75 quilômetros), em Santa Catarina. De salientar, ainda, a importância das baías de São Vicente-Santos (em São Paulo), de Paranaguá (no Paraná) e, no Rio Grande do Sul, das lagoas dos Patos (a maior do Brasil, com 10.144 km^2) e Mirim (com 4.000 km^2).

Ao Brasil pertencem algumas das ilhas do Atlântico Sul, nomeadamente o arquipélago de Fernando de Noronha, que perfaz 18,4 km^2, sendo constituído pela ilha homônima – que possui uma superfície de 16,9 km^2

---

13 Cfr. SILVEIRA, João Dias da. "Morfologia do Litoral": **Brasil. A Terra e o Homem**. v. I, p. 253-300.

– e por dezoito ilhotas, em que se destacam a Rata, a Rasa, a do Meio, a de São José, a Sela Gineta, a Cabeluda, a do Frade e a dos Ovos; a ilha da Trindade (cerca de 8,2 km^2), formada pelas ruínas da extremidade de um gigantesco vulcão submarino extinto; as três ilhas de Martim Vaz (2,5 km^2); o atol das Rocas (7,2 km^2) e os penedos de São Pedro e São Paulo. A área total destes grupos insulares não chega a atingir os 40 km^2.[14]

4. A HIDROGRAFIA

No território brasílico situa-se a mais vasta e densa rede hidrográfica do globo que é, presentemente, dividida em nove bacias: a Amazônica (3.984.467 km^2); a do Paraná (889.941 km^2); a do Nordeste (884.835 km^2), que engloba as bacias do Turiaçu, Mearim, Parnaíba, Jaguaribe, Piranhas, Capibaribe e outras menores; a do Araguaia-Tocantins (803.250 km^2); a do São Francisco (631.666 km^2); a do Leste (569.310 km^2), que compreende as bacias do Itapicuru, Paraguaçu, Jequirica, Contas, Cachoeira, Pardo, Jequitinhonha, Mucuri, São Mateus, Doce e Paraíba do Sul; a do Paraguai (345.701 km^2); a do Sudeste (223.688 km^2), que agrupa as bacias de Ribeira de Iguape, Itajaí, Tubarão, Jacuí e Camaquã e, finalmente, a do Uruguai (178.235 km^2).

Devido às características do relevo, os cursos de água que fertilizam os solos brasileiros dividem-se em rios de planalto (Paraná, São Francisco, Tocantins, Paraíba do Sul, Tietê etc.) e de planície (Amazonas, Purus, Juruá, Javarí, Japurá, Paraguai etc.).

As diferenças climáticas que se verificam entre as várias regiões do Brasil são responsáveis pela existência, no seu território, de quatro dos principais tipos de regimes fluviais. O regime *equatorial* – caracterizado por elevados índices de pluviosidade – engloba o Amazonas (onde as cheias ocorrem em maio-junho) e muitos dos seus afluentes (Madeira, Purus, Juruá, Javarí, Tapajós, Xingu etc.). Os caudais do Amazonas e de vários dos seus tributários são parcialmente resultantes da fusão das neves andinas.

A maioria dos rios brasileiros enquadra-se no regime *tropical* (Paraná, São Francisco, Paraíba do Sul, Tietê, Paranapanema etc.), distinguindo-se por um período de grandes débitos correspondentes às chuvas de verão e de fracos caudais no inverno, época de estiagem. Neste tipo de cursos de água, o máximo pluvial ocorre em dezembro, enquanto o máximo fluvial se situa em fevereiro. No sertão nordestino – região de fraca e desigual pluviosidade, bem como de elevada evaporação – vigora o regime *semiárido*,

---

14   Cfr. SOARES, Lúcio de Castro. "As Ilhas Oceânicas": Ibidem. p. 341-374.

que dá origem a cursos de água temporários (Jaguaribe, Açu, Moçoró, Beberibe, Real etc.). Finalmente, as bacias do Iguaçu e do Uruguai pertencem ao regime *subtropical*, em que ocorrem duas épocas de altas águas (de abril a junho e de setembro a novembro).[15]

Atendendo à natureza das regiões tropicais, os cursos de água mais importantes não formaram grandes planícies de aluvião. Mesmo o Amazonas – que debita no oceano o maior volume de água de todos os rios do mundo – não deu origem a um delta semelhante ao do Nilo ou do Mississipi.

5. O CLIMA

O clima no Brasil é predominantemente quente e úmido. Todavia, a grande extensão do território, a sua localização essencialmente no hemisfério sul, as correntes atmosféricas marítimo-atlânticas, a diversidade de relevos e a disposição dos sistemas orográficos contribuíram para a formação de cinco grandes regiões climáticas: a equatorial, a tropical, a tropical de altitude, a semiárida e a subtropical, além de um significativo número de variações regionais, entre as quais se realçam os climas pseudoequatoriais da costa oriental, o clima pseudotropical da costa nordestina, os climas quentes e secos com chuvas de verão, os climas quentes e secos com chuvas de outono etc.

Cerca de 90% do espaço brasílico situa-se na faixa de insolação intertropical (onde se verificam duas passagens anuais do sol pelo zênite), localizando-se somente 10% na curva de insolação das latitudes médias.[16] Na área intertropical, que abrange os climas equatorial, tropical, tropical de altitude e semiárido, verifica-se a existência de uma indiscutível unidade climática. Trata-se de uma zona quente, com estações térmicas pouco diferenciadas e de acentuados contrastes pluviais,[17] onde ocorre um calendário tropical típico, ou seja, temperaturas médias de 26° e regime pluviométrico de duas estações: uma seca – o inverno (junho a agosto) – e outra chuvosa – o verão (dezembro a fevereiro).

A área climatérica equatorial compreende as regiões do Amapá e da Amazônia, onde predominam elevadas temperaturas (médias mínimas de 22° e máximas de 33°) e abundantes precipitações (total médio anual superior a 2.000 mm, havendo zonas em que esse valor ultrapassa os 3.000 mm, designadamente o litoral do Amapá, a foz do Amazonas e o alto rio Negro).

---

15   Cfr. SOUSA RADESCA, Maria de Lourdes P. de. "A Hidrografia": Ibidem. p. 537-568.
16   Cfr. ANDRADE, Gilberto Osório de. "Os Climas": Ibidem. p. 409.
17   Cfr. DAVEAU, Suzanne e RIBEIRO. Orlando. Op. cit. p. 14.

O clima tropical caracteriza-se por uma alternância nítida entre a época das chuvas e o período seco. As temperaturas médias situam-se entre os 19 e os 26°, e o índice pluviométrico oscila entre 1.000 e os 1.500 mm anuais, abarcando a maior parte das regiões brasileiras (planalto Central, Meio-Norte e litorais leste e sudeste).

O clima tropical de altitude faz-se sentir nas terras altas de São Paulo, Minas Gerais, sul do Mato Grosso e numa pequena parcela do topo do planalto Central, onde as temperaturas são amenizadas pela altitude, variando as médias entre os 11,5° e os 20° e verificando-se totais de precipitações que oscilam entre 1.100 e 3.000 mm anuais. Em alguns locais, nomeadamente nas cabeceiras do Itapanhaú, na serra do Mar, esses valores chegam a alcançar os 4.524 mm.

O clima semiárido corresponde aos sertões nordestinos, compreendendo a área situada entre o Ceará e o médio São Francisco, onde se registram os valores meteorológicos extremos do território brasílico, designadamente a mais forte insolação, as mais elevadas taxas de evaporação, os maiores índices de aridez, as mais altas médias térmicas mensais, a menor umidade relativa e as mais baixas precipitações. A temperatura média anual é bastante elevada – entre 25 e 29° – e o regime de chuvas, irregular e pouco intenso (com precipitações médias que variam entre 400 e 700 mm por ano na área nuclear das caatingas).[18] O índice mínimo médio de pluviosidade ocorre nessa área climatérica (Cabaceiras, na Paraíba), alcançando valores da ordem dos 279 mm anuais.

A região subtropical engloba a área situada a sul do Trópico de Capricórnio, onde se verificam temperaturas médias anuais inferiores a 20° – a maior amplitude térmica registada no Brasil –, um regime pluviométrico dominado pela regularidade ao longo do ano e a ocorrência de geadas e de precipitações de neve nas terras altas do extremo sul.[19]

6. OS SOLOS

Os solos brasílicos são fundamentalmente de dois tipos: os tropicais e os subtropicais. Os primeiros abrangem a esmagadora maioria do território, enquanto os segundos apenas existem na região meridional. O cálculo da percentagem dos solos férteis está sujeito a controvérsia, uma vez que, segundo vários autores, os solos agrícolas são basicamente constituídos

---

18   Cfr. AB'SÁBER, Aziz Nacib. **A Serra do Japi, sua origem morfológica e a Teoria dos Refúgios**. São Paulo, 1993. p. 19.
19   Cfr. ANDRADE, Gilberto Osório de. Op. cit. p. 397-452.

pelos 30 a 40 centímetros superficiais ricos em húmus. Assim, de acordo com a metodologia utilizada, as estimativas oscilam entre os 5 e os 20% da superfície total,[20] ou seja, entre cerca de 422.500 e 1.690.000 km². Os solos brasílicos são, na generalidade, quer no litoral, quer no sertão, relativamente pobres, frágeis e ácidos, possuindo baixo conteúdo nutritivo e proporcionando, por conseguinte, reduzidos níveis de produtividade.

Na área tropical verifica-se a existência de quatro situações típicas dos solos brasílicos relativamente ao regime de água: solos profundos, revestidos de florestas, em zonas de clima úmido com chuva distribuída ao longo de todo o ano; solos profundos, arenosos, cobertos por campos e cerrados, em regiões de clima com duas estações bem definidas (seca e chuvosa); solos profundos, mas interceptados por crostas lateríticas, revestidos de florestas em clima úmido e tropical e, finalmente, solos rasos, cobertos de caatingas, em zonas de clima semiárido.

O regime pluvial de tipo tropical, predominante no Brasil, contribui, com a sua ação química, para dissolver (fenômeno de lixiviação) e, seguidamente, transportar para os vales dos rios, através dos cursos de água, os elementos solúveis essenciais à fertilidade dos solos, designadamente o fósforo, o potássio, o cálcio e o magnésio, deixando os terrenos de muitas regiões tropicais apenas com alumínio e ferro.[21] A ação corrosiva das elevadas temperaturas que oxidam a matéria orgânica e das chuvas tropicais que a arrastam conduz à gradual erosão (laterização) de vastas áreas, tornando-as improdutivas do ponto de vista agrícola e dando origem às vulgarmente designadas *terras vermelhas* e *salmourões*.

A região que possui a maior cobertura vegetal – a Amazônia – é, paradoxalmente, a que tem piores solos, daí advindo a dicotomia "inferno verde ou deserto vermelho".[22] Excetuando as várzeas (onde existem ricas terras de aluvião), os terrenos amazônicos (zona da terra firme) são geralmente pobres do ponto de vista das potencialidades agrícolas. Também os extensos planaltos interiores (campos e cerrados) apresentam solos relativamente fracos. Idêntica situação se verifica nas zonas do agreste e do sertão da região nordestina, onde o problema fundamental reside na escassez de precipitação, verificando-se a existência de vastas áreas semiáridas (a caatinga, "mato branco ou seco").

---

20   Cfr. EGLER, Walter Alberto. "Os Solos": **Brasil. A Terra e o Homem.** v. I, p. 462.
21   Cfr. PENTEADO, António Rocha. Ibidem, p. 138.
22   Cfr. GOODLAND, Robert e IRWIN, Howard. **A Selva Amazônica:** do Inferno Verde ao Deserto Vermelho?. São Paulo, trad. port., 1975.

Os solos férteis localizam-se, na área tropical, essencialmente na faixa paralela ao litoral atlântico. Na região amazônica, situam-se nas terras de aluvião (as várzeas), onde ocorrem manchas de "terras pretas dos indíos" nas margens do baixo Amazonas, especialmente no município de Santarém. Na zona da mata, no Nordeste, existe um tipo de solo argiloso, escuro e de grande plasticidade: o massapé.

Ao longo da costa encontram-se terrenos formados de gneisses (rocha composta de feldspato, mica e quartzo, com estrutura xistosa) e granitos, circunstância que proporciona bons índices de produtividade. No planalto Meridional, registra-se a ocorrência da maior faixa de terrenos férteis. Entre estes encontram-se as *terras roxas*, argilosas, originárias da alteração de rochas eruptivas como o basalto e o diabásio, as *terras roxas* misturadas e *sangue-de-tatu*, menos ricas, em cuja composição entram arenitos e, ainda, as *terras pretas*.[23]

7. A VEGETAÇÃO

Tomando em consideração as coincidências de delimitação geográfica existentes entre as regiões climato-botânicas, as áreas geopedológicas, as províncias fitogeográficas e as regiões hidrológicas, o território brasílico pode ser dividido – segundo a tese de um reputado geomorfólogo – em seis grandes conjuntos regionais de paisagens morfoclimáticas dotados de feições próprias e correspondentes a formações vegetais típicas, possuindo cada unidade uma área nuclear e faixas de transição com características específicas. Refere-se, a título de exemplo, o caso do *agreste*, em Pernambuco, que constitui uma faixa de transição entre duas áreas nucleares: a mata atlântica e a caatinga.

Os seis grandes domínios morfoclimáticos – conceito que engloba, além da vegetação, elementos como o relevo, a hidrografia, os climas e os solos – são os seguintes: a Amazônia, domínio das terras baixas equatoriais, com planícies de inundação labirínticas recobertas de floresta extensa e irrigadas por rios negros; o Nordeste, domínio das depressões interplanálticas semiáridas revestidas de caatingas com frequentes afloramentos de rocha e chão pedregoso; o Sudeste, domínio dos mares de morros florestados nas áreas tropicais-atlânticas, onde se verifica acentuada decomposição de rochas e a existência de "pães de açúcar", bem como de planícies de inundação; o planalto Central, domínio dos chapadões tropicais interiores cobertos de cerrados penetrados, nas bermas dos rios, por florestas-galerias; o

---

23   Cfr. EGLER, Walter Alberto. Op. cit. p. 459-474.

planalto Meridional, formado por solos subtropicais dispostos em degraus, domínio das matas de araucária e, finalmente, as pradarias gaúchas (do Rio Grande do Sul), domínio das coxilhas extensivas e dos grandes banhados (terrenos baixos e alagadiços), revestidas de vegetação herbácea.[24]

A diversidade das condições geológicas, climatéricas, hidrológicas e pedológicas do Brasil gerou uma multiplicidade de espécies vegetais, que são agrupadas em quatro grandes tipos de formações: as florestais (a floresta equatorial, a floresta tropical, a floresta úmida de encosta e a floresta subtropical), as campestres (os campos), as complexas (o cerrado, a caatinga e o pantanal) e as litorâneas (arenosas e lodosas), bem como algumas formações de transição (floresta equatorial semidecídua e floresta tropical semidecídua).

No conjunto das formações florestais, os primeiros três subtipos são constituídos por variedades latifoliadas (dotadas de folhas largas e chatas). A floresta latifoliada equatorial ou *Hileia* (designação erudita atribuída por Humboldt à região botânica amazônica) constitui a maior área florestal contínua do planeta, ocupando cerca de 3.900.000 km^2 do território brasílico, ou seja, mais de 40% da respectiva superfície. O calor, a umidade e as chuvas abundantes deram origem a uma floresta extremamente densa e variada – subdividida em três zonas: mata de terra firme, mata de várzea e mata de igapó – onde foram inventariadas mais de 2.000 qualidades de árvores.

A mata de terra firme – a caaetê ("mata verdadeira") – recobre a maior parte da Amazônia (cerca de 3.300.000 km^2), nela se desenvolvendo as árvores de maior porte (40 a 60 metros), outras de média dimensão (20 a 30 metros), bem como arbustos e plantas herbáceas, encontrando-se os vários estratos profundamente entrelaçados de lianas até a camada média. São nativas e características desta zona botânica: o cedrorana (*Cedrelinga catenaeformis*), uma das maiores árvores da Amazônia, com um diâmetro do caule superior a 2 metros; o castanheiro-do-pará (*Bertholletia excelsa*), que atinge 60 metros de altura, chegando a copa a medir 30 metros; o caucho (*Castilloa ulei*), de 35 metros de altura; o pau-rosa (*Aniba rosaedora*); a sumaumeira (*Ceiba pentandra*); a mandioqueira (*Qualea acuminata*) e a maçarandubeira (*Mimusops sp.*). Nesta área ocorre o fenômeno do mata-pau (*Clusia alba*), árvore de reduzida dimensão cujas sementes, transportadas por pássaros polinizadores, germinam nos galhos de outras espécies, descendo as raízes para o solo junto aos troncos das hospedeiras, acabando, muitas vezes, por sufocá-las devido a parasitismo.

---

24 Cfr. AB'SÁBER, Aziz Nacib. "Províncias geológicas e domínios morfoclimáticos no Brasil": **Geomorfologia** (São Paulo), 20 (1970). p. 18-25.

Na mata de várzea proliferam, além de numerosas variedades de palmeiras resistentes às inundações sazonais, a seringueira ou árvore-da-borracha (*Hevea brasiliensis*) e a sapucaia (*Lecythis paraensis*).

A mata de igapó gerou a maior e mais rica gama de espécies botânicas, designadamente a seringueira-chicote (*Hevea benthamiana*), a arapari (*Macrolobium acaciefolium*), o taxizeiro (*Sclerolobium goeldianum*), a mamorana (*Bombax aquaticum*) e o pau-mulato (*Calycophyllum spruceanum*). Nos seus terrenos alagados desenvolveu-se um grande número de palmeiras, nomeadamente a pupunha-piranga (*Guilielma speciosa*), a pupunharana (*Syagrus inajai*) e a jarina (*Phytelephas macrocarpa*).

No Meio-Norte, faixa de transição entre, por um lado, a floresta amazônica e, por outro, a caatinga do Nordeste e os cerrados do Centro-Oeste, desenvolveu-se a floresta equatorial semidecídua (constituída por árvores em que se verifica a caducidade das folhas no final da estação seca), onde predomina o babaçual. Esta formação florestal aberta assenta no babaçu (*Orbygnia martiana*), uma palmeira com cerca de 20 metros de altura que fornece sementes comestíveis (nozes), palmito, folhas, fibras e madeira.

A floresta latifoliada tropical ocupava, no período final de Quatrocentos, uma grande parte da costa leste. Aí se encontravam, em grande abundância, espécies arbóreas de grossos troncos, na sua maioria de folhagem perene e, em média, com cerca de 25 a 30 metros de altura, designadamente o pau-de-alho ou guararema (*Gallezia gorazema*); diversos tipos de Perobeiras, árvores da família das apocináceas (*Aspidosperma*), como a Pêroba-amarela (*A. gonezianum*), a Pêroba-parda (*A. melanocalyx*) e a Pêroba-rosa (*A. polyneuron*); o cedro-branco (*Cedrela fissilis*); a figueira-branca (*Urostigma planifolia*); o jeribazeiro (*Arecastrum romanzoffianum*), palmeira de grande porte (cerca de 30 metros) e a juçara (*Euterpe edulis*).

Em algumas regiões do interior (Triângulo Mineiro e retaguarda da Mata Atlântica), onde a estiagem se faz sentir durante um lapso de tempo mais longo, desenvolveu-se a floresta tropical semidecídua, ou floresta seca, formada fundamentalmente pelo angico (*Piptadenia rigida*), a canela (*Nectandra sp.*), uma variedade de jatobá (*Hymenaea sp.*) e a paineira (*Chorisia sp.*).

As características da floresta latifoliada tropical úmida de encosta (oriental do planalto Atlântico) são marcadas pela influência dos ventos úmidos marítimos e das vertentes escarpadas que, servindo-lhes de barreira, provocam abundantes chuvas de relevo, dando origem a elevados graus de umidade. À época do início do processo de colonização, esta formação florestal perenifólia – constituída por unidades com alturas compreendidas entre os 20 e 30 metros, troncos grossos e copas frondosas – estendia-se ao longo de mais de 22 graus de latitude, ocupando uma estreita faixa paralela ao litoral com uma extensão superior a 3.000 quilômetros, desde o Rio Grande do Norte até São Francisco do Sul (Santa Catarina). É considerada pelos botânicos como a floresta mais diversificada do globo, onde proliferavam mais de 25.000 qualidades de plantas.

A espécie mais difundida na Mata Atlântica – como também é vulgarmente designada – era o pau-brasil (*Caesalpinia echinata*), árvore de cerca de 30 metros de altura, de tronco e ramos armados de espinhos e que dá flores amarelas. Neste subtipo de floresta latifoliada destacam-se o angelim (*Hymenolobium*), o jequitibá (*Cariniana*), o cedro (*Cedrela glaziovii*), o jacarandá (*Dalbergia brasiliense*), uma variedade de jatobá (*Hymenaea courbaril*), o vinhático (*Plathymenia reticulata*), a quaresmeira (*Tibouchina*), o manacá (*Brunfelsia calycina*) etc. Estas árvores coabitam com orquídeas (principalmente *Cattleya e Laelia*), xaxins e numerosas samambaias, begônias e lírios, bem como com diversas herbáceas (avencas, musgos e líquens).

A floresta subtropical ou Mata de Araucária – que abrange uma superfície superior a 250.000 km^2 – é constituída por espécies aciculifoliadas (folhas em forma de agulha) que têm o seu habitat em zonas de planalto, ocupando o interior da área compreendida entre a região meridional de São Paulo e o norte do Rio Grande do Sul. A árvore dominante é o pinheiro-do-paraná ou araucária (*Araucaria angustifolia*), que atinge os 30 metros de altura, convivendo com outras espécies autóctones, designadamente a imbuia (*Phoebe porosa*).

As formações campestres (campos) – que englobam uma área superior a 400.000 km^2 – caracterizam-se pelo predomínio quase total de gramíneas (capim-branco-felpudo, capim-caninha, capim-forquilha e capim-mimoso) com alturas inferiores a 50 centímetros e pela existência de arbustos e herbáceas (carqueja, chirca, guaxuma, quina-do-campo, trevo e vassoura).

Os *campos limpos* localizam-se na região meridional em áreas de relevo suave e vales largos, podendo ser divididos em três núcleos: os Campos de Planalto (desde do sul de São Paulo até a depressão do Jacuí, no Rio Grande do Sul), também designados regionalmente por Campos Gerais; a Campanha Gaúcha (a sul do Ijuí, por alturas do paralelo de 29° de latitude sul) e os Campos de Vacaria (no Mato Grosso do Sul). No primeiro subtipo, os lençóis de água subterrâneos dão origem ao aparecimento de formas arredondadas de vegetação – verdadeiras "ilhas" – designadas por *capões*, enquanto nas bermas dos cursos de água se desenvolve um tipo de cobertura vegetal típico: a mata-galeria.

Na Amazônia encontram-se *campos de várzea*, ou campinaranas ("falsas campinas"), na região situada entre os rios Madeira e Purus (Campos do Puciari), no baixo Amazonas e na ilha de Marajó. Em regiões de altitude (serras da Bocaina, Itatiaia, Caparaó, Órgãos, Cipó, Caraça etc.) também surgem manchas desta formação vegetal designadas por *campos serranos*.

No grupo das formações complexas – assim designadas devido à heterogeneidade das suas características – o *cerrado* ocupa a maior superfície (mais de 1.700.000 km², correspondentes a cerca de 1/5 do território), abarcando a totalidade do planalto Central e estendendo-se a franjas do Norte, do Nordeste e do Sudeste. A vegetação cresce em ambiente de solos pobres, bem como de clima quente e úmido. As espécies arbóreas são pequenas (com 3 a 5 metros de altura), de troncos e ramos grossos, retorcidos, casca espessa e folhas grandes e coriáceas, distribuindo-se de forma descontínua e desenvolvendo-se em terrenos com irregular cobertura de gramíneas.

Entre as árvores típicas do cerrado contam-se a lixeira (*Curatella americana*), o pau-de-colher-de-vaqueiro (*Salvertia convalariodora*), o pau-terra de folha grande (*Qualea grandiflora*), o pau-terra de folha miúda (*Q. parviflora*), o pau-santo (*Kielmeyera coriacea*), o pequi (*Caryocar brasiliensis*), o barbatimão (*Stryphnodendrom barbatiman*) e a Peroba-do-campo (*Aspidosperma tomentosum*). As gramíneas mais comuns são o barba-de-bode e o capim-flecha.

O segundo subtipo de formação complexa – a *caatinga* – compreende mais de 800.000 km² do Nordeste. O clima quente, as longas estiagens que, frequentemente, se transformam em períodos de seca prolongada e a fraca pluviosidade originaram um tipo de vegetação xerófila (especialmente euforbiáceas, cactáceas e bromeliáceas) em que predominam pequenas árvores – com grandes ramificações desde a parte inferior do tronco e que perdem totalmente as folhas na estação seca –, cactos e arbustos repletos de espinhos.

São característicos da caatinga espécies como o juazeiro (*Zizyphus joazeiro*), que consegue conservar a maioria das folhas, dando um sinal de vida na época seca; a quixabeira (*Brumelia sartorium*), cujas raízes, grossas e porosas, acumulam água; a oiticica (*Licania rigida*); a faveleira (*Jatropha phyllacantha*); a ubiragara ou barriguda (*Cavanillesia arborea*), que armazena água no tronco; a braúna (*Schinopsis brasiliensis*); a catingueira (*Caesalpinia pyramidalis*) e a imburana (*Bursera leptophloeos*). Os cactos mais comuns nesta formação vegetal – que permanecem verdes no período seco – são o facheiro-preto (*Cereus squamosus*), o mandacaru (*C. jamacuru*), o quipá (*Opuntia sp.*) e o xiquexique (*Pirocereus gounellei*), abundando, também, bromeliáceas como a macambira (*Bromelia laciniosa*). Nas áreas umedecidas das margens dos rios do Nordeste desenvolve-se a carnaúba (*Copernicia cerifera*), que chega a atingir 40 metros de altura.

O terceiro componente das formações complexas – o *pantanal* – situado na planície do rio Paraguai e respectivos afluentes, na região sudoeste do Mato Grosso e oeste do Mato Grosso do Sul, ocupa a ampla baixada a ocidente do rebordo do planalto Central, abrangendo uma área superior a 170.000 km². Aí se desenvolve uma vegetação heterogênea condicionada pelo rigor da alternância climatérica e, ainda, pelo regime de cheias dos rios. Na estação seca, o pantanal apresenta características de campos nas zonas baixas e de cerrados nas elevações; na época chuvosa, as baixadas transformam-se em extensos alagadiços. Estas condições deram origem ao surgimento de formações vegetais muito diversificadas, encontrando-se desde o buriti (*Mauricia vinifera*), a mais alta das palmeiras brasileiras, que atinge os 50 metros, totalmente aproveitável e que forma extensos buritizais, a gramíneas típicas dos campos e cerrados.

No complexo do pantanal desenvolvem-se variedades arbóreas como o quebracho-vermelho (*Sinopsis lorentzii*) – anacardiácea com cerca de 20 metros de altura que é típica da região – e o carandá (*Copernicia australis*), palmeira com cerca de 12 metros de altura. Na estação seca e nas zonas não inundáveis crescem gramíneas como o capim-mimoso-de-espinho (*Paratheria prostrata*), o capim-mimoso-vermelho (*Setaria geniculata*) e o capim-mimozinho (*Reimarochloa brasiliensis*). No período das enchentes e nas regiões alagadas crescem plantas herbáceas como o piri (*Rhyncospora cephalotes*), a taboa (*Typha dominguensis*) e a aguapé (*Eichhornia crassipes*).

As formações litorâneas estendem-se ao longo de toda a faixa costeira, encontrando-se intimamente associadas à proximidade do Atlântico e aos ventos marítimos dominantes. Dividem-se em dois subtipos distintos: a vegetação dos litorais arenosos e a dos litorais lodosos. Nas regiões arenosas distinguem-se as dunas – onde vegetam bromélias como o caraguatá e o gravatá, bem como alguns cactos e orquídeas, sendo a espécie mais característica a salsa-da-praia (*Ipomoea pes-caprae*), planta rasteira que se fixa nas areias – e as restingas, onde surge o denominado *jundu* ("campo sujo"), tipo de vegetação constituído por arbustos, bromeliáceas, leguminosas, mirtáceas e algumas cactáceas. Em alguns trechos da costa, designadamente em reentrâncias, contornos de baías e estuários de rios, crescem os *manguezais*, formação florestal dos terrenos lodosos com elevado grau de salinidade, onde proliferam espécies típicas como o mangue-vermelho ou verdadeiro (*Rhizofora mangle*), o mangue-siriúba (*Avicennia tomentosa*) e o mangue-branco (*Laguncularia racemosa*).[25]

---

25   Cfr. ROMARIZ, Dora de Amarante. "A Vegetação": **Brasil. A Terra e o Homem**. v. I, p. 485-512.

II

As Sociedades Indígenas

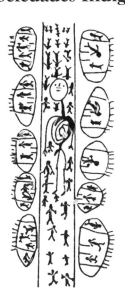

1. O POVOAMENTO DO CONTINENTE AMERICANO

Sendo atualmente incontroverso que o povoamento do continente americano foi efetuado por populações originárias do Velho Mundo, no entanto, suscitam acesa discussão os problemas relacionados com a região de origem dos ameríndios, com a determinação da época em que se iniciaram as migrações pré-históricas e, ainda, com as rotas de penetração utilizadas.

Verifica-se a existência de um certo número de traços muito marcantes, comuns à generalidade dos autóctones americanos, designadamente a cor acastanhada da pele, os cabelos pretos e lisos, o fraco desenvolvimento do sistema piloso, as maçãs do rosto salientes, a forte arcada supraciliar e a prega na pálpebra que dá aos olhos uma forma oblíqua ("olho mongólico").[1] Estas características físicas conjugadas com dados de ordem genética (grupo sanguíneo exclusivamente de tipo O)[2] comprovam que os índios descendem de populações asiáticas, vulgarmente designadas por raça amarela.

Já numa obra publicada em 1576, um humanista lusitano sugeria que os "brasis" tinham uma origem oriental, comparando as suas fisionomias com as dos chineses: "Estes índios são de cor baça e cabelo corredio: têm o rosto amassado e algumas feições deles à maneira de chins".[3] A necessidade de compatibilizar o Velho Testamento – que postulava a unicidade do gênero humano, cujo tronco remontava a Adão e Eva – com um modelo explicativo das origens dos índios levou, também, um jesuíta espanhol a

---

1 Cfr. MÉTRAUX, Alfred. **Les Indiens de l'Amérique du Sud**. Paris, 1991 (1946). p. 9.
2 Cfr. PROUS, André. **Arqueologia Brasileira**. Brasília, 1992. p. 119.
3 GÂNDAVO, Pêro de Magalhães de. **História da Província Santa Cruz a que vulgarmente chamamos Brasil**. ed.fac-similada. Lisboa, 1984 (1576), fl. 33.

defender, no final de Quinhentos, que os antepassados dos aborígenes americanos eram asiáticos.[4]

As diferenças físicas existentes entre os vários grupos populacionais ameríndios e a circunstância de se verificar uma acentuada predominância de braquicéfalos (com crânio curto e achatado na parte posterior) – popularmente designados por "cabeças chatas" – na América do Norte e uma significativa presença de dolicocéfalos (com crânio de forma oval) na metade sul do continente levaram ao aparecimento de algumas teses defendendo que essa situação se devia não só às sucessivas vagas de elementos de origem mongol (braquicéfalos) que penetraram mais tardiamente na região setentrional do Novo Mundo – empurrando as populações mais antigas para sul –, mas também à chegada de grupos provenientes da Oceania (australianos e melanésios possuidores de características dolicocéfalas).[5]

A determinação da época – relativamente moderna no contexto da História da Humanidade – em que os primeiros grupos humanos (eventualmente pertencentes às culturas *Diuktai* e *Malt'a Afontova* da Mongólia e da Sibéria) teriam iniciado a penetração na América é objeto de polêmica, variando entre os 70.000 anos A.P. – hipótese de trabalho recentemente proposta pela arqueóloga Nième Guidon[6] – e os 12.000 anos A. P., baliza temporal que congrega a preferência de um significativo número de acadêmicos norte-americanos.[7]

A chamada "escola tradicionalista" (vulgarmente designada por "*couldn't have*") considera que datam somente de há cerca de 10.800-11.200 anos A.P. (complexo arqueológico de Clovis, Novo México, Estados Unidos da América) os mais antigos vestígios (pontas de flechas) inquestionavelmente probatórios da presença humana no Novo Mundo, pelo que fixa em cerca de 12.000 anos A.P. a entrada dos primeiros grupos de povoadores no extremo norte da América.[8]

---

4 Cfr. ACOSTA, José de. **Historia Natural y Moral de las Indias**. ed. de José Alcina Franch. Madrid, 1987 (1590). p. 111-114.
5 Cfr. MÉTRAUX, Alfred. Op. cit. p. 10.
6 "As Ocupações Pré-Históricas do Brasil (excetuando a Amazônia)": **História dos Índios no Brasil**. dir. de Manuela Carneiro da Cunha. São Paulo, 1992. p. 39.
7 Cfr. DINCAUZE, D. F. "An Archaeo-Logical evaluation of the case for Pre-Clovis occupations": **Advances in the World Archaeology**. Nova Iorque, 1984. v. III, p. 311.
8 Cfr. OWEN, Roger C. "The Americas: The case against an Ice-Age Human Population": **The Origins of Modern Humans: A World Survey of the Fossil Evidence**. dir. de Fred. E. Smith e Frank Spencer. Nova Iorque, 1984. p. 517-563.

Um dos argumentos aduzidos para rebater as propostas de um modelo de povoamento mais antigo do continente é o de que faltariam às comunidades do nordeste da Ásia, até há cerca de 20.000 anos, os conhecimentos tecnológicos necessários para construir abrigos duradouros, confeccionar vestuário de couro e pele e caçar em grupo, requisitos indispensáveis à ocupação de um território em que vigoravam condições climatéricas bastante mais adversas do que as atuais. Para atravessar a Sibéria oriental, transpor a Beríngia, ocupar a região setentrional americana e, por conseguinte, sobreviver na tundra aberta com temperaturas negativas durante largos meses, os grupos humanos teriam de possuir uma tecnologia bastante sofisticada e uma elevada capacidade de adaptação ao meio ambiente.[9]

Nas últimas décadas, os arqueólogos descobriram vários sítios na América do Norte com indícios que foram interpretados como sendo resultantes de atividades humanas, destacando-se, pela longa sequência estratigráfica e pela quantidade e qualidade dos materiais recolhidos, a estação de Meadowcroft Rockshelter (Pensilvânia), que forneceu indicações cronológicas da ordem dos 19.600 anos A.P.[10]

As recentes descobertas efetuadas no Novo Mundo – tanto a norte como a sul – têm contribuído para reforçar as teses dos partidários da opção por balizas temporais pré-Clovis (J. Cinq-Mars, R. Morland, R. MacNeish, A. L. Bryan, J. Adovasio e outros), apesar do ceticismo de muitos relativamente à intervenção humana na origem dos vestígios encontrados (restos de fogueiras, ossos de animais e utensílios líticos) e à validade dos métodos de datação utilizados.[11]

Constitui um dado adquirido que a forte diminuição do nível dos oceanos verificada no decurso das glaciações provocou a emersão de uma faixa territorial, com uma extensão de cerca de 90 quilômetros, entre a Sibéria oriental, o Alasca e Yukon (Canadá) – a Beríngia –, que tornou possível o acesso de animais e populações de origem asiática ao noroeste da América.[12]

---

9   Cfr. FAGAN, Brian. **The Great Journey. The Peopling of Ancient America**. Londres, 1987.
10 Cfr. FRISON, George C. e WALKER, Danny N. "New World Palaeocology at the Last Glacial Maximum and the implications for New World Prehistory": **The World at 18 000 BP**. dir. de Olga Soffer e Clive Gamble. Londres, 1990. v. I, p. 315-316; OWEN, Roger C. Op. cit. p. 543.
11 Cfr. OWEN, Roger C. Op. cit. p. 522-555.
12 Cfr. PLUMET, Patrick. "Le Nord et le premier peuplement de l'Amérique": **La Préhistoire dans le Monde**, dir. de José Garanger. Paris, 1992. p. 725-731.

Apesar das divergências existentes entre os cientistas que se ocupam da matéria e embora não se encontre totalmente comprovada, admite-se como muito plausível a hipótese de que no decurso da última glaciação (etapa final da fase Wisconsin III, que abrange o período compreendido entre 65 a 32.000 A.P.),[13] grupos de caçadores nômades tenham, ao redor de 40.000 A.P., aproveitado o abrandamento dos rigores climatéricos proporcionado por um curto intervalo de aquecimento – que atingiu o seu máximo exatamente por volta dessa época – para cruzarem a Beríngia e, sem terem a noção de que haviam descoberto um novo continente, chegarem à América setentrional.[14]

A questão das rotas de penetração suscita, também, controvérsia. Já nos últimos anos do Quinhentos foi formulada a hipótese da existência de uma passagem de noroeste que constituiria a única via que teria permitido – "há não muitos milhares de anos" – a migração da Ásia oriental para o continente americano de animais e de "bandos de homens selvagens e caçadores".[15]

No decurso da glaciação era teoricamente possível aos migrantes asiáticos entrar no território setentrional americano por três vias: a primeira, que ligava o Ártico ao Atlântico; a segunda, que utilizava um estreito corredor continental existente entre as calotas glaciais da Laurentida (oriental) e da Cordilheira das Rochosas (ocidental) com uma largura não superior a 40 quilômetros, e a terceira, que penetrava na zona costeira do Pacífico, através de uma plataforma continental muito mais ampla do que a atual. A primeira não terá sido utilizada devido ao extremo rigor das temperaturas. A esmagadora maioria dos autores prefere indiscutivelmente a via terrestre, embora alguns cientistas defendam que essa foi uma rota marginal, sugerindo que a alternativa mais viável se localizaria no litoral ocidental, onde presumivelmente se situava a área de maior produtividade biológica.[16]

Os bandos de caçadores (com 40 a 50 componentes) deslocavam-se em busca de hábitats ricos em caça, procurando a fauna plistocênica fornecedora

---

13   Cfr. LAVALLÉE, Daniele e PLUMET, Patrick. "L'Amérique: Le Milieu naturel. Données paléogéographiques et paléoclimatiques": Ibidem. p. 699-703.
14   Cfr. MEGGERS, Betty J. **Amazônia: a Ilusão de um Paraíso**. Belo Horizonte-São Paulo, trad. port., 1987. p. 64; PROUS, André. Op. cit. p. 119; MELATTI, Julio Cezar. **Índios do Brasil**. 6. ed. São Paulo, 1989. p. 10.
15   ACOSTA, José de. Op. cit. p. 122.
16   Cfr. GÓMEZ, Luiz J. Ramos e BOSQUED, Concepción Blasco. **Poblamiento y Prehistoria de América**. Madrid, 1988, p. 15-17.

de carne e peles, quer a nativa, nomeadamente o mastodonte (*Mammuthus americanus*), a rena (*Ranginfer fricki*) e o tapir (*Tapirus*), quer a euroasiática, designadamente o mamute (*Mammuthus exilis e M. imperator*) e o bisonte (*Bison priscus, B. antiqus* e *B. occidentalis*), que migrara, através da "ponte de terra", em diversos períodos glaciares (Kansas, Illinois e Wisconsin). Aproveitaram, ainda, intensamente, outros recursos faunísticos abundantes, com particular destaque para os camelídeos (*Camelops*) e equídeos (*Equus*).[17]

2. O POVOAMENTO DA AMÉRICA DO SUL

As regiões de origem e as rotas de penetração dos primeiros povoadores na América do Sul são, também, objeto de polêmica. As teorias explicativas tradicionais postulam que os movimentos migratórios seguiram obrigatoriamente o sentido norte-sul e utilizaram exclusivamente o corredor terrestre, através do estreito do Panamá. Todavia, alguns autores (Paul Rivet, Mendes Correia e outros), baseados em elementos de natureza linguística e antropológica, defenderam a viabilidade da participação de elementos australianos e melanésios no processo de povoamento da América do Sul, onde teriam penetrado, por via marítima, na Terra do Fogo, através da Antártica, das ilhas Shetland do Sul e do cabo Horn.[18]

Já no final do século XVI se admitia a hipótese da diversidade da origem dos ameríndios, incluindo a possibilidade de migrações marítimas.[19] Os defensores desta teoria alternativa argumentam, também, com o exemplo de casos anteriores de travessia do Pacífico em embarcações primitivas, via que tornou possível o povoamento do arquipélago do Japão (há cerca de 60.000 anos) e da Austrália (há cerca de 50.000 anos), esta última através das bases de apoio fornecidas pelos arquipélagos do Sueste Asiático.

A tese do poligenismo e a hipótese do caminho marítimo, defendidas, entre outros, por Christy Turner, Knut Fladmark, Ruth Gruhn e Niède Guidon, viram-se reforçadas a partir dos resultados da comparação da morfologia craniana de três séries paleoíndias da Bolívia e do Brasil com o espectro mundial, uma vez que o estudo revelou a existência de claras afi-

---

17 Cfr. Idem. Ibidem. p. 20.
18 Cfr. TAPAJÓS, Vicente Costa Santos. "Rutas": **Iberoamérica, una Comunidad**, dir. de Enrique M. Barba, José Manuel Pérez Prendes, Arturo Uslar Prieti, Joaquim Veríssimo Serrão e Sílvio Zavala. Madrid, 1989. v. I, p. 135.
19 Cfr. ACOSTA, José de. Op. cit. p. 122-123.

nidades biológicas entre os primeiros sul-americanos conhecidos – que se deslocaram para o continente americano anteriormente à difusão da morfologia mongoloide clássica na Ásia – e os habitantes do Pacífico Sul.[20]

Outra contribuição no mesmo sentido advém da descoberta, efetuada no Nordeste do Brasil (Piauí), de parasitas intestinais do homem (*Ancylostoma duodenalis*), originários do Velho Mundo, aos quais foram atribuídas datações da ordem dos 7.230 anos. Trata-se de larvas que necessitam de temperaturas positivas (em torno de 20º C) para se desenvolver, pelo que não parece admissível que os seus portadores fossem oriundos da Ásia oriental e que tivessem atravessado as regiões setentrionais americanas, onde as temperaturas negativas as teriam destruído. A explicação parece, pois, residir no fato de os seus introdutores serem originários de climas quentes e terem utilizado a via marítima para atingir o continente americano.[21]

Estas recentes descobertas de natureza científica levaram à formulação da hipótese de que os primitivos povoadores da América do Sul teriam utilizado, no sentido norte-sul, vias marítimas e terrestres, dando origem a três rotas: a primeira seria paralela à costa do Pacífico; a segunda acompanharia a orla atlântica e a terceira permitiria o acesso ao planalto Central brasileiro.[22]

Os contingentes humanos que alcançaram o Novo Mundo eram constituídos por um número reduzido de indivíduos, pelo que levaram milênios para ocupar o extenso território americano. Pensa-se que bandos de caçadores-recoletores iniciaram, talvez há pouco mais de 20.000 anos A.P., a penetração na América do Sul – designadamente em Pikimachay de Ayacucho, no Peru – num processo que se prolongaria até a cerca de 12.000 anos, fase em que teriam alcançado a Patagônia.

3. O POVOAMENTO DO BRASIL

As teses sobre a época em que se iniciou o povoamento do Brasil são – tal como acontece com a generalidade do continente americano – muito

---

20   Cfr. NEVES, Walter A. e PUCCIARELLI, Hector M. "Extra-continental biological relationship of early South America human remains: A multivariate analysis": **Ciência e Cultura** (São Paulo), 41 (6), 1989. p. 566-575.
21   Cfr. ARAÚJO, Adauto, FERREIRA, Luis Fernando e CONFALONIERI, Ulisses, "Paleoparasitologia e Paleoepidemiologia": **Anais da VI Reunião Científica da Sociedade de Arqueologia Brasileira**. Rio de Janeiro, 1992. v. II, p. 443-450.
22   Cfr. SALZANO, Francisco M. "O Velho e o Novo: Antropologia Física e História Indígena": **História dos índios no Brasil**. p. 31.

polêmicas. Durante longo tempo afirmou-se que a presença humana no território brasílico era bastante tardia. No entanto, sucessivas campanhas de pesquisas têm contribuído para alterar essa visão tradicional. Algumas descobertas arqueológicas comprovam a presença do paleoíndio nessa área sul-americana em períodos mais recuados do que comumente se admitia até a década de setenta, apesar de a interpretação dos achados suscitar controvérsia no seio da comunidade científica.

A Toca do Boqueirão do Sítio da Pedra Furada (São Raimundo Nonato, Piauí) constitui, atualmente, uma das estações arqueológicas que provoca maior discussão, devido ao fato de apresentar lentes de carvão e cinzas – interpretadas como sendo resultantes de fogos ateados por homens – às quais se atribuíram datações da ordem dos 48.000 anos A.P. A responsável pelas investigações defende, inclusive, que "considerando-se que até um metro abaixo da camada datada de 48.000 anos ainda havia material arqueológico, pode-se afirmar que a área arqueológica de São Raimundo Nonato foi ocupada pelo Homem desde cerca de 60.000 anos".[23] Contudo, muitos especialistas contestam, quer a participação humana na feitura dos fogos, quer a validade das datações de radiocarbono.

Nas últimas décadas foram descobertas estreitas correlações entre a ocorrência de glaciações e o surgimento de períodos secos nas regiões tropicais, que causaram profundas modificações físico-naturais. Assim, as grandes quedas de temperatura, o desenvolvimento dos *inlandsis* nos polos Ártico e Antártico e a formação de calotas glaciais continentais desencadearam um acentuado decréscimo do nível dos oceanos – devido à retenção de água nas extremidades setentrional e meridional do globo e à transformação, nas zonas de maior altitude, das precipitações de chuva e neve em gelo –, fato que se refletiu significativamente na zona costeira brasílica, onde, por volta dos 20.000 anos A.P., o nível do mar se encontrava aproximadamente 90 metros abaixo da cota atual, registrando-se, ao redor dos 16.000 anos A.P., a máxima descida que pode ter atingido, no decurso do paroxismo glaciar (24 a 14.000 anos A.P.), um valor da ordem dos -100 metros. Este conjunto de condicionalismos físicos permitiu a emersão de uma larga faixa litorânea hoje submersa.

Os períodos climáticos secos provocavam, nas áreas intertropicais úmidas, a diminuição da temperatura, da pluviosidade e da umidade do ar; a expansão de um clima de tipo seco; a retracção das zonas florestais (mata

---

23 GUIDON, Nième. "As Ocupações Pré-Históricas do Brasil (excetuando a Amazônia)", in Ibidem. p. 41.

amazônico-guianense, mata atlântica e mata subtropical) e da cobertura vegetal higrófila, a grande expansão dos cerrados, bem como o avanço da semiaridez (caatingas) e da vegetação xerófila, modificando radicalmente as características morfoclimáticas de vastos espaços geográficos, nomeadamente da Amazônia, que se transformou numa zona de cerrados entremeada de algumas manchas de floresta.[24]

As flutuações climático-vegetativas de longo prazo tiveram, também, importantes repercussões nos recursos faunísticos já que, ao originarem fragmentações cíclicas de hábitats em larga escala e a formação de refúgios ecológicos, criaram as condições para que em períodos de isolamento geográfico ocorresse a diferenciação de espécies e subespécies animais, incrementando a biodiversidade e funcionando, assim, como eficientes "máquinas de especiação" e verdadeiras "bombas de espécies".[25]

A conjugação do mapa dos sítios arqueológicos sul-americanos com antiguidade superior a 10.000 anos com o quadro das condições paleoclimáticas e paleoecológicas da América do Sul entre 20 a 13.000 anos A.P.[26] e, ainda, com o modelo do refúgio[27] viabilizaram o aparecimento de uma teoria recente, apoiada em bases sólidas, sobre os roteiros de penetração do paleoíndio no território brasílico, sobre as condições em que esses movimentos migratórios ocorreram, bem como sobre as respectivas motivações.[28]

A fase seca com climas quentes e subquentes, a diminuição dos recursos hídricos, designadamente a perda de perenidade de muitos rios e as profundas modificações na cobertura vegetal que provocaram a diminuição da fauna, originando a redução dos alimentos disponíveis, agravaram drasticamente as condições de subsistência dos bandos de caçadores-recoletores sul-americanos.

---

24 Cfr. AB'SÁBER, Aziz Nacib. "Espaços Ocupados pela Expansão dos Climas Secos na América do Sul, por ocasião dos Períodos Glaciais Quaternários": **Paleoclimas** (São Paulo), 3 (1977). p. 1-19.
25 Cfr. HAFFER, Jurgen. "Ciclos de Tempo e Indicadores de Tempos na História da Amazônia": **Estudos Avançados-USP** (São Paulo), 6 (15), 1992. p. 7-39.
26 Cfr. AB'SÁBER, Aziz Nacib. Op. cit. p. 1-19.
27 Veja-se o Anexo A.
28 Cfr. AB'SÁBER, Aziz Nacib. "Páleo-climas Quaternários e Pré-História da América Tropical": **Dédalo** (São Paulo), pub. avulsa, I (1989), p. 12.

A rarefação da mancha florestal poderá ter criado continuidade biótica entre as áreas abertas da Venezuela central e o leste do Brasil, permitindo a migração da megafauna necessitada de água e alimentos, em direcção ao espaço brasílico, facilitando a penetração, nessa última zona, de grupos de paleoíndios em busca de nichos ecológicos mais favoráveis.[29] De acordo com a tese de vários cientistas, a entrada dos primeiros povoadores em paragens brasílicas ter-se-á verificado num período situado ao redor de 20.000 anos A.P.[30]

Os principais núcleos arqueológicos plistocênicos que atestam a presença humana no território brasílico são o abrigo da Lapa Vermelha IV de Pedro Leopoldo, na região de Lagoa Santa (Minas Gerais), onde foi encontrada uma pequena indústria lítica com datações da ordem dos 16.000 anos A.P.; o sítio de Alice Boer (Rio Claro, São Paulo), que forneceu uma ponta de projétil datável de 14.200 anos[31] e a Fase Ibicuí (Rio Grande do Sul), que apresenta utensilagem lítica associada a restos de megafauna e a fósseis de vegetais, moluscos e peixes com antiguidade calculada em cerca de 12.770 A.P.[32]

Durante milênios, as reduzidas comunidades de *Homo sapiens sapiens* procuraram com afinco os locais mais adequados à sobrevivência, designadamente os campos abertos, onde se dedicavam à caça da megafauna endêmica, sobretudo de várias espécies de preguiças-gigantes com 2 a 6 metros de comprimento, em particular a preguiça-de-três dedos (*Bradypus tridactilus*) e de diversos tipos de gliptodontes, animais semelhantes aos tatus, mas de enormes dimensões, nomeadamente o dedicuro (*Doedicurus clauvicaudatus*). Os bandos de caçadores paleoíndios abatiam, também, carnívoros como o esmilodonte ou tigre-dentes-de-sabre (*Smilodon populator*); notungulados como o toxodonte (*Toxodon platensis*), semelhante a um grande hipopótamo; perissodáctilos como o cavalo pequeno (*Hippidion bonaerensis*) e o *Equus* (*Amerhippus neogaeus*) e artiodáctilos,

---

29 Cfr. MEGGERS, Betty J. "Archeological and Ethnographic Evidence Compatible with the Model of Forest Fragmentation": **Biological Diversification in the Tropics**. ed. de G. T. Prance. Nova Iorque, 1982. p. 486.
30 Cfr. PROUS, André. Op. cit. p. 120 e 142.
31 Cfr. Idem. Ibidem. p. 127-139.
32 Cfr. KERN, Arno Alvarez. "Les Groupes Préhistoriques de la région Sud-brésilienne et les changements des páleo-milieux: une analyse diachronique": **Revista de Arqueología Americana** (Cidade do México), 4 (1991). p. 97.

como a paleolhama (*Paleolama weddelli*) e o morenelafo (*Morenelaphus lydekkeri*).[33]

Por seu turno, os "refúgios florestais" constituídos pelos núcleos remanescentes das florestas tropicais, as áreas de matas-galerias e os "brejos" (matas orográficas) de encostas e serras úmidas proporcionavam aos caçadores-recoletores frutos e raízes de vegetais, ovos de aves e répteis, mel, insetos, larvas, abelhas etc.

Terá sido no decurso da dispersão provocada pela procura de ecossistemas mais úmidos que os primeiros grupos de paleoíndios alcançaram o atual território de Minas Gerais – ao redor de 16.000 anos A.P. – fixando-se em locais onde existiam cavernas e lapas. Deram assim origem à designada "raça da Lagoa Santa", atestada pela descoberta de largas dezenas de esqueletos de indivíduos dos dois sexos, que fornece os seguintes elementos acerca das características físicas dos primitivos habitantes dessa região: ultradolicocefalia, capacidade craniana média (entre 1.200 e 1.400 cm^3) e estatura mediana (1,62 m para os homens e 1,51 para as mulheres).[34]

As escavações nos depósitos de calcário da Lagoa Santa e da Lapa do Sumidouro, iniciadas pelo naturalista dinamarquês Peter Wilhelm Lund (1801-1880) na década de trinta do século XVIII, têm proporcionado, além de instrumentos líticos de antiguidade situada ao redor de 16.000 anos, ossos de fauna plistocênica (*Glyptodon*, *Scelidotherium*, *Chlamydotherium* e outros) e grande número de esqueletos humanos.[35]

A expansão da seca, ocorrida no período final do Plistocênico, incrementou, entre 14 a 13.000 anos A.P., os ritmos migratórios de pequenos grupos de paleoíndios no espaço que viria a corresponder ao Brasil, ao longo das depressões interplanálticas revestidas de pradarias, cerrados e caatingas, em busca de regiões úmidas, estabelecendo os seus acampamentos preferencialmente em locais com cavernas e tocas existentes nos bordos de planaltos sedimentares.[36]

A última glaciação (denominada de Wurm na Europa e de Wisconsin na América) terminou há 10.000 anos A.P., gerando a transição do Plisto-

---

33 Cfr. JACOBUS, André Luiz. "A utilização de Animais e Vegetais na Pré-História do RS": **Arqueologia Pré-Histórica do Rio Grande do Sul**, dir. de Arno Alvarez Kern, Porto Alegre, 1991. p. 65-69.
34 Cfr. PROUS, André. Op. cit. p. 193-195.
35 Cfr. COSTA, Angyone. **Introdução à Arqueologia Brasileira**. 4. ed. São Paulo, 1980. p. 43-58.
36 Cfr. AB'SÁBER, Aziz Nacib. Op. cit. p. 16.

cênico para o Holocênico. Registou-se, a partir desse período, uma nova fase de aquecimento do planeta que originou uma gradual subida do nível do mar e desencadeou um lento processo de retropicalização, tendo causado o aparecimento de climas generalizadamente mais úmidos, a subida da temperatura, o aumento de pluviosidade e a reexpansão das áreas florestais que provocou a recolonização das regiões de paisagens abertas, onde predominavam gramíneas e espécies arbustivas.[37]

As novas condições climatéricas e ecológicas tiveram consequências dramáticas para as espécies da megafauna plistocênica sul-americana – caracterizadas pelo gigantismo e pela especialização – que tinham conseguido sobreviver ao período seco e frio, provocando a sua desadaptação a um meio ambiente holocênico crescentemente quente e úmido, nomeadamente às alterações na cobertura vegetal, circunstância que, agravada pela intensa atividade predatória dos grupos humanos dotados de eficiente equipamento de caça, conduziu, entre cerca de 10 a 6.000 anos A.P., à extinção dos grandes herbívoros.

O progressivo desaparecimento dos megamamíferos, o gradual retorno da tropicalidade, que provocou uma grande extensão da área florestal e da vegetação higrófila, o aumento dos recursos hídricos e as características da fauna de média e pequena dimensão obrigaram os bandos de caçadores nômades a adotar padrões de subsistência mais diversificados.

A adaptação das populações ao novo universo ecológico do Holocênico foi muito eficaz, permitindo que a presença humana nas várias regiões do Brasil pré-histórico – muito rarefeita até cerca de 10.000 anos A.P. – aumentasse significativamente, ao redor de 9.000 anos A.P., e se distribuísse pela generalidade do território.[38]

Na bacia da Amazônia e terras adjacentes, as sociedades de caçadores-recoletores aí estabelecidas entre o Plistocênico tardio e o Holocênico inicial, equipadas com tecnologia lítica e especializadas no abate da megafauna (Período Paleoindígena), deram gradualmente lugar – ao redor de 8 a 6.000 anos A.P. – a comunidades de caçadores-recoletores mais sedentárias, praticando a caça intensiva de animais menores e a colheita sistemática de plantas aquáticas (Período Arcaico pré-cerâmico).[39]

---

37   Cfr. Idem. "Espaços ocupados..." p. 4.
38   Cfr. PROUS, André. Op. cit. p. 119-120.
39   Cfr. ROOSEVELT, Anna Curtenius. "Arqueologia Amazônica": **História dos índios no Brasil**. p. 58-61.

As reações das comunidades ameríndias às oscilações climatéricas do Holocênico originaram, também no interior do "continente brasileiro", o aparecimento de importantes alterações nos seus modos de vida. O *optimum climaticum*, que se verificou entre 8 e 4.000 A.P., provocou, nessa imensa área, o avanço das matas, pobres em caça mas ricas em recursos vegetais, além da proliferação de moluscos fluviais e terrestres e de peixe nos rios e lagoas. Enquanto alguns bandos procuraram manter a especialização caçadora, tentando, inclusive, deter o avanço da vegetação higrófila com recurso a queimadas, outros optaram por adaptar-se às crescentes modificações do hábitat, utilizando os recursos alimentares fornecidos pelas novas condições ecológicas e, posteriormente, ensaiando as primeiras experiências de domesticação de plantas no planalto Central.[40]

Há cerca de 6.000 anos, a completa restauração das características tropicais e subtropicais no território brasílico era uma realidade. Por essa altura, as temperaturas atingiram os valores médios que hoje se conhecem e o Atlântico – que no milênio anterior ainda se encontrava 10 metros abaixo da cota atual do litoral brasílico – alcançou e ultrapassou, de dois a quatro metros, o presente nível, fixando-se, após algumas variações, na cota zero há cerca de 1.800 anos A.P. Estas modificações contribuíram para povoar a orla marítima, os rios e as lagoas de uma abundante e diversificada fauna, verificando-se a proliferação de numerosas variedades de peixes, tartarugas, moluscos e crustáceos.

A formação de restingas costeiras e a grande riqueza do bioma marinho fez convergir para o litoral significativos grupos de ameríndios que, do nordeste do Pará ao Rio Grande do Sul, ocuparam a faixa litorânea. Essas comunidades dedicavam-se fundamentalmente à captura de moluscos, sobretudo de berbigão, atividade que originou o aparecimento de *sambaquis* ("monte de conchas"), ou seja, de concheiros situados nas enseadas e nos mangues que serviram de cemitério e de depósito de detritos, chegando a atingir os 50 metros de altura. Até a data, foram encontradas na costa brasílica largas dezenas de sambaquis, destacando-se a forte concentração detectada no litoral compreendido entre o Rio de Janeiro e Porto Alegre.[41]

Já no século XVIII, um autor beneditino, natural de Santos, sublinhava "...a antiguidade destas **Ostreiras** (assim lhe chamam na Capitania de S. Paulo)...", observando que na "...maior parte delas ainda se conservam inteiras as conchas, e nalgumas acham-se machados (os dos índios eram de seixo

---

40   Cfr. PROUS, André. Op. cit. p. 145-147.
41   Cfr. Idem. Ibidem. p. 211-222.

muito rijo), pedaços de panelas quebradas e ossos de defuntos; pois que, se algum índio morria ao tempo da pescaria, servia-lhe de cemitério a *Ostreira*, na qual depositavam o cadáver e depois o cobriam de conchas".[42]

O estudo de dezenas de esqueletos descobertos nos concheiros fornece importantes dados sobre a antropologia física dos comumente designados "homens dos sambaquis", apresentando as seguintes características principais: constituição robusta, crânio alto, grande capacidade craniana (sempre superior a 1.400 cm^3 nos homens e raramente ultrapassando os 1.350 cm^3 nas mulheres), fronte inclinada, órbitas altas, nariz largo, face medianamente larga, extrema robustez dos ossos dos indivíduos de ambos os sexos e estatura submédia tanto para as mulheres (1,50 a 1,54 metros) como para os homens (1,58 até 1,61 metros).

Quanto à antiguidade destes morros artificiais, cerca de 80% das datações indicam que a fase áurea da sua construção ocorreu entre 5.000 e 2.000 anos A.P., revelando, ainda, períodos de ocupação e reocupação muito variáveis que, na generalidade, se situam entre quatro séculos e dois milênios. Os achados arqueológicos forneceram importantes elementos acerca das chamadas "culturas sambaquianas", dando a conhecer uma variada indústria de osso, chifre e concha (pontas de projétil, anzóis, raspadeiras, furadores, agulhas, buris, adornos, recipientes e bastões de osso de baleia) e lítica (machados, recipientes, anéis e esculturas geométricas e zoomórficas), bem como estruturas funerárias (enterramentos em covas, geralmente em posição fetal, sobre as quais lançavam barro vermelho, sendo os cadáveres enterrados com corantes, alimentos, instrumentos e adornos).[43]

Desde os primórdios da colonização que os concheiros foram utilizados na edificação dos primeiros núcleos urbanos, servindo de matéria-prima para a fabricação de cal, empregado na construção de numerosos edifícios, designadamente em São Vicente, Santos, Itanhaém, Iguape e Cananeia. Segundo um testemunho quinhentista, na cidade de Salvador a "mor parte da cal que se faz... é das cascas das ostras, de que há tanta quantidade que se faz dela muita cal, a qual é alvíssima, e lisa também, como a de Alcântara".[44] A dimensão dos sambaquis era tão significativa

---

42 DEUS, Frei Gaspar da Madre de. **Memórias para a História da Capitania de São Vicente**, prefácio de Mário Guimarães Ferri. Belo Horizonte-São Paulo, 1975 (1797). p. 45-46.
43 Cfr. PROUS, André. Op. cit. p. 249-263.
44 SOUSA, Gabriel Soares de. **Notícia do Brasil**, ed. de Pirajá da Silva, v. II, São Paulo, s.d. (1587). p. 308.

que somente um deles forneceu a cal suficiente para as obras do Colégio dos Jesuítas da Bahia.[45]

4. DISPERSÃO GEOGRÁFICA E DIFERENCIAÇÃO LINGUÍSTICA

Ao longo do milenar processo de povoamento do Brasil, verificou-se uma progressiva diferenciação linguística e civilizacional entre os descendentes dos primitivos ocupantes. Por volta de 5.000 anos A. P., registrou-se um acentuado crescimento demográfico e ocorreram diversos movimentos migratórios que estiveram na origem do aparecimento de grupos populacionais crescentemente individualizados.

Os ameríndios, que se fixaram no espaço brasílico e nas imediações das suas atuais fronteiras, são agrupados, de acordo com critérios linguísticos, do seguinte modo: troncos (Macro-Tupi e Macro-Jê); grandes famílias (Caribe, Aruaque e Arauá); famílias menores situadas a norte do Amazonas (Tucano, Macu e Ianomâmi) e famílias menores estabelecidas a sul do mesmo rio (Guaicuru, Nambiquára, Txapacura, Pano, Mura e Catuquina), bem como grupos isolados (Aricapu, Auaquê, Irántche, Jabuti, Canoê, Coiá, Trumai e outras).[46]

A análise da evolução e das principais características das sociedades indígenas pré-cabralinas incide sobre alguns grupos dos troncos Macro-Jê e, fundamentalmente, do Macro-Tupi, uma vez que foram estes povos que desempenharam, ao longo do século XVI, um papel de primordial importância como agentes históricos na formação do Brasil.

Não existem dados definitivos sobre o local de origem dos Macro-Jê, havendo, todavia, indícios que apontam para a zona leste, compreendida entre a Bahia e o Rio de Janeiro, onde hipoteticamente se terá iniciado o seu movimento de dispersão. No entanto, devido às vicissitudes da disputa pelo território, o seu hábitat acabou por se concentrar essencialmente no planalto Brasileiro. Há cerca de 5 a 6.000 anos terão ocorrido cisões no tronco Macro-Jê, eventualmente devido a um significativo aumento da densidade populacional, que conduziram à difusão e subsequente formação de diversas famílias: Jê, Camacã, Maxacali, Botocudo, Pataxó, Puri, Cariri, Ofaié, Jeicó, Riquebaquetsa, Guató e, possivelmente, Bororo e Fulniô.

---

45   Cfr. CARDIM, Fernão. **Tratados da Terra e Gente do Brasil**, introdução e notas de Baptista Caetano, Capistrano de Abreu e Rodolfo Garcia. 3. ed. São Paulo, 1978 (1585). p. 175.
46   Cfr. RODRIGUES, Aryon Dall'Igna. **Línguas Brasileiras. Para o Conhecimento das Línguas Indígenas**. São Paulo, 1987. p. 41-98.

Cap. II | As Sociedades Indígenas

É provável que a família Jê propriamente dita seja originária de uma região situada em outro ponto entre as nascentes dos rios de São Francisco e Araguaia-Tocantins. Há cerca de 3.000 anos ter-se-á verificado uma primeira migração desses povos que acabaram por se fixar na região meridional, dando origem aos Guaianás (muito provavelmente antepassados dos atuais Caingangues ou Coroados) e aos Xoclengues. Possivelmente por volta do ano 1.000, surgiu uma nova cisão que individualizou quatro grupos correspondentes a outras tantas línguas autônomas: o Timbira, o Caiapó, o Suiá e o Acuém. Os falantes das três primeiras, pertencentes ao ramo setentrional, tomaram as seguintes direções: os Timbiras expandiram-se preferencialmente para o Meio-Norte (Maranhão-Piauí), enquanto os Caiapós e os Suiás se dirigiram para a bacia amazônica, estabelecendo-se na região do rio Xingu; por seu turno, os Acuém ampliaram a ocupação do planalto Central. Há cerca de quinhentos anos terão surgido as diferenciações internas nas línguas de três grupos que deram origem aos dialetos Timbira orientais (Canela, Gavião, Craô, Creniê, Cricati e outros), Caiapó (Cubém-Cragnotire, Cubencranquém, Cocraimoró, Gorotiré, Xicrim e outros) e Acuém (Xavante, Xerente e Xacriabá).[47]

O parentesco étnico, linguístico e civilizacional dos povos jês não escapou ao espírito arguto de um colono quinhentista que, na descrição das populações que habitavam mais de duzentas léguas do sertão da Bahia, afirma o seguinte: "...todos falam, cantam e bailam de uma mesma feição, e tem os mesmos costumes no proceder da sua vida e gentilidades, com muito pouca diferença".[48]

O tronco Macro-Tupi é constituído por sete famílias (Tupi-Guarani, Mundurucu, Juruna, Ariquém, Tupari, Ramarama e Mondé) que se dividem em vários grupos (línguas) e subgrupos (dialetos). Refira-se, a título de exemplo, que o subgrupo Guajajara pertence ao grupo Teneteara, integrado, por sua vez, na família Tupi-Guarani, um dos sete ramos do Macro-Tupi.

Desde o século XIX que têm sido desenvolvidas tentativas, iniciadas por Carlos Frederico von Martius (Leipzig, 1867), para determinar o centro de dispersão da família Tupi-Guarani. Segundo Alfred Métraux, esse local situava-se na região limitada a norte pelo Amazonas, a sul pelo rio Paraguai, a leste pelo rio Tocantins e a oeste pelo rio Madeira.[49] Por seu

---
47 Cfr. URBAN, Greg. "A História da Cultura Brasileira segundo as Línguas Nativas": **História dos índios no Brasil**. p. 90-91.
48 SOUSA, Gabriel Soares de. Op. cit. v. II, p. 303.
49 **La Civilisation Matérielle des tribus Tupi-Guarani**. Paris, 1928. p. 312.

turno, Aryon Dall'Igna Rodrigues, baseado em elementos linguísticos e no método da glotocronologia, aponta a zona do rio Guaporé (alto Madeira) como centro de difusão dos falantes do tronco Macro-Tupi há 5.000 anos A.P., sugerindo que a separação da família Tupi-Guarani ocorreu ao redor de 2.500 anos A.P.[50]

Apoiados na análise comparativa das características da cerâmica amazônica e tupi-guarani e em estudos de natureza linguística, diversos antropólogos e arqueólogos (Evans, Meggers, Lathrap) defendem que o centro de diferenciação do tronco Macro-Tupi deve ser procurado na Amazônia. O último autor considera acertado localizar "a zona de origem da comunidade de idiomas prototupi-guarani na margem sul do Amazonas, um pouco abaixo da confluência do rio Madeira" (há cerca de 5.000 anos A.P.), apontando a foz do Amazonas como área de dispersão, ao redor de 2.500 anos A.P., dos falantes da "protolíngua tupi-guarani propriamente dita".[51]

Uma tese datada de 1982 e baseada nos métodos da glotocronologia sugere que o tronco Macro-Tupi teve a sua origem, por volta de 5.000 anos A.P, na região situada entre os rios Jiparaná e Aripuanã, tributários da margem direita do rio Madeira, um dos afluentes do baixo Amazonas.

Os recursos alimentares fornecidos pela borda meridional amazônica – zona de florestas entrecortadas de cerrados – terão possibilitado aos grupos de caçadores-recoletores do tronco Macro-Tupi, no período compreendido entre 4 a 2.000 anos A.P., um importante acréscimo da densidade populacional que esteve na origem de um primeiro movimento de expansão geográfica e de diferenciação linguística que os conduziu a leste até o alto Xingu, a oeste ao alto Madeira e a sul ao rio Guaporé, processo de que resultou a formação das sete famílias deste tronco e, consequentemente, a individualização dos tupi-guaranis. Nesta fase, é altamente provável que tenham adquirido e desenvolvido as técnicas da domesticação de plantas, da fabricação de cerâmica, da confecção da rede de dormir e da navegação fluvial.

Por volta do início da Era Cristã, o crescimento demográfico e os efeitos de um persistente surto de seca que afetava, desde cerca de 3 000 anos A.P., a floresta equatorial amazônica, bem como a generalidade do território brasílico, provavelmente obrigaram os tupi-guaranis a buscar novos nichos ecológicos que proporcionassem condições de subsistência adequadas a hor-

---

50 "A Classificação do Tronco Linguístico Tupi": **Revista de Antropologia** (São Paulo), 12 (1964). p. 103-104.
51 LATHRAP, Donald W.. **O Alto Amazonas**. Lisboa, trad. port., 1975. p. 81-84.

ticultores da floresta tropical e ceramistas: zonas de mata situadas na proximidade de cursos de água navegáveis; áreas pouco acidentadas, úmidas, pluviosas e quentes ou, no mínimo, temperadas. Pelo contrário, as regiões semiáridas, montanhosas ou frias nunca despertaram o seu interesse.

As migrações destas populações levaram-nas a ocupar sobretudo as imediações das terras banhadas pelos mais importantes rios e a progredir para sul, alcançando, pelo interior, há cerca de 1.800 anos, os férteis vales do Paraguai, Paraná, Uruguai e Jacuí, bem como dos seus afluentes. A partir dessa área, irradiaram, posteriormente, para leste, ocupando paulatinamente a orla marítima compreendida entre o Rio Grande do Sul e o Ceará.[52]

Das importantes movimentações empreendidas pelos tupi-guaranis no decurso da presente Era resultou, por volta dos séculos VIII-IX, a sua separação em dois grupos linguísticos distintos: o **tupi** ("pai supremo, tronco da geração") e o **guarani** ("guerra"). O primeiro abrange as populações que se instalaram ao longo da maior parte da região costeira tropical; o segundo engloba os grupos que estabeleceram o seu hábitat na área subtropical – Mato Grosso do Sul, região meridional do Brasil, Paraguai, Uruguai e nordeste da Argentina – após expulsarem os seus primitivos ocupantes, povos exclusivamente caçadores-recoletores pré-cerâmicos, tecnologicamente inferiores e criadores de indústrias líticas designadas por "Tradição Humaitá".[53]

Os prototupis apropriaram-se das terras mais quentes da faixa atlântica, dedicando-se à cultura da mandioca amarga, enquanto os protoguaranis colonizaram as terras temperadas, especializando-se no cultivo do milho.[54] O processo de diferenciação dos tupi-guaranis repercutiu, também, nas tradições cerâmicas, tendo os tupis desenvolvido a "subtradição pintada" e os guaranis, a "subtradição corrugada".

Uma proposta de reconstrução das migrações tupi-guaranis – elaborada a partir dos resultados de investigações linguísticas, etnográficas e arqueológicas – adianta que a separação entre os prototupis e os protoguaranis se terá verificado, há cerca de 2.500 anos A.P., numa área situada entre a foz do rio Madeira e a ilha de Marajó. Uma forte pressão demográfica teria impelido os protoguaranis para sul, através dos cursos dos rios Madeira e

---

52 Cfr. MIGLIAZZA, Ernest C.. "Linguistic Prehistory and the Refuge Model in Amazonia": **Biological Diversification...**, p. 497-519.
53 Cfr. KERN, Arno Alvarez. "Les Groupes Préhistoriques...". p. 101-121.
54 Cfr. SCHMITZ, Pedro Ignácio. "Migrantes da Amazônia: a tradição tupi-guarani": **Arqueologia Pré-Histórica do Rio Grande do Sul**. p. 301-302.

Guaporé, chegando, por volta do início da presente Era, ao sistema fluvial Paraná-Paraguai-Uruguai. Os prototupis, por seu turno, estabelecidos na bacia amazônica, ter-se-iam fragmentado em vários subgrupos que, entre os séculos VI-XI, ocuparam paulatinamente o litoral até às proximidades do Trópico de Capricórnio, onde depararam com os guaranis. Iniciaram, então, a penetração no planalto meridional, estabelecendo-se a fronteira entre os dois grupos linguísticos ao sul do curso do Tietê.[55]

O modelo explicativo mais recente sobre a origem e dispersão do tronco Macro-Tupi – que utiliza o método da reconstrução desenvolvido na linguística comparativa para determinar as relações genéticas entre as línguas e, desse modo, elaborar as respectivas árvores genealógicas – defende a hipótese de que este tronco linguístico teve o seu berço em algum ponto da região delimitada pelos afluentes orientais do Madeira e as cabeceiras dos rios Tapajós e Xingu, em áreas de altitudes da ordem dos 200 a 1.000 metros e, em média, acima dos 500 metros, eventualmente o chapadão dos Parecis. No período compreendido entre 5 e 3.000 anos A.P., ter-se-á iniciado o processo de dispersão dessas populações, numa área localizada aproximadamente entre as nascentes dos rios Madeira e Xingu, de que resultou a individualização das sete famílias do tronco Macro-Tupi, entre as quais assumiu posição de relevo a Tupi-Guarani.

Há cerca de 2 a 3.000 anos atrás, ter-se-á verificado a primeira grande movimentação expansionista da família Tupi-Guarani, que provocou a migração dos Cocama e dos Omágua para norte, rumo à região amazônica, dos Guaiaqui para sul, em direção ao Paraguai, e dos Xirionó para sudoeste, onde penetraram em território atualmente pertencente à Bolívia. Seguidamente eclodiu a fase de separação do núcleo central, que levou os Pauserna e os Cauaib para oeste, os Oiampi para as Guianas, os Caiabi e os Camaiurá para o curso do Xingu, os Tapirapé e os Teneteara para as imediações da foz do Amazonas e os Xetá para o extremo sul do Brasil. Depois do ano 1.000 da nossa Era, ter-se-á verificado a última cisão da família Tupi-Guarani, dando origem aos grupos Tupi e Guarani.[56]

5. A DISPUTA PELO DOMÍNIO DO LITORAL

Quando os tripulantes da armada de Cabral desembarcaram na Terra de Santa Cruz, os tupis e os guaranis efetuavam denodados esforços para com-

---

55   Cfr. BROCHADO, José Proenza. "A Expansão dos Tupi e da Cerâmica da Tradição Policrômica Amazônica": **Dédalo** (São Paulo), 27 (1989). p. 65-82.
56   Cfr. URBAN, Greg. Op. cit. p. 92-100.

pletar a conquista do litoral. Os seculares conflitos que se verificaram entre os vários grupos indígenas pela posse da faixa costeira foram provocados pela imperiosa necessidade de procurar dominar um nicho ecológico que fornecia alimentos abundantes, designadamente peixe, tartarugas, moluscos, crustáceos e sal, imprescindíveis para a dieta aborígene, sobretudo se se atender ao fato de que os recursos cinegéticos eram insuficientes para fornecer a quantidade de proteínas indispensável à sua conveniente nutrição.

A ambição de uma comunidade ameríndia em exercer o domínio sobre uma região favorecida teria de se traduzir na conquista de uma parte da várzea amazônica ou da orla marítima. Naturalmente, ganhavam a disputa os grupos tribais mais coesos, numerosos e tecnologicamente mais bem apetrechados.

Em 1500, os **tupis** ocupavam a mais significativa parcela da zona costeira compreendida entre o Ceará e a Cananeia (São Paulo) e os **guaranis**, estabelecidos exclusivamente a sul do Trópico de Capricórnio, dominavam a faixa litorânea situada entre a ilha da Cananeia e a lagoa dos Patos (Rio Grande do Sul), além de importantes regiões no interior desse espaço.

A reconstituição da distribuição espacial dos grupos tribais aborígenes ao longo do litoral brasílico, no final do século XV e início do século XVI, apresenta-se como uma tarefa problemática devido à escassez de elementos de origem indígena, à imprecisão dos testemunhos dos autores quinhentistas e à mobilidade das áreas fronteiriças decorrente do estado de guerra endêmica existente entre os diferentes grupos autóctones. Conjugando as informações fornecidas por várias fontes é, contudo, possível traçar um quadro geral aproximativo das diversas "nações" ameríndias que controlavam a costa e os sertões adjacentes nos primórdios do século XVI.

Mapa 1.
Distribuição das "nações" tupi-guarani ao longo do litoral brasileiro, no início do século XVI. (A partir de **História dos Índios do Brasil**, org. de Manuela Carneiro da Cunha, São Paulo, p. 384).

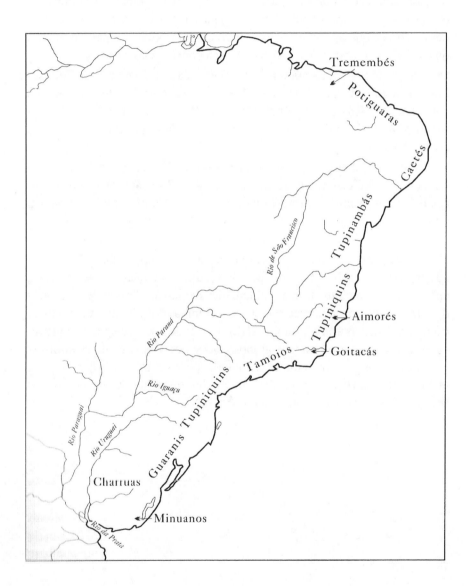

A orla marítima era ocupada, no sentido norte-sul, pelos seguintes grupos tribais: os aruaques habitavam o Norte desde a foz do Oiapoque (Amapá) até a costa paraense, incluindo o delta amazônico e as respectivas ilhas, designadamente a de Marajó (território do grupo aruã, "pacífico");[57] os tremembés ("alagadiço"), pertencentes à família Cariri e ao tronco Macro-Jê, por seu lado, estavam sobretudo fixados no Meio-Norte (Maranhão-Piauí), estendendo-se a sua área de influência das desembocaduras dos rios Gurupi (no limite sul do Pará) ao Camocim ou ao Mucuripe (Ceará).[58]

A partir, grosso modo, da foz do rio Jaguaribe (Ceará) entrava-se em território maioritariamente tupi: os potiguaras ("comedor de camarão") dominavam a zona costeira localizada entre aquele rio e o Paraíba; os tabajaras ("senhor da aldeia") viviam no litoral situado entre o estuário deste curso de água e Itamaracá, e os caetés ("mata verdadeira") predominavam no trecho de costa compreendido entre este marco geográfico e a margem norte do rio de São Francisco (Alagoas).

Nos sertões nordestinos (serras da Borborema, dos Cariris Velhos e dos Cariris Novos e vales do Acaraju, do Jaguaribe, do Açu, do Apodi e do baixo São Francisco) refugiaram-se os cariris ("silencioso"), pertencentes ao tronco Macro-Jê, após terem sido expulsos do litoral pelos tupis.[59] Numa parcela do interior cearense (sobretudo na serra de Ibiapaba), do Rio Grande do Norte e da Paraíba imperavam os tabajaras.[60]

Os tupinambás ("descendentes dos tupis") ocupavam a costa desde a margem direita do São Francisco até a zona norte de Ilhéus, depois de terem vencido os seus anteriores habitantes; no entanto, a sua divisão em dois grupos rivais – o primeiro abarcando a área enquadrada pelos rios de São Francisco e Real (Sergipe) e o segundo senhoreando o litoral desde aí até o Camamu – deu origem a um estado de guerra permanente. Por outro lado, os moradores da região onde veio a ser edificada a vila do Pereira e, posteriormente, a cidade do Salvador eram inimigos dos habitantes das ilhas de Itaparica e Tinharé e da costa norte de Ilhéus, situação que provocava acesos combates entre aqueles bandos.[61]

---

57 Cfr. PINTO, Estêvão, **Os Indígenas do Nordeste**. São Paulo, 1935. v. I, p. 115-117.
58 Cfr. Idem. Ibidem. p. 136-137.
59 Cfr. Idem. Ibidem. p. 135.
60 Cfr. Idem. Ibidem. p. 114.
61 Cfr. FERNANDES, Florestan. **A Organização Social dos Tupinambá**. 2. ed. São Paulo-Brasília, 1989. p. 32-34.

Em março de 1531, pouco antes de se iniciar o processo de colonização da Terra de Santa Cruz, os homens da armada de Martim Afonso de Sousa presenciaram, na baía de Todos os Santos, um violento combate entre dois grupos de tupinambás de que nos chegou o seguinte relato:

> "Estando nesta baía, no meio do rio, pelejaram 50 almadias de uma banda e 50 da outra, que cada almadia traz 60 homens, todas apavesadas de paveses pintados como os nossos; e pelejaram desde o meio-dia até o sol-posto. As 50 almadias da banda de que estávamos surtos foram vencedoras e trouxeram muitos dos outros cativos e os matavam com grandes cerimônias, presos por cordas, e depois de mortos os assavam e comiam".[62]

Nos sertões baianos fixaram-se os tapuia, os tupina e os amoipira ("os da outra banda do rio"), um ramo segregado dos tupinambás, após terem sido derrotados em sucessivas guerras, quer entre si, quer com os tupinambás. Aí viviam, também, os ibirajara ("senhor do pau"), pertencentes ao grupo Caiapó da família Jê.

Do estuário do Camamu (a norte de Ilhéus) até o do Cricaré ou São Mateus (Espírito Santo), as zonas litorâneas pertenciam aos tupiniquins ("colaterais dos tupis") que, contudo, se debatiam com as duras investidas dos aimorés (vocábulo tupi que designa uma espécie de macaco), pertencentes à família Botocudo (Macro-Jê), que lhes disputavam o território. Nos sertões de Porto Seguro e do Espírito Santo viviam os papanás, que foram forçados a abandonar o litoral devido aos ataques dos tupiniquins e dos aimorés. Os goitacás ("nômades") provinham do tronco Macro-Jê e viviam no trecho de costa compreendido entre o rio Cricaré e o cabo de São Tomé, ocupando também o interior dessa região.[63]

A área costeira fluminense delimitada pelo cabo de São Tomé e Angra dos Reis era controlada pelos tamoios ("avô") – outro ramo dos tupinambás – que dispunham, ainda, de algumas povoações mais a sul: Ariró, Mambucaba, Taquaraçu-Tiba, Ticoaripe e Ubatuba. Todavia, ainda restavam nessa área alguns núcleos de temiminós ("netos do homem"), designadamente na ilha de Paranapuã ou dos Maracajás (atual ilha do Governador, na baía da Guanabara), que resistiam às constantes investidas dos seus implacáveis inimigos.

---

62 SOUSA, Pêro Lopes de. **Diário da Navegação (1530-1532)**, estudo crítico de Eugénio de Castro e prefácio de Capistrano de Abreu. 2. ed. Rio de Janeiro, 1940. v. I, p. 157-159.
63 Cfr. SOUSA, Gabriel Soares de. Op. cit. v. I, p. 163.

O domínio do litoral paulista localizado entre Caraguatatuba e Iguape-ilha Comprida pertencia aos tupiniquins, que também viviam numa parcela do sertão. Os guaianás ("gente aparentada") predominavam na zona de matas de pinheiro, a 300 metros de altitude, e na área de planalto correspondente à faixa que se estende de Angra dos Reis à Cananeia. Pertenciam à família Jê, devendo ser considerados antepassados dos atuais Caingangues.[64]

A partir da Cananeia entrava-se no espaço dos guaranis e dos autóctones por eles assimilados ou "guaranizados" – conhecidos por diversas designações locais, nomeadamente carijós, tapes, patos e arachãs –, que se estendia até a lagoa dos Patos, numa extensão de cerca de 80 léguas de costa.[65] Estes tinham como vizinhos e adversários populações pertencentes aos grupos pampeanos: os charruas, no sudoeste, fixados em ambas as margens do rio Uruguai e respectivos afluentes, e os minuanos, no sudeste, que detinham a posse do trecho de costa que se iniciava na lagoa dos Patos e alcançava o estuário platino (nas imediações do local onde, no século XVIII, viria a ser edificada a cidade de Montevidéu).[66]

No decurso da longa luta pelo domínio do litoral, os tupi-guaranis – mais bem organizados, mais bem armados, dispondo das técnicas da agricultura de coivara e da cerâmica, bem como da construção de habitações, estruturas defensivas e canoas – derrotaram e expulsaram as populações que habitavam o litoral. Estas foram apodadas de tapuias, vocábulo tupi que significa os "outros ou selvagens" e que era utilizado depreciativamente pelos vencedores com o sentido de "inimigos bárbaros". Esta denominação foi atribuída aos membros de todos os outros troncos linguísticos – sobretudo Jê – que ainda não tinham atingido o seu estádio civilizacional.

Quando entraram em contacto com os portugueses, os tupis transmitiram-lhes o seu menosprezo pelos povos jês, tendo aqueles perfilhado idêntica posição e adotado, inclusive, a expressão tapuia para designar todas as populações não pertencentes à família Tupi-Guarani. Os tapuias correspondiam, pois, na generalidade dos casos, às populações jês.[67]

---

64   Cfr. BECKER, Ítala Irene Basile, "O que sobrou dos índios pré-históricos do Rio Grande do Sul": **Arqueologia Pré-Histórica do Rio Grande do Sul**, p. 331-335.
65   Cfr. CARDIM, Fernão. Op. cit. p. 123.
66   Cfr. BECKER, Ítala Irene Basile. Op. cit. p. 343-344.
67   Cfr. PINTO, Estêvão. Op. cit. p. 126.

Uma missiva, datada de 1555, da autoria de um dos missionários que chegou à Terra de Santa Cruz integrado no primeiro grupo de jesuítas (1549), fornece-nos um exemplo paradigmático da visão quinhentista lusitana dos tapuias ou bárbaros de "língua travada", considerados como "geração de índios bestial e feroz; porque andam pelos bosques como manadas de veados, nus, com os cabelos compridos como mulheres; a sua fala... mui bárbara e eles mui carniceiros e trazem flechas ervadas e dão cabo de um homem num momento".[68]

Os autores quinhentistas tinham clara consciência de que – anteriormente à chegada dos portugueses ao Brasil e até já depois do início da colonização – os grupos tribais do ramo tupi, constituídos por sociedades de horticultores-caçadores-recoletores-pescadores, tinham derrotado e expulsado de grande parte do litoral brasílico os seus primitivos ocupantes, na sua maioria comunidades de caçadores-recoletores pertencentes ao tronco Macro-Jê, instalando-se nesses territórios. Numa obra redigida em 1584, afirma-se que "destes tapuias foi antigamente povoada esta costa, como os índios afirmam e assim o mostram muitos nomes de muitos lugares que ficaram de suas línguas que ainda agora se usam".[69]

6. A DEMOGRAFIA

Os cálculos sobre a população ameríndia que, nos finais do século XV, habitava o Hemisfério Ocidental são muito polêmicos, variando consoante os investigadores sejam adeptos das teorias demográficas "fortes" ou "fracas", adotando, consequentemente, critérios "altos" ou "baixos" para efetuar as respectivas estimativas.

Na década de cinquenta foi desenvolvido, por demógrafos norte-americanos, o método regressivo. A sua aplicação, por iniciativa de S. F. Cook e W. Borath, à região do México Central compreendida entre a fronteira dos chichimecas e o istmo de Tehuantepec, que tinha por centro a cidade de Tenochtitlan, produziu resultados inesperados. A área estudada – com uma dimensão da ordem dos 514.000 km^2 – teria, em 1519, cerca de 25.000.000 de habitantes, o que se traduzia numa elevada densidade populacional: cerca de 50 habitantes por quilômetro quadrado. Apesar de esta estimativa ter

---

[68] **Cartas Jesuíticas II. Cartas Avulsas 1550-1568.** Rio de Janeiro, 1931. p. 148.
[69] ANCHIETA, José de. **Cartas, Informações, Fragmentos Históricos e Sermões (1554-1594).** Belo Horizonte-São Paulo, 1988. p. 310.

sido corrigida para cerca de 15.000.000, levando em linha de conta dados de natureza ecológica e arqueológica, continuou, todavia, a apresentar índices demasiadamente elevados.[70]

Pierre Chaunu, baseado nos resultados das pesquisas da chamada "Escola de Berkeley", defendeu, no início da década de sessenta, que todos os cálculos sobre a demografia americana do período anterior à conquista europeia deveriam ser revistos, adiantando que a população do Novo Mundo teria, nessa época, um valor da ordem de "mais de 40 milhões, talvez 80 milhões de índios".[71] Na linha destas sugestões foram efetuadas estimativas para a população do Peru que deram, para 1530, valores da ordem dos 10.000.000 de indivíduos,[72] enquanto outras avaliações mais recentes (N. D. Cook) atribuem ao Tahuantinsuyu (Império Inca) – que englobava, além do Peru, importantes parcelas dos atuais Equador e Bolívia – um total de 12.000.000 de habitantes.

Na década de setenta, Pierre Clastres procurou calcular a densidade populacional das aldeias tupi-guaranis, na primeira metade do século XVI (4 habitantes por quilômetro quadrado), baseado nos elementos fornecidos por autores quinhentistas (fundamentalmente Thevet e Léry) sobre os tupinambás. Cruzando os resultados obtidos com testemunhos seiscentistas de missionários franceses no Maranhão e de jesuítas da Província do Paraguai, chegou à conclusão de que o efetivo populacional dos guaranis – estabelecidos num território de cerca de 350.000 km² – seria, em 1539, de 1.404.000 indivíduos.[73] Segundo cálculos mais modernos, o guarani teria, nessa época, entre 600 e 800.000 falantes.[74]

As estimativas sobre o número de aborígenes que, em 1500, vivia no espaço atualmente incorporado no Brasil são, também, muito controversas, oscilando entre 1 e 5 milhões de indivíduos.[75]

Um antropólogo norte-americano calculava, em meados deste século, a densidade populacional através da avaliação da área ocupada por cada grupo tribal e do número de pessoas por maloca, tendo concluído que esse valor

---

70   Cfr. ALBORNOZ, Nicolás Sanchez. "La Población de América antes de 1492": **Iberoamérica, una Comunidad.** v. I, p. 125-131.
71   **A América e as Américas.** Lisboa, trad. port., 1969. p. 67.
72   Cfr. WACHTEL, Nathan. **La Vision des Vaincus. Les Indiens du Pérou devant la Conquête Espagnole.** Paris, 1971. p. 317-334.
73   **A Sociedade contra o Estado: Pesquisas de Antropologia Política.** 5. ed. Rio de Janeiro, trad. port., 1990. p. 56-70.
74   Cfr. SCHMITZ, Pedro Ignácio. Op. cit. p. 300.
75   Cfr. SALZANO, Francisco M. Op. cit. p. 30.

para os grupos tupis quinhentistas, no litoral a sul do Amazonas, seria de 0,6 habitantes por quilômetro quadrado, o que daria um efetivo da ordem dos 189.000 indivíduos. Segundo este investigador, a população ameríndia que vivia no território brasílico cifrar-se-ia, na sua globalidade, ao redor de 1.500.000 habitantes.[76]

Em 1976 foi publicado um ensaio em que o seu autor – modificando os pontos de vista expressos em 1970[77] – adotou novos critérios para calcular a densidade populacional com base nos quais atribuiu valores bastante mais elevados para a população aborígene do Novo Mundo.

Tabela 1

Estimativa da população indígena da América à época da conquista europeia

	População estimada	Total da população americana (%)
América do Norte	4.400,000	7,7
México	21.400,000	37,3
América Central	5.650,000	9,9
Caraíbas	5.850,000	10,2
Andes	11.500,000	20,1
Terras baixas da América do Sul	8.500,000	14,8
	57 300 000	100,0

Fonte: William M. Denevan, "The aboriginal population of Amazonia": **The native population of the Americas in 1492**, William M. Denevan (ed.), Madison, 1976. p. 291.

No estudo em causa sugere-se uma densidade populacional de 28 habitantes por quilômetro quadrado para as terras de aluvião (várzea) e 1,2 para a mata de terra firme, chegando-se à média de 14,6 para a bacia amazônica, o que daria um total de aproximadamente 4.834.000 habitantes. No entanto, o autor reduz, numa nota, este número para 3.625.000 indivíduos com o argumento válido de que a percentagem dos solos férteis no conjunto da Hileia é bastante reduzida.

---

76 Cfr. STEWARD, Julian H.. "The Native Population of South America": **Handbook of South American Indians**, ed. de Julian H. Steward, v. V, Washington (D.C.), 1949. p. 655-668.
77 Cfr. DENEVAN, William M. "The Aboriginal Population of Western Amazonia in Relation to Habitat and Subsistence": **Revista Geográfica** (Rio de Janeiro), 72 (1970). p. 61-86.

Relativamente ao litoral a sul do estuário do Amazonas, propõe-se um valor da ordem de 9,5 habitantes por quilômetro quadrado, base a partir da qual se aponta a cifra de cerca de um milhão de índios para essa área geográfica nos finais do século XV.[78] Contudo, como sublinham diversos autores, inclusive o próprio Denevan, os números apontados têm um caráter meramente indicativo, pelo que se encontram permanentemente sujeitos a correções.

Foi apresentada recentemente uma estimativa da população ameríndia que habitava, em 1500, o território atualmente correspondente ao Brasil, em que se determina o total através do cálculo da população original de cada grupo tribal ou conjunto de grupos. Esse método leva em conta não só os dados fornecidos pelos testemunhos quinhentistas ou seiscentistas, mas, também, as características de fertilidade de cada região, criando índices de densidade populacional consoante as potencialidades dos diferentes nichos ecológicos, nomeadamente margens de rios/zonas costeiras e bacias hidrográficas, áreas de floresta equatorial ou tropical e campos/cerrados.

Tabela 2
Estimativa da população ameríndia no território brasílico em 1500, por regiões

Região	População	Porcentagem
Rio Grande do Sul	95.000	3,9
Santa Catarina e Paraná	152.000	6,3
Estado de São Paulo	146.000	6,0
Mato Grosso do Sul	118.000	4,9
Guanabara e Rio de Janeiro	97.000	4,0
Espírito Santo e Ilhéus	160.000	6,6
Minas Gerais	91.000	3,7
Bahia	149.000	6,1
Vale do São Francisco	100.000	4,1
Costa Nordeste	208.000	8,6
Nordeste Interior	85.000	3,5
Maranhão	109.000	4,5

---

78   Cfr. Idem. "The Aboriginal Population of Amazonia": **The Native Population of the Americas in 1492**. ed. de William M. Denevan. Madison, 1976. p. 205-235.

Rio Pará e ilha de Marajó	87.000	3,6
Tocantins e Araguaia	101.000	4,2
Xingu e Iriri	66.000	2,7
Bacia do Tapajós	86.000	3,5
Mato Grosso Central	71.000	2,9
Bacia do Madeira	78.000	3,2
Amazonas (abaixo do rio Negro)	60.000	2,5
Amapá	49.000	2,0
Rios das Guianas e Norte do Amazonas	55.000	2,3
Negro	98.000	4,0
Branco	33.000	1,4
Içana e Uaupés	19.000	0,8
Içá e Japurá	19.000	0,8
Solimões (Amazonas acima do rio Negro)	47.000	1,9
Purus e Acre	30.000	1,2
Juruá, Jandituba, Ituí e Javari	22.000	0,9
Total	2.431,000	100

Fonte: John Hemming, **Red gold: the conquest of the Brazilian Indians**. 2. ed. Londres, 1987. p. 492-501.

Apesar de conterem algumas incorrecções, designadamente a de colocar, em 1500, tupinambás no Maranhão e no Pará quando esses grupos somente aí se refugiaram na segunda metade do século XVI, estas estimativas apontam, globalmente, para um valor credível, referindo a existência de cerca de 2.500.000 aborígenes à data da chegada da armada de Cabral.[79]

7. AS SOCIEDADES SEMISSEDENTÁRIAS

As populações do Hemisfério Ocidental podem ser agrupadas, nos finais de Quatrocentos, em três tipos de sociedades distintas. As sedentárias, baseadas na agricultura permanente, muitas vezes com recurso à irrigação, e possuidoras de estruturas sociais, políticas, tributárias e religiosas muito complexas, são subdivididas em "imperiais" (o Império Asteca, na Meso

---

[79] Cfr. HEMMING, John. **Red Gold: The Conquest of the Brazilian Indians.** 2. ed. Londres, 1987. p. 487-492.

América, e o Império Inca, nos Andes centrais) e "não imperiais" (os chibchas das atuais Venezuela e Colômbia, e os aruaques das Antilhas).

As sociedades semissedentárias caracterizavam-se pela prática da agricultura semi-itinerante, pela importância vital da caça e da pesca, pela mudança periódica dos lugares onde se estabeleciam os povoados, pela menor densidade populacional comparativamente com as sociedades de agricultura sedentarizada, bem como pela inexistência, na generalidade dos casos, de diferenciações sociais significativas, de tipos coercitivos de organização do poder, do pagamento de tributos ou de formas institucionalizadas de religião. As populações que desenvolveram este modelo civilizacional estavam estabelecidas em largas faixas do leste da América do Norte, no norte do México, em algumas zonas da Colômbia e do Chile, nas ilhas ocupadas pelos caribes e em grande parte da América do Sul, da Venezuela ao Paraguai.

As sociedades não sedentárias eram constituídas por caçadores-recoletores que tinham o seu hábitat nas pradarias norte-americanas, no norte do México, no planalto Brasileiro (diversos povos, nomeadamente o Jê), no deserto do Chaco (atuais Bolívia e Paraguai), nos pampas (dos atuais Uruguai e Argentina) e na costa sul do Chile. A cada uma destas sociedades correspondiam, naturalmente, diferentes estádios civilizacionais.[80]

No litoral sul-americano – da costa caribenha da Colômbia até ligeiramente a sul do estuário platino (Argentina) – predominavam as sociedades semissedentárias, ou seja, comunidades de horticultores-caçadores-recoletores-pescadores que baseavam o seu modo de subsistência no cultivo intensivo de raízes sem recurso à utilização do arado ou de adubos que são característicos da agricultura sedentarizada, na caça, na pesca, na coleta de animais, vegetais e matérias-primas, adotando um padrão cultural que é normalmente designado pelos antropólogos por "cultura da floresta tropical".[81] No entanto, alguns autores consideram que estes elementos de natureza exclusivamente ecológico-econômica são insuficientes para caracterizar as sociedades semissedentárias, defendendo, pelo contrário, que o traço distintivo da generalidade dos grupos tribais da floresta tropical

---

80 Cfr. LOCKHART, James e SCHWARTZ, Stuart B. **Early Latin America. A History of Colonial Spanish America and Brazil**. Cambridge, 1983. p. 31-60.
81 LATHRAP, Donald W. Op. cit. p. 47-49.

reside no modelo de organização sociopolítico, isto é, na "falta de estratificação social e de autoridade do poder".[82]

Durante décadas, antropólogos e arqueólogos adeptos da chamada "corrente ambientalista" (Steward, Evans, Meggers, Sanders e Price, Lynch e outros) afirmaram que as grandes inovações culturais pré-históricas na América do Sul – designadamente a agricultura, a cerâmica e as sociedades complexas – surgiram na região andina, sendo posteriormente introduzidas na floresta tropical, onde teriam regredido devido às condições ecológicas adversas.

Ultimamente, em resultado das mais recentes investigações, vem sendo defendida a tese de que as primeiras manifestações de horticultura e cerâmica no Novo Mundo ocorreram nas várzeas amazônicas durante o Holocênico, adiantando-se, ainda, que as populações das terras baixas sul-americanas, além da prioridade na descoberta dessas inovações culturais da maior relevância, contribuíram para o desenvolvimento das civilizações dos Andes.[83]

As sociedades semissedentárias tupis do litoral compreendido, grosso modo, entre o Nordeste e o Sudeste do Brasil – área geográfica em que se concentrou a atuação quinhentista lusitana no Novo Mundo – adotaram um padrão de subsistência fundamentalmente assente no cultivo de raízes (sobretudo a mandioca amarga), na pesca, na caça e na recoleção.

8. A AGRICULTURA DE COIVARA

A determinação da época e da região onde primeiramente surgiu, na América do Sul, a horticultura de raízes, tem provocado intenso debate. Os bandos de caçadores-recoletores-pescadores ter-se-ão, provavelmente, transformado em comunidades de horticultores-caçadores-recoletores-pescadores, devido, parcialmente, a modificações ambientais.

Uma tese recente defende que a cultura da floresta tropical terá ocorrido nas matas de várzea da Grande Amazônia no decurso do terceiro milênio a. C.[84] Nessa região, vários grupos populacionais pertencentes ao tronco Macro-Tupi teriam adotado essa inovação vital, difundindo-a por todas as áreas em que se estabeleceram.

---

82 CLASTRES, Pierre. Op. cit. p. 22.
83 Cfr. ROOSEVELT, Anna Curtenius. Op. cit. p. 53-54.
84 Cfr. Idem. Ibidem. p. 65.

A generalidade dos grupos tribais da floresta tropical especializou-se na horticultura de raízes ou agricultura de **coivara** ("ramos secos que ficam nas terras depois de roçadas"), complexo cultural caracterizado pela utilização dos meios vegetativos de reprodução, ou seja, pelo cultivo através de mudas e não por semeadura.[85]

A fraca potencialidade agrícola da maioria dos solos das regiões tropicais úmidas, geralmente pouco férteis e com elevado teor de alumínio, bem como a inexistência de fertilizantes de origem animal, devido à ausência de domesticação e criação de gado, tornava impraticável a adoção de um sistema de cultivo permanente que rapidamente conduziria à destruição irreversível da capacidade produtiva das terras. Daí que as populações da floresta tropical sul-americana tenham desenvolvido um modelo agrícola específico adaptado às características ecológicas do seu hábitat e baseado na exploração temporária de uma parcela da mata.

Na seleção dos terrenos destinados ao cultivo era dada preferência aos solos argilosos, considerados detentores de maiores potencialidades, e a áreas com declives, de modo a permitir a drenagem da água e, consequentemente, a impedir o apodrecimento das raízes.

As tarefas de preparação da mata para o cultivo exigiam um significativo esforço aos aborígenes, atendendo ao tipo de utensilagem de que dispunham. Na época da estiagem, efetuavam a limpeza preliminar, utilizando machados de pedra escura (basalto, diorito etc.) para cortar os arbustos, as árvores de pequeno porte e os ramos das grandes espécies. A etapa seguinte – que ocorria cerca de dois meses após o início das primeiras operações para permitir a secagem do material lenhoso derrubado – consistia na queimada, geralmente em forma de círculo, do perímetro delimitado, efetuada no período imediatamente anterior ao aparecimento das primeiras chuvas. Faziam fogueiras em torno das grandes árvores para derrubá-las e empregavam "bastões de cavar" (paus pontiagudos) para perfurar o solo, procedendo, logo no início da estação chuvosa, ao cultivo do espaço disponível entre os restos dos troncos calcinados. O método utilizado consistia em cavar buracos, onde eram enterradas as plantas ou as mudas, recobrindo-os seguidamente com terra.[86]

A combustão do material lenhoso possibilitava a fertilização dos terrenos de cultivo com as cinzas, mas a utilização de utensílios de pedra ou

---

85 Cfr. SAUER, Carl O. "As Plantas Cultivadas na América do Sul Tropical": **Suma Etnológica Brasileira 1. Etnobiologia**, coord. de Berta G. Ribeiro. 2. ed. Petrópolis, 1987. p. 71.
86 Cfr. MEGGERS, Betty J. **Amazônia: a Ilusão de um Paraíso**, p. 45-47.

madeira não permitia rasgá-los profundamente, razão pela qual as plantas ficavam a curta distância da superfície, não absorvendo convenientemente os sais nutrientes do solo e proporcionando, por conseguinte, baixos rendimentos.

Um artilheiro alemão prisioneiro dos tupinambás durante largos meses, na década de cinquenta do século XVI, assistiu ao desmatamento para a feitura de roças, descrevendo-o do seguinte modo:

> "Nos lugares onde querem plantar, cortam primeiro as árvores e deixam-nas secar de um a três meses. Deitam-lhe fogo e depois queimam-nas e então é que plantam entre os troncos as raízes de que precisam...".[87]

A área desbravada era dividida em parcelas distribuídas pelas famílias nucleares e cultivada, em média, durante três a quatro anos, sendo abandonada ao fim desse lapso de tempo. Deixava-se à natureza a função de regenerar a cobertura vegetal destruída (processo que podia demorar entre vinte e cem anos), repetindo-se, em seguida, o mesmo procedimento noutro trecho da floresta.

Os produtos cultivados variavam conforme as condições ecológicas. Para os grupos aborígenes das regiões tropicais de baixa altitude a cultura básica era a da mandioca amarga. Os mais antigos registros disponíveis revelam que, há cerca de 3.000 anos A.P., uma das suas numerosas variedades silvestres já tinha sido domesticada no médio Orenoco, região onde foram descobertas grandes assadeiras deste tubérculo, em cerâmica, semelhantes às atualmente utilizadas pelas populações ameríndias.[88]

O seguinte texto, da autoria de um colono quinhentista que viveu largos anos no Brasil, fornece importantes indicações sobre as técnicas de cultivo da mandioca amarga utilizadas pelos aborígenes:

> "Planta-se a mandioca em covas redondas como melões muito bem cavadas e em cada cova se metem três ou quatro pauzinhos (segmentos reprodutivos com aproximadamente 15 a 20 centímetros cada) da rama (haste nodosa)... e não entram pela terra mais que dois dedos, os quais paus quebram à mão... ao tempo que os plantam, porque em fresco deitam leite pelo corte, donde nascem e se geram as raízes; e fazem-se estas plantadas mui ordenadas seis palmos de uma cova a outra..."[89]

---

87 STADEN, Hans. **Viagem ao Brasil**. Rio de Janeiro, trad. port., 1988 (1557). p. 163.
88 Cfr. MEGGERS, Betty J. Op. cit. p. 68.
89 SOUSA, Gabriel Soares de. Op. cit. v. II, p. 316-317.

A *Manihot esculenta Grantz* (antigamente classificada como *Manihot utilissima Pohl*) – da família das euforbiáceas, de raízes tuberosas, folhas palmiformes de cor verde-azulada e com uma altura que varia entre 1,50 e 2,40 metros – foi profundamente modificada por reprodução seletiva, constituindo a mais importante cultura do sistema agrícola da floresta tropical.[90] A função de relevo desempenhada pela cultura deste rizoma, ao longo de milênios, no fornecimento de calorias às populações ameríndias transformou-o num símbolo de segurança alimentar que pode ser ilustrado pelo fato de os grupos tucanos do alto Uaupés, ainda nos nossos dias, lhe reservarem 91% do espaço das suas roças.[91]

A opção das populações indígenas, com particular destaque para os tupis, pelo padrão básico de mandioca amarga terá ficado a dever-se ao fato desta planta proporcionar a maior quantidade de matéria alimentar por unidade de superfície cultivada – seis vezes superior ao trigo[92] –, ser muito resistente à seca e às pragas, bem como consumir menor quantidade de azoto do que, por exemplo, o milho, permitindo, assim, manter os terrenos em produção por um período mais longo e dispensando a fertilização artificial dos solos. Tinha, no entanto, alguns inconvenientes, designadamente o longo período que decorria entre o cultivo e a colheita (cerca de um ano), os problemas que a sua conservação levantava, devido aos elevados teores de água, bem como a forte presença de uma substância tóxica nas raízes (o ácido cianídrico).

Além de dezenas de variedades de mandioca amarga (mandiocamirim, manaibuçu, manaibaru, manaitinga etc.) – que possuem naturalmente uma grande propensão para o cruzamento – os ameríndios plantavam, também, muitos talhões de mandioca doce, aipim ou macaxeira (antigamente classificada como *M. dulcis Baill*). Nas roças, a mandioca amarga era colocada no centro, sendo as outras plantas dispostas à sua volta em pequenos lotes. O aipim, necessitando de maior irrigação, era plantado nas áreas mais baixas. Os aborígenes adotavam, por conseguinte, os chamados "padrões de cultivo intrarroça", isto é, uma estratégia que combinava as características das plantas e dos solos com a drenagem e as condições climatéricas.[93]

---

90   Cfr. LATHRAP, Donald W. Op. cit. p. 51-52.
91   Cfr. CHERNELA, Janet M. "Os Cultivares de Mandioca na Área do Uaupés (Tukãno): **Suma Etnológica Brasileira 1. Etnobiologia**, p. 154.
92   Cfr. FERRÃO, José E. Mendes. **A Aventura das Plantas e os Descobrimentos Portugueses**. Lisboa, 1992. p. 102.
93   Cfr. POSEY, Darrell A. "Etnobiologia: Teoria e Prática": **Suma Etnológica Brasileira 1. Etnobiologia**, p. 21-22.

Os habitantes do planalto – sobretudo os jês – conferiram particular primazia ao cultivo do **amendoim** (*Arachis hypogaea*), planta originária do Brasil, onde ainda ocorrem espécies selvagens da Bahia ao Rio de Janeiro. Gabriel Soares de Sousa descreve-o, na segunda metade de Quinhentos, do seguinte modo:

> "Dos amendões temos que dar conta particular, porque é cousa que se não sabe haver senão no Brasil, os quais nascem debaixo da terra, onde se plantam à mão, um palmo do outro; as suas folhas são como as dos feijões da Hispânia e têm os ramos ao longo do chão. E cada pé dá um grande prato destes amendões, que nascem na ponta das raízes (na realidade nascem na extremidade dos ginóforos que se formam na parte aérea após a fecundação das flores, penetrando, então na terra, para frutificarem),[94] os quais são tamanhos como bolotas e têm a casca da mesma grossura e dureza, mas é branca e crespa e tem dentro de cada bainha três e quatro amendões, que são da feição dos pinhões com casca e ainda mais grossos. Têm uma tona parda que se lhes sai logo como a do miolo dos pinhões, o qual miolo é alvo..."[95]

O **mandubim** (vocábulo tupi donde parcialmente provém o termo amendoim) possui um teor de gordura extremamente elevado, constituindo um alimento muito energético e rico em proteínas que minorava as carências proteicas e corrigia uma alimentação excessivamente baseada em glúcidos (mandioca, batata-doce e cará). É altamente provável que pertença ao complexo cultural da mandioca. Esta leguminosa desempenhava, também, um papel importante na horticultura praticada pelos aruaques e pelos tupis.[96]

As populações pertencentes à família Tupi-Guarani da região subtropical – estabelecidas em solos com significativos índices de fertilidade – adotaram, contrariamente aos seus parentes da área tropical, um padrão básico de **milho** (*Zea mays*) – o mais pobre dos cereais em proteínas – que se tornou o produto essencial da sua dieta alimentar.

No decurso do primeiro milênio a. C., depois de um longo processo de observação, aprendizagem e experimentação, cultivavam-se sementes primitivas de milho nas várzeas da Grande Amazônia, designadamente no médio Orenoco (espécie semelhante ao *Pollo* dos Andes setentrionais). Por volta do início da Era Cristã, foram selecionadas duas variedades mais

---

94 FERRÃO, José E. Mendes. Op. cit. p. 50.
95 Op. cit. v. II, p. 335.
96 Cfr. SAUER, Carl O. Op. cit. p. 64-65.

modernas (parecidas com o tipo *Chandelle* da região caribenha), tornando-se este cereal, por volta dessa época, o principal alimento das populações amazônicas das terras de aluvião.[97] Quando os antepassados dos guaranis emigraram da Amazônia, transportaram, entre outras técnicas, a do cultivo do milho, que introduziram em larga escala nas regiões subtropicais.

Os guaranis optaram pela adoção de uma planta monoica (o milho), que tem um ciclo de maturação (seis meses) bastante mais curto do que o da mandioca, combinando o seu plantio com o do feijão, uma vez que este possui aminoácidos complementares aos daquele cereal, permitindo, assim, um melhor aproveitamento das suas proteínas. O feijão tornou-se, pois, praticamente coextensivo com a distribuição do milho.[98]

Na década de trinta do Quinhentos, a expedição espanhola que iniciara a conquista da região platina procurava afanosamente as povoações guaranis com o objetivo de se abastecer de milho. Um episódio dessa atuação é revelado por um soldado germânico, que integrava as forças de D. Pedro de Mendoza, ao testemunhar que o capitão-general D. João de Ayolas ordenara aos guaranis do Paraguai que carregassem cinco barcos daquele cereal para assegurar o sustento dos seus homens durante uma campanha militar.[99] Estes fatos são bem ilustrativos da importância que a cultura do milho havia assumido entre aquele povo.

Os horticultores da mata tropical dedicavam-se, também, à produção de outros gêneros de plantas alimentares: a jetica ou batata-doce (*Ipomoea batatas*), originária da região compreendida entre a península do Iucatão e o sul do rio Orenoco; o cará (*Dioscorea trifida*), variedade americana de inhame; o taiuiá-de-comer (*Cyclanthera pedata*), vegetal de origem sul-americana semelhante ao pepino e alguns tipos de jerimum ("quer dizer abóbora, e tem de duas ou três castas, compridas e redondas e outras pequenas"),[100] nativos do Novo Mundo: abóbora-menina (*Cucurbita maxima*), abóbora-moranga (*C. pepo*) e abóbora-cheirosa (*C. moschata*), cujas sementes (pevides) possuem um alto valor nutritivo.[101]

---

97 Cfr. ROOSEVELT, Anna Curtenius. Op. cit. p. 74-76.
98 Cfr. SAUER, Carl O. Op. cit. p. 67.
99 Cfr. SCHMÍDEL, Ulrich. **Relatos de la Conquista del Río de la Plata y Paraguay 1534-1554**. Madrid, trad. castelhana, 1989 (1567). p. 49.
100 LISBOA, Frei Cristóvão de. **História dos Animais e Árvores do Maranhão**. ed. de Jaime Walter, Lisboa, 1967 (c. 1631). p. 101.
101 Cfr. FERRÃO, José E. Mendes. Op. cit. p. 92-93.

As populações ameríndias plantavam, também, nas roças outros vegetais, designadamente diversas qualidades de feijões como o comandá – ("quer dizer feijão e tem de quatro ou cinco castas, brancos e pretos e vermelhos e pardos")[102] – (*Phaseolus vulgaris*), nativo da América do Sul, o feijão-de-lima (*P. lunatus*), originário da Guatemala, e o feijão-de-porco (*Canavalia ensiformis*), com grão de cor branca; uma variedade de tremoço (*Lupinus*) e a araruta (*Marantaa arundinacea*), erva de cujo rizoma se extrai fécula branca. Contrariamente ao que se verificava no Velho Mundo, as plantações principais dos horticultores da mata tropical também davam hortaliças e legumes frescos.

A generalidade das plantas equatoriais e tropicais, crescendo em terrenos pobres, alimenta-se mais da energia do sol e das chuvas do que dos sais nutrientes do solo, reproduzindo-se preferencialmente por via vegetativa e não por meio de sementes. Estas características – não sendo corrigidas pelo recurso a métodos de fertilização – conduziam, por conseguinte, à produção de espécies vegetais com elevados índices de água e açúcar e baixos teores de gorduras e proteínas.[103]

As informações provenientes das pesquisas efetuadas sobre os ianomâmis contemporâneos permitem calcular que os aborígenes necessitavam cultivar, em média, 1.070 m² por indivíduo, fornecendo meio hectare os alimentos necessários para sustentar uma família de 4 a 5 pessoas.[104]

9. A HORTICULTURA

Era frequente as comunidades ameríndias plantarem ou manterem em estádio de semidomesticação árvores e plantas que forneciam alimentos, matérias-primas, remédios e outros produtos em áreas que visitavam periodicamente,[105] não sendo, todavia, fácil distinguir os tipos silvestres dos cultivados, uma vez que existem estádios intermédios.[106]

Muitos grupos tribais mantinham pomares e hortas junto às habitações, no perímetro das aldeias, onde cultivavam produtos alimentares e não alimentares (plantas tintureiras e manufatureiras), aproveitando os detritos domésticos, ricos em nitrogênio, para fertilizar o solo e, desse modo,

---

102 LISBOA, Frei Cristóvão de. Op. cit. p. 102-103.
103 Cfr. PROUS, André. Op. cit. p. 39.
104 Cfr. CLASTRES, Pierre. Op. cit. p. 66.
105 Cfr. PROUS, André. Op. cit. p. 40.
106 Cfr. LÉVI-STRAUSS, Claude. "O Uso das Plantas Silvestres da América do Sul Tropical": **Suma Etnológica Brasileira 1. Etnobiologia**, p. 29 e 41.

obter boas produções. Entre as espécies domesticadas destacam-se a cumari (*Capsicum frutescens baccatum*), uma pimenta que tem grande número de variedades no Brasil; a purunga (*Lagenaria vulgaris*), cujos frutos dão cabaças, e o urucuzeiro (*Bixa orellana*), arbusto de origem sul-americana cujo pigmento proporciona a obtenção de corantes (de cor vermelha) utilizados nas pinturas corporais destinadas quer às atividades guerreiras, quer à proteção contra os raios solares e as picadas dos insetos.

Os ameríndios cultivavam, também, nas cercanias dos seus povoados, o barbadense, uma qualidade sul-americana de algodão (*Gossypium barbadense*) que se desenvolvia muito bem nas terras baixas e quentes do litoral brasílico. No Nordeste proliferou um outro tipo (*G. hirsutum*) adequado a regiões mais secas.[107] Gabriel Soares de Sousa refere-se, da seguinte forma, a esta planta:

> "Maniim (aminiú) chamam os índios ao algodão, cujas árvores parecem marmeleiros arruados em pomares, mas a madeira dele é como de sabugueiro, mole e oca por dentro; a folha parece de parreira com o pé comprido e vermelho, com o sumo da qual se curam feridas espremido nelas. A flor do algodão é uma campainha amarela muito formosa, donde nasce um capulho, que ao longe parece uma noz verde, o qual se fecha com três folhas grossas e duras da feição das com que se fecham os botões das rosas; e como o algodão está de vez, que é de Agosto por diante, abrem-se estas folhas, com que se fecham estes capulhos, e vão-se secando e mostrando o algodão que tem dentro muito alvo, e se não o apanham logo cai no chão; e em cada capulho destes estão quatro de algodão, cada um do tamanho de um capulho de seda; e cada capulho destes tem dentro um caroço preto, com quatro ordens de carocinhos pretos, e cada carocinho é tamanho e da feição do feitio dos ratos, que é a semente donde o algodão nasce, o qual no mesmo ano que se semeia dá novidade. ... As árvores destes algodoeiros duram sete a oito anos e mais, quebrando-lhe cada ano as pontas grandes à mão, porque se secam; para que lancem outros filhos novos..."[108]

Outra das espécies que habitualmente fazia parte da panóplia de vegetais produzidos pelos horticultores da mata tropical, nas imediações dos respectivos assentamentos, era um tipo de tabaco (*Nicotiana tabacum*) provavelmente originário dos vales a leste dos Andes (Bolívia), que terá alcançado as Guianas – através dos tributários do Amazonas – de onde se difundiu para as Antilhas e para a costa oriental do Brasil. O plantio do

---

107 Cfr. SAUER, Carl O. Op. cit. p. 82-85.
108 SOUSA, Gabriel Soares de. Op. cit. v. II, p. 47.

tabaco (*petume* ou *petyma* na língua tupi) foi adotado, entre outras famílias linguísticas, pela Tupi-Guarani que lhe dava diversas aplicações.[109]

10. A PESCA

Os padrões básicos de mandioca e milho adotados pela grande maioria das populações das terras baixas sul-americanas forneciam os hidratos de carbono necessários à sua dieta alimentar, mas os aminoácidos indispensáveis à sobrevivência humana – designadamente a lisina – somente podiam ser obtidos através da ingestão de alimentos ricos em proteínas. Assim, o sistema produtivo da floresta tropical baseado na agricultura de coivara tinha, obrigatoriamente, de ser complementado pela pesca e caça.

Os dados atualmente disponíveis apontam no sentido de que os ameríndios, quando habitavam na faixa costeira ou nas margens dos rios e lagoas, preferiam as atividades piscatórias às cinegéticas. Com efeito, os biomas marinho, fluvial e lacustre proporcionavam abundantes e concentradas quantidades de peixe, moluscos e crustáceos que os indígenas obtinham com menor dispêndio de energias e num lapso de tempo mais curto do que o exigido pela caça.

Alguns rios particularmente ricos – salientando-se o Amazonas que possui a fauna ictiológica mais abundante e variada do mundo, estimada em cerca de 2.000 qualidades[110] – disponibilizavam o peixe suficiente para satisfazer as necessidades proteicas dos aborígenes.

Entre a grande diversidade de espécies de água doce que se reproduz no sistema hidrográfico brasílico contam-se o manatim (*Trichechus manatus*), um exemplar que mede até 4 metros, podendo pesar 500 quilos; a piraíba (*Brachyplatystoma filamentosum*) – um "bagre grande... é de pele; é bom para comer"[111] – o maior peixe de couro do Brasil medindo cerca de 2,30 metros e pesando mais de 140 quilos; a dourada (*B. flavicans*); o pirarucu ou "peixe pintado de urucu" (*Arapaima gigas*), com cerca de 2 metros e 80 quilos, que constitui a mais importante fonte fornecedora de proteínas dos indígenas da Amazônia; o dourado ou pirajá (*Salminus brevidens*), com 1 metro e 50 quilos, tendo a particularidade de possuir grandes ovas; o curumbatá (*Prochilodus sp.*) "... é peixe gordo, é cheio de

---

109 Cfr. SAUER, Carl O. Op. cit. p. 74.
110 Cfr. GOODLAND, Robert e IRWIN, Howard. **A Selva Amazônica: do Inferno Verde ao Deserto Vermelho?**. São Paulo, trad. port., 1975. p. 100.
111 LISBOA, Frei Cristóvão de. Op. cit. p. 87.

ovos muito bons e há muita quantidade em rios e lagos e não se tomam senão à flecha e arpão e é muito bom peixe fresco";[112] o aracu-pintado (*Leporinos friderici*) e o aracu-branco (*L. mulleri*); o piquirão (*Aphyocharax difficilis*); o tambaqui (*Colossoma macropomum*); o surubim (peixe de couro que pode atingir até 3,30 metros), o surubim-mena ou pirajupeva (*Platystomatichthys sturio*), o surubim-pintado (*Pseudoplatystoma coruscans*), o piracambucu (*P. fasciatum*), o tucunaré (*Chicla ocellaris*) e o boto-cor-de-rosa (*Inia geoffrensis*), um cetáceo fluvial com cerca de 2,50 metros e mais de 150 quilos.

As zonas mais favoráveis para a obtenção de proteínas de origem aquática situam-se na faixa litorânea – sobretudo no curso inferior dos rios, com particular relevo para as enseadas e baías – porque permitem o contato entre os biomas fluvial e marinho.

Entre as numerosas variedades de peixes de água salgada capturadas pelos tupis, merecem particular destaque diversas espécies de mugilídeos pelo importante papel que desempenharam na dieta alimentar desses grupos linguísticos, bem como no dos restantes que então ocupavam o litoral brasílico: a tainha (*Mugil lisa*), o parati (*M. curema*) e o curimã ou tainha-listada (*M. cephalus*). Estes teleósteos desovam nos rios no decurso do mês de agosto, época que os ameríndios aproveitavam para os capturar em grandes quantidades.[113]

A dimensão dos cardumes de mugilídeos e a importância de que se revestiam para as populações ribeirinhas era tão significativa que diversos grupos tupis atribuíram a vários locais designações com eles relacionadas: Paratiji ("rio das tainhas"), na Bahia; Parati ("peixe narigudo"), baía no litoral do Rio de Janeiro e rio em Santa Catarina, bem como Bertioga ("a casa das tainhas"), canal localizado entre a ilha de Santo Amaro e a terra firme, em Santos (São Paulo).

Os ameríndios obtinham, ainda, espécies de água salgada, de significativa dimensão, destacando-se o bijupirá ou peixe-rei (*Rachycentrus canadus*), o camurim (*Centropomus pectinatus*), o robalo (*C. undecimalis*), a piraúna ou miragaia (*Pogonias chromis*), a canhanha ou salema (*Archosargus unimaculatus*), a cururuca ou corvina (*Micropogonias furnieri*), a piracuca ou garoupa (*Epinephelus guaza*), o caramuru ou moreia (*Gymnotorax moringua*), o zabucai ou peixe-galo (*Selene vomer*), o timucu

---

112 Idem. Ibidem. p. 76.
113 Cfr. STADEN, Hans. Op. cit. p. 122.

ou peixe-agulha (*Strongylura timucu*), o cupá ou barracuda (*Sphyraena barracuda*), o guarapucu ou cavala-preta (*Scomberomus cavalla*), o paru (*Pomancanthus sp.*), o cunapu ou mero (*Promicrops itaiara*), o guiará ou xaréu (*Caranx hippos*), o pirapicu "peixe comprido" ou espadarte (*Xiphias gladius*) e várias qualidades de pescada (*Cynoscion*), designadamente o cupá ou pescada-ticupã (*C. acoupa*).

Os aborígenes desenvolveram técnicas que lhes permitiam abater espécies aquáticas de grandes dimensões quando penetravam nos manguezais e baías ou subiam os cursos dos rios. Entre estas salienta-se o emblemático peixe-boi (*Trichechus inunguis*), que geralmente mede até 4 m e pesa entre 1.200 e 1.500 Kg. Tem o seu hábitat nas águas quentes da costa norte e nordeste até às imediações de Ilhéus, sendo já raro no litoral do Espírito Santo. Constituía um dos principais recursos alimentares dos tupis da orla marítima, motivo que levou um jesuíta quinhentista a escrever que "este peixe é nestas partes real e estimado sobre todos os demais peixes", descrevendo-o do seguinte modo:

> "Este peixe nas feições parece animal terrestre e principalmente boi; a cabeça é toda de boi com couro, cabelos, orelhas, olhos e língua; os olhos são muito pequenos em extremo para o corpo que tem; fecha-os e abre-os quando quer, o que não têm os outros peixes; sobre as ventas tem dois courinhos com que as fecha e por elas resfolega; e não pode estar muito tempo debaixo de água sem resfolegar; não tem mais barbatana que o rabo, o qual é todo redondo e fechado; o corpo é de grande grandura todo cheio de cabelos ruivos: tem dois braços do comprimento de um côvado (antiga medida de comprimento que correspondia a 0,66 metros) com suas mãos redondas como pás e nelas tem cinco dedos pegados..."[114]

Os abrigos proporcionados pelos recortes do litoral brasílico eram utilizados pelas baleias (sobretudo da espécie *Megaptera nodosa*) – designadas em tupi por pirapuã "o peixe que empina" – que, entre maio e setembro, aí se refugiavam, pariam e amamentavam as crias. Outro cetáceo que frequentava as águas costeiras e as embocaduras dos rios era o tucuxi ou boto-preto (*Sotalia fluviatilis*). Era comum encalharem alguns exemplares – sobretudo quando ocorriam grandes tempestades – que os ameríndios aproveitavam, conseguindo, assim, alimento suplementar, bem como óleo e ossos para instrumentos.

As populações ribeirinhas obtinham, ocasionalmente, alguns seláceos que davam à costa ou saltavam em seco nas margens dos rios, designada-

---
114   CARDIM, Fernão. Op. cit. p. 51-52.

mente o iperu – "o que dilacera" – ou tubarão (*Carcharias limbatus*), o jaguará ou tintureira (*Galeocerdo cuvieri*), o cação-galhudo (*Carcharinus milberti*), o tubarão-sombreiro (*Isurus oxyrhynchus*) e o anequim ou tubarão-branco (*Carcharondon carcharias*).

A necessidade de alcançar um elevado grau de eficácia no aprovisionamento da mais abundante fonte de proteínas disponível incentivou as comunidades ameríndias a desenvolver várias técnicas de pesca, que se revestiam de caráter essencialmente coletivo. Uma das mais eficientes consistia em utilizar venenos vegetais, nomeadamente o suco de arbustos que contêm alcaloide timboína – o timbó-cipó (*Derris guyanensis*), o timbó-macaquinho (*Lonchocarpus nicou*), o tururi ou cipó-de-timbó (*Serjania erecta*) e o guaraná-timbó (*Dahlstedtia pinnata*) – que atordoa e asfixia os peixes. Esta forma de obtenção de recursos piscícolas transformou-se num hábito cultural profundamente arraigado nas populações indígenas da América do Sul, com particular destaque para os ameríndios brasílicos que selecionaram dezenas de plantas capazes de lhes fornecer venenos de pesca.[115]

As substâncias tóxicas eram colocadas em zonas de pouca profundidade, designadamente em rios e riachos represados, asfixiando todo o peixe que se encontrava no local. A eficácia deste método é atestada por um testemunho quinhentista que informa que numa única operação desse tipo eram "apanhados mais de doze mil peixes grandes".[116] Uma variante mais complexa assentava na organização de pescarias noturnas, atraindo os cardumes com archotes de facheiro (*Lonchocarpus spruceanus* ou *Xylopia ligustrifolia*) e atordoando-os, em seguida, com esse gênero de plantas.

Outra das técnicas desenvolvidas era a de capturar, de preferência na estação seca, peixes que procuravam refúgio ou alimento nas bermas dos rios, nos manguezais ou nas baías usando um arpão, composto de haste de cabo longo confeccionada com fibras de entrecasca de embira preta (*Daphnopsis*), normalmente com ponta de osso amovível, a que era atado um flutuador de madeira para permitir a sua posterior recuperação. Um naturalista setecentista descreve, da seguinte forma, a arpoação do peixe-boi:

> "Para os arpoarem sobem a uma canoa dois ou três índios, providos de arpões de duas farpas; ao romper o dia ou ao findar um dia sereno e sossegado, sem vento que altere o rio, como também ao sair da lua nas noites

---

115 Cfr. HEIZER, Robert F. "Venenos de Pesca": **Suma Etnológica Brasileira 1. Etnobiologia**, p. 95-99.
116 ANCHIETA, José de. Op. cit. p. 121.

de luar, é uma boa ocasião de navegar na espreita deles. Pelas margens dos rios e dos lagos, evitando qualquer ruído na água com os remos, pois o peixe-boi sente qualquer ruído. A estas horas e em semelhantes lugares eles estão comendo grana, ora só com a cabeça fora da superfície, ora com a maior parte do corpo, conforme a situação e como lhes convier. É preciso avançar sobre eles no maior silêncio possível até chegar-se a distância de os arpoar com sucesso. A melhor arpoada é a da parte superior da cabeça e na parte superior do pescoço".[117]

Outra das técnicas a que recorriam os "brasis" era a da construção de armadilhas nos perequês (estuário onde os peixes se reúnem para a desova). Na época da piracema, período em que os grandes cardumes migratórios periodicamente abandonavam o mar e penetravam nos rios, os ameríndios vedavam o piraiquê ("entrada do peixe"),[118] local de confluência das águas doce e salgada e edificavam, com varas e esteiras, na altura da maré vazante, um pari, ou seja, uma barragem ou curral – que podia atingir 3 metros de altura e 40 de comprimento –, ficando o peixe cercado e obrigado a vir à tona da água pela ação dos venenos, sendo, então, capturado em larga escala. Além das paliçadas ou tapagens de pesca, os ameríndios utilizavam outros tipos de ciladas, nomeadamente o jíqui, um cesto cilíndrico, recoberto de folhagem, com uma abertura e totalmente fechado na outra extremidade, que era colocado em passagens estreitas dos cursos de água.[119]

Individualmente, os tupis pescavam nas margens dos rios de águas claras e à beira-mar, utilizando arco e flechas, algumas das quais com ponta de osso e a pindaíba (vara de pescar) que continha uma pedra (pindacuã) na linha (pindaçama) para afundar o anzol (pindá) que era confeccionado com dentes aguçados de animais ou peixes (pindãi).

11. A CAÇA

A caça constituía outra das alternativas para a obtenção de alimentos ricos em proteínas, sendo praticada nas modalidades individual e coletiva. O fato das folhas e raízes da mata tropical brasílica conterem reduzidos

---

117 FERREIRA, Alexandre Rodrigues. **Viagem Filosófica pelas Capitanias do Grão-Pará, Rio Negro, Mato Grosso e Cuiabá. Memórias. Zoologia. Botânica.** Rio de Janeiro, 1972. p. 59-60.
118 Este vocábulo surgiu, pela primeira vez, em um texto escrito, numa obra redigida por volta de 1557, que coloca na boca de um jesuíta, o irmão ferreiro Mateus Nogueira, a expressão: "se foram tainhas do Piraiquê...". NÓBREGA, Manuel da. **Diálogo sobre a Conversão do Gentio**. ed. de Serafim Leite. Lisboa, 1954. p. 75.
119 Cfr. CHERNELA, Janet M. Op. cit. p. 241-245.

teores em vitaminas e sais minerais e, consequentemente, possuirem baixo valor proteico, condicionou o desenvolvimento da fauna que, embora relativamente diversificada, não se caracterizava pela existência de significativas espécies gregárias ou de grupos numerosos. Esta situação dificultava a tarefa dos caçadores, forçados a empenhar-se quase sempre na busca de exemplares solitários, devido ao padrão de dispersão da grande maioria dos animais desse hábitat.

Os mamíferos existentes eram, com exceção da anta, de pequeno ou médio porte, não formando manadas de grandes herbívoros (bovídeos ou lhamas) que garantissem o regular abastecimento de carne aos "brasis", como acontecia, por exemplo, nas pradarias norte-americanas, onde os recursos cinegéticos asseguravam o fornecimento de elevadas quantidades de proteínas às populações ameríndias.

O conjunto de características da fauna brasílica inviabilizou as possibilidades de domesticação de animais, como aconteceu noutras paragens do Novo Mundo com o pastoreio do peru (*Meleagris gallopavo*) na Mesoamérica ou a criação, nos Andes, da alpaca (*Lama pacos*), da cobaia ou porquinho-da-Índia (*Cavia porcellus*), do pato-do-mato (*Cairina moschata*) e, sobretudo, da lhama (*Lhama glama*), cuja carne, fresca ou seca, fornecia valiosas proteínas, e os excrementos, combustível para as fogueiras. A lhama era o único animal de carga do continente americano, sendo capaz de percorrer diariamente uma média de 25 quilômetros e de transportar 40 quilos.[120]

Os recursos faunísticos eram mais numerosos e diversificados nas imediações de rios e lagoas – devido à abundância de alimentos vegetais – do que nas matas afastadas de cursos de água, relativamente pobres em biomassa vegetal, pelo que os ameríndios caçavam, nas zonas mais ricas, uma grande diversidade de animais, particularmente o gambá ou sarigueia (*Didelphis*), da ordem dos marsupiais, e vários desdentados: a preguiça-de-dois-dedos (*Choloepus didactylus*), a preguiça-aí (*Bradypus tridactylus*) e a preguiça-de-coleira (*B. torquatus*); o tamanduá-bandeira (*Mirmecophaga tridactyla*), o tamanduá-mirim (*Tamandua tetradactyla*) e o tamanduaí (*Cyclopes didactylus*), bem como o tatu-canastra (*Priodontes maximus*), o tatuaçu ou tatu-de-rabo-mole (*Cabassous unincictus*) e o tatuetê ou tatu-galinha (*Dasypus novemcinctus*), cuja carne era muito apreciada pelos ameríndios.

---

120 Cfr. GILMORE, Raymond M. "Fauna e Etnozoologia da América do Sul Tropical": **Suma Etnológica Brasileira 1. Etnobiologia**, p. 190.

A principal fonte de proteínas de origem cinegética obtida pelos "brasis" provinha da captura de roedores de grande porte, designadamente o porco-espinho ou ouriço-caixeiro (*Coendou prehensilis*), o ratão-do-banhado (*Myocastor coypus*), o mocó (*Kerodon rupestris*) e o preá (*Cavia aperea*).

Merecem particular destaque pelo papel que desempenharam no fornecimento de carne aos indígenas a acutipiranga ou cutia (*Dasyprocta aguti*), a capivara ou "comedor de capim" (*Hydrochoerus hydrochaeris*) e a paca (*Cuniculus paca*). A primeira – com um peso que varia entre dois e quatro quilos – constituiu provavelmente o alimento vivo mais importante da mata tropical ao longo de todo o ano. Um humanista bracarense descreveu-a, nos seguintes termos: "Cutias são do tamanho de lebres e quase têm a mesma semelhança e sabor. Estas cutias são ruivas, têm as orelhas pequenas e o rabo tão curto que quase que não se enxerga".[121]

A capivara é o maior dos roedores anfíbios, podendo atingir entre 50 e 70 quilos. Vive em bandos junto às margens dos rios ou lagoas e em matas e cerrados, sendo retratada, do seguinte modo, por um autor quinhentista: "Nos rios de água doce e nas lagoas também se criam muitos porcos, a que os índios chamam capivaras, que não são tamanhos como os porcos do mato, os quais têm pouco cabelo, a cor cinzenta e o rabo como os outros".[122] Finalmente, a paca é solitária, pesa até dez quilos e fornece uma carne branca de que os ameríndios gostavam bastante, sendo comparada, por alguns autores do século XVI, a "leitões"[123] ou "do tamanho de leitões de seis meses".[124]

O animal terrestre de maiores dimensões que estava ao alcance dos tupis era o tapira-caapora ou anta (*Tapirus terrestris*), exclusivamente herbívoro e cujo hábitat se situa nas imediações de rios e lagoas, podendo atingir entre 200 e 250 quilos. É descrito, da seguinte forma, por um gramático lusitano que viveu no Brasil na segunda metade de Quinhentos:

> "... são da feição de mulas, mas não são tão grandes, têm o focinho mais delgado e um beiço comprido à maneira de tromba. As orelhas são redondas e o rabo muito comprido; são cinzentas pelo corpo e brancas pela barriga. Estas antas não saem a pastar senão de noite e tanto que amanhece metem-se em alguns brejos ou na parte mais secreta que acham e ali estão

---

121   GÂNDAVO, Pêro de Magalhães de. Op. cit. fl. 21.
122   SOUSA, Gabriel Soares de. Op. cit. v. II, p. 139.
123   CARDIM, Fernão. Op. cit. p. 26.
124   SOUSA, Gabriel Soares de. Op. cit. v. II, p. 143.

o dia todo, escondidas como aves noturnas a que a luz do dia é odiosa, até que, anoitecendo, tornam outra vez a sair e a pastar por onde querem como é seu costume..."[125]

Os "brasis" caçavam, ainda, o pecari (*Tayassu*), espécie de javali, com duas variedades distintas: o caititu ou "dente aguçado" (*T. tajacu*), com 15 a 20 quilos, que vivia geralmente sozinho ou, quando muito, em grupos de seis ou oito elementos e a queixada (*T. pecari*), maior que o anterior (tem entre 25 e 35 quilos), é gregária, agrupa-se em varas de mais de 100 cabeças (podendo chegar às 200), defendendo-se coletivamente. Especial interesse despertavam, pela qualidade da sua carne, os cervídeos, nomeadamente a suaçuapara ou veado-campeiro (*Ozotocerus bezoarticus*), a suaçucaatinga ou veado-catingueiro (*Mazama simplicicornis*), o cervo-do-pantanal (*Blastocerus dichotomus*) e a suaçuetê ou veado-mateiro (*M. americana*).

Outros tipos de animais eram utilizados pelos aborígenes como fontes fornecedoras de proteínas, designadamente o tapiti (*Sylvilagus brasiliensis*), um coelho selvagem; o cuati (*Nasua*) e o guaxinim (*Procyon cancrivorus*); felídeos como o gato-do-mato (*Felis geoffroyi*), o maracajá (*F. pardalis brasiliensis*) que tem cerca de 10 a 12 quilos, o jaguaretê ou onça-pintada (*Panthera onca*) e a suçuarana ou puma (*Felis concolor*) que pesa entre 50 e 100 quilos, bem como o guará (*Crhysocion brachyurus*), semelhante a uma raposa grande com 20 a 30 quilos.

Os símios constituíam um importante recurso alimentar para as populações indígenas, porque eram, conjuntamente com a queixada, as únicas espécies que viviam em grupos numerosos e, ainda, porque povoavam as matas em grande quantidade. Entre os mais apetecidos, salientavam-se saguins (*Callithrix e Saguinus*); guaribas ou bugios (*Alouatta*), com particular destaque para o guariba-preto (*A. caraya*) e o guariba-ruivo (*A. fusca*); micos (*Cebus*), micos-de-cheiro (*Saimiri*) e mico-leões (*Leontophitecus*); cuatás (*Ateles*) e muitas outras qualidades de macacos.

A caça de répteis permitia a obtenção de alguns tipos de jacarés de pequenas dimensões: o jacaré-coroa (*Paleosuchus palpebrosus*), o jacaré-curuá (*P. trigonatus*) e o jacaré-de-lunetas (*Caiman jacare*) e dois exemplares de médio porte: o jacaretinga (*C. crocodilus*) e o jacaré-de-papo-

---

125 GÂNDAVO, Pêro de Magalhães de. Op. cit. fls. 20-21.

amarelo (*C. latirostris*), bem como de alguns lagartos de grande dimensão: o jacuruaru (*Tupinambis nigropunctatus*), o tejuaçu (*T. teguixin*) e a jacarerana (*Crocodilurus lacertinus*). Também entravam na sua alimentação batráquios como pererecas ou sapos, especialmente o juiponga (*Hyla faber*) e a perereca-verde (*Phyllomedusa burmeisteri*), e rãs ou jias (*Leptodactylus*), cuja carne, muito rica em proteínas e sais minerais (cálcio e ferro), era bastante apreciada pelos indígenas.

Os ameríndios caçavam também aves destinadas quer à alimentação, quer à obtenção de penas. Entre as primeiras, as preferidas eram o nhandu ou ema (*Reha americana*); tinamídeos (galiformes semelhantes a codornizes e perdizes), nomeadamente o jacu (*Penelope*) e o inhambu (*Crypturellus*); patos selvagens como o ireré (*Dendrocygna*), bem como o mutum (*Crax e Mitu*), parecido com o peru. A captura de aves com a finalidade essencial de conseguir penas ornamentais centrava-se prioritariamente nas emas, canindés (*Ara ararauna*), jurus ou papagaios (*Amazona*), araras (*Anodorhynchus*) e tucanos (*Ramphastos*).[126]

Entre os métodos de caça utilizados figurava o mutá, posto de observação construído em árvores altas, até cerca de 15 metros do solo, onde se instalavam os caçadores e aguardavam pacientemente a passagem dos animais para os atingir com flechas. Outra das técnicas empregadas era o mundéu, armadilha que consistia em covas escavadas nos trilhos, recobertas de ramos e folhas ou numa estacada de pau a pique, com uma só porta e dotada de um dispositivo que a fechava quando o bicho lá entrava, destinando-se, sobretudo, a capturar as espécies de maior porte, designadamente a onça-pintada. Os "brasis" recorriam, ainda, à caça com laço e à utilização do fogo para forçar os animais a sair das tocas.

Os aborígenes procuravam concitar atitudes propiciatórias por parte dos seres sobrenaturais, destinadas a garantir o sucesso da caçada. Utilizavam, ainda, métodos de inspiração mágica como, por exemplo, o de esfregar o corpo com determinados vegetais ou ingerir infusões adequadas ao tipo de fauna que pretendiam abater.[127]

---

126   Cfr. GILMORE, Raymond M. Op. cit. p. 189-221.
127   Cfr. MELATTI, Julio Cezar. Op. cit. p. 48.

12. A RECOLEÇÃO

A recoleção constituía uma das mais importantes atividades desenvolvidas pelas populações da mata tropical, uma vez que lhes proporcionava uma importante parcela dos componentes da sua dieta alimentar, quer em vegetais, quer em animais e respectivos produtos, além de fornecer matérias-primas para as mais variadas finalidades.

Espécies vegetais alimentícias. Existia uma grande abundância e variedade destas espécies silvestres – algumas das quais eram protegidas ou mantidas em estado de semidomesticação pelos autóctones – que davam frutos, raízes e sementes. Geralmente encontravam-se muito dispersas devido ao padrão de distribuição da vegetação das matas tropicais. Estas características obrigavam a que um grupo tribal exercesse o domínio sobre uma grande extensão de floresta, única forma de garantir o acesso aos produtos necessários à subsistência, exigindo ainda um significativo dispêndio de energias devido às longas distâncias a percorrer até reunir as quantidades pretendidas.

O ecossistema equatorial gerou uma enorme diversidade de espécies, muitas das quais comuns a mais do que uma zona botânica. Na imensa região amazônica, os aborígenes tinham ao seu alcance uma multiplicidade de frutos, originários de árvores frutíferas e de palmeiras, nomeadamente o abiu (*Pouteria caimito*), o purumã (*Pourouma cecropiaefolia*), o sapoti (*Achras sapota*), a pupunha (*Bactris gasipae*), o buriti, o taperebá-açu (*Poupartia amazonica*), o açaí (*Euterpe oleraceae*) e o biribá (*Rollinia orthopetata*), anonáceas, como a graviola (*Anona muricata*) e o araticumponhé (*A. montana*), o cupuaçu (*Theobroma grandiflorum*) e o cupuaí (*T. subincanum*), o murici-da-mata (*Byrsonima crispa*) e o murici-penima (*B. chrysophylla*), o cacau (*Theobroma cacao*), que surgiu nas florestas da parte superior das bacias do Orenoco e do Amazonas, bem como o guaraná (*Paullinia cupana*), cujas sementes possuem propriedades estimulantes (a cafeína e a teobromina).

A diversidade e abundância dos frutos amazônicos foi um dos elementos que contribuiu para conferir à região uma conotação quase paradisíaca, atraindo a atenção de muitos exploradores, religiosos, cientistas e literatos. Caso paradigmático é o de uma célebre obra do modernismo brasileiro, cuja ação decorre fundamentalmente na Hileia, salientando a importância de "todas essas comidas do mato"[128] para a dieta alimentar indígena.

---

128 ANDRADE, Mário de. **Macunaíma, o herói sem nenhum carácter**. ed. crítica dir. por Telê Porto Ancona Lopez. Paris-Brasília, 1988. XVI, p. 153.

Os habitantes da região tropical obtinham predominantemente frutos como, por exemplo, o ananás (*Ananas commosus*), o abacaxi (*A. sativus*), a goiaba (*Psidium guayava*), o caju (*Anacardium occidentale*), o araçá (*Psidium cattleyanum*), a pitomba (*Eugenia litescens*), a mangaba (*Hancornia speciosa*), a jabuticaba-comum (*Myrciaria cauliflora*), o umbu (*Spondias purpurea*) e numerosas variedades de maracujás (*Passiflora*), designadamente o maracujá-mirim (*P. edulis*) e o maracujá-açu (*P. quadrangularis*).

Entre os frutos típicos da mata subtropical utilizados intensivamente pelos ameríndios destacavam-se a pitanga-do-campo (*Eugenia pitanga*), a jabuticaba (*Myrciaria trunciflora*), o ingá-ferradura (*Inga sessilis*) e o ingá-feijão (*I. marginata*), o jataí (*Butia jatay*) e o butiá (*B. capitata*), a amora-branca (*Rubus brasiliensis*), a amora-vermelha (*R. hassleri*) e a amora-preta (*R. sellowii*), bem como diversos tipos de guabirobas (*Campomanesia*), nomeadamente a guabiroba-preta (*C. maliflora*), a guabiroba-do-campo (*C. aurea*), a guabiroba-do-litoral (*C. littoralis*) e a guabiroba-miúda (*C. rhombea*).

Os indígenas aproveitavam avidamente as reduzidas fontes vegetais ricas em proteínas e gorduras que os vários ecossistemas lhes forneciam, com especial destaque para o tocari ou castanha-do-pará, abundante nas planícies amazônicas; o pequi, uma oleaginosa rica em vitamina A, existente na zona dos cerrados, e a ibá ou pinhão-do-paraná, abundante nas matas subtropicais.

Dos frutos de diversas palmeiras, em especial da tucumã (*Astrocaryum tucuma*), da brejaúva (*A. aculeatissimum*), da bacabeira (*Oenocarpus distinchus*), da indaiá (*Attalea dubia*), da copaíba-verdadeira (*Copaifera officinalis*) e da bicuíba (*Myristica bicuhyba*), os aborígenes extraíam óleo. Além dos frutos procuravam, ainda, caules, fungos, folhas e raízes comestíveis.

Espécies silvestres não alimentícias. As atividades de recoleção proporcionavam, também, aos "brasis" matérias-primas (madeira, entrecasca de árvores, canas, resinas, cipós, fibras, pedras e barro) para a construção de habitações e canoas, para a confecção de armas, adornos, redes, cestos, vasilhame, machados e outros utensílios, bem como para a preparação de tintas, venenos, remédios, estimulantes, afrodisíacos e alucinógenos.

Os aborígenes buscavam o jenipapo (*Genipa americana*), o qual, antes de amadurecer, produz um suco que, em contato com o ar, dá uma tinta preta ou azul-escura, bem como o abacaxi-de-tingir (*Aechmea brome-*

liaefolia), de cuja raiz extraíam pigmentos de cor amarela. Entre os tupi-guaranis, estes corantes vegetais eram fundamentalmente empregados nas pinturas corporais.

Além da coleta de vegetais que fornecessem venenos de pesca, os índios procuravam plantas que dessem substâncias tóxicas para envenamento de setas e dardos de zarabatana, destacando-se o recurso ao arimaru (*Strychnos cogens*), que entra na composição do curare.

Na mata tropical existia um grande número de ervas e plantas que os grupos autóctones sul-americanos utilizavam para vários fins medicinais com base no profundo conhecimento que possuíam das propriedades físicas e químicas do meio botânico que os rodeava. Referem-se, a título de exemplo, as utilizações da ipecacuanha (*Cephaelis ipecacuanha*) como emético; de variedades de tararucu (*Cassia*), de salsaparrilha (*Herreria salsaparilha*) e de taiuiá (*Cayaponia tayuya*) como purgantes; da guaxima-roxa (*Urena lobata*) como sedativo; da samambaia-verdadeira (*Pteridium aquilinum*) como antirreumático; da quina-de-cipó (*Strychnos gardneri*) como antipirético e da auíba (*Xylosma benthamii*) como antidiarreico. Obtinham, ainda, espécies vegetais que aplicavam na preparação de estimulantes, contraceptivos o sumo do cipó (*Curarea tecunarum*), afrodisíacos, narcóticos e alucinógenos como o paricá (*Piptadenia peregrina*), um tipo de rapé destinado à inalação.[129]

Espécies animais e de origem animal. Os vários grupos tribais ameríndios que ocuparam a orla marítima até o século XVI utilizaram largamente os mariscos, desde as épocas mais recuadas, na sua dieta alimentar. Entre os moluscos mais consumidos pelos indígenas contavam-se a gueriri (*Ostrea virginica*), a ostra-do-mangue (*O. arborea*), a ostra-gigante-do-mangue (*Crassostrea rhizophorae*), o cernambitinga ou berbigão (*Anomalocardia brasiliana*), o cernambi ou amêijoa (*Phacoides pectinatus*), o bacucu ou mexilhão-do-mangue (*Modiolus brasiliensis*), o aruá (*Ampullarias gigas*) e o baquiqui (*Erodona mactroides*). Entre os crustáceos mais apreciados pelas populações costeiras podem-se enumerar o guaiamu (*Cardisoma guanhumi*), camarões e vários tipos de siris ou caranguejos, nomeadamente o siriaçu (*Callinectes exasperatus*), o sirimirim (*C. danae*) e o siripuã (*C. sapidus*).

---

129 Cfr. PRANCE, Ghillean T. "Etnobotânica de algumas Tribos Amazônicas": **Suma Etnológica Brasileira 1. Etnobiologia**, p. 119-134; ELISABETSKY, Elaine, "Etnofarmacologia de algumas Tribos Brasileiras": Ibidem. p. 135-148.

A obtenção de tartarugas desempenhava um papel da maior importância no fornecimento de proteínas às populações indígenas que habitavam nas margens da rede hidrográfica do Amazonas. Entre as numerosas e abundantes espécies fluviais que enriqueciam o bioma amazônico, salientavam-se a tracajá (*Podocnemis cayennensis*), a jurará-acangauaçu (*P. dumerliniana*), a jurararetê ou tartaruga-da-Amazônia (*P. expansa*) e a matamatá (*Chelus fimbriatus*). Os índios escolhiam preferencialmente a época da desova para capturar as tartarugas, de forma a obter elevadas quantidades não só dos animais como dos seus ovos (os tupiás).[130]

As populações estabelecidas nas proximidades de cursos de água doce tinham a possibilidade de conseguir moluscos como o sururu (*Mytellus falcatus*) ou pitus (camarões) como o cutipaca (*Macrobrachium carcinus*).

Os índios do sertão, que não tinham acesso ao litoral ou aos rios e lagoas, recorriam ao jabuti ou cágado terrestre (*Testudo tabulata*) e aos grandes caramujos terrestres (*Megalobulimus*), moluscos univalves, como fontes fornecedoras de proteínas.

As atividades recoletoras propiciavam, ainda, a obtenção de animais minúsculos como insetos, larvas, gafanhotos, abelhas e formigas – com particular destaque para a içá (*Atta*), espécie alada cheia de ovos que surgia em grandes quantidades na época do calor –, além de produtos de origem animal, como penas, cera e mel.

13. A ALIMENTAÇÃO

A confecção de alimentos compreendia a produção de diversos tipos de farinhas, a preparação de peixe, mariscos e carne, bem como a feitura de condimentos e bebidas.

Com o objetivo de tornar comestível a raiz da mandioca amarga – rica em amido e sais minerais –, os indígenas sujeitavam-na a um complexo tratamento destinado a eliminar o ácido cianídrico. O vegetal era submetido a um processo de maceração com água (pubado) ou descascado, ralado e lavado até ser reduzido a uma massa úmida. A polpa era, seguidamente, espremida no tipiti (prensa destinada a extrair a água que continha a substância venenosa), amassada e, depois, assada ou torrada em grandes recipientes circulares de barro (assadores).

---

130 Cfr. FERREIRA, Alexandre Rodrigues. Op. cit. p. 25-43.

O produto obtido era uma farinha fresca (a farinha-de-pau) que se conservava apenas alguns dias (dois a três, segundo Pêro de Magalhães de Gândavo, ou cinco a seis, de acordo com o testemunho de Gabriel Soares de Sousa). A necessidade de obter reservas alimentares para períodos prolongados levou os índios a destinar uma parte da produção ao fabrico de um tipo de farinha de longa duração (mais de um ano). Esta apresentava-se sob a forma de pequenos grãos duros, após a massa ter sido submetida a intenso aquecimento com a finalidade de lhe retirar toda a umidade, sendo vulgarmente designada por farinha-de-guerra, uma vez que os "brasis" a utilizavam como munição de boca no decurso das suas expedições guerreiras ou como recurso em face da ocorrência de eventuais crises de subsistência.

Com a mandioca amarga os indígenas confeccionavam outras qualidades de farinhas ou derivados, nomeadamente a tapioca (farinha fina resultante da decantação do amido puro e isenta de matérias fibrosas), a carimã (farinha preparada com base nas raízes pubadas, secas, defumadas, socadas, pulverizadas e, finalmente, peneiradas), o beiju (pasta de farinha enrolada) e a manipuera (obtida a partir do suco da mandioca fervido), base do molho tucupi. A mandioca doce era normalmente comida depois de descascada e assada diretamente nas brasas.[131] Os guaranis davam preferência ao milho na sua alimentação, ingerindo-o cozido ou assado, procedendo também à secagem do grão maduro e inteiro.

Os ameríndios consumiam diversos gêneros de hortaliças, legumes e verduras, folhas de mandioca doce (ricas em vitamina B1), abóboras, bem como folhas e flores de plantas e árvores verdes, quer frescas, quer cozidas.

Os aborígenes comiam normalmente peixe fresco depois de fervido em água. No entanto, podiam também consumi-lo moqueado, ou seja, assado e defumado numa grelha confeccionada com varas de madeira verde (moquém). Faziam também piracuí – farinha de peixe – sobretudo de tainha, pisando o produto moqueado no pilão e levando-o seguidamente ao forno para retirar toda a umidade. Este tipo de alimento era, devido ao seu longo período de conservação, fundamentalmente destinado a garantir a subsistência durante as operações bélicas ofensivas. Os moluscos eram submetidos a uma fervura prévia, para facilitar a separação da parte comestível das conchas.

---

131   Cfr. BROCHADO, José Proenza. **Alimentação na Floresta Tropical**. Porto Alegre, 1977. p. 30-42.

A carne era geralmente assada – e os indígenas gostavam de a comer bem passada –, constituindo, todavia, exceção a da anta, que era consumida cozida. Os guerreiros tupis apreciavam sobremaneira a ingestão da carne de espécies velozes, pois acreditavam que ao comê-la absorveriam a agilidade do animal abatido, rejeitando incluir na sua alimentação carne de espécies lentas.[132]

Os indígenas misturavam o sal ou os seus substitutos com pimenta (principal fornecedora de vitamina A) e tomavam uma pitada dessa massa (juquiraí) sempre que ingeriam uma porção de alimento, não apreciando a comida salgada. Os habitantes do sertão, quando não conseguiam obter sal marinho através de trocas com os grupos tribais costeiros, reduziam a cinzas as raízes de certas árvores ou do cará ou, ainda, como acontecia na zona do planalto, utilizavam o salitre como alternativa, conseguindo, assim, substitutos para esse imprescindível produto.

Frequentemente preparavam um cozinhado composto de peixe, carne, pimenta, batata-doce, cará, folhas de aipim, raízes de mandioca amarga, produtos da coleta e tucupi, que acompanhava a deglutição do beiju. Faziam, ainda, o mingau (um caldo ou papa rala) e o pirão (papa grossa) com diversos tipos de farinha de mandioca e caroços de algodão, milho, amendoim etc.

Confeccionavam bebidas – o cauim – a partir da fermentação do aipim, do milho, da batata-doce, do cará, do amendoim, de mel, de seiva de palmeiras e de frutas como o ananás ou o caju. Os tupis utilizavam normalmente o aipim, enquanto os guaranis recorriam ao milho. Esta tarefa era cometida às moças que, após a cozedura da matéria-prima, mastigavam-na, desencadeando, desse modo, através da saliva, o processo de fermentação. As igaçabas ("potes") tinham capacidade para conservar entre 300 e 500 litros.

Um autor quinhentista francês descreveu, da seguinte forma, a feitura do cauim:

> "Depois de as cortarem (as raízes do aipim) em rodelas finas, como fazemos com os rabanetes, as mulheres as fervem em grandes vasilhas de barro cheias de água, até que amoleçam; tiram-nas então do fogo e as deixam esfriar. Feito isto, acocoram-se em torno das vasilhas e mastigam as rodelas jogando-as depois em outra vasilha, em vez de as engolir, para uma nova fervura, mexendo-as com um pau até que tudo esteja bem cozido. Feito

---

132 Cfr. THEVET, André. **As Singularidades da França Antártica**. Belo Horizonte-São Paulo, trad. port., 1978 (1557). p. 105.

isto, tiram do fogo a pasta e a põem a fermentar em vasos de barro de capacidade igual a uma meia pipa de vinho de Borgonha. Quando tudo fermenta e espuma, cobrem os vasos e fica a bebida pronta para o uso".[133]

Esta bebida apresentava, de acordo com a mesma testemunha, um aspecto turvo e espesso como borra e tinha um sabor que lhe fazia lembrar o leite azedo, sendo consumida morna.[134] As bebidas fermentadas desempenhavam uma importante função no padrão de vida indígena, sobretudo como fornecedoras de vitaminas, compensando parcialmente as deficiências da dieta alimentar. Alguns grupos tribais consumiam-nas regularmente, enquanto outros as reservavam para as grandes celebrações coletivas, especialmente na época da piracema ou por ocasião do sacrifício ritual de prisioneiros.

Produziam, também, bebidas não fermentadas. Os guaranis, por exemplo, fabricavam-nas a partir da erva-mate (*Ilex paraguariensis*), cujas folhas, depois de secas, são utilizadas em infusões que fornecem o mate, um estimulante suave das funções orgânicas que contém o alcaloide mateína.

Os indígenas nunca comiam e bebiam em simultâneo. Ingeriam os alimentos sólidos pausadamente, observavam um rigoroso silêncio durante as refeições e efetuavam-nas sentados ou deitados nas redes, sem horas determinadas, sempre que tinham fome.[135]

Verificava-se anualmente – variando os meses de acordo com as características das regiões equatoriais, tropicais ou subtropicais – alternância de períodos de abundância com épocas de penúria. Para superar as carências alimentares temporárias, as populações tropicais adquiriram uma grande capacidade de retenção no organismo de proteínas e de outros produtos escassos (cálcio, certas vitaminas e sal).[136] Outra das soluções encontradas consistia em fumar tabaco enrolado em folhas de palmeira para minorar a fome.

14. A CULTURA MATERIAL

As sociedades ameríndias criaram um expressivo conjunto de "artes da vida" – conceito utilizado por Lewis H. Morgan para designar a am-

---

133 LÉRY, Jean de. **Viagem à Terra do Brasil**, trad. de Sérgio Milliet, notas tupinológicas de Plínio Ayrosa. 3. ed. São Paulo, 1960 (1578). p. 117.
134 Cfr. Idem. Ibidem. p. 118.
135 Cfr. THEVET, André. Op. cit. p. 105-106.
136 Cfr. MEGGERS, Betty J. Op. cit. p. 54.

pla gama de gestos e técnicas (entendidos, de acordo com Marcel Mauss, como o conjunto de ritos e atos tradicionais de execução, incluindo o corpo como instrumento) por elas desenvolvidas – com o objetivo de viabilizar a produção de instrumentos e utensílios destinados a garantir a sobrevivência ou a tornar a vida mais confortável.

Aproveitando os abundantes recursos vegetais, alguns grupos tribais, inclusive tupi-guaranis, produziram uma significativa gama de equipamento doméstico e de trabalho. A mata tropical fornecia folhas, fibras e entrecascas de diversas árvores, sobretudo de palmeiras, designadamente a piaçaba (*Attalea funifera*), o jupati (*Raphia vinifera*), o miriti (*Mauritia setigera*), a arumã (*Ischnosiphon ovatus*), a inajá (*Maximiliana regia*), a jacitara (*Desmoncus*), a tucumã, o açaí e o babaçu, que eram utilizadas como matérias-primas na confecção de cordões, cordas, fios, espremedores de polpa de mandioca (tipiti), peneiras, abanos de fogo, esteiras, diversos tipos de cestos (cestocoador, aturá ou cesto-cargueiro), gaiolas e armadilhas de pesca.[137]

Os aborígenes usavam, também, os frutos (cabaças) da purunga que, depois de secos, serviam para o fabrico de cuias ("vasos") e de maracás.[138] Contrariamente à generalidade dos grupos tribais do Novo Mundo que utilizavam entrecasca de árvores e outras fibras, os tupi-guaranis selecionaram as variedades de algodão sul-americanas para a confecção da rede de dormir, tendo-a difundido por todas as regiões para onde se expandiram. Esta inovação tornou-se uma das características essenciais do seu equipamento material, sendo considerada como um dos traços definidores das culturas da floresta tropical.[139]

Os utensílios de cerâmica desempenharam um papel essencial na evolução civilizacional dos grupos indígenas, permitindo-lhes, nomeadamente, a preparação e conservação de alimentos. A correlação existente entre o padrão básico da mandioca amarga e a cerâmica é tão estreita que os antropólogos foram levados a postular que todos os horticultores da mata tropical possuíam, por definição, as técnicas da manufatura da cerâmica (com cozedura efetuada a céu aberto, sendo os objectos colocados diretamente sobre as fogueiras). O método acordelado (que se baseia na sobreposição

---

137 Cfr. O'NEALE, Lila. "Cestaria": **Suma Etnológica Brasileira 2. Tecnologia Indígena**, coord. de Berta G. Ribeiro. 2. ed. Petrópolis, 1987. p. 323-341.
138 Cfr. HOEHNE, F. C. **Botânica e Agricultura no Brasil no Século XVI (Pesquisas e Contribuições)**. São Paulo, 1937. p. 92.
139 Cfr. CASCUDO, Luís da Câmara. **Rêde de dormir – Uma Pesquisa Etnográfica**. Rio de Janeiro, 1959. p. 52-53.

de rolos de argila, em movimento espiral, unidos pela pressão dos dedos nas partes exterior e inferior das peças) era o mais difundido nas terras baixas sul-americanas.[140]

Os mais antigos vestígios conhecidos de cerâmica nas Américas foram encontrados no sambaqui da Taperinha (nas imediações de Santarém, Pará), tendo sido datados de entre 7 e 6.000 anos A.P., pelo que se conclui que, contrariamente às teses defendidas pelos antropólogos ambientalistas, os mais remotos horizontes cerâmicos na Amazônia antecederam os dos Andes.[141]

A tradição cerâmica tupi-guarani caracteriza-se pela técnica do alisado simples, pelos tipos de decoração (corrugada e ungulada) e pela pintura polícroma com linhas vermelhas e pretas sobre fundo branco. Neste conjunto distinguem-se a subtradição Leste-Nordeste (derivada da cerâmica marajoara) – correspondente às áreas de influência dos grupos tupis – em que predominavam os pratos e tigelas de base plana com o perímetro da boca oval (recipientes claramente destinados à preparação da mandioca amarga e, por conseguinte, a secar ou assar raízes), enquanto na subtradição Sul (proveniente da Tradição Polícroma Amazônica) – desenvolvida na região controlada pelos grupos guaranis e guaranizados – o vasilhame (panelas, vasos e jarros) apresentava base redonda ou cônica, era carenado e possuía pescoço e ombro bem definidos, revelando que se destinava a ferver os alimentos em água, fundamentalmente milho, aipim, abóbora e feijão.[142]

Os índios recorriam à madeira de jacarandá, ao angico e ao ipê ou pau-d'arco (*Tecoma conspicua*) para fazer arcos simples de um só segmento longitudinal com dimensões aproximadamente compreendidas entre 1,60 e 1,80 metros, confeccionando as cordas com fibras vegetais longas de folhas de tucum (*Astrocaryum vulgare*) ou casca de embaúba (*Cecropia peltata*). Na feitura das flechas usavam normalmente ubá (*Gynerium parviflorum*), uma planta da família das gramíneas, emplumando-as – segundo alguns autores para conferir estabilidade à trajetória – com duas penas ata-

---

140 Cfr. SCATAMACCHIA, Maria Cristina Mineiro. **A Tradição Policrômica no Leste da América do Sul Evidenciada pela Ocupação Guarani e Tupinambá: Fontes Arqueológicas e Etno-Históricas**, tese de doutoramento apresentada à FFLCH da Universidade de São Paulo. São Paulo, 1990. p. 84.
141 Cfr. ROOSEVELT, Anna Curtenius. Op. cit. p. 63 e 68.
142 Cfr. BROCHADO, José Proenza. "A Tradição Cerâmica tupi-guarani na América do Sul": **Clio** (Recife), III (1980). p. 47-60.

das com fibra de cipó à extremidade da haste. As pontas das flechas eram feitas com taquara (uma espécie de bambu), osso ou dentes aguçados (preferencialmente de tubarão) e o tacape (semelhante a uma clava ou maça), também usado no sacrifício dos prisioneiros, com madeira dura de jucá.[143]

Os grupos tribais tupis navegavam intensamente pelos rios e ao longo de alguns trechos da costa atlântica em canoas – algumas de grandes dimensões (mais de 30 metros) com capacidade para transportar 60 indivíduos – geralmente escavadas em troncos de árvore e movidas a remos ou varas. Escolhiam madeiras leves para a feitura de jangadas e canoas: a apeíba ou pau-de-jangada (*Apeiba tibourbou*): a ubiragara ou barriguda, o jatobá e a gameleira-branca (*Ficus doliaria*). Os remos eram confeccionados com as extremidades estriadas de jenipapo, de iaruru ou madeira-de-remo (*Aspidosperma excelsum*) ou de uaca (*Ecclinusa ramiflora*).

Os "brasis" utilizavam a resina de jatobá ou a madeira de gameleiras como a ubiragara, a apeíba e a embaúba na confecção de adornos, nomeadamente do botoque (rodela de madeira introduzida nos furos artificiais dos lóbulos da orelha ou no lábio inferior). Com resina, osso e, sobretudo, com pedras coloridas, normalmente quartzo (de preferência verde), produziam o tembetá ("pedra do beiço"), um adorno labial em forma de T usado exclusivamente pelos homens e carregado de sentido simbólico.[144]

15. AS RELAÇÕES ENTRE LITORAL E INTERIOR

As sociedades indígenas sul-americanas desenvolveram, em algumas áreas, um sistema de comunicações entre o interior e a costa atlântica. Um dos casos paradigmáticos era o de Peabiru, a grande via ameríndia que ligava o sertão ao litoral, em que um dos seus ramais permitia estabelecer contatos entre a região onde viria a ser fundada a cidade de Assunção (Paraguai), o planalto de Piratininga e a atual costa vicentina. Outra rota partia do Tietê, alcançava as nascentes do Tibagi, bordejava a margem esquerda do Paranapanema, descia o Paraná, seguia pelo Ivinheima, prosseguia por terra até as cabeceiras do Corrientes ou do Apa, subia o Paraguai e alcançava o local onde se forma o Madeira.[145]

---

143 Cfr. CHIARA, Vilma. "Armas: Bases para uma Classificação": **Suma Etnológica Brasileira 2. Tecnologia Indígena**, p. 117-137.
144 Cfr. PROUS, André. Op. cit. p. 244.
145 Cfr. SCATAMACCHIA, Maria Cristina Mineiro. Op. cit. p. 56.

Os tupi-guaranis tinham acesso, por essas vias, às regiões fronteiriças do Império Inca, onde obtinham, fosse por trocas, fosse por incursões guerreiras, objetos em ouro e prata e, sobretudo, machados e facas confeccionados em cobre e bronze.[146] Esse tipo de contatos encontra-se arqueologicamente atestado pela descoberta no Rio Grande do Sul e na Cananeia (São Paulo) de objetos de cobre andinos, incluindo machados, anteriores ao início da penetração europeia.[147]

Já na época do contato, um episódio ligado à expedição de 1530-1532 comprova, igualmente, o funcionamento dessas rotas. Martim Afonso de Sousa aproveitou a permanência da sua armada na baía da Guanabara (de 30 de abril a 1 de agosto de 1531) para enviar quatro homens ao sertão com fins exploratórios. Após palmilharem 115 léguas por montanhas e terras chãs, os batedores regressaram com um chefe indígena que presenteou o enviado do rei de Portugal com cristal (proveniente dos Andes) e forneceu informações sobre a existência de abundantes quantidades de ouro e prata na região do rio Paraguai.[148]

As comunidades aborígenes criaram também redes de trocas que envolviam grupos situados a distâncias muitas vezes consideráveis.[149] Tem-se conhecimento da existência de permutas efetuadas entre indígenas do sertão e do litoral: os primeiros forneciam penas de aves – sobretudo de ema e de tucano – e os segundos, sal e conchas marinhas. As pedras verdes destinadas à confecção de adornos labiais, bem como colares de contas brancas e pretas, contavam-se, igualmente, entre os bens que eram objeto de transação corrente entre os autóctones.[150]

16. OS PADRÕES DE ESTABELECIMENTO E HABITAÇÃO

A escolha do território grupal dependia de vários fatores que eram objeto de cuidada ponderação por parte dos tupi-guaranis, constituindo a proximidade de rios navegáveis, a abundância de terras férteis e a existência de matas, os elementos decisivos na seleção da área de fixação.[151]

---

146 Cfr. MÉTRAUX, Alfred. **Os Incas**, Porto, trad. port., 1988. p. 9.
147 Cfr. PROUS, André. Op. cit. p. 374-375.
148 Cfr. SERRÃO, Joaquim Veríssimo. **O Rio de Janeiro no Século XVI. Estudo Histórico**. Lisboa, 1965. v. I, p. 41.
149 Cfr. MÉTRAUX, Alfred, **La Civilisation Matérielle...** p. 277.
150 Cfr. THEVET, André. Op. cit. p. 153.
151 Cfr. SCATAMACCHIA, Maria Cristina Mineiro e MOSCOSO, Francisco. "Análise do Padrão de Estabelecimentos Tupi-Guarani: Fontes Etno-históricas e Arqueológicas": **Revista de Antropologia** (São Paulo), 30/31/32 (1989). p. 37-53.

Quando o território pretendido para a edificação das tabas ("aldeias") se encontrava situado numa região onde também habitavam grupos hostis, os tupi-guaranis optavam por implantar as estruturas residenciais em zonas elevadas e de vegetação mais aberta, de modo a prevenir eventuais ataques de surpresa a coberto das árvores. Assim, eram particularmente apreciadas as encostas dos morros que dominavam as vias fluviais, as imediações das cabeceiras de pequenos rios e as redondezas de cachoeiras com significativos recursos piscícolas. Normalmente, os povoados eram edificados a uma distância das roças que oscilava entre 5 e 10 quilômetros.

Nas áreas mais disputadas – em que o litoral assumia particular relevo – existiam numerosos núcleos populacionais dispersos relativamente próximos uns dos outros (entre cerca de 10 e 20 quilômetros). As várias aldeias vizinhas pertencentes ao mesmo grupo tribal adotavam uma espécie de acordo tácito no sentido de respeitar o território de cada comunidade.

As sociedades indígenas da mata tropical adotaram, na generalidade, padrões de estabelecimento modestos, construindo núcleos pequenos e dispersos. Constituíram exceção os horticultores-ceramistas da várzea amazônica, que criaram sistemas de agricultura intensiva, propiciadores do desenvolvimento de sociedades complexas que alcançaram, entre os séculos V e XV d. C., elevada densidade populacional, dando origem a assentamentos de escala urbana.[152]

As povoações dos tupis – que possuíam nome próprio[153] – tinham normalmente entre quatro e oito habitações comunitárias que abrigavam 30 a 60 famílias nucleares.[154] Nos aglomerados costeiros residiam, em média, entre 600 e 700 indivíduos, verificando-se, no entanto, variações regionais e tribais. Os núcleos pequenos teriam à volta de 350 a 400 habitantes, enquanto os maiores contariam com cerca de 3.000. Os tamoios possuiriam, contudo, de acordo com fontes quinhentistas, uma densidade populacional mais elevada, ultrapassando algumas das suas tabas o quantitativo de 5.000 habitantes.[155]

As habitações coletivas eram edificadas em círculo, dispostas à volta de uma praça central ou terreiro – que tinha funções comunitárias e rituais – a algumas dezenas de metros umas das outras. Nas regiões onde os confli-

---

152   Cfr. ROOSEVELT, Anna Curtenius. Op. cit. p. 53-55.
153   Cfr. COSTA, Maria Heloísa Fénelon e MALHANO, Hamilton Botelho. "Habitação Indígena Brasileira": **Suma Etnológica Brasileira 2. Tecnologia Indígena**, p. 79.
154   Cfr. LOCKHART, James e SCHWARTZ, Stuart B. Op. cit. p. 54.
155   Cfr. FERNANDES, Florestan. Op. cit. p. 63.

tos se revestiam de maior intensidade, os ameríndios construíam estruturas defensivas: as caiçaras, paliçadas de pau-a-pique, frequentemente duplas, protegidas por cercas de espinhos e dispondo de seteiras.

Os padrões de fixação eram determinados pelas condições de subsistência. Uma vez que os grupos tribais tupi-guaranis praticavam uma agricultura semi-itinerante e dependiam da caça, da pesca e da recoleção para a obtenção de proteínas, a permanência das populações num determinado espaço era temporária (cerca de três a quatro anos). Quando se exauriam os recursos cinegéticos, as comunidades transferiam-se para um novo local situado acerca de três quilómetros do assentamento anterior.[156] A precariedade da instalação determinava, naturalmente, o tipo de materiais utilizados na edificação das habitações: madeira, barro e folhas de árvores para as coberturas.

Os habitantes da mata tropical escolhiam madeiras de boa qualidade para a construção das estruturas das casas comunitárias, designadamente, a aroeira-branca (*Lythraea molleoides*), a aroeira-mole (*Schinus molle*), a aroeira-vermelha (*S. terebinthifolius*), a jacareúba (*Calophyllum brasiliensis*), o conduru (*Brosimum conduru*), a ubiraeta (*Caesalpinia leiostachya*), o guarabu (*Peltogyne confertiflora*), a arariba (*Centrolobium robustum*), a ibaiariba (*Andira rosea*), a jurema (*Pithecelobium tortum*), a sucupira (*Bowdichia virgiloides*), a urucurana (*Hieronyma oblonga*), bem como o jacarandá, o vinhático e o jatobá. Os indígenas coletavam sobretudo folhas de palmeiras para a cobertura das habitações, preferindo as do caranaí (*Mauricia horrida*), de várias espécies de ubim (*Geonoma*), de inajá, do açaizeiro, da bacabeira, da juçara e do buriti.

Existiam diferentes tipos de moradas comunitárias com dimensões e formas diversas. Os tupis construíam normalmente estruturas habitacionais com formas elípticas ou, talvez, retangulares, cobertas de sapé até o nível do solo, sendo as ligações entre as madeiras feitas apenas com laçadas e tranças de embira.[157] Não tinham janelas e dispunham apenas de três pequenas aberturas, sendo duas localizadas nas extremidades e uma ao centro que dava para o terreno. O comprimento variava entre 40 metros para as menores, e

---

156 Cfr. LÉRY, Jean de. Op. cit. p. 208.
157 Cfr. BRANCO, Bernardo Castelo. "Arquitectura Indígena Brasileira: da descoberta aos dias actuais": **Revista de Arqueologia** (São Paulo), 7 (1993). p. 69-85.

mais de 160 metros para as maiores,[158] oscilando a largura entre os 10 e 16 metros.

Em cada oca viviam, em média, entre 85 a 140 pessoas, mas existiam casos – sobretudo entre os tamoios – em que esse número ultrapassava de 200.[159] Alguns grupos tribais, designadamente tupinambás e tamoios, tinham o hábito de colocar, junto às habitações, estacas em que espetavam os crânios dos prisioneiros sacrificados.[160]

As redes de dormir, com um comprimento de cerca de 1,80 metros e situadas a dois palmos do chão, eram fixadas em tirantes (vigas compridas) dispostos ao longo da parede. As reservas alimentares, os objetos pessoais (armas, adornos etc.), bem como os utensílios familiares (cestos, potes, alfaias agrícolas e outros), eram guardados em varas colocadas por cima dos postes.[161]

A mais antiga referência às habitações dos "brasis" deve-se ao autor da **Carta do Achamento**, que, a 27 de abril de 1500, escrevia:

> "Foram-se lá todos e andaram entre eles e, segundo eles diziam, foram bem uma légua e meia a uma povoação de casas, em que haveria nove ou dez casas, as quais diziam eram tão compridas cada uma como esta nau capitana. E eram de madeira, e das ilhargas, de tábuas, e cobertas de palha; de razoada altura e todas em uma só casa, sem nenhum compartimento. Tinham dentro muitos esteios e d'esteio a esteio uma rede, atada pelos cabos a cada esteio, altas, em que dormiam, e, debaixo, para se aquentarem faziam seus fogos. E tinha cada casa duas portas pequenas, uma em um cabo e outra no outro. E diziam que, em cada casa, se acolhiam trinta ou quarenta pessoas...".[162]

17. A ESTRUTURA SOCIAL

Nas sociedades ameríndias imperava a divisão sexual do trabalho. Aos homens estavam cometidas as tarefas que implicavam esforço intenso como o mutirão, trabalho coletivo utilizado sobretudo nas fases mais duras da preparação das terras para o cultivo e da construção das habitações; a caça e pesca com arco e flecha; as atividades arriscadas (mergulho e guer-

---

158 Cfr. CLASTRES, Pierre. Op. cit. p. 61.
159 Cfr. CARDIM, Fernão. Op. cit. p. 106-107.
160 Cfr. STADEN, Hans. Op. cit. p. 159.
161 Cfr. SOUSA, Gabriel Soares de. Op. cit. v. II, p. 246-247.
162 CAMINHA, Pêro Vaz de. **Carta a El-Rei Dom Manuel sobre o Achamento do Brasil**, ed. de M. Viegas Guerreiro e Eduardo Nunes, Lisboa, 1974. p. 63-64.

ra); a produção de armas, canoas e adornos do respectivo sexo; a tomada de decisões referentes à comunidade e o monopólio da direção dos atos rituais. Asseguravam, por conseguinte, as funções de provedores da unidade doméstica, de guerreiros e de intermediários com o sobrenatural.

As mulheres cuidavam da lavoura nas roças (trabalho efetuado na parte da manhã, das sete horas ao meio-dia), da coleta e da pesca com timbó; confeccionavam a cerâmica, a cestaria, os alimentos, as bebidas e os adornos femininos; executavam as tarefas domésticas, carregavam os mantimentos nas expedições guerreiras e retiravam a água das canoas. Segundo um testemunho quinhentista, existiria especialização do trabalho entre os membros do sexo feminino de acordo com a idade. Assim, a preparação do algodão e seus derivados e a fabricação das bebidas fermentadas caberia às jovens; o cultivo dos campos, a feitura da farinha e o transporte dos alimentos seria da competência das adultas; por fim, a confecção de objetos de cerâmica estaria a cargo das mais idosas.[163]

As bases das estruturas produtiva, residencial, social e política das comunidades "brasis" assentavam na família extensa clânica, constituída por várias famílias nucleares (formadas por homem, mulher, dois filhos no máximo e, eventualmente, cativos ou outros parentes). Os agregados elementares estavam ligados entre si por laços de parentesco, encontrando-se subordinados ao patriarca da oca: o principal.

No sistema familiar dos horticultores da floresta tropical verificava-se a existência da poliginia, ou seja, o casamento de um homem com mais de uma mulher. No entanto, somente um reduzido número de indivíduos (o chefe, o feiticeiro e os grandes guerreiros) de cada taba tinha possibilidades de possuir várias esposas, representando o seu número símbolo e fonte de prestígio. Assim, os condicionalismos sociais tornavam a monogamia mais comum do que a poligamia, sendo as separações frequentes e numerosas.[164]

A área destinada ao principal da família extensa situava-se no centro da estrutura residencial.[165] As várias famílias nucleares ocupavam um espaço próprio (com cerca de 7 a 10 m^2) no interior da habitação correspondente a um agregado ("lar"), agrupando-se em torno de uma fogueira.

---

163 Cfr. SOUSA, Gabriel Soares de. Op. cit. v. II, p. 260-261.
164 Cfr. FERNANDES, Florestan. Op. cit. p. 203.
165 Cfr. STADEN, Hans. Op. cit. p. 158.

Quando a família era poligínica, o homem ficava alternadamente no lar ("lanço" ou "rancho") da mulher que lhe preparava as refeições.[166]

Sobre os hábitos de repouso dos aborígenes, um cronista franciscano deixou-nos o seguinte testemunho:

> "A noite toda têm fogo para se aquentarem, porque dormem em redes no ar e não têm cobertores nem vestido, mas dormem nus marido e mulher na mesma rede, cada um com os pés para a cabeça do outro, exceto os principais que, como têm muitas mulheres, dormem sós nas suas redes, e dali quando querem se vão deitar com as que lhes parece, sem se pejarem de que os vejam".[167]

Os casamentos podiam ser endogâmicos (realizados entre membros da mesma aldeia) ou exogâmicos (quando envolviam indivíduos pertencentes a povoações diferentes). Uma das fórmulas encontradas por grupos vizinhos para estabelecer alianças políticas consistia em fomentar intercâmbios matrimoniais entre diferentes tabas, com adoção do padrão de residência virilocal (a esposa ia obrigatoriamente viver na aldeia do marido, mesmo que pertencesse a outro grupo tribal). Tratava-se, em suma, de procurar criar mecanismos adicionais destinados a garantir a segurança do aldeamento, estabelecendo em seu redor uma rede de parentes e aliados.[168]

O sistema de parentesco, o jogo político das parentelas e as atuações tendentes a evitar a dispersão familiar e a repetir as alianças regulavam as ligações matrimoniais, constituindo o casamento avuncular, ou seja, do tio materno com a sobrinha, a modalidade preferida pelos tupinambás, sendo também comum a sua realização entre primos cruzados.[169]

A regra residencial pós-marital mais difundida, sobretudo entre os tupis, era a da patrilocalidade (a esposa ia viver na oca do pai do marido), favorecendo fortemente, por conseguinte, uma forma patrilinear de descendência.[170]

A matrilocalidade era minoritária no conjunto das sociedades da floresta tropical sul-americana, implicando a obrigatoriedade de o homem abandonar a residência paterna e transferir-se para a habitação dos pais da

---

166   Cfr. FERNANDES, Florestan. Op. cit. p. 64-65.
167   SALVADOR, Frei Vicente do. **História do Brasil 1500-1627**, ed. de Capistrano de Abreu, Rodolfo Garcia e Frei Venâncio Willeke. São Paulo, 1965 (Séc. XVII). p. 87.
168   Cfr. CHERNELA, Janet M. Op. cit. p. 152.
169   Cfr. FERNANDES, Florestan. Op. cit. p. 183-190.
170   Cfr. CLASTRES, Pierre. Op. cit. p. 49.

noiva, onde constituía uma nova família nuclear que se integrava na família extensa chefiada pelo sogro. Este regime compelia o genro a prestar dois a três anos de trabalho (desbravamento de terras, caça, pesca etc.), correspondentes ao denominado "serviço da noiva".[171]

Nas comunidades em que imperava a matrilocalidade somente dela se conseguiam eximir os filhos dos chefes e dos feiticeiros ou os guerreiros que se tivessem distinguido pela prática de assinaláveis proezas. A este modelo encontrava-se normalmente associada a evitação, norma de comportamento que impedia a sogra e o genro de se olharem, falarem ou tocarem e que representava uma forma de exteriorizar respeito, humildade ou embaraço.

A relação entre sogro e genros era geradora de poder político, porque quanto mais elevado fosse o número de homens (filhos e genros) a residir numa oca maior seria o prestígio e a importância do seu principal. Daí que muitos dos esforços desenvolvidos para ampliar a esfera de influência de uma parentela se concentrassem na atração de elementos do sexo masculino. Assim, os casamentos com regra de residência matrilocal traduziam-se na aquisição de mais guerreiros, um dos trunfos mais importantes na competição política travada entre os principais.

Os ritos de gestação impunham um longo período de proibição de relações sexuais com a mulher desde o momento em que era detectada a gravidez até que a criança andasse. De acordo com as concepções tupis, somente os homens tinham capacidade para conceber os filhos, fato que condicionou a gênese dos ritos de nascimento.

A couvade era uma complexa instituição que implicava a rigorosa observância de um período de resguardo e abstinência por parte do pai – quando se tratava de um recém-nascido do sexo masculino –, destinando-se a evitar a prática de ações que produzissem a introdução de substâncias ou princípios malignos no corpo do descendente. Envolvia, ainda, a execução, pelo progenitor, de vários atos de significado mágico, competindo-lhe, também, dar ao filho o nome de um antepassado. Tratando-se de uma menina, o progenitor era substituído nesta função pela mulher ou por um irmão desta.[172]

Além dos ritos de iniciação que consagravam a passagem dos jovens para a idade adulta – assinalados com marcas perenes nos corpos – e que

---

171 Cfr. Idem. Ibidem. p. 38.
172 Cfr. FERNANDES, Florestan. Op. cit. p. 145-152.

variavam de acordo com o sexo e o grupo tribal, as comunidades ameríndias adotavam diversos comportamentos sociais, designadamente a exuberância, a extroversão e as bebedeiras coletivas, bem como a hostilização da melancolia e da tristeza, destinados a proscrever os sentimentos antissociais e a atenuar as tensões no interior dos grupos.[173]

As sociedades tupi-guaranis desenvolveram uma estrutura social pouco especializada em que existia um reduzido grau de diferenciação, tendo, todavia, gerado alguns tipos de hierarquias. As teses que durante muito tempo defenderam que essas comunidades se caracterizariam por um igualitarismo radical suscitam, atualmente, muitas reticências, nomeadamente porque as diferenças físicas e psicossociais possibilitaram o aparecimento e a construção de desigualdades sociopolíticas.[174]

Na generalidade dos casos vigoravam no interior dos grupos tribais ameríndios acentuadas tendências comunitárias e existiam fortes laços de solidariedade. Sobre estas características, o primeiro Provincial da Companhia de Jesus no Brasil escrevia, a 10 de agosto de 1549, o seguinte:

> "Os que são amigos vivem em grande concórdia entre si e amam-se muito, e guardam bem o que comumente se diz que *amicorum omnia sunt communia*. Se um deles mata um peixe, todos comem dele; e o mesmo de qualquer animal de caça."[175]

18. A ORGANIZAÇÃO POLÍTICA

Algumas sociedades das terras baixas sul-americanas, particularmente amazônicas (com destaque para os Tapajós), desenvolveram um sistema político-social – os cacicados –, em que uma aristocracia controlava os poderes militar e religioso, dominava uma massa de plebeus, prosseguia uma agressiva política expansionista e possuía numerosos escravos provenientes de guerras com povos vizinhos.[176] Este modelo constituiu, contudo, uma clara exceção no conjunto das comunidades indígenas da floresta tropical.

---

173   Cfr. CASTRO, Eduardo Viveiros de. **Araweté. Os Deuses Canibais**. Rio de Janeiro, 1986. p. 42-44.
174   Cfr. RAMOS, Alcida Rita. **Sociedades Indígenas**. 2. ed. São Paulo, 1988. p. 66.
175   **Cartas do Brasil e mais Escritos do Padre Manuel da Nóbrega (Opera Omnia)**, introd. e notas históricas e críticas de Serafim Leite. Coimbra, 1955. p. 50.
176   Cfr. ROOSEVELT, Anna Curtenius. Op. cit. p. 71.

A generalidade dos povos ameríndios, incluindo os tupi-guaranis, adotou como forma de organização política predominante o grupo local (correspondente a uma taba), que se situava numa posição intermédia entre a menor unidade vicinal (a oca) e o agrupamento territorial mais abrangente (o grupo tribal).[177]

Uma das características essenciais das sociedades tupis residia na falta de poder dos morubixabas ("chefes"), bem como na inexistência de métodos coercivos. Os líderes desempenhavam as suas funções com base na persuasão, não podendo recorrer à ameaça do uso da força.[178] Estes grupos tribais não delegavam poderes nas chefaturas e não aceitavam a inserção em unidades mais amplas do que as tabas, reconhecendo, apenas, nas atividades quotidianas, a autoridade do principal da oca. Essas sociedades desenvolveram, por conseguinte, um conceito de direção da vida comunitária notoriamente restritivo.[179]

Os elementos disponíveis não permitem apreender cabalmente quais as atribuições das várias instâncias de chefia nas aldeias (principais das famílias extensas, morubixaba e "conselho de chefes"), nem a forma como se articulavam entre si.

Entre as incumbências do patriarca da oca contavam-se a de efetuar diariamente – quando surgiam os primeiros raios de sol, anunciadores do nascimento de um novo dia – prédicas destinadas a incentivar os homens a executar com eficácia as atividades que lhes competiam. Quando se aproximava a época da partida de uma expedição, exortava os guerreiros da sua família a comportar-se valentemente na guerra, matando e aprisionando grande número de inimigos. Desempenhava, ainda, uma função dirigente na preparação da roça e na edificação da casa comunitária. Os seus privilégios consistiam em ter prioridade na escolha de mulheres fecundas, repartir o espaço residencial pelos agregados nucleares, reservar a zona central para sua habitação, comer deitado na rede, participar nas reuniões do conselho, entregar a arma ao matador nos rituais de sacrifício de prisioneiros, bem como dirigir operações militares.

---

177 Cfr. FERNANDES, Florestan. Op. cit. p. 55.
178 Cfr. CLASTRES, Pierre. Op. cit. p. 22.
179 Cfr. CASTRO, Eduardo Viveiros de. Op. cit. p. 93.

A seleção dos líderes das tabas efetuava-se entre os homens que possuíssem determinado estatuto. Para o exercício da função de morubixaba exigiam-se diversos requisitos, entre os quais se contavam a valentia, a ponderação, a generosidade (distribuição à comunidade de bens produzidos pelas suas mulheres), a posse de dotes oratórios ("senhor da fala"), a pertença a uma parentela poderosa e a aceitação favorável junto dos guerreiros da aldeia. Na generalidade dos grupos tribais, a nomeação do chefe efetuava-se dentro da mesma linhagem, sendo frequentemente feita por via hereditária. No entanto, existia uma margem de incerteza que não tornava automática essa decisão, havendo a possibilidade de ser escolhido um candidato pertencente a outra oca que, por motivos vários, reunisse maior apoio.

As atribuições dos chefes eram muito reduzidas em tempo de paz, limitando-se a orientar a vida comunitária através de conselhos. Quando a sua função ganhava maior relevo era em períodos de guerra. Nessas circunstâncias, as qualidades de direção e comando demonstradas, bem como o valor pessoal revelado, traduziam-se em acréscimo de prestígio. No caso de a expedição resultar num fracasso ou do seu comportamento não ter sido apreciado, procediam ao seu afastamento.

A instituição política básica das sociedades tupis era o "conselho dos principais" – cuja composição refletia a preponderância do poder gerontocrático masculino – formado pelos chefes das famílias extensas e pelos homens mais respeitados, quer pelo desempenho de funções mágico-religiosas (pajés ou xamãs), quer por feitos praticados em combate (guerreiros). Este órgão de decisão da vida comunitária, cujos membros conseguiam apoderar-se de todos os "meios de dominação", desempenhava um papel relevante na tomada das decisões mais importantes referentes à taba.

Nas reuniões realizadas no terreiro da aldeia, os membros do conselho fumavam coletivamente tabaco devido às suas propriedades mágicas. Por essa razão, eram designadas, em alguns grupos tribais, por "roda de fumadores". A mais importante instituição da comunidade selecionava o território grupal; deliberava sobre o abandono da taba antiga e a edificação da nova; decidia fazer a guerra; elegia o inimigo a atacar e optava pelo tipo de expedição a empreender; gizava a rede de alianças; identificava os adversários e, finalmente, fixava a data para a execução ritual dos prisioneiros.[180]

---

180   Cfr. FERNANDES, Florestan. Op. cit. p. 261-294.

Era frequente estabelecerem-se informalmente redes de alianças entre aldeias vizinhas politicamente autônomas, mas sem um centro diretor ou a subordinação a um morubixaba comum, uma vez que cada taba só reconhecia o respectivo líder. Não ocorreu, por conseguinte, uma articulação dos grupos locais em unidades mais amplas, somente se conhecendo atuações concertadas em períodos de guerra.

Algumas teses defendem que, na época anterior ao contato com os europeus, ocorreram, em sociedades tupi-guaranis, tentativas por parte de alguns líderes no sentido de organizar formas embrionárias de Estado. Essas iniciativas teriam se deparado com a resistência das respectivas populações que, incentivadas por "grandes pajés", empreenderam migrações com o objetivo de as inviabilizar. Ter-se-ia, por conseguinte, verificado uma reação da sociedade à imposição de um Estado emergente.[181] Contudo, os estudos mais recentes não detectaram a ocorrência de projetos tendentes a favorecer a concentração de poderes nos chefes e não interpretam a relação morubixabas e pajés num plano de antagonismo, mas antes de complementaridade no sentido de alcançar o complexo central dessas sociedades: a guerra e a vingança.[182]

19. A GUERRA

No final de Quinhentos, um senhor de engenho da Bahia escrevia que "como os tupinambás são muito belicosos todos os seus fundamentos são como farão guerra aos seus contrários".[183] Esta asserção identificava claramente a guerra – "o fato social total" da teoria sociológica desenvolvida por Marcel Mauss – como a instituição fundamental das sociedades tupi-guaranis, com particular realce para a tupinambá, sendo considerada como o mecanismo central de reprodução social e de manutenção do equilíbrio cosmológico.[184]

Todos os grupos locais com os quais não existissem laços de aliança eram encarados como potenciais inimigos. Daí que as guerras intertribais assumissem, na generalidade dos casos, um caráter endêmico, obedecendo

---

181 Cfr. CLASTRES, Pierre. Op. cit. p. 132-152.
182 Cfr. FAUSTO, Carlos. "Fragmentos de História e Cultura Tupinambá: da Etnologia como instrumento crítico de conhecimento Etno-histórico": **História dos índios no Brasil**, p. 386-388.
183 SOUSA, Gabriel Soares de. Op. cit. v. II, p. 274.
184 Cfr. FERNANDES, Florestan. **A Função Social da Guerra na Sociedade Tupinambá**. 2. ed. São Paulo, 1970.

às seguintes motivações: conquistar hábitats privilegiados, superar tensões internas e capturar inimigos.

A guerra tinha, também, como objetivo comum o de favorecer o crescimento dos grupos maiores e de fracionar os menores até que sucumbissem.[185] Esta atuação pode ser ilustrada através da estratégia adotada pelos tamoios de atacar incessantemente os temiminós ou maracajás, até os confinar a alguns núcleos, onde seriam gradualmente exterminados. Essas intenções não se concretizaram plenamente, pois que, já no período da colonização, os remanescentes do grupo perseguido encontraram refúgio e proteção nas áreas controladas pelos portugueses. A propósito dessa luta sem tréguas, um autor quinhentista observava que "a hostilidade entre as duas nações é tão inveterada que parece mais fácil misturar água com fogo, sem que uma altere o outro, do que juntar tamoios e maracajás sem terríveis disputas".[186]

Ocorriam, ainda, fenômenos de fragmentação de grupos tribais provocados, entre outras razões, por crescimento demográfico excessivo, pela economia de "ocupação destrutiva",[187] por rivalidades insuperáveis entre tabas ou por conflitos entre famílias da mesma povoação, provocados, em regra, pela recusa de um principal em entregar o seu familiar responsável pela morte intencional ou ocasional de um membro da aldeia à sua parentela para que ela o executasse, vingando, assim, o ente falecido. Estas situações despoletavam o aparecimento de lutas intratribais crônicas, contribuindo para intensificar a situação de conflitualidade generalizada e de beligerância permanente. Ultrapassadas as causas que tinham originado a divisão do grupo, este podia voltar a aglutinar-se num processo intermitente de fissão-fusão.

As operações ofensivas – que permitiam manter o domínio das áreas ocupadas, conservar a iniciativa de invadir os territórios alheios e ampliar gradualmente a hegemonia sobre os grupos tribais vizinhos – podiam ser de três tipos. No primeiro caso, pequenos bandos pertencentes a uma única taba efetuavam emboscadas ou rápidas surtidas a aldeias inimigas; no segundo, sete ou oito grupos locais decidiam empreender conjuntamente

---

185 Cfr. ALVIM, M. C. de M. "As Populações Indígenas do Brasil no Século do Descobrimento: aspetos e problemas": **Revista de Arqueologia** (São Paulo), 7 (1993). p. 12-13.
186 THEVET, André. **La Cosmographie Universelle**. Paris, 1575. fl. 909.
187 Cfr. FERNANDES, Florestan. Op. cit. p. 55.

uma campanha militar de envergadura; finalmente, no terceiro, o grupo tribal unia-se para atacar o inimigo, dando origem a "federações".[188]

O objetivo primordial dos guerreiros consistia em "aprisionar, sacrificar e ingerir ritualmente o maior número possível de inimigos",[189] razão pela qual todos os meios, sem exceção, eram utilizados para alcançar aquele desiderato. Assim, uma das táticas a que recorriam com mais frequência consistia em armar ciladas a indivíduos ou a grupos adversários, permanecendo, muitas vezes, vinte e quatro horas escondidos na mata até capturar alguma presa. Um exemplo dessa forma de atuação é fornecido pelo caso de Hans Staden – artilheiro alemão ao serviço da Coroa de Portugal no baluarte fronteiriço à fortaleza da Bertioga – que foi capturado pelos tamoios, em 1554, quando caçava na ilha de Santo Amaro (Guarujá).[190]

As decisões sobre a realização de expedições guerreiras eram objeto de cuidada ponderação, quer no interior dos grupos locais, quer entre os respectivos chefes. As épocas propícias para a sua concretização eram o mês de agosto – período em que ocorria a desova dos cardumes de tainhas nos estuários dos rios, baías e enseadas, fornecendo alimento abundante às colunas de atacantes – e o mês de novembro, época do amadurecimento dos tubérculos com os quais fabricavam o cauim, imprescindível nas cerimônias de execução dos inimigos capturados.[191]

O equipamento ofensivo dos ameríndios era constituído por armas de arremesso (flechas e dardos transportados normalmente em grupos de sete num carcás ou aljava colocado ao ombro) destinadas ao combate a distância e por armas de choque (tacape e machado de pedra) utilizadas na luta corpo a corpo. O armamento defensivo pessoal compunha-se de escudos redondos confeccionados com casca de árvores, madeira leve, couro de anta ou pele de peixes.

Vários grupos tribais – entre os quais não se incluíam os tupi-guaranis – adotaram a técnica de impregnar as pontas das flechas e dos dardos de venenos de origem vegetal como o curare (*Strychnos toxifera*) e a resina de árvores (**Virola**) ou de substâncias segregadas por rãs (*Dendrobates*).[192]

---

188 Cfr. Idem. Ibidem. p. 136.
189 Idem. Ibidem. p. 44.
190 Cfr. STADEN, Hans. Op. cit. p. 75-77.
191 Cfr. Idem. Ibidem. p. 74-75 e 122-123.
192 Cfr. MÉTRAUX, Alfred, "Armas": **Suma Etnológica Brasileira 2. Tecnologia Indígena**, p. 139-161.

A organização das expedições era alvo de intensa preparação. Confeccionados os mantimentos, concluídos os aprestos guerreiros e consultados os espíritos, os expedicionários punham-se em marcha, precedidos por jovens batedores. Os homens formavam a cabeça da coluna, garantindo a segurança das mulheres que transportavam os víveres. Como na generalidade dos casos, as aldeias situadas em redor de cada unidade eram aliadas, tinham, normalmente, de percorrer significativas distâncias (normalmente mais de 30 léguas) por terra, rio ou mar até encontrar uma taba inimiga. Chegados à distância equivalente a um dia de viagem do objetivo, acampavam e evitavam fazer fogos para não serem detectados. Eram então incentivados pelos chefes a prestar muita atenção aos sonhos, com a finalidade de obter presságios sobre os resultados da expedição.

Escolhiam normalmente a conjunção da lua cheia para efetuar o último trecho do percurso à luz do luar, desencadeando o ataque ao alvorecer com o objetivo de colher o inimigo de surpresa e, assim, diminuir a sua capacidade de resistência. Se a aproximação era descoberta e os defensores se encontravam bem protegidos, recorriam a diversos métodos para forçá-los a abandonar as paliçadas. Uma das técnicas consistia em atar mechas incendiárias (feitas de algodão embebido em cera) às flechas, procurando incendiar os tetos de colmo das ocas. Outro artifício utilizado consistia em acender fogueiras onde lançavam pimenta da terra, formando, assim, nuvens de gases tóxicos (fumaça de pimenta) que eram espalhadas pelo vento. Se as condições atmosféricas tornavam ineficaz o emprego destes meios, construíam paliçadas com ramos de árvores e sarças em torno da aldeia sitiada para se resguardarem das flechas, avançando lentamente até escalar as cercas inimigas. No caso da oposição encontrada ser muito forte, optavam pela retirada.

Os homens somente podiam participar nos combates quando atingissem a qualidade de Ava (classe de idade compreendida entre os 25 e os 40 anos),[193] lutando ornamentados com pinturas corporais, adornos plumários e incisões, símbolos que correspondiam ao reconhecimento público do seu valor como guerreiros. Usavam, também, metaras ou tembetás (de cor verde, exclusiva dos combatentes) e colares confeccionados com dentes dos inimigos abatidos para ostentar um aspecto ameaçador e infundir terror aos adversários.

---

193 Cfr. FERNANDES, Florestan. Op. cit. p. 129.

Manejavam o arco e a flecha com muita perícia, sendo considerados exímios atiradores. Enquanto se encontravam a distância disparavam enormes quantidades de flechas, atacando as hostes contrárias com grande algazarra, batendo com os pés no solo e tocando buzinas feitas de cabaças ou instrumentos (pífaros e flautas) confeccionados com ossos humanos (braços e tíbias), tanto para excitar o ânimo dos atacantes como para amedrontar os defensores. Na luta corpo a corpo utilizavam sobretudo o tacape, arma com a qual procuravam esmagar a cabeça do inimigo. Uma testemunha ocular quinhentista deixou o seguinte relato de uma ação ofensiva dos tamoios:

> "Logo que... avistaram os inimigos a quase um quarto de légua de distância, principiaram a urrar como não o fariam os nossos caçadores de lobos; e tão alto berravam que nessa hora não teríamos ouvido o trovão. À proporção que se aproximavam redobravam os gritos, soavam as cornetas, levantando os adversários os braços em sinal de ameaça e mostrando-se mutuamente os ossos dos prisioneiros que haviam comido e os colares de dentes de mais de duas braças de comprimento que alguns traziam pendentes do pescoço; e o espectáculo dessa gente era horrível".[194]

No litoral era frequente ocorrerem batalhas navais entre frotas de guerra que chegavam a atingir as 200 unidades. Nalguns casos, nos combates, tanto terrestres como aquáticos, participavam efetivos da ordem dos milhares de homens; no entanto, era mais comum não ultrapassarem as centenas de guerreiros.[195]

Os combates cessavam logo que uma das facções abandonava o campo de batalha, deixando no terreno mortos, feridos e prisioneiros. Quando os agressores ganhavam a contenda e as ocas ainda estavam intactas, ateavam-lhes fogo. Um exemplo desse tipo de comportamento é fornecido pelos tupiniquins que atacaram a aldeia de Mambucaba, pertencente aos tamoios, incendiando-a após a fuga dos seus moradores.[196] Os atacantes, quer tivessem saído vitoriosos ou derrotados, iniciavam a retirada com a maior rapidez para evitar retaliações por parte de guerreiros de aldeias alia-

---

194 LÉRY, Jean de. Op. cit. p. 170-171.
195 Cfr. STADEN, Hans. Op. cit. p. 180-182; THEVET, André. Op. cit. p. 123-127; GÂNDAVO, Pêro de Magalhães de. Op. cit. fls. 37-40; LÉRY, Jean de. Op. cit. p. 165-173; SOUSA, Gabriel Soares de. Op. cit. v. II, p. 274-277.
196 Cfr. STADEN, Hans. Op. cit. p. 100.

das da unidade atacada. Se venciam a peleja, levavam para as suas tabas todos os indivíduos capturados (homens, mulheres ou crianças).

20. A ANTROPOFAGIA

A antropofagia era uma prática corrente nas sociedades ameríndias, assumindo especial importância entre os povos tupis, particularmente no seio das várias comunidades que dominavam a costa brasílica: potiguaras, caetés, tupinambás, tupiniquins e tamoios.

Os ritos antropofágicos – centrais na cultura tupi – obedeciam a regras comuns à generalidade dos grupos tribais do litoral, podendo ser reconstituídos, em linhas gerais, com base em mais de uma dezena de textos quinhentistas e seiscentistas, a maioria dos quais da autoria de testemunhas oculares que os descreveram com maiores ou menores detalhes.

Logo que terminavam os combates, os vencedores abatiam imediatamente os inimigos feridos que não estivessem em condições de efetuar a caminhada até as respectivas povoações e esquartejavam-nos, servindo os corpos de alimento na viagem de regresso: "A muitos feridos desembarcaram e os mataram logo, cortaram-nos em pedaços e assaram a carne".[197] Tinham ainda o hábito de retirar os órgãos genitais das mulheres e das crianças mortas no ataque para os entregar às esposas, que os preparavam no moquém e os consumiam por ocasião das grandes festividades.[198]

Os cativos sobreviventes eram amarrados com cordas ao pescoço e levados para as aldeias dos captores. À sua chegada eram obrigados a saudar os habitantes das mesmas com a expressão: "Eu, vossa comida, cheguei",[199] sendo recebidos com grande hostilidade, sobretudo pelas mulheres, que os injuriavam, maltratavam e mordiam, indicando quais as partes dos seus corpos que pretendiam devorar.

O guerreiro que procedia à captura podia ficar com o vencido para imolá-lo pessoalmente ou oferecê-lo de presente a outrem em retribuição de favores antigos, ou, então, aos seus parentes mais próximos (filhos, irmãos, cunhados) que nunca tivessem executado ritualmente um adversário para lhes permitir ingressar na classe dos guerreiros e casar com uma

---

197 Idem. Ibidem. p. 126.
198 Cfr. MÉTRAUX, Alfred. **A Religião dos Tupinambás e suas Relações com a das demais Tribos Tupi-Guaranis**. pref., trad. e notas de Estêvão Pinto e apresentação de Egon Schaden. 2 ed. São Paulo, 1979 (1928). p. 115.
199 STADEN, Hans. Op. cit. p. 84.

mulher fecunda, fato que geralmente não ocorria antes de atingirem os 30 anos.[200] Refira-se, a título de exemplo, que o artilheiro germânico da ilha de Santo Amaro foi aprisionado pelos irmãos Aracundá-mirim e Ye-pipo-uaçu que o doaram ao tio materno, Ipiru-guaçu, em retribuição da oferta por este feita ao primeiro dos sobrinhos, no ano anterior, de um escravo que tinha capturado para que ele o executasse e ganhasse um nome.[201]

Terminada a cena de hostilização, o contrário era levado à oca do seu senhor, onde lhe entregavam uma rede de dormir, passando, a partir desse momento, a ser bem tratado. Normalmente concediam-lhe uma mulher – em geral filha ou irmã do seu dono – para que vigiasse os seus passos, cuidasse dele e lhe atenuasse a melancolia que a certeza do seu fim provocava, contribuindo para que engordasse. O período que mediava entre a captura e a execução podia ser longo, durando alguns meses ou, mais raramente, anos.

O cativo desempenhava um papel primordial nas relações interaldeias, devendo ser exibido nas povoações vizinhas. Quando deliberavam sacrificá-lo, enviavam mensageiros a convidar os parentes e amigos a participar nos festejos e no banquete canibal, transformando este ato numa manifestação coletiva que permitia reafirmar e estreitar os laços de solidariedade entre conjuntos de tabas aliadas.[202]

O sacrifício ritual de um inimigo constituía o acontecimento central da vida social tupinambá. Depois de o conselho dos principais fixar a época da execução, deliberação que provocava grandes demonstrações de regozijo, as mulheres começavam a fabricar vasilhame novo destinado à preparação do cauim e os homens confecionavam a corda e o tacape. Na data aprazada, após a recepção aos convidados, davam início à *cauinagem*, que geralmente durava três dias, no decurso da qual bebiam (não ingerindo alimentos sólidos), cantavam e dançavam ininterruptamente. Este ato festivo precedia o ritual antropofágico. Encenavam, ainda, um simulacro de fuga que terminava, naturalmente, com a recaptura do vencido.

Ao alvorecer do dia escolhido, o prisioneiro era lavado, adornado e amarrado pela cintura com a *mussurana* (corda grossa de algodão ou de embira), sendo cada uma das extremidades segurada por dois ou três homens protegidos por escudos. Seguidamente era conduzido ao terreiro onde, no centro do círculo formado pelas centenas ou milhares de espectadores, lhe davam pedras, cacos de cerâmica e frutos duros para arremessar

---

200 Cfr. FERNANDES, Florestan. **A Organização Social dos Tupinambá**. p. 134-135.
201 Cfr. STADEN, Hans. Op. cit. p. 85-87.
202 Cfr. FAUSTO, Carlos. Op. cit. p. 391.

aos adversários e, desse modo, vingar-se daqueles que o iam comer, mostrando, assim, a sua valentia.

Chegado o executor, profusamente pintado com tintas de várias cores e enfeitado com adornos plumários, recebia cerimonialmente das mãos de um principal, que tinha sido reputado guerreiro, a *ibirapema* (clava) com a qual iniciava uma dança junto do cativo, imitando as evoluções de uma ave de rapina. Terminada a gesticulação, o algoz e o contrário travavam um diálogo genericamente do seguinte teor:

> "Não sabes que tu e os teus mataram muitos parentes nossos e muitos amigos? Vamos tirar a nossa desforra e vingar essas mortes. Nós te mataremos, assaremos e comeremos". "Pouco me importa – responde a vítima, – pois não morrerei como um vilão ou um covarde. Sempre fui valente na guerra e nunca temi a morte. Tu me matarás, porém eu já matei muitos companheiros teus. Se me comerdes, fareis apenas o que já fiz eu mesmo. Quantas vezes me enchi com carne de tua nação! Ademais, tenho irmãos e primos que me vingarão".[203]

A resposta da vítima podia, ainda, assumir a seguinte forma:

> "Que venham logo todos devorar-me, pois comerão assim seus pais e avós que serviram de alimento a meu corpo; ignoram que, nestes músculos, nesta carne e nestas veias, a substância de seus antepassados ainda se encontra; saboreiem-na pois que nisso tudo ainda acharão o sabor da sua própria carne".[204]

Concluída a fala entre as duas figuras principais, atingia-se o clímax da cerimônia que, de acordo com uma fonte quinhentista, se desenrolava assim:

> "... arremete o matador a ele (prisioneiro) com a espada levantada nas mãos, em postura de o matar e com ela o ameaça muitas vezes, fingindo que lhe quer dar. O miserável padecente ... em vão se defende quanto pode. E, andando assim nestes cometimentos, acontece algumas vezes virem a braços e o padecente tratar mal ao matador com a mesma espada. Mas isto raramente, porque acodem logo com muita presteza os circunstantes a livrá-lo de suas mãos. E, tanto que o matador vê tempo oportuno, tal pancada lhe dá na cabeça (na nuca ou na testa), que logo a faz em pedaços".[205]

---

203 D'ABBEVILLE, Claude. **História da Missão dos Padres Capuchinhos na Ilha do Maranhão.** Belo Horizonte-São Paulo, trad. port., 1975 (1614). p. 232.
204 MONTAIGNE, Michel de. "Dos canibais": **Ensaios.** São Paulo, trad. port., 1972 (1580). p. 104-110.
205 GÂNDAVO, Pêro de Magalhães de. Op. cit. fl. 42.

Num mesmo dia podiam ser abatidos vários cativos. A forma como caía o sacrificado era aproveitada pelos tupis para retirar inferências de cunho divinatório: no caso de ser de bruços significaria que o grupo e o executor teriam uma longa carreira de vitórias; no caso de cair de costas, sofreriam, num curto espaço de tempo, duros reveses e o algoz conheceria a morte.

Logo que era desferido o golpe mortal, uma velha acorria com um recipiente para recolher o sangue e a massa encefálica de forma a que nada se perdesse. A esposa temporária fazia um curto pranto junto do corpo, após o que as mulheres fecundas besuntavam os seios com o sangue do adversário para que os filhos que viessem a amamentar experimentassem, desde a nascença, o sabor dos contrários. Usavam, ainda, aquela substância para esfregar as crianças do sexo masculino, prática destinada a torná-las valentes quando atingissem a idade adulta. Desencadeava-se, então, no terreiro, uma febril atividade. Introduziam um bastão no ânus do cadáver para evitar que expelisse excrementos, esfregavam-no e escaldavam-no com água a ferver para lhe retirar a pele e, em seguida, procediam ao seu esquartejamento.

As diversas partes do corpo (braços, pernas etc.) eram moqueadas, sendo as vísceras aproveitadas para confeccionar um cozinhado. Existiam regras para a distribuição do corpo da vítima, aproveitando-se integralmente tudo o que ele proporcionava.

As velhas bebiam o sangue ainda quente; as crianças comiam os intestinos e os homens ingeriam as vísceras cozidas, bem como a pele do crânio; os orgão sexuais eram reservados às mulheres, enquanto a língua e a massa encefálica se destinavam aos jovens; os membros e os quartos eram moqueados, oferecendo-se uma parte ou a totalidade aos hóspedes; se sobrava carne, defumavam-na para ser consumida posteriormente; se era insuficiente, faziam um caldo com os pés e as mãos.[206] A gordura destilada durante a assadura era recolhida e acondicionada em potes para posterior utilização. Um autor quinhentista verificou horrorizado, na viagem de regresso a França, que "... o barbeiro do navio trouxe consigo... outros tantos (dez ou doze potes) de gordura humana que recolhera quando os selvagens cozinhavam e assavam seus prisioneiros de guerra".[207]

Uma das regras essenciais dos rituais antropofágicos era a de que o matador não participava no repasto, dando início, imediatamente depois do

---

206   Cfr. MÉTRAUX, Alfred. Op. cit. p. 135-137.
207   LÉRY, Jean de. Op. cit. p. 143.

sacrifício do inimigo, a um período de reclusão (que durava algum tempo, variando consoante as tradições dos grupos tribais) em que, deitado na rede, jejuava (ingerindo somente farinha), mantinha-se em silêncio, abstinha-se de exercer qualquer atividade, deixava crescer os cabelos, era tatuado e escarificado no peito, nos braços, nas coxas e na barriga das pernas, sendo sujeito a diversas precauções mágicas contra o espírito do executado. Enquanto o sacrificador se espiritualizava, assumindo o ônus do processo de "reprodução" da sociedade, e se preparava para o cerimonial da renominação, todos os membros da comunidade se animalizavam, transformando-se simbolicamente em onças, através da participação no banquete que se revestia de grande ferocidade.[208]

Decorrida a fase de abstinência, o executor era tosquiado, realizava-se outra cauinagem e, no fim desse ritual, ganhava um nome. Quanto mais elevado fosse o número de nomes e, consequentemente, de incisões no corpo, tanto maior seria o prestígio do combatente que, a partir dos quarenta anos, quando passava para a classe de idade seguinte (*Thuyuae*), podia ambicionar obter o comando de expedições. Alguns dos mais reputados guerreiros (*Kerembau*) chegavam a ter "cento e mais apelidos".[209]

A renominação constituía a fórmula, por excelência, de o homem criar uma imagem de guerreiro valoroso, base essencial para aspirar à chefia de uma família extensa, bem como para vir a desempenhar um papel de relevo na sua taba. Este processo assumia um papel decisivo nas sociedades tupi-guaranis, razão pela qual, como observou um jesuíta português no final do século XVI: "De todas as honras e gostos da vida, nenhum é tamanho para este gentio como matar e tomar nomes nas cabeças de seus contrários, nem entre eles há festas que cheguem às que fazem na morte dos que matam com grandes cerimônias..."[210]

Geralmente adquiriam um novo nome o guerreiro que capturava o inimigo, aqueles que o recapturavam no decurso da encenação da fuga e, naturalmente, o matador, comportamento destinado a "socializar ao máximo a vingança, tornando uma só morte superprodutiva: uma espécie de sobretrabalho ritual".[211]

---

208 Cfr. CASTRO, Eduardo Viveiros de. Op. cit. p. 695.
209 MONTEIRO, Jácome. "Relação da Província do Brasil, 1610": pub. por LEITE, Serafim. **História da Companhia de Jesus no Brasil**. Rio de Janeiro, 1949. v. VIII, p. 393-409.
210 CARDIM, Fernão. Op. cit. p. 113.
211 FAUSTO, Carlos. Op. cit. p. 391.

Os autores quinhentistas distinguiam entre o canibalismo alimentar – caracterizado pelo apetite bestial por carne humana – praticado por grupos tribais caribes, aruaques, jês e outros, e a antropofagia ritual, nobre, movida exclusivamente pelo desejo de vingança que ocorreria entre os tupis.[212] Esta distinção transpunha para a visão europeia o etnocentrismo tupi, uma vez que a imagem dos "brasis" construída pelos testemunhos do século XVI foi fortemente influenciada por aquele povo, desvalorizando as populações pertencentes a outros troncos e famílias linguísticas que eram acusados pelos seus adversários de se encontrarem num estado de barbárie.

Segundo a maioria dos autores – sobretudo etnólogos e antropólogos – a antropofagia praticada pelos tupis revestir-se-ia de uma função unicamente ritual destinada a comemorar os ancestrais míticos e os antepassados memoráveis, bem como a vingar os membros da aldeia ultimamente mortos em combate, auxiliando, desse modo, os seus espíritos a alcançar o sobrenatural.[213]

A ingestão da carne das vítimas possuiria um significado puramente simbólico e mágico, proporcionando a apropriação das suas qualidades,[214] possibilitando a perpetuação do sistema de vingança, assegurando a supremacia militar e mágica sobre o grupo a que pertencia o sacrificado e viabilizando a promoção de uma modalidade coletiva de comunhão direta e imediata com o sagrado.[215]

De acordo com uma teoria recente, o aprisionamento de um adversário para o adotar (tornando-o genro ou cunhado), matá-lo e comê-lo induziria um duplo movimento em direção ao passado (dever de vingança) e ao futuro (atribuição de nomes aos guerreiros ligados à sua captura e execução). O Inimigo constituiria o centro da sociedade, pelo que era imolado ritualmente – na presença de toda a comunidade e de numerosos convidados – no terreiro simbolicamente situado no centro da aldeia. Só aqueles que matassem e comessem muitos prisioneiros iriam para além das altas montanhas dançar em lindos jardins com as almas de seus avós.[216]

---

212 Cfr. CUNHA, Manuela Carneiro da. "Imagens de Índios do Brasil: O Século XVI": **Estudos Avançados-USP** (São Paulo), 4(10), 1990. p. 108.
213 Cfr. FERNANDES, Florestan. **A Função Social da Guerra na Sociedade Tupinambá**. p. 316-349.
214 Cfr. MÉTRAUX, Alfred. Op. cit. p. 114-147.
215 Cfr. FERNANDES, Florestan. Op. cit. p. 316-349.
216 LÉRY, Jean de. Op. cit. p. 187.

O carrasco transformar-se-ia em Outro, ganhando a imortalidade – *"um matador não morre"* –, pois que a sua alma se teria apropriado do espírito do cativo abatido. A antropofagia ritual tupi seria, em suma, uma das modalidades de constituição do Eu pelo Outro. Um homem que expirasse sem nunca ter abatido um opositor estaria condenado a malhar eternamente com o seu tacape num monte de excrementos.

A execução seria honrosa não só para o sacrificador, mas também para a vítima, pois os guerreiros prefeririam ser devorados a morrer indignamente numa rede, apodrecer e ser comidos pelos bichos. Morte desejável, não só por ser heroica, mas também por sublimar a porção corruptível da pessoa.

O exocanibalismo tupi dependia de um conjunto de crenças escatológicas, nomeadamente o horror ao enterramento do corpo e à podridão, pelo que desejariam ser devorados para não serem sujeitos a esse processo inevitável em caso de morte natural. O estômago do inimigo seria a única sepultura digna de um guerreiro tupi, pois libertá-lo-ia da corrupção, do risco do seu cadáver ser comido pelos demônios e do destino espectral da alma, transformando-o em espírito sem sombra e abrindo-lhe, por conseguinte, o caminho à imortalidade já sem o peso do corpo putrescível.

A morte em terreiro seria o corolário de uma vida heroica: após matar e comer muitos guerreiros, o ideal parecia ser o de terminar comido. Assim se teria a carne purificada e o espírito liberto de toda a decomposição, alcançando-se o acesso ao paraíso pela sublimação da parcela corruptível. Em suma, a devoração constituiria a "incorporação da Inimizade", pelo que a antropofagia não era "alimentar", mas ritual.[217]

Estas interpretações – de características acentuadamente metafísicas, realçando a importância da morte heroica em idade ativa e desvalorizando o envelhecimento e a morte natural – são contestadas por outros autores, geralmente de formação materialista, que lhes apontam, nomeadamente, a contradição resultante do fato de as mesmas sociedades que glorificavam a morte em terreiro adotarem um sistema gerontocrático de organização social e política que concedia numerosos privilégios aos velhos, quer no acasalamento, reservando-lhes as mulheres mais jovens (enquanto os guerreiros até cerca dos trinta anos tinham de se contentar com mulheres já estéreis), quer na direção da vida comunitária. Se o ideal consistia em encontrar sepultura no estômago do contrário, então os homens idosos que

---

217 Cfr. CASTRO, Eduardo Viveiros de. Op. cit. p. 576-696.

tinham sido grandes matadores não deveriam gozar do imenso prestígio e poder de que desfrutavam no interior das comunidades, porquanto não teriam atingido aquele paradigma. Argumentam, ainda, não existir um único indício que aponte no sentido de um guerreiro se ter voluntariamente submetido à morte em terreiro para, desse modo, escapar à putrefação.

Alguns arqueólogos e historiadores defendem, atualmente, que a ingestão de carne humana pelos tupis teria, também, uma função nutritiva. Segundo uma tese explicativa das migrações tupi-guaranis, estes povos, quando em campanha, alimentavam-se das proteínas fornecidas pela antropofagia dos vencidos, tornando desnecessárias a caça e a pesca.[218] Por outro lado, um arqueólogo que estudou profundamente as características das sociedades guaranis anteriores ao contato com os europeus chegou à conclusão de que o crescimento demográfico e a escassez crônica de proteínas levaram-nas "a caçar os seus vizinhos de cultura diferente" com finalidades alimentares.[219]

Embora quase todos os autores tivessem perfilhado a explicação tupi de que a prática da antropofagia se destinava exclusivamente a infundir terror ao inimigo e a alcançar vingança,[220] a análise das fontes quinhentistas e seiscentistas revela a existência de diversos elementos que configurariam uma função alimentar à ingestão de carne humana:

– desmembravam, esquartejavam e comiam, sem qualquer ritual prévio, os cadáveres dos adversários mortos no decurso de uma emboscada ou de um ataque a uma aldeia, não se limitando aos dos guerreiros, mas devorando, igualmente, os corpos das mulheres "e até crianças de peito assadas inteiras";[221]

– os prisioneiros eram encarados como potenciais reservas alimentares, sendo designados por "a nossa comida";[222]

– os cativos eram ameaçados, conforme testemunha o artilheiro alemão que logrou escapar ao sacrifício, de serem mortos antes do tempo se não quisessem comer e engordar,[223] sendo cevados conforme provam

---

218 Cfr. BROCHADO, José Proenza. Op. cit. p. 59.
219 Cfr. SCHMITZ, Pedro Ignácio. Op. cit. p. 311-312.
220 Cfr. MAESTRI, Mário. "Considerações sobre a Antropofagia Cerimonial e Alimentar Tupinambá": **Anais da X Reunião da Sociedade Brasileira de Pesquisa Histórica** (Curitiba), X (1991). p. 118.
221 LÉRY, Jean de. Op. cit. p. 181.
222 STADEN, Hans. Op. cit. p. 96.
223 Cfr. Idem. Ibidem. p. 93.

numerosos testemunhos: "dando-lhes seus caçadores e pescadores, que o mantêm como pato em caça, não lhe faltando coisa alguma, de modo que os tais (cativos) de ordinário fendem de gordos",[224] e, "depois de os engordarem, matam-nos afinal...".[225] De igual modo agiam os guaranis que, de acordo com um jesuíta espanhol, engordavam o cativo, "... dando-lhe liberdade quanto à comida e mulheres, que escolhe a seu gosto. Já estando gordo, matam-no com muita solenidade";[226]

– a sequência de abate dos opositores não tinha a ver com o seu grau de valentia, mas de gordura;

– os tupis apreciavam sobremaneira a carne humana, considerando-a a "... melhor iguaria de quantas pode haver"[227] e confessando que era saborosíssima;[228]

– aproveitavam cuidadosamente todas as partes do corpo, "desde os dedos dos pés até o nariz e cabeça",[229] "tudo enfim cozem e assam e não fica dele coisa que não comam",[230] sendo "as velhas... as mais gulosas de carne humana".[231]

As sobras dos festins eram conservadas para serem consumidas posteriormente. Hans Staden refere um episódio ilustrativo desse tipo de comportamento:

> "...conosco vinha um menino que trazia uma canela do prisioneiro e nela havia ainda muita carne que ele comia. Eu disse ao menino que deitasse fora o osso. Zangaram-se então todos comigo e me disseram que isto é que era a sua verdadeira comida..."[232]

Estudos efetuados sobre diversas sociedades americanas pré-colombianas relacionam o complexo guerra-sacrifício-canibalismo com a escassez de carne e de "gorduras de todo o tipo", pelo que os sacrifícios

---

224 MONTEIRO, Jácome. Op. cit. p. 411.
225 LÉRY, Jean de. Op. cit. p. 175.
226 MONTOYA, António Ruiz de. **Conquista Espiritual feita pelos Religiosos da Companhia de Jesus nas Províncias do Paraguai, Paraná, Uruguai e Tape**. Porto Alegre, trad. port., 1985 (1639). p. 53.
227 GÂNDAVO, Pêro de Magalhães de. **Tratado da Província do Brasil**, ed. de Emanuel Pereira Filho. Rio de Janeiro, 1965. p. 207-209.
228 Cfr. LÉRY, Jean de. Op. cit. p. 180.
229 Idem, Ibidem.
230 GÂNDAVO, Pêro de Magalhães de. Op. cit. p. 201.
231 LÉRY, Jean de. Op. cit. p. 178.
232 STADEN, Hans. Op. cit. p. 110.

rituais de prisioneiros de guerra e de escravos efetuados diariamente em vários templos astecas teriam a função de assegurar a "redistribuição de quantidades substanciais de proteína animal na forma de carne humana" – utilizada para a confecção de um guisado temperado com pimentões, tomates e rebentos de abóboras – à "nobreza, aos soldados e aos seus altos servidores".[233] Por outro lado, alguns antropólogos associam os resultados produzidos pela domesticação da lhama e do porquinho-da-índia com o abandono do canibalismo no Império Inca, concluindo que "a carne dos ruminantes apaziguou o apetite dos deuses e tornou os 'grandes provedores' misericordiosos".[234]

Numa tese de doutoramento defendida recentemente, argumenta-se – com base numa interpretação crítica dos textos e nos dados fornecidos pelos arqueólogos – que no litoral brasílico a concentração populacional e o crescimento demográfico conduziram ao esgotamento da caça, provocando, nalgumas épocas, acentuadas carências de proteínas que geraram a adoção do canibalismo.[235] Assim, para o seu autor, os tupis "tinham consciência do valor nutritivo da carne humana e da 'violência' social de tal hábito", pelo que o seu "discurso sobre o abatimento cerimonial dos inimigos serviria como recurso catártico comunitário", concluindo que "os tupinambás, os europeus de então (do século XVI) e muitos antropólogos de hoje resistem em aceitar que a antropofagia foi, durante longos e recuados tempos, recurso alimentar".[236]

21. OS SISTEMAS DE CRENÇAS

Nas sociedades tupis verificava-se, segundo as teses de vários antropólogos, uma predominância do sistema religioso sobre o sistema social que condicionava e impregnava todas as atividades dessas comunidades.[237] Os estudos efetuados demonstram a existência de uma grande homogeneidade relativamente ao discurso cosmológico, aos temas míticos e à vida

---

233 HARRIS, Marvin. **Canibais e Reis**. Lisboa, trad. port., 1990. p. 157-159.
234 Idem. Ibidem. p. 180.
235 Cfr. MAESTRI, Mário. **A Terra dos Males sem Fim. Agonia Tupinambá no Litoral Brasileiro (Século XVI)**. Porto Alegre-Bruxelas, 1990-1991. p. 44-55.
236 Idem. "Considerações sobre a Antropofagia Cerimonial e Alimentar Tupinambá". p. 118.
237 Cfr. SCHADEN, Egon. **A Mitologia Heroica de Tribos Indígenas do Brasil. Ensaio Etnossociológico**. 3. ed. São Paulo, 1989. p. 117.

religiosa dos povos tupi-guaranis que atravessa séculos e milhares de quilômetros de distância.[238]

A visão cosmogônica perfilhada pelos grupos tribais tupi-guaranis, que dominavam o litoral brasílico, não atribuía a formação do Universo a um ser supremo, concebendo, antes, esse processo como resultante de sucessivas ações parciais e incompletas, em primeiro lugar, do demiurgo *Monan* – o "criador" do céu, da terra e do homem – e de *Maíra* ("ente separado"), o transformador de todas as coisas (acidentes geográficos, plantas e animais), "senhor da ciência completa dos fenômenos naturais e dos mistérios ritual-religiosos", bem como criador da chuva, dos oceanos e dos rios[239] e que possuiria um estatuto equivalente a "semideus nacional das tribos tupi".[240]

As atividades destas duas personagens teriam sido prosseguidas por *heróis civilizadores*, transmissores de técnicas, ritos e regras sociais que permitiram aos homens ultrapassar o estado de bestialidade em que se encontravam. Entre estes heróis destacava-se *Sumé*, "grande pajé e caraíba", a quem era atribuída a instituição da agricultura de coivara e da organização social que os missionários quinhentistas e seiscentistas identificaram erradamente com São Tomé, o apóstolo que teria atingido o Novo Mundo para divulgar a mensagem cristã. De acordo com algumas interpretações, Monan, Maíra e Sumé representariam vários desdobramentos de uma mesma personagem. A conclusão da atividade organizadora desses entes, bem como a prestação de auxílio aos humanos, cabia a dois gêmeos míticos ou, na versão tupinambá, a dois irmãos, filhos de Sumé: *Tamendonare* (o bom) e *Aricoute* (o mau).[241]

A figura do herói, além de simbolizar o espírito da unidade étnica, constituía também um decisivo fator de coesão social, pois consolidava as relações humanas no seio da comunidade, bem como fortalecia o seu posicionamento em face do ecossistema, ao mundo animal e aos outros grupos tribais.

Os "brasis" davam particular ênfase aos mitos cósmicos da destruição do mundo, pelo fogo ou pela água, conhecendo-se diversas versões do dilúvio. Segundo uma delas, referida pelo padre Manuel da Nóbrega em 1549, "... cobrindo-se a terra de água, uma mulher com seu marido, subiram em um pinheiro, e depois de minguadas as águas desceram: e destes

---

238   Cfr. CASTRO, Eduardo Viveiros de. Op. cit. p. 90.
239   Cfr. MÉTRAUX, Alfred. Op. cit. p. 1-4.
240   SCHADEN, Egon. Op. cit. p. 129.
241   Cfr. MÉTRAUX, Alfred. Op. cit. p. 21-30.

procederam todos os homens e mulheres".²⁴² Uma variante muito parecida foi registada por outro missionário jesuíta:

> "... do dilúvio parece que têm alguma notícia, mas como não têm escrituras, nem caracteres, a tal notícia é escura e confusa; porque dizem que as águas afogaram e mataram todos os homens, e que somente um escapou em riba de um jenipapo, com uma sua irmã que estava prenhe, e que destes dois têm seu princípio e que dali começou sua multiplicação".²⁴³

De acordo com uma versão recolhida na década de cinquenta do século XVI pelo franciscano André Thevet, os tamoios acreditavam que tinham ocorrido duas destruições sucessivas do mundo. Na primeira, Monan, vendo a ingratidão e maldade dos homens e o desprezo que lhe votavam, fez descer o fogo do céu para destruí-los, queimando a primeira terra – cuja superfície era inteiramente plana – e que por ação do calor abrasador foi revolvida, gerando o relevo. Desse cataclismo somente se salvou um homem, levado pelo criador para junto de si antes de desencadear a punição da humanidade. Atendendo às súplicas do único sobrevivente (Irin-Magé) para que restaurasse a vida no planeta, Monan criou as chuvas para extinguir as chamas que consumiam o globo – dando origem aos oceanos e aos rios – e concedeu-lhe uma mulher para que procriassem e repovoassem a terra.

O segundo dilúvio resultou das disputas entre os dois filhos de Sumé, tendo sido desencadeado por Tamendonare que o provocou, batendo fortemente na terra, provavelmente com o pé, fazendo jorrar uma enorme fonte, cuja água recobriu o mundo. Desta nova destruição somente escaparam os dois irmãos com as respectivas mulheres, refugiando-se no cume das mais altas montanhas: aquele com a sua companheira na copa de uma palmeira e Aricoute e a esposa no cimo de um jenipapeiro. Do primeiro descenderiam os tamoios e do segundo, os temiminós.²⁴⁴

Segundo as teses de vários etnólogos (nomeadamente Alfred Métraux, Léon Cadogan e Egon Schaden), *Tupã* ("pai que está no alto") era uma figura secundária na mitologia tupi, correspondendo apenas a um gênio ou demônio do raio e do trovão, cujas deslocações provocavam tempestades. Atribuem, por outro lado, um papel central a Monan. Todavia, de acordo com uma recente proposta reinterpretativa, os povos do tronco Macro-Tupi não privilegiavam nenhuma dessas personagens míticas nem

---

242 **Cartas do Brasil e mais Escritos...** p. 65.
243 CARDIM, Fernão. Op. cit. p. 102.
244 Cfr. MÉTRAUX, Alfred. Op. cit. p. 31-39.

lhes prestavam qualquer tipo de culto, reconhecendo a Monan uma parcela da responsabilidade no processo de *criação* do mundo e atribuindo a Tupã a função de *destruição*, quer pelo fogo, quer pela água.

O binômio Monan (divindade criadora) e Tupã (divindade destruidora) constituiria o cerne da religião dessas populações, com predominância para o último, devido à crença num novo e inevitável arrasamento da terra.[245] De fato, quase todos os textos quinhentistas e mesmo posteriores sublinham o papel relevante concedido a Tupã na mitologia tupi, considerando-o inclusive como a sua principal personagem. Na **Informação das Terras do Brasil**, redigida em 1549, observava o primeiro Provincial da Companhia de Jesus que aquela "... gentilidade a nenhuma coisa adora, nem conhecem a Deus, somente aos trovões chamam Tupã, que é como quem diz coisa divina".[246]

A mitologia tupi compreendia também mitos astrais – que levavam à interpretação dos eclipses como tentativas de uma grande onça para devorar a Lua –, bem como numerosos seres sobrenaturais entre os quais se salientavam os *espíritos da mata*, designadamente, *curupira* ("sarnento"), duende que protegia a caça e atormentava os humanos na travessia da floresta, ou os *espíritos da água*, nomeadamente, os *baetatá* ("coisas de fogo"), isto é, fogos-fátuos e a *ipupiara* ("monstro marinho"), que vivia no fundo das águas e capturava jovens de ambos os sexos, surgindo, conforme os casos, sob a forma de sedutora mulher ou de atraente mancebo.[247] É provável que tanto o manatim como o boto ou pirá jaguara (*Sotalia brasiliensis*) fossem frequentemente tomados como seres fantásticos, fornecendo, deste modo, elementos para a gênese e difusão da lenda. Um jesuíta quinhentista português refere-se-lhe, sob a epígrafe "homens marinhos e monstros do mar", da seguinte forma:

> "Estes homens marinhos se chamam na língua Ipupiara; têm-lhe os naturais tão grande medo que só de cuidarem nele morrem muitos e nenhum que o vê escapa; alguns morreram já e, perguntando-lhes a causa, diziam que tinham visto este monstro; parecem-se com homens propriamente de boa estatura, mas têm os olhos muito encovados. As fêmeas parecem mulheres, têm cabelos compridos e são formosas; acham-se estes monstros nas barras dos rios doces".[248]

---

245 Cfr. CLASTRES, Hélène. **La Terre sans Mal. Le Prophétisme Tupi-Guarani**. Paris, 1975. p. 27-34.
246 NÓBREGA, Manuel da. Op. cit. p. 62.
247 Cfr. MÉTRAUX, Alfred. Op. cit. p. 45-55.
248 CARDIM, Fernão. Op. cit. p. 57.

Os elementos disponíveis acerca da concepção dos tupis do litoral brasílico sobre a pessoa humana revelam uma composição dual em que distinguiam duas substâncias: uma eterna e outra perecível. Após a morte, o espírito do homem iniciava a viagem em direcção ao *Guajupiá* – um paraíso situado para além das altas montanhas e em que cresciam bosques de sapucaia –, onde se encontraria com os ancestrais e aí viveria eternamente, no meio de grande abundância, saltando, dançando e divertindo-se incessantemente.[249]

Os relatos existentes referem-se ao enterramento de membros do sexo masculino, desconhecendo-se os rituais referentes às mulheres, mas os espíritos destas, segundo a mitologia tupinambá, praticamente não tinham acesso ao jardim das delícias, reservado aos grandes matadores.

Os ritos funerários destinavam-se, por um lado, a auxiliar o espírito do finado a alcançar o Guajupiá e, por outro, a proteger a comunidade do seu espectro, uma vez que consideravam o morto como um inimigo. Os familiares do guerreiro falecido lavavam-no, pintavam-no, untavam-no com mel, adornavam-no com os seus adereços plumários, colocavam-lhe uma cuia ou um vaso de cerâmica no rosto, embrulhavam-no na rede em que dormia e encerravam-no numa igaçaba. Esta era vedada de forma a evitar qualquer contato do corpo com a terra, sendo, seguidamente, enterrada em locais diversos (os chefes de família eram-no na própria oca, nas imediações da taba, nas roças etc.).

Uma das precauções adotadas pelos tupinambás residia em amarrar o morto com ligaduras para impedir a eventualidade do seu regresso. Outra prevenção consistia em colocar na sepultura todos os instrumentos (arco e flechas, tacape, maracá etc.) de que a sua alma necessitaria durante a viagem até ao paraíso, onde encontraria os espíritos dos seus antepassados. Os familiares do finado acendiam uma fogueira e depositavam alimentos junto do túmulo enquanto durasse o processo de decomposição, com o objetivo de evitar que *Anhanga* – o diabo que comia os cadáveres no caso de os parentes não cumprirem esse ritual – se enfurecesse, o desenterrasse e o devorasse.[250]

O luto, que durava no mínimo uma lua, foi descrito, da seguinte forma, por um senhor de engenho da Bahia, em 1587:

> "É costume entre as mulheres dos principais tupinambás, ou de outro qualquer índio, a mulher cortar os cabelos por dó, e tingir-se toda de jeni-

---

249 Cfr. FERNANDES, Florestan. **A Organização Social dos Tupinambá**. p. 161-163.
250 Cfr. MÉTRAUX, Alfred. Op. cit. p. 105-110.

papo... Costumam os índios, quando lhes morrem as mulheres, deixarem crescer o cabelo, no que não têm tempo certo, e tingem-se do jenipapo por dó; e quando se querem tosquiar se tornam a tingir de preto à véspera da festa dos vinhos, que fazem a seu modo (cauim), cantando toda a noite, para a qual se ajunta muita gente para estes cantares, e o viúvo tosquia-se à véspera à tarde, e ao outro dia há grandes revoltas de cantar e bailar, e beber muito; e o que neste dia mais bebeu fez maior valentia, ainda que vomite e perca o juízo. Nestas festas se cantam proezas do defunto ou defunta, e do que tira o dó, e o mesmo dó tomam os irmãos, filhos, pai e mãe do defunto, e cada um por si faz sua festa, quando tira o dó apartado, ainda que o tragam por uma mesma pessoa".[251]

Os tupis acreditavam que espíritos maléficos – os espectros dos mortos – eram responsáveis por secas, incêndios, inundações, dificuldades na caça e derrotas na guerra. Sentiam-se também atormentados por seres sobrenaturais que lhes batiam e os assaltavam de diversas formas, pelo que acendiam fogueiras à noite debaixo das redes com a finalidade de os afugentar.

Perfilhavam a crença de que cada indivíduo possuía um espírito protetor que se encontrava encerrado num instrumento mágico-religioso – o *maracá* –, cabaça decorada que imitava o rosto humano, atravessada por uma vareta confeccionada com brejaúva, na qual eram introduzidas sementes de cuieira (*Crescentia cujete*) ou pedras que serviam de chocalho, funcionando como receptáculos das vozes dos espíritos e reproduzindo-as através do seu ruído. O maracá, que era a representação mística do pajé, acabou por ser transformado na configuração material dos espíritos.

A forma de aplacar a cólera dos seres malévolos ou de assegurar a proteção dos espíritos residia na prática de oferendas (penas de aves, abanadores, flechas etc.). Em algumas aldeias, colocavam todos os maracás no interior de uma cabana isolada onde eram consultados sobre assuntos de interesse geral, sendo vedado o acesso, tanto das mulheres como das crianças, a essa "casa de culto".[252]

Um papel fulcral nas sociedades ameríndias era desempenhado pelas personagens, consideradas predestinadas, para exercer atividades mágico-religiosas, distinguindo-se duas categorias: os *pajés* ou *xamãs* e os *caraíbas*.

Os pajés eram os "principais detentores dos meios de controlar os fenômenos sobrenaturais, incertos e perigosos".[253] A estes indivíduos – res-

---
251 SOUSA, Gabriel Soares de. Op. cit. v. II, p. 287.
252 Cfr. MÉTRAUX, Alfred. Op. cit. p. 56-64.
253 SCHADEN, Egon. Op. cit. p. 119.

peitados, admirados e temidos enquanto vivos e, em alguns grupos tribais (sobretudo guaranis), venerados depois de mortos – as comunidades confiavam tarefas vitais para a sua vida material e espiritual, como praticar esconjuros, purificar os alimentos, garantir a segurança dos caçadores, interpretar os sonhos e dirigir cerimónias de caráter coletivo.[254] Presidiam às danças rituais e tratavam das enfermidades e das feridas. Os métodos utilizados consistiam em fazer sangrias com dentes afiados de animais (paca, quati etc.), empregar drogas e plantas medicinais, soprar energicamente fumaça de tabaco sobre as partes do corpo doentes ou feridas com o objetivo de impregnar o paciente de força mágica e sugá-las para extrair as substâncias e os reais ou pretensos objetos patogênicos (espinhas, fragmentos de ossos e outros que, no segundo caso, escondiam previamente debaixo da língua, apresentando-os aos parentes do doente, concluída a operação, como causadores da enfermidade). Exerciam também, por conseguinte, a função de curandeiros.

Provavelmente cabia ainda aos pajés a função de perpetuar e reinterpretar os mitos. No entanto, a sua incumbência primordial consistia em comunicar com os espíritos através do canto e da dança, assegurando, desse modo, a mediação entre a "sociedade e o mundo sobrenatural, entre os vivos e os mortos",[255] profetizar, em particular, sobre os resultados das colheitas e das expedições guerreiras. Essas atividades, que lhes proporcionavam o conhecimento da dimensão oculta das coisas, eram geralmente efetuadas sob o efeito de transe induzido pela intoxicação com tabaco ou, muitas vezes, com recurso a substâncias alucinogénas, o que lhes permitia afirmar que faziam viagens ao mundo dos mortos. A sua atuação processava-se, de acordo com uma descrição seiscentista, do seguinte modo:

> "... quando querem dar seus oráculos, fazem fumo dentro deste cabaço (maracá) com folhas secas de tabaco queimadas; e do fumo que sai pelos olhos, ouvidos e boca da fingida cabeça recebem pelos narizes tanto, até que com ele ficam perturbados e como tomados de vinho; depois de assim animados fazem visões e cerimónias, como se foram endemoinhados e dizem aos outros o que lhes vem à boca...; e tudo o que dizem... creem firmemente... A uns ameaçam a morte, a outros más venturas, a outros boas..."[256]

---

254 Cfr. MÉTRAUX, Alfred. Op. cit. p. 65-79.
255 LÉVI-STRAUSS, Claude. **Tristes Trópicos**. Lisboa, trad. port., 1981. p. 224.
256 VASCONCELOS, Simão de. **Chronica da Companhia de Jesus do Estado do Brasil...** 2. ed. Lisboa, 1865 (1663). v. I, p. CI.

Para sublinhar a diferença de estatuto em face dos homens comuns e para manter a auréola de que desfrutava no seio das comunidades, o pajé, fora do exercício das suas atividades, praticamente só mantinha contato com os principais, que o tratavam com reverência, cultivando uma imagem de gravidade e inacessibilidade. Vivia isolado numa cabana, afastada das tabas, "a qual é muito escura e tem a porta muito pequena, pela qual não ousa ninguém de entrar em sua casa, nem de lhe tocar em cousa dela".[257]

Cada três a quatro anos, as aldeias eram visitadas por *caraíbas* (termo originário dos idiomas caribe e aruaque, em que significa "homem valente", introduzido na língua tupi com o sentido de "homem sagrado"). Estes profetas itinerantes gozavam de grande prestígio, pelo que inspiravam respeitoso temor. As comunidades procuravam agradar-lhes e evitar, a todo o custo, a sua inimizade, recebendo-os com grandes manifestações de júbilo e submissão, promovendo importantes celebrações em sua honra, proporcionando-lhes os melhores alimentos de que dispunham durante a permanência na taba ou até cedendo-lhes as mulheres que pretendiam. Eram figuras ambíguas que tanto podiam trazer saúde, boas colheitas e vitórias na guerra como espalhar a doença, a fome, a derrota e a morte.

Os mais reputados caraíbas – por vezes encarados pelos tupi-guaranis como reencarnações dos seus heróis míticos – afirmavam possuir poderes para transformar homens em pássaros e noutros animais, para se metamorfosearem (principalmente em onça) ou se tornarem invisíveis, para ressuscitar os mortos, fazer nascer plantas, consumir alimentos de forma miraculosa e visitar a região dos mortos, mantendo conversação com os espíritos. No caso do seu prestígio se desvanecer, devido a falsas profecias, podiam ser mortos.[258]

A seguinte passagem, da autoria de um jesuíta quinhentista, fornece um quadro aproximado sobre a forma como uma aldeia acolhia os caraíbas, bem como sobre a sua atuação, introduzindo, assim, o tema da Terra sem Mal:

> "De certos em certos anos vêm uns feiticeiros de longes terras, fingindo trazer santidade. E ao tempo da sua vinda lhes mandam limpar os caminhos e vão-nos receber com danças e festas, segundo o seu costume, e antes que cheguem ao lugar andam as mulheres de duas em duas pelas casas, dizendo publicamente as faltas que fizeram a seus maridos, e umas a outras, e pedindo perdão delas. Em chegando o feiticeiro com muita fes-

---

257 SOUSA, Gabriel Soares de. Op. cit. v. II, p. 264.
258 Cfr. MÉTRAUX, Alfred. Op. cit. p. 65-79.

> ta ao lugar, entra numa casa escura, e põe uma cabaça, que traz, em figura humana, em parte mais conveniente para os seus enganos, e, mudando a sua própria voz como de menino, e, junto da cabaça, lhes diz que não curem de trabalhar, não vão à roça, que o mantimento por si crescerá, e que nunca lhes faltará que comer, e que por si virá a casa; e que as aguilhadas (paus endurecidos no fogo) irão a cavar, e as flechas irão ao mato por caça para o seu senhor, e que hão-de matar muitos dos seus contrários e cativarão muitos para os seus comeres. E promete-lhes larga vida, e que as velhas se hão-de tornar moças, e as filhas que as deem a quem quiserem; e outras coisas semelhantes lhes diz e promete..."[259]

Ocasionalmente ocorriam importantes surtos de profetismo despoletados por grandes caraíbas – na expressão utilizada por Métraux – que, após a celebração de grandes festas no decurso das quais tinham sonhos e visões, incitavam as populações a abandonar os seus territórios para os seguir na busca de uma mítica Terra sem Mal que se localizaria algures no leste ou no oeste e que poderia ser coletivamente alcançada em vida. No caso do litoral, o *mar maléfico* era um obstáculo que impedia alcançar esse lugar, mas que, por outro lado, permitia manter a crença na sua existência. Segundo um gramático lusitano que viveu no Brasil em meados de Quinhentos, o objetivo prioritário dos tupis do litoral consistia em "... buscarem terras novas, afim de lhes parecer que acharão nelas imortalidade e descanso perpétuo..."[260]

Tratava-se, de acordo com conhecidas teses, de um local onde não existiria o Mal, isto é, o trabalho e as regras sociais, situado fora do espaço e do tempo social tradicional, onde se esfacelavam as relações sociais e se aboliam as prerrogativas de gerações, eliminando-se radicalmente as diferenças existentes entre os homens e quebrando-se a barreira que os separava dos deuses. A Terra sem Mal constituiria uma espécie de paraíso terrestre, um lugar de abundância, de ausência de trabalho, de recusa dos princípios fundamentais da organização social (gerontocracia, sistemas de parentesco, regras matrimoniais etc.), de juventude perpétua e de imortalidade ("terra onde não se morria").

Nas migrações – que chegavam a contar com milhares de participantes – rompia-se com as coordenadas espaciais e temporais, bania-se o trabalho e as regras de incesto, abolia-se toda a forma de poder e fundia-se num mesmo discurso a contestação da ordem social e a relação não

---

259 NÓBREGA, Manuel da. Op. cit. p. 62-63.
260 GÂNDAVO, Pêro de Magalhães de. **História da Província de Santa Cruz...** fl. 46v.

teológica com os deuses. Fumavam tabaco, forma de comunicação com o sobrenatural, executavam danças rituais, entoavam cantos sagrados e rememoravam os mitos (o *Grão-Falar*), articulando a crença na destruição do globo com a promessa de uma nova Terra onde não haveria Mal.[261]

As mais recentes interpretações sobre a procura da Terra sem Mal pelas populações guaranis no período anterior à conquista europeia colocam o acento tônico em razões de natureza ecológica e econômica ligadas à quebra de produtividade dos solos (o mal da terra) e suas consequências para a vida social e as práticas religiosas.

Sublinha-se que o conceito guarani *yuy marane'y*, ou seja, Terra sem Mal (pioneiramente registrado pelo jesuíta António Ruiz de Montoya em 1639), continha, em primeiro lugar, vetores ecológicos relacionados, por um lado, com a inexistência de fenômenos naturais, designadamente inundações e secas, que colocassem em risco a sobrevivência, e, por outro, com a deterioração, o cansaço e a enfermidade dos campos, que tornavam necessária a procura de terra virgem (terra sem mal) que assegurasse a possibilidade de utilizar solos férteis; em segundo lugar, elementos de natureza econômico-social ligados às dificuldades em produzir excedentes alimentares, devido aos limites estruturais da agricultura de coivara numa situação de rarefação de terrenos fecundos; em terceiro lugar, inquietações de ordem religiosa suscitadas pelo fato de a economia de produção, distribuição e redistribuição, nessas circunstâncias, dificultar o funcionamento do sistema de reciprocidade[262] e inviabilizar a festa ritual e o convite comunitário, representando a impossibilidade dessa realização uma séria ameaça para os alicerces da sociedade guarani e, nessa medida, o supremo mal da terra.

A busca da Terra sem Mal pretenderia, em síntese, superar as dificuldades de toda a ordem por que passavam, em determinadas conjunturas, as comunidades indígenas, não tendo por finalidade negar a condição humana ou abolir a organização social.[263]

---

261   Cfr. CLASTRES, Hélène. Op. cit. p. 61-68 e 141-145.
262   Cfr. MELIÀ, Bartolomeu. **Ñande Reko, nuestro modo de ser y bibliografía general comentada**. La Paz, 1988. p. 47-51.
263   Cfr. Idem. "La Tierra-Sin-Mal de los Guaraní: Economía y Profecía": **América Indígena** (Cidade do México), XLIX (3), 1989. p. 491-507.

III

O Descobrimento

1. A RIVALIDADE LUSO-CASTELHANA NA DISPUTA DO ATLÂNTICO

O descobrimento do litoral sul-americano que viria, posteriormente, a ser designado por Brasil constituiu uma das resultantes da conjuntura ibérica da última década do século XV, caracterizada pela intensa competição luso-castelhana para obter a primazia no delineamento de uma rota marítima para o Oriente. Essa rivalidade – que tinha numerosos antecedentes, nomeadamente no quadro do Atlântico oriental[1] – encontra-se na origem do complexo processo que conduziu, num primeiro momento, à divisão do Mar Oceano entre os dois reinos (Tratado de Tordesilhas, 1494), de que resultou, subsequentemente, a partilha do Novo Mundo e, numa segunda fase, do oceano Pacífico e da Ásia oriental (Acordo de Saragoça, 1529).

No início dos anos noventa de Quatrocentos encontrava-se em vigor o Tratado de Alcáçovas (4 de setembro de 1479), celebrado entre Portugal e Castela-Aragão e ratificado por Isabel e Fernando em Toledo (6 de março de 1480). Entre as suas cláusulas destacamos as relacionadas com a repartição de territórios extrapeninsulares e a definição de áreas de influência no Atlântico. Portugal admitia o senhorio de Castela nas Canárias e no trecho do litoral africano fronteiriço àquelas ilhas; por seu turno, Castela e Aragão reconheciam a soberania de Portugal sobre o reino de Fez (Marrocos), os arquipélagos da Madeira, Açores, Cabo Verde e São Tomé, bem como sobre todas as ilhas e terras descobertas ou por descobrir, com o respectivo comércio e pescarias, a partir de um paralelo traçado a sul das Canárias – que passava aproximadamente pela latitude do cabo Bojador (27º N) – incluindo as "terras, tratos e resgates da Guiné com as suas minas de ouro".

Os soberanos castelhano e aragonês comprometiam-se a interditar a realização de quaisquer viagens de comércio ou corso à zona de exclusivo

---

1   Cfr. PÉREZ EMBID, Florentino. **Los Descubrimientos en el Atlántico y la Rivalidad Castellano-Portuguesa hasta el Tratado de Tordesillas**. Sevilha, 1948. p. 115-214.

lusitano por parte de navios de súditos seus ou de estrangeiros residentes nos seus reinos e a punir os eventuais infratores.[2]

Este tratado continha aspectos totalmente inovadores, salientando-se a divisão do espaço independentemente dos lugares que integrava, incluindo, pela primeira vez, como objeto de negociação, áreas ainda desconhecidas.[3]

Pouco depois da confirmação daquele convênio, D. Afonso V (1433-1481) aprovou a Carta Régia de 6 de abril de 1480, concedendo poderes ao príncipe D. João – que dirigia, desde 1474, os assuntos relacionados com a exploração da costa ocidental de África a partir do Bojador – para elaborar um regimento que cometesse aos capitães das suas caravelas a incumbência de apresar todas as embarcações armadas por castelhanos, aragoneses ou quaisquer outros estrangeiros que violassem a linha de demarcação e de lançar as respectivas tripulações ao mar.[4]

Além das medidas de caráter interno destinadas a garantir a exclusividade do acesso de navios com a bandeira das Quinas a toda a região situada a sul do paralelo das Canárias, o monarca lusitano solicitou a Roma que sancionasse os capítulos 27 e 28 do tratado, referentes à partilha horizontal do Mar Oceano, diligência que foi coroada de êxito, uma vez que o papa Sisto IV (1471-1484) os confirmou através da bula *Aeterni regis* de 21 de junho de 1481.[5]

A conclusão do processo de negociação tendente a superar os conflitos peninsulares, designadamente no Mar Oceano, coincidiu praticamente com o começo do reinado de D. João II (31 de agosto de 1481). Este soberano, logo após a sua subida ao trono, deu início à construção geopolítica do Atlântico meridional, encarregando Diogo de Azambuja de dirigir a edificação de uma feitoria-fortaleza na Mina (dezembro de 1481), retomando, também, em 1482, a política de exploração da orla ocidental africana, cujo reconhecimento se estendeu das imediações do Equador (cabo de Santa Catarina) ao cabo da Boa Esperança (1488).[6]

---

2   Pub. por MARQUES, João Martins da Silva. **Descobrimentos Portugueses**. Lisboa, 1971, docs. 142-143, v. III (1461-1500), p. 181-209.
3   Cfr. FONSECA, Luís Adão da. **O Tratado de Tordesilhas e a Diplomacia Luso-Castelhana no Século XV**. Lisboa, 1991. p. 38-41.
4   Pub. por MARQUES, João Martins da Silva. Op. cit., doc. 144. p. 211-212.
5   Pub. por Idem. Ibidem. p. 222-238.
6   Cfr. FONSECA, Luis Adão da. **O Essencial sobre Bartolomeu Dias**. Lisboa, 1987. p. 47-49.

A descoberta da comunicabilidade entre o Mar Oceano e o Índico, efetuada pela expedição de 1487-1488, confirmou a viabilidade do projeto joanino de alcançar a Índia pelo Atlântico Sul. Bartolomeu Dias, ao encontrar a passagem de sudeste, contribuiu decisivamente para que a política régia portuguesa apostasse em definitivo na rota do Cabo – considerada mais viável, próxima e segura – e secundarizasse a opção pelo Atlântico ocidental, cuja exploração fora deixada à iniciativa de particulares (Fernão Domingues do Arco, em 1484, Fernão Dulmo e João Afonso do Estreito, em 1486), oferecendo involuntariamente a Castela a rota do poente.[7]

Cristóvão Colombo, que se encontrava em Lisboa quando Dias regressou com a notícia do feito (dezembro de 1488), afirma – num comentário redigido à margem de uma obra pertencente à sua biblioteca – que assistiu à audiência em que o navegador português relatou minuciosamente ao rei os episódios da viagem, descrevendo e desenhando a costa, légua por légua, numa carta de marear.[8] Os resultados da expedição de 1487-1488 inviabilizaram a possibilidade, até então em aberto, de D. João II apostar na alternativa defendida por Toscanelli e Colombo, razão pela qual o genovês saiu definitivamente de Portugal.

Depois do sucesso de Bartolomeu Dias, o Príncipe Perfeito atuou em várias direções no sentido de concretizar o projeto indiano. No âmbito diplomático, com o objetivo de ampliar o reconhecimento internacional do domínio português do Atlântico Sul e de reforçar as alianças de cariz marítimo, negociou, em 1489, com a potência dominante do Atlântico Norte, a Inglaterra, a confirmação e renovação do Tratado de Windsor (1386).

A descoberta da passagem de sudeste colocava Portugal às portas do Índico, pelo que as preocupações prioritárias de D. João II, em nível internacional, concentraram-se em Castela-Aragão, porquanto esse acontecimento tornava potencialmente mais atrativa a área a sul do paralelo das Canárias a que os soberanos daqueles reinos tinham renunciado. Para que Portugal se pudesse empenhar decisivamente na expansão em direção ao Oriente, era necessário reafirmar a validade do Tratado de Alcáçovas de modo a assegurar a paz nas fronteiras peninsulares e garantir a soberania lusitana nas águas e terras a sul do Bojador. Foi à luz desses objetivos que o rei lusitano propôs, em março de 1490, o casamento do seu herdeiro, o

---

7   Cfr. Idem. Ibidem. p. 54.
8   Cfr. COLOMBO, Cristóvão. **Textos y Documentos Completos**, prólogo e notas de Consuelo Varela. 2. ed., Madrid, 1984. p. 11-12.

príncipe D. Afonso, com D. Isabel, primogênita de Isabel de Castela e de Fernando de Aragão, consórcio que se realizou no final desse ano.

No âmbito interno, a atenção de D. João II centrou-se no aperfeiçoamento do método de determinação de latitudes por alturas meridianas do sol, na elaboração de tábuas náuticas de declinação solar e na realização de explorações tendentes a conhecer os condicionalismos físicos do sudoeste do Atlântico com a finalidade de traçar uma rota que contornasse pelo largo a costa africana de modo a evitar as dificuldades da navegação costeira encontradas por Bartolomeu Dias.

A 2 de janeiro de 1492, os monarcas de Castela e Aragão receberam de Boabdil, último representante da dinastia Násrida, as chaves da cidade de Granada, concluindo a conquista do derradeiro bastião muçulmano na Hispânia. A partir desse acontecimento, Isabel de Castela (1474-1504) ficou em condições de conceder o prometido apoio ao plano de alcançar as Índias pela rota do Atlântico Ocidental, cuja concretização Cristóvão Colombo insistentemente lhe requeria.

Encerrado o ciclo da reconquista peninsular e dispondo de uma favorável conjuntura internacional, resultante, nomeadamente, do fortalecimento do protetorado político-militar exercido sobre o reino de Navarra e do abrandamento das tensões com a França proporcionado pelo avanço das negociações com Carlos VIII (1483-1498),[9] os Reis Católicos puderam então equacionar seriamente o apoio a um projeto que, de acordo com as suas previsões, encontraria forte oposição por parte de Portugal, com sérias probabilidades de provocar confrontações que poderiam, inclusive, degenerar em guerra aberta.[10]

O plano de Colombo apresentava várias vantagens que levaram os Reis Católicos – Isabel com convicção e Fernando com reticências – a "su-

---

9 Destinaram-se, fundamentalmente, a obter a devolução do condado do Rossilhão e de Perpinhão à Coroa de Aragão, que viria a ser consagrada no Tratado de Narbona (8 de janeiro de 1493), confirmado em Tours (18 de janeiro) e Barcelona (19 de janeiro), respectivamente, pelos reis de França e Castela-Aragão, pelo que também é conhecido por Tratado de Barcelona. Cfr. PÉREZ DE TUDELA, Juan. "La Armada de Vizcaya. Acerca de una rázon de fuerza y otros argumentos en al acuerdo de Tordesillas": **El Tratado de Tordesillas y su Proyección.** Valladolid, 1973, v. I, p. 49.

10 Cfr. GALLO, Alfonso Garcia. "Las Bulas de Alejandro VI y el Ordenamiento Jurídico de la Expansión Portuguesa y Castellana en África e Indias": **Anuario de Historia del Derecho Español.** Madrid, 1957-1958. t. XVII-XVIII, p. 592.

fragarem a maior quimera da História",[11] mediante as concessões efetuadas através das Capitulações de Santa Fé (17 de abril de 1492), confirmadas a 30 do mesmo mês.[12]

O estabelecimento de relações privilegiadas com o Cataio (China), o Cipango (Japão) e a Índia trariam indiscutíveis vantagens políticas e diplomáticas àqueles soberanos no concerto europeu; por outro lado, teriam acesso ao rico mercado dos produtos orientais, incluindo, naturalmente, as especiarias, cujas características, entre as quais se contavam a elevada taxa de rentabilidade, se adequavam ao monopólio régio.[13]

Os lucros provenientes das atividades comerciais com a Ásia permitiriam minorar as consequências negativas – nomeadamente fiscais – da expulsão de dezenas de milhares de judeus (Édito de 30 de março de 1492), melhorar a situação econômica dos reinos de Castela-Aragão, bem como as finanças régias, fortemente endividadas pelos elevados custos de financiamento das longas campanhas militares, sobretudo granadinas,[14] compensando, também, a exclusão do rendoso trato da costa ocidental de África (ouro, escravos, marfim, malagueta etc.), que constituía exclusivo de Portugal; finalmente, permitir-lhes-iam anteciparem-se a D. João II, que pretendia alcançar a Índia pelo Atlântico Austral, representando uma "possibilidade legal de romper o cerco marítimo português".[15]

2. O TRATADO DE TORDESILHAS

Da primeira viagem de Cristóvão Colombo (1492-1493) resultou a descoberta de algumas ilhas das Bahamas e das Antilhas [São Salvador (Guanahaní), Fernandina, Isabela, Cuba e Hispaniola (Haiti/República Dominicana)], consideradas pelo navegador genovês como pertencentes a um grande arquipélago adjacente à Ásia e que formariam uma guarda avançada da sua principal unidade, o Cipango.[16]

---

11 CASTAÑO, Emilio Sola. **Los Reyes Católicos. Los Reyes que Sufragaron la Maior Quimera de la Historia**. Madrid, 1988.
12 Cfr. PADRÓN, Francisco Morales. **Historia del Descubrimiento y Conquista de América**, 5. ed. revista e aumentada, Madrid, 1990. p.81-84.
13 Cfr. PÉREZ DE TUDELA, Juan. "La Especería de Castilla, nota política en la política indiana": **A Viagem de Fernão de Magalhães e a Questão das Molucas. Actas do II Colóquio Luso-Espanhol de História Ultramarina**. Lisboa, 1975. p. 630-631.
14 Cfr. QUESADA, Miguel A. Ladero. **Castilla y la Conquista del Reino de Granada**. Granada, 1987. p. 293-299.
15 CASTAÑO, EMILIO SOLA. Op. cit. p.83.
16 Cfr. MORALES PADRÓN, Francisco. Op. cit. p. 76-77.

Os resultados da primeira expedição colombiana puseram em causa o equilíbrio laboriosamente alcançado entre Portugal e Castela na partilha de áreas de influência. No decurso da audiência que concedeu, a 9 de março de 1493, ao Almirante do Mar Oceano, D. João II comunicou-lhe que as terras por ele encontradas situavam-se, de acordo com as cláusulas do Tratado de Alcáçovas, na zona de soberania portuguesa.[17]

O conhecimento das explorações colombianas desencadeou uma febril atividade diplomática que envolveu Castela, Roma e Portugal. Logo que receberam notícias das descobertas efetuadas pela sua armada, os Reis Católicos apressaram-se em solicitar a aprovação pontifícia. Através da bula *Inter caetera (I)*, redigida em abril e datada de 3 de maio de 1493, Alexandre VI (1492-1503) concedeu-lhes a posse das novas ilhas e terras descobertas ou por descobrir nas bandas ocidentais, situadas, segundo se dizia, na direção dos índios, desde que não pertencessem ao domínio temporal de nenhum soberano cristão.[18]

Os monarcas castelhano e aragonês tiveram, entretanto, conhecimento, através, nomeadamente, de informações fornecidas pelo duque de Medina Sidónia, de que em Lisboa se aprestava uma armada, cujo comando fora confiado a D. Francisco de Almeida, com o objetivo de tomar posse das ilhas do poente. Esta iniciativa não visaria, com toda a probabilidade, à ocupação das terras ocidentais – uma vez que tal ato provocaria a guerra – mas destinar-se-ia, apenas, a forçar os Reis Católicos a negociar. Estes, alarmados com as notícias oriundas de Portugal, enviaram, a 22 de abril, um emissário, Lopo de Herrera, a D. João II a solicitar a suspensão daquela medida, bem como a propor o início de conversações sobre as questões em litígio.

A resposta lusitana consistiu em reafirmar a solução que Rui de Sande tinha sido encarregado de transmitir àqueles monarcas, para cuja corte partira a 5 de abril, ou seja, com base na interpretação de que o Tratado de Alcáçovas consagrava o senhorio lusitano sobre todo o Atlântico a partir do paralelo das Canárias, sugerir que se ampliasse ao hemisfério ocidental aquela linha divisória, ficando as terras situadas na zona setentrional para Castela e na austral para Portugal. Esta solução não foi aceita porque da sua aplicação resultaria a incorporação das supostas ilhas asiáticas na Coroa de Portugal.

---

17   Cfr. COLOMBO, Cristóvão. Op. cit. p. 136.
18   Pub. por MARQUES, João Martins da Silva. Op. cit., docs. 253-254. p. 374-380.

Em face da manutenção das divergências, os Reis Católicos atuaram em duas frentes: em primeiro lugar, deliberaram impetrar à Santa Sé que explicitasse inequivocamente o seu direito às terras ocidentais e, em segundo lugar, decidiram enviar outra expedição para tornar efetiva a sua posse, bem como tomar medidas preventivas de cariz naval.

Ciente de que a inexistência de um compromisso de delimitação luso-castelhano daria origem a um infindável foco de conflitos entre as duas Coroas, o Almirante do Mar Oceano aconselhou os Reis Católicos a perfilhar um novo critério de divisão do Atlântico, adotando uma "raia" (meridiano) que passasse 100 léguas a ocidente dos arquipélagos atlânticos, ficando o poente para Castela e a parcela oriental para Portugal. A análise dos textos colombianos revela que o genovês considerava que a partir daquele marco existia uma outra realidade cosmológica e climatérica, ou seja, um novo mundo.[19]

O relacionamento privilegiado mantido por Fernando de Aragão com o antigo cardeal Rodrigo Borja, natural de Valência, mais conhecido por papa Bórgia, a quem concedera amplos privilégios,[20] e a necessidade sentida pelo pontífice em retribuir os favores concedidos pelo soberano, de forma a compensar o fraco alinhamento papal com as posições aragonesas na política italiana, facilitaram os objetivos dos Reis Católicos, que, nestas condições, obtiveram facilmente a concessão de outras duas bulas mais favoráveis às suas pretensões. Acresce que a circunstância de o chanceler da Cúria romana ser súdito daqueles monarcas permitiu antedatar os documentos pontifícios com a intenção de não despertar suspeitas entre os portugueses de que os mesmos eram redigidos de acordo com os termos propostos por Castela.[21]

De acordo com a sugestão de Colombo e a proposta dos enviados dos monarcas castelhano e aragonês, a bula *Inter caetera (II)*, antedatada de 4 de maio de 1493, mas, na verdade, somente concluída em 28 de junho, doava perpetuamente à Coroa de Leão e Castela todas as ilhas e terra firme, descobertas ou por descobrir, quer se encontrassem ou não nas bandas da

---

19 Cfr. FONSECA, Luís Adão da. **O Tratado de Tordesilhas...** p. 49.
20 Atribuição dos rendimentos de vários bispados aragoneses ao próprio pontífice, concessão do ducado de Gandia ao seu filho Pedro e dos bispados de Pamplona e Valência a outro filho, o célebre César Bórgia. Cfr. COSTA, Manuel Fernandes. **O Descobrimento da América e o Tratado de Tordesilhas**. Lisboa, 1979. p. 108.
21 De acordo com as investigações de H. Van der Linden, "Alexandre VI and the demarcation of the maritime and colonial domains of Spain and Portugal, 1493-1494": **The American Historical Review**, XXII (1916). p. 1-20, cit. por CORTESÃO, Jaime. **História dos Descobrimentos Portugueses**. Lisboa, 1979. v. II, p. 158.

Índia ou de quaisquer outras partes, desde que não fossem possuídas por qualquer príncipe cristão até 25 de dezembro de 1492, ou seja, anteriormente ao regresso da expedição colombiana à Europa, localizadas a ocidente e sul de uma linha imaginária, traçada desde o polo Ártico até o polo Antártico, 100 léguas a oeste e sul das ilhas dos Açores e Cabo Verde.[22]

A bula *Eximiae devotionis*, formalmente datada de 3 de maio de 1493, mas cuja redação apenas foi finalizada em julho desse ano, concedia à mesma monarquia, nas ilhas e terra firme situadas nas regiões ocidentais e no Mar Oceano, privilégios, graças, liberdades, isenções, faculdades e imunidades espirituais de teor em tudo idêntico aos atribuídos aos reis de Portugal relativamente aos seus domínios no Norte de África, na Guiné, Mina e ilhas atlânticas.[23] Finalmente, através da bula *Piis fidelium*, de 25 de junho, o papado concedia faculdades extraordinárias a frei Bernardo Boil para desencadear as atividades evangelizadoras junto dos "indíos" e definia a primitiva organização eclesiástica das novas ilhas.[24]

Os novos embaixadores do rei de Portugal (o doutor Pêro Dias e Rui de Pina) apresentaram, em meados de agosto de 1493, um memorial propondo novamente o paralelo das Canárias – com exclusão dos dois arquipélagos que ficavam a norte e que já pertenciam a Portugal (os Açores e a Madeira) – como critério de divisão do Mar Oceano.

No decurso das conversações mantidas com os seus homólogos lusitanos, os negociadores castelhanos convenceram-se de que a insistência de D. João II na adoção da linha horizontal se destinava a garantir a inclusão na área portuguesa de terras (ilhas ou mesmo terra firme) no ocidente austral – de cuja existência suspeitaria – e que eles supunham pertencerem à Ásia. Preocupados com essa possibilidade, os Reis Católicos informaram Colombo e solicitaram-lhe o seu parecer, na qualidade de pessoa que "mais do que qualquer outra" sabia daquele negócio, sobre se se deveria "emendar a bula".[25]

Isabel e Fernando desenvolveram, provavelmente após a resposta do seu almirante genovês, novas diligências junto de Alexandre VI no sentido de lhes ampliar as doações, de forma a prever a hipótese da existência de

---

22   Pub. por MARQUES, João Martins da Silva. Op. cit., docs. 257-258. p. 384-390.
23   Idem. Ibidem. docs. 255-256. p. 380-384.
24   Cfr. MATEOS, Francisco. "Bulas Portuguesas y Españolas sobre Descubrimientos Geográficos": **Actas do Congresso Internacional de História dos Descobrimentos**. Lisboa, 1960. v. 3, p. 394-397.
25   Pub. por MARQUES, João Martins Da Silva. Op. cit., doc. 281. p. 418.

terras na zona austral aquém do meridiano de 100 léguas. Assim, a bula *Dudum siquidem*, de 25 de setembro de 1493, mas redigida em outubro ou dezembro,[26] autorizava os reis de Castela e Leão a enviar expedições não só às regiões ocidentais como também às meridionais, investindo-os no senhorio de todas as ilhas e terra firme que os seus súditos, navegando para o poente e meio-dia (sul), descobrissem nas partes orientais que tivessem sido ou fossem da Índia.[27]

Esta nova concessão pontifícia eliminava o princípio da demarcação fixa de áreas de influência, substituindo-o pelo da prioridade na ocupação. Revogava, por conseguinte, o meridiano de 100 léguas, anulando ainda os privilégios anteriormente concedidos a Portugal por vários papas. Deste modo, de acordo com a última bula alexandrina, se os navios de Isabel e Fernando descobrissem, por exemplo, um hipotético arquipélago ou terra firme situados vinte léguas a ocidente dos Açores, de Cabo Verde ou de qualquer outro território sob domínio português, ficavam com o direito à respectiva soberania. Nestas condições, estavam ressalvados os direitos castelhanos às terras eventualmente existentes no hemisfério sul em frente de África.

Ao mesmo tempo que manobravam em Roma e negociavam com Lisboa, os Reis Católicos empenharam-se na formação de uma grande armada destinada a tomar posse das novas terras com a maior urgência, recomendando inclusive a Colombo que "não se detivesse uma só hora", mas que partisse o mais rapidamente possível. A grande preocupação pela recolha de informações sobre o movimento de caravelas nos portos portugueses – insistentemente recomendada a D. João Rodríguez de Fonseca –, associada à pressa febril na largada dos seus navios, demonstra um significativo receio por uma eventual antecipação de D. João II na exploração das regiões ocidentais ou por um ataque da Marinha lusitana à expedição colombiana.[28]

---

26   Cfr. MATEOS, Francisco. Op. cit. p. 397.
27   Pub. por MARQUES, João Martins da Silva. Op. cit., doc. 282. p. 419-421.
28   Carta dos Reis Católicos ao Almirante D. COLOMBO, Cristovão datada de 27 de julho de 1493 (doc. 271); Carta dos mesmos ao Almirante D. COLOMBO, Cristovão datada de 18 de agosto de 1493 (doc. 275); Carta dos mesmos a D. João Rodríguez de Fonseca, datada de 5 de setembro de 1493 (doc. 279); Primeira Carta dos Reis Católicos ao Almirante D. COLOMBO, Cristovão datada de 5 de setembro de 1493 (doc. 280), pub. in Idem. Ibidem. p. 403, 407-408 e 415-417.

Para prevenir todas as possibilidades, os reis de Castela e Aragão ordenaram a organização de uma forte armada na Biscaia (seis carracas e naus que deslocavam, no total, cerca de 2.300 tonéis), cujo comando foi confiado a Iñigo de Artieta, destinada à região do Estreito, com sede em Cádis, quer para impor contenção ao interlocutor dentro de limites razoáveis, funcionando como dissuasor em face de eventuais medidas hostis, quer para dificultar ou mesmo vedar, no caso de estalar o conflito, o acesso de navios portugueses ao Mediterrâneo. Esta política tinha por objetivo pressionar D. João II a reconhecer os direitos castelhanos ao Mar Oceano e a desistir das suas pretensões em negociar o alargamento da sua área de influência, confinando, assim, Portugal ao Atlântico africano.[29]

As precauções tomadas pelos monarcas castelhanos foram tão rigorosas que, através de Carta de 5 de setembro de 1493, ordenaram ao Almirante do Mar Oceano que não tocasse no cabo de São Vicente e que se afastasse o mais possível da costa e das ilhas portuguesas, de modo a não ser detectada a rota da armada e a evitar eventuais obstáculos à sua viagem.[30] A segunda expedição de Colombo (1493-1496) – a mais poderosa de todas as que comandou e à qual foi conferido um cariz fortemente militar – partiu de Cádis a 25 desse mesmo mês, sendo constituída por 17 velas (3 carracas, 2 naus grandes e 12 caravelas) com uma tripulação calculada entre 1.200 e 1.500 homens.[31]

D. João II não ficou inativo em face das iniciativas diplomáticas e militares dos Reis Católicos, encontrando-se documentadas algumas medidas que tomou no sentido de enfrentar os seus adversários, tendo mandado fazer, de forma dissimulada, no reino e fora dele, grandes preparativos para a guerra.[32] Uma das decisões consistiu em, contrariamente ao disposto no Tratado de Alcáçovas, ordenar a edificação de fortalezas na zona fronteiriça transmontana, designadamente em Vimioso e na Terra de Miranda, fato que suscitou o protesto dos soberanos vizinhos.[33]

---

29 Cfr. TUDELA, Juan Pérez de. "La Armada de Vizcaya...". p. 56.
30 Pub. por MARQUES, João Martins da Silva. Op. cit., doc. 281. p. 417-419.
31 Cfr. COLOMBO, Cristovão. **Los Cuatro Víajes. Testamento**. Ed. de Consuelo Varela. Madrid, 1986. p. 17-19.
32 Cfr. PINA, Rui de. **Croniqua DelRey Dom Joham II**. Ed. de Alberto Martins de Carvalho. Coimbra, 1950. p. 183.
33 Cfr. ZURITA, Jerónimo de. **Historia Del Rey Don Hernando el Catholico**. Saragoça, 1610, fl. 37.

Outra das estratégias adotadas, que revela a argúcia e a capacidade de manobra diplomática do Príncipe Perfeito, consistiu em receber com enorme aparato, em junho de 1493, um grande nobre francês, com senhorio em Lião, e, a pretexto de que este desejava servi-lo, à frente de 300 lanças, na guerra contra os mouros, conceder-lhe o título de conde de Cazaza com uma renda anual de 2.000 dobras.[34] Ora, a vila doada era considerada pelos Reis Católicos como pertencente ao reino de Tremecém – área reservada à sua expansão no Norte de África –, pelo que reinvidicavam o direito à sua conquista, enquanto Portugal entendia que a mesma se encontrava dentro dos limites do reino de Fez e, por conseguinte, na sua zona de soberania.

D. João II, com esta atuação, deu a entender aos seus contendores que, se estes não atendessem às pretensões lusitanas no Atlântico, apoiaria a presença de súbditos franceses naquela região, o que representava uma séria ameaça para os interesses castelhano-aragoneses no Mediterrâneo. Por outro lado, garantiu reforços militares em caso de conflito e, finalmente, ganhou um colaborador altamente colocado na corte de Paris que o informava secretamente das principais opções estratégicas do monarca gaulês.[35]

No último trimestre de 1493, Isabel e Fernando não pretendiam concluir qualquer acordo sem terem conhecimento dos resultados da segunda expedição colombiana. Assim, o envio dos embaixadores Pêro de Aiala e Garcia López de Carvajal a Lisboa tinha a finalidade de reafirmar a recusa do paralelo como linha divisória, de defender os direitos castelhanos ao poente estribados na prioridade do descobrimento e no respectivo reconhecimento papal e de obter garantias sobre a interdição de quaisquer expedições lusitanas de exploração no Mar Oceano. Esta missão assumia, ainda, uma função claramente dilatória, como facilmente se apercebeu o monarca português ao declarar que aquela embaixada "não tinha pés nem cabeça".[36]

A evolução negativa do quadro internacional, no início de 1494, em que avultava a derrogação do Tratado de Barcelona e a iminência de um novo confronto com a França a propósito da sucessão do rei Ferrante de Nápoles, obrigou os soberanos de Castela e Aragão a retomar, com urgência, as negociações com o reino lusitano, para garantir a segurança do seu flanco ocidental.

---

34 Cfr. PINA, Rui de. Op. cit. p. 187.
35 Cfr. RESENDE, Garcia de. **Crónica de D. João II e Miscelânea**. Nova ed. com estudo de Joaquim Veríssimo Serrão, Lisboa, 1991. p. 245-246.
36 Idem. Op. cit. p. 243.

Com o objetivo de forçar os Reis Católicos a adotar uma solução mais consentânea com os seus interesses, o rei de Portugal não só recusou o convite para integrar a Liga Santa contra a França (Aragão, Castela, Papado e alguns principados italianos), como concedeu tacitamente apoio às reivindicações italianas de Carlos VIII, ordenando, nomeadamente, aos seus embaixadores, que estavam em Roma para prestar obediência ao pontífice, que se deslocassem para Siena e aí aguardassem a chegada do exército comandado pelo monarca francês. Essa atitude constituía uma clara manifestação de alinhamento pelas posições gaulesas e de desafeto para com os Reis Católicos e Alexandre VI. D. João II considerava-se agravado pelo papa devido à concessão aos seus rivais das bulas alexandrinas, com destaque para a última, considerada inaceitável para Portugal, uma vez que punha em causa o seu direito ao domínio do Atlântico Sul.

O Príncipe Perfeito, aproveitando habilmente a conjuntura favorável em que a guerra não interessava a nenhuma das partes, propôs a Isabel e Fernando uma negociação direta entre as respectivas cortes, independentemente das concessões papais. A 8 de março de 1494, foram passadas as necessárias procurações para os negociadores portugueses firmarem as capitulações: Rui de Sousa, senhor de Sagres e Beringel, nobre de elevado prestígio que possuía reconhecida experiência diplomática; D. João de Sousa, almotacé-mor; o licenciado Aires de Almada, corregedor da corte; e Estêvão Vaz, secretário régio, coadjuvados por João Soares de Sequeira, Rui Leme e Duarte Pacheco Pereira. D. João II assinou, a 18 desse mês, as instruções destinadas ao chefe da missão.[37]

Não se conhecem os termos das recomendações joaninas aos seus delegados, mas, com toda a probabilidade, devem ter-se centrado na defesa de uma solução que garantisse a exclusividade do acesso à rota do cabo da Boa Esperança – considerada pela corte de Lisboa como o caminho mais viável para alcançar a Índia –, sobretudo depois dos resultados da viagem de Bartolomeu Dias e do regresso, provavelmente nos finais de 1491, do sapateiro José de Lamego que, por ordem régia, partira para o Cairo com o rabino Abraão de Beja, onde se encontraram secretamente com Pêro da Covilhã, no princípio desse ano, com a incumbência, entre outras, de recolher as informações obtidas pelo espião joanino.

---

37 Cfr. CORTESÃO, Jaime. **História dos Descobrimentos Portugueses.** Lisboa, 1979. v. II, p. 175-176.

O escudeiro Covilhã havia efetuado, entre 1488 e 1491, uma prolongada missão de reconhecimento de cariz geográfico, político e econômico no Oriente, visitando, designadamente, as cidades de Cananor, Calecut e Goa, na costa ocidental da Índia, Ormuz, no Golfo Pérsico, e a costa oriental de África, compreendida entre Zeila (no Golfo de Adém) e Sofala (Moçambique). No pormenorizado relatório que elaborou, o servidor régio salientava o papel fulcral de Calecut como grande polo comercial do Malabar (Índia), onde se vendia a pimenta, a canela e o cravo; descrevia as cidades asiáticas e africanas que tinha reconhecido e informava que os navios portugueses que sulcavam o Atlântico poderiam dirigir-se para o Índico, atingir Sofala, na costa oriental africana, ou uma grande ilha que os árabes chamavam da Lua (Madagáscar) e, a partir daí, rumar para as mais importantes cidades da Índia.[38]

Paralelamente ao processo negocial luso-castelhano, o rei de Portugal preparava cuidadosamente o envio de uma armada ao Índico, conforme indica a ordem de pagamento, datada de 9 de junho de 1493, de uma elevada quantia (10 espadins de ouro) a Abraão Zacuto,[39] muito provavelmente como recompensa pelo trabalho desenvolvido na feitura das tábuas quadrienais de declinações solares, imprescindíveis para a navegação astronômica no alto-mar ("*volta pelo largo*"), sendo possível que tenha, também, colaborado com mestre Rodrigo e, sobretudo, com mestre José Vizinho, médico da corte e cosmógrafo, no aperfeiçoamento do regimento para a determinação de latitudes por alturas meridianas do sol ("regimento da altura do sol ao meio-dia"), experimentado, nos mares da Guiné, por aquele colaborador íntimo de D. João II, já em 1485.[40]

Os Reis Católicos encontravam-se em Medina del Campo, em abril de 1494, quando receberam António de Torres, a quem Colombo encarregara de lhes transmitir informações e de lhes entregar um *Memorial sobre el suceso de su segundo viaje a las Indias*. Através deste importante documento, datado de 30 de janeiro desse ano, o Almirante do Mar Oceano garantia que as ilhas encontradas – na primeira e na segunda viagens (Guadalupe, Porto Rico e Jamaica) – pertenciam ao "princípio do Oriente", conforme

---

38   Cfr. COUTO, Jorge. "Pêro da Covilhã" e "O Padre Francisco Álvares e a Verdadeira Informação da Etiópia": **História de Portugal**, dir. por João Medina. Amadora, 1993. v. IV, p. 185-198.
39   Pub. por MARQUES, João Martins da Silva. Op. cit., doc. 263. p. 396.
40   Cfr. ZACUTO, Abraão. **Almanach Perpetuum**, reprodução fac-símile com introdução de Luís de Albuquerque, Lisboa, 1986 (1496). p. 14-59.

atestavam quer as variedades de especiarias encontradas apenas nos litorais, quer a existência, em tão grande abundância, de ouro nos rios.[41]

Os soberanos deram ordens para que se reatassem as conversações com os embaixadores do rei de Portugal, após se considerarem suficientemente informados sobre a natureza asiática e as características econômicas das ilhas ocidentais, e, sobretudo, depois de, analisados os dados sobre a localização das suas novas possessões, terem chegado à conclusão, baseados nas concepções colombianas, da quase certeza da inexistência de terras na região compreendida entre as 100 e as 370 léguas.[42]

Os relatos de Colombo, de António de Torres e do doutor Diogo Álvarez Chanca, médico régio, bem como as opiniões de mossen Jaime Ferrer, de Blanes, convenceram os Reis Católicos de que os seus navios tinham alcançado o "Oriente e as extremas partes da Índia superior", onde se encontravam os produtos mais valiosos, como "pedras preciosas, ouro, especiarias e drogas".[43] Neste contexto, Isabel e Fernando, na última e conclusiva fase do processo negocial, procuraram fundamentalmente garantir a posse das terras ocidentais, na convicção de que eram asiáticas, enquanto D. João II pretendia assegurar o domínio do Atlântico Sul, que lhe proporcionaria o exclusivo do Caminho Marítimo para a Índia através do contorno da África pelo largo.

A parte lusitana concordou com a substituição do paralelo das Canárias por uma "raia", mas exigiu o seu afastamento para 370 léguas, alegando que esse era o espaço marítimo indispensável de que necessitavam os navios oriundos da costa africana, de Cabo Verde, da Madeira e dos Açores para efetuar a viagem de regresso ao reino, não tendo aceite as contrapropostas castelhanas de 270 e de 350 léguas.[44]

Os Reis Católicos acabaram por anuir às exigências do Príncipe Perfeito, mas, em troca dessa cedência, obtiveram garantias relativamente aos direitos de D. Manuel ao trono de Portugal, ganhos territoriais na delimitação das fronteiras do reino de Fez – quer na zona mediterrânica situada em frente ao Estreito de Gibraltar (as vilas de Cazaza e Melilla), quer na costa atlântica (a partir de Meça, no Sus, até ao cabo Bojador) –, bem como compensações relacionadas com o acesso às pescarias na orla marítima

---

41 Cfr. COLOMBO, Cristovão. **Textos y Documentos...** p. 147-148.
42 Cfr. PINA, Rui de. Op. cit. p. 185-186.
43 **Cartas de Particulares a Colón y Relaciones Coetáneas**. ed. de Juan Gil e Consuelo Varela. Madrid, 1984. p. 231-234.
44 Cfr. GALLO, Alfonso Garcia. Op. cit. p. 732.

africana compreendida entre os cabos Não e Bojador e com atividades de corso entre este último acidente geográfico e o rio do Ouro.

A fase final das conversações decorreu rapidamente, tendo-se chegado, no que diz respeito à partilha do Mar Oceano, ao seguinte compromisso: substituição do princípio da prioridade no descobrimento pelo das demarcações fixas, para o que se optou por um meridiano situado 370 léguas a ocidente do arquipélago de Cabo Verde como linha de delimitação dos hemisférios ibéricos no Atlântico, ficando as ilhas e terra firme, descobertas ou por descobrir, que se situassem na parte oriental para Portugal e na ocidental para Castela; constituição de uma comissão mista e paritária de cosmógrafos e pilotos que participaria numa expedição conjunta de duas ou quatro caravelas destinada a determinar, no prazo de dez meses, os marcos divisórios; comprometimento de ambos os reinos em não recorrer ao papa para modificar o texto do acordo e em pugnar pela sua confirmação sem a introdução de quaisquer alterações, bem como em não mandar efetuar explorações, resgates ou conquistas fora das suas zonas de jurisdição. Na hipótese de navios de ambas as partes encontrarem casualmente ilhas ou terras situadas na esfera de influência alheia, comunicariam o fato à potência a quem de direito pertencia a respectiva posse, procedendo à sua entrega; finalmente, Portugal assegurava o direito de passagem no seu hemisfério aos navios de Castela.

O clausulado continha, ainda, uma norma transitória: todos os territórios compreendidos entre as 250 e as 370 léguas que fossem descobertos até 20 de junho de 1494 seriam integrados na Coroa castelhana.[45] Esta disposição tem sido interpretada restritivamente como destinando-se a ressalvar as eventuais descobertas efetuadas por Colombo no decurso da sua segunda viagem. Contudo, os negociadores castelhanos já se encontravam, desde abril de 1494, na posse dos relatos referentes a essa expedição, estando cientes de que o Almirante não tinha encontrado quaisquer ilhas ou terras nessa faixa. A referida cláusula teria, muito provavelmente, por objetivo salvaguardar a possibilidade da armada de reforço – cujo comando fora confiado a Bartolomeu Colombo, futuro Adelantado das Índias – efetuar descobrimentos no decurso da viagem de ida para a Hispaniola.[46]

A 12 de maio ainda subsistiam pequenas divergências referentes a aspectos menores, conforme se depreende da análise das respostas dos reis

---

45 Pub. por MARQUES, João Martins da Silva. Op. cit., docs. 292-294. p. 432-453.
46 Cfr. TUDELA, Juan Pérez de. Op. cit. p. 75-76.

de Castela e Aragão às questões suscitadas por Estêvão Vaz, secretário do rei de Portugal.[47]

Os Reis Católicos aproveitaram o quadro negocial para interferir na escolha do sucessor de D. João II, uma vez que este se encontrava sem descendente legítimo desde a morte do príncipe D. Afonso (1491), provocada por um acidente de cavalo. O monarca português pretendia que lhe sucedesse o filho bastardo, D. Jorge,[48] pelo que desenvolveu diligências junto a Roma no sentido de obter a sua legitimação. No entanto, a sua mulher defendia os direitos do irmão, D. Manuel, duque de Beja, primo coirmão do rei, filho do infante D. Fernando, neto materno do infante D. João e paterno de D. Duarte (1433-1438), posição que recolheu o apoio da alta nobreza, tendo esta aproveitado a oportunidade para se reagrupar em torno da rainha consorte e de sua mãe, D. Beatriz, duquesa de Viseu. Este partido contava ainda com o apoio de Isabel de Castela, que era, por via materna, prima coirmã de D. Leonor e de D. Manuel, tendo desempenhado um papel importante ao intervir junto a Alexandre VI no sentido de inviabilizar a legitimação do filho bastardo do rei de Portugal.

Ao sustentar a candidatura de D. Manuel, os Reis Católicos visariam a colocar no trono de Portugal um primo coirmão da rainha Isabel que, reconhecido pelo apoio prestado, adotasse uma política mais favorável aos interesses castelhano-aragoneses, quer no domínio das questões internacionais, principalmente no sentido de conseguir um distanciamento na aproximação luso-francesa estabelecida por Luís XI e D. Afonso V e prosseguida pelos respectivos legatários, quer no âmbito das relações bilaterais.

A atuação governativa do Príncipe Perfeito caracterizava-se: internamente, pelos esforços centralizadores e de concomitante fortalecimento do poder régio consubstanciado na expressão "Eu sou a própria lei",[49] política que simultaneamente reforçava a posição lusitana na cena internacional e dificultava as tentativas de confinar o reino de Portugal a um papel secundário ou subordinado no contexto peninsular; externamente, pela atenta vigilância a todas as movimentações expansionistas dos Reis Católicos que eventualmente pudessem pôr em causa os interesses vitais de Portugal no Atlântico e pela rigorosa aplicação da doutrina do *Mare Clausum* que se

---

47 Pub. por MARQUES, João Martins da Silva. Op. cit., doc. 291. p. 430-431.
48 Cfr. TÁVORA, Luís de Lancastre e. "O Senhor D. Jorge": **Oceanos** (Lisboa), 4 (1990). p. 82-92.
49 SOUSA, Armindo de. "Realizações": **História de Portugal**, dir. por José Mattoso. Lisboa, 1993. v. II, p. 528.

traduzia na intransigente defesa da rígida política de exclusivo lusitano (e régio) no acesso ao lucrativo comércio com a costa ocidental de África, merecendo especial destaque o ouro da Mina.

Impedindo a subida ao trono de D. Jorge pretenderiam os Reis Católicos evitar o prosseguimento das linhas de força afirmadas no reinado do Príncipe Perfeito. De fato, as diligências efetuadas pelos seus embaixadores, em Roma e em Portugal, a favor do duque de Beja, tornam crível a interpretação de que esperavam que no seu reinado se verificasse uma inflexão na política externa portuguesa no sentido de a tornar mais alinhada com as suas posições. Acrescia que, no futuro, D. Manuel não poderia olvidar o papel desempenhado pelos primos na sua ascensão ao trono, sendo de esperar que adotasse uma atitude mais flexível em face dos interesses castelhano-aragoneses.

Em caso de resistência interna à subida ao trono do seu candidato, que desembocasse em guerra civil, Isabel e Fernando contavam, em troca do apoio militar que se dispunham a conceder-lhe, apresentar "uma importante fatura ao próprio D. Manuel": compensações territoriais na Península e o reino de Fez.[50] Em suma, a ocasião apresentava-se como tendencialmente propícia a reduzir Portugal a uma situação de dependência semelhante à que se encontrava submetido o reino de Navarra.

É nesse quadro que se situa o envio de emissários castelhanos a D. João II, que foram por ele recebidos em Setúbal, em maio de 1494, a quem transmitiram veladas ameaças sobre os perigos internos (rebelião dos naturais) e externos (candidatura de outros príncipes, designadamente do imperador Maximiliano I de Habsburgo, primo coirmão do rei, também neto de D. Duarte) que correria Portugal se D. Jorge fosse declarado seu herdeiro.[51]

Ao referir a possibilidade de soberanos estrangeiros, que descendessem legitimamente da casa real portuguesa, invocarem direitos de sucessão, Isabel de Castela estava indiretamente a fazer sentir que também ela se encontrava nessas condições na qualidade de neta do infante D. João e de bisneta do fundador da dinastia de Avis, D. João I (1385-1433).

Foi somente após D. João II ter informado os enviados castelhanos de que não pretendia que o filho bastardo lhe sucedesse no trono e, pro-

---

50 Cfr. TUDELA, Juan Pérez de. Op. cit. p. 85.
51 Cfr. MENDONÇA, Manuela. **D. João II. Um Percurso Humano e Político nas Origens da Modernidade em Portugal**. Lisboa, 1991. p. 458-465; SERRÃO, Joaquim Veríssimo. **Itinerários de El-Rei D. João II (1481-1495)**. Lisboa, 1993. p. 530-532.

vavelmente, também, depois de discutirem a realização do casamento da sua filha mais velha, D. Isabel, com D. Manuel[52] que os Reis Católicos assinaram, a 5 de junho, as procurações que concediam poderes aos seus representantes (D. Henrique Henríquez, mordomo-mor; D. Gutierre de Cárdenas, comendador-mor de Leão; D. Rodrigo Maldonado; Fernando Álvarez de Toledo, secretário régio, e, como testemunhas, Pêro de Léon, Fernando de Torres e Fernando Gamarra) para firmarem os dois tratados com Portugal, assinados em Tordesilhas, a 7 do mesmo mês, tendo sido ratificados por Isabel e Fernando, em Arévalo, a 2 de julho, e por D. João II, em Setúbal, a 5 de setembro.[53]

Nenhum dos monarcas signatários solicitou a aprovação pontifícia do tratado, tendo sido somente a pedido de D. Manuel I (1495-1521) que o convénio principal foi reconhecido por Roma, embora de uma forma indireta, no pontificado de Júlio II (1503-1513), através da bula *Ea quae pro bono pacis*, de 24 de janeiro de 1506, que autorizava o arcebispo de Braga e o bispo de Viseu a confirmarem-no em nome do papa.[54]

3. O SIGNIFICADO DO ALARGAMENTO DO MERIDIANO LUSO-CASTELHANO DE PARTILHA DO ATLÂNTICO

A interpretação das posições adotadas por D. João II relativamente à fixação da linha divisória das áreas de influência luso-castelhanas no Atlântico tem dado origem a acesas controvérsias. Da aplicação da proposta de acordo castelhano-aragonesa (n. II do mapa 2), bem como do meridiano de 100 léguas fixado pela bula pontifícia (n. IV do mapa 2), resultaria, em ambos os casos, a total exclusão da presença portuguesa no hemisfério ocidental. Pelo contrário, quer as duas versões do paralelo das Canárias (n. I e III do mapa 2), quer o meridiano de 370 léguas a ocidente de Cabo Verde (n. V do mapa 2), marcos divisórios sucessivamente de-

---

52 Em um trabalho recente, um historiador português levanta a interrogação sobre se não seria já a pensar nesse consórcio que os Reis Católicos requereram uma dispensa papal, concedida em 26 de junho de 1493, para que os seus filhos pudessem casar com parentes próximos, uma vez que D. Manuel e D. Isabel eram primos em segundo grau. Cfr. FONSECA, Luís Adão da. Op. cit. p. 74.

53 Pub. por MARQUES, João Martins da Silva. Op. cit., docs. 295-297 e 298. p. 453-458.

54 Pub. in **Alguns Documentos do Archivo Nacional da Torre do Tombo acerca das Navegações e Conquistas Portuguezas**. Lisboa, 1892. p. 142-143.

fendidos pelo Príncipe Perfeito, garantiam a inserção de uma significativa parcela do continente americano na área de soberania lusitana.

Estes dados levaram muitos autores a defender que a atitude do rei foi motivada pela preocupação de reservar para Portugal os territórios situados no ocidente austral (Brasil) de que tinha conhecimento positivo. Todavia, outros admitem que D. João II apenas possuía uma fundada crença na existência de terras nessa região do globo, enquanto, finalmente, alguns sugerem que o objetivo do monarca consistia exclusivamente em garantir o monopólio do Caminho Marítimo para a Índia pelo Atlântico Sul, assegurando o suficiente espaço marítimo que permitisse descrever com segurança a *volta pelo largo*, indispensável para que as naus dobrassem a ponta meridional de África e alcançassem o Índico.

A análise rigorosa do assunto exige, de forma a conferir-lhe a máxima inteligibilidade possível, que se tenha em consideração o conjunto de fatores que condicionou a atuação político-diplomática do soberano lusitano no sentido de alcançar uma solução que garantisse a defesa dos interesses que considerava vitais para o seu reino. As várias propostas de linhas de demarcação destinadas a proceder à partilha luso-castelhana do Atlântico, apresentadas por D. João II no decurso das negociações de 1493-1494, devem, por conseguinte, ser interpretadas à luz de um amplo contexto, de modo a contribuir para esclarecer o seu alcance mais profundo.

Mapa 2.
Propostas de delimitação das áreas de influência luso-castelhanas no Atlântico. (A partir de Florentino Perez Embid. **Los Descobrimientos en el Atlántico y la Rivalidad Castellano-Portuguesa hasta el Tratado de Tordesillas**. Sevilha, 1948. p. 246-47).

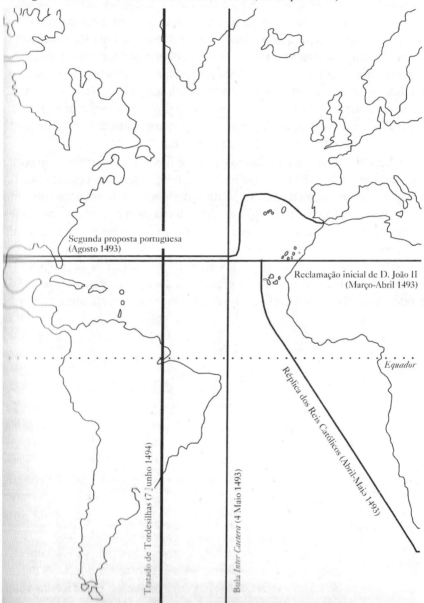

1) O fato de a rota utilizada por Gama (1497) e Cabral (1500), no verão e no inverno boreais, respectivamente, demonstrar um grau de precisão tal que é, nos nossos dias, recomendada nas cartas de ventos – *pilot charts* – para os navios a vela, encontra-se na base da dedução de que um tão profundo conhecimento dos condicionalismos físicos da metade meridional do Mar Oceano não pode ter resultado apenas de duas viagens efetuadas em diferentes estações do ano e utilizando naus.

Ter-se-ão, muito provavelmente, realizado viagens exploratórias,[55] de que somente nos chegaram alguns indícios, iniciadas "desde o regresso de Bartolomeu Dias",[56] ou seja, a partir de 1489, com a finalidade de conhecer os regimes dos ventos e correntes do sudoeste do Atlântico austral. Esta hipótese constitui, na realidade, uma explicação plausível para a circunstância, frequentemente posta em evidência, de parecer "estranho, para não dizer inexplicável, não ter D. João II, que saibamos, tomado qualquer diligência no sentido de organizar a armada que devia levar os portugueses ao Indostão, durante os cinco anos que separam a chegada a Lisboa de Bartolomeu Dias e a chegada à mesma cidade de Cristóvão Colombo, em março de 1493".[57]

As viagens joaninas de exploração do quadrante sudoeste do Mar Oceano visariam a encontrar a forma mais rápida e eficaz de escapar às calmarias equatoriais e de contornar a costa ocidental africana para evitar as dificuldades que a navegação costeira colocava na parte meridional do continente (a partir dos 20° S), obrigando os navios a "fazer frequentes bordos numa navegação cuidadosa e trabalhosa, que a fraca visibilidade e os nevoeiros ainda mais dificultavam", agravadas pela sujidade dos fundos costeiros.

Os obstáculos à progressão para sul nas imediações da orla marítima, por alturas do cabo das Voltas (28° 42' S), devido aos ventos muito frescos e à corrente de proa, somente permitiram a sua ultrapassagem pelas caravelas quando Bartolomeu Dias resolveu efetuar "uma grande volta do mar, à procura de ventos favoráveis para ganhar latitude" (até cerca de 37° S),[58]

---

55 Cfr. COUTINHO, Gago. **A Náutica dos Descobrimentos. Os Descobrimentos Marítimos Vistos por um Navegador**, ed. de Moura Braz, 2. ed. Lisboa, 1969. v. I, p. 390-408.
56 PERES, Damião. **História dos Descobrimentos Portugueses**. 3. ed. Porto, 1983. p. 297.
57 ALBUQUERQUE, Luís de. **Os Descobrimentos Portugueses**. Lisboa, 1985. p. 112.
58 ANTÓNIO CARDOSO. **Viagem de Bartolomeu Dias em 1487/88 Vista por um Marinheiro**. Lisboa, 1990. p. 14-17.

tendo o navegador joanino retirado, naturalmente, a conclusão de quão difícil seria a navegação na mesma rota com naus.[59]

As explorações destinadas a procurar uma alternativa – a volta em arco pelo mar largo para ladear a região de ventos contrários que Dias encontrara a poente do Cabo – terão sido feitas com caravelas. Estes navios veleiros conjugavam duas características fundamentais, a dimensão das vergas latinas e as proporções do casco,[60] e permitiam a navegação à bolina, sendo, por conseguinte, as embarcações mais adequadas para efetuar operações de reconhecimento geográfico e dos condicionalismos físicos do oceano.

Existem registos do fornecimento de mantimentos a caravelas que revelam significativa atividade marítima subsequente ao regresso de Bartolomeu Dias. Um desses documentos, datado de 18 de agosto de 1489, mandava entregar 1.000 quintais de biscoito, quantidade "bastante para aprovisionar duas ou três caravelas durante cerca de dois anos",[61] podendo constituir um sinal de que o Príncipe Perfeito decidira, por essa altura, iniciar as explorações conducentes à aquisição do conhecimento técnico da navegação no quadrante sudoeste do Atlântico.

2) No decurso das operações de sistemática prospecção dos condicionalismos físicos do ocidente do Atlântico austral terão sido encontrados indícios (voo de aves, alterações na coloração das águas oceânicas, detritos vegetais e, eventualmente, objectos) que levantaram fundadas suspeitas sobre a existência de terras austrais, muito provavelmente ao largo do trecho da chamada costa leste-oeste brasileira compreendido entre os cabos de São Roque (5° 29' S) e de Santo Agostinho (8° 18' S), uma vez que esta região constitui simultaneamente a extremidade oriental da orla marítima sul-americana e a área onde os navios mais se aproximam de terra ao efetuarem a bordada pelo largo o mais a oeste possível, na sequência da derrota de máximo afastamento da costa africana em busca do alísio de sueste, que até ao último daqueles acidentes geográficos somente permite rumo de sudoeste.[62]

3) O meridiano de 100 léguas a ocidente dos Açores ou Cabo Verde sugerido por Colombo, consagrado na bula *Inter caetera* (*II*) e apresentado como forma de solução negociada do conflito luso-castelhano pelos

---

59   Cfr. FONSECA, Luís Adão da. **O Essencial...** p. 51.
60   Cfr. BARATA, Pimentel, João da Gama. **Arqueologia Naval**. Lisboa, 1989. v. I, p. 243.
61   CORTESÃO, Armando. **O Mistério de Vasco da Gama**. Coimbra, 1973. p. 169.
62   Cfr. COUTINHO, Gago. Op. cit., v. I, p. 308-311.

Reis Católicos, assegurava – sobretudo se fosse utilizado o arquipélago açoriano como base de partida para a fixação da linha demarcadora – uma razoável área de manobra para a execução da rota 'indireta', em arco.[63] A situação melhorava, por maioria de razão, relativamente às raias de 270 e 350 léguas, sucessivamente propostas pelos delegados de Isabel e Fernando e recusadas pelos negociadores lusitanos.

4) Enquanto decorreram as conversações luso-castelhanas, D. João II não descurou a preparação do envio de uma expedição ao Índico, conforme comprova a contratação, em 1493, dos serviços do reputado cosmógrafo salmanticense Abraão Zacuto para colaborar com os técnicos portugueses no aperfeiçoamento do regimento de navegação astronômica, bem como na elaboração de tábuas quadrienais de declinação solar, indispensáveis para sulcar o Atlântico Sul, durante meses, sem qualquer ponto de referência terrestre. Os elementos sobre as mais antigas tabelas que se conhecem para a região austral abrangem exatamente o período de 1493-1496.[64]

5) O monarca português, provavelmente, também não ficou inativo quanto à investigação do hemisfério ocidental anteriormente à largada da segunda armada das Índias, como o indicia o episódio da partida de quatro caravelas da ilha da Madeira, onde Colombo viveu algum tempo e obteve informações sobre vestígios oriundos do poente que ali iam dar à costa e que se encontra situada a uma latitude muito próxima das Canárias, última escala efetuada pelas expedições castelhanas antes de se engolfarem no oceano.

Os dados sobre as movimentações dos navios portugueses recolhidos pela espionagem dos Reis Católicos despertaram nestes as maiores desconfianças de que se destinariam às novas terras, o que transmitiram ao Almirante do Mar Oceano numa carta datada de 5 de setembro de 1493. Os embaixadores lusitanos, inquiridos sobre o assunto, recorreram a uma desculpa convencional, explicando que as três caravelas régias iam em perseguição de uma particular que, sem ordem do soberano, tinha zarpado rumo às ilhas ocidentais.[65]

---

63 Cfr. THOMAZ, Luís Filipe F. R. "O Projeto Imperial Joanino (Tentativa de interpretação global da política ultramarina de D. João II)": **Congresso Internacional Bartolomeu Dias e a sua Época. Actas.** Porto, 1989. v. I p. 95.
64 Cfr. ALBUQUERQUE, Luís de. **O Livro de Marinharia de André Pires.** Lisboa, 1963. p. 32-81; Idem. **Os Guias Náuticos de Munique e Évora.** Lisboa, 1965. p. 76.
65 Pub. por MARQUES, João Martins da Silva. Op. cit., doc. 281, p. 417-418.

A proposta joanina feita a Lopo de Herrera, em abril de 1493, de suspensão, por dois meses, do envio de armadas luso-castelhanas ao poente, bem como a demora na chegada dos embaixadores portugueses a Barcelona, no segundo semestre desse ano, foram interpretados por Isabel e Fernando como sinais de uma estratégia dilatória do rei lusitano para que as suas caravelas explorassem o Atlântico Ocidental, fornecendo-lhe informações que lhe permitissem negociar um acordo vantajoso. Como observou um historiador espanhol, se D. João acedeu ao pedido do emissário dos Reis Católicos para suster o tão apregoado envio da armada de D. Francisco de Almeida, sigilosamente "não deixaria de enviar as suas ágeis e imbatíveis caravelas a aprofundar a exploração do Atlântico Ocidental", tanto mais que contava com os dois tripulantes portugueses da *Niña*, caravela em que Colombo regressara à Europa.[66]

6) Várias fontes – todas de origem castelhana – demonstram que D. João II "suspeitava da existência de ilhas e mesmo de um continente a sudoeste do Atlântico".[67] Em agosto de 1493, o cardeal D. Pedro González de Mendoza, arcebispo de Toledo, convocou mestre Jaime Ferrer para se apresentar na corte, que se encontrava em Barcelona, munido do seu mapa-múndi e de outros instumentos tocantes à cosmografia para participar nas negociações com os representantes de Portugal.[68] Pouco depois, na já referida carta de 5 de setembro do mesmo ano ao Almirante do Mar Oceano, os Reis Católicos informavam-no que, após as conversas mantidas com os enviados lusitanos (Dias e Pina), alguns dos seus colaboradores – entre os quais se contava o cosmógrafo catalão – tinham ficado convencidos de que os portugueses pensavam que "poderá haver ilhas e ainda terra firme que segundo a parte do sol em que estão se crê que serão mais proveitosas e mais ricas do que todas as outras" no espaço "que está no meio desde a ponta que os portugueses chamam da Boa Esperança que está na rota que eles agora levam para a Mina de Ouro e Guiné abaixo até à raia que vós dissesteis que devia vir na bula do papa".[69]

---

66   Cfr. COLOMBO, Cristovão. Op. cit. p. 170.
67   ALMEIDA, Luís Ferrand de. **A Diplomacia Portuguesa e os Limites Meridionais do Brasil (1493-1700)**. Coimbra, 1957. p. 268.
68   Cfr. CORTESÃO, Jaime. Op. cit., v. II, p. 164.
69   Pub. por MARQUES, João Martins da Silva. Op. cit., doc. 281, p. 418.

Cap. III | O Descobrimento   147

Mapa 3
As delimitações do Atlântico de acordo com as bulas e tratados, e a geografia imaginária e real (A partir de Francisco Morales Padrón, **Historia del Descubrimiento y Conquista de América**. 5. ed. Madrid, 1990. p. 108).

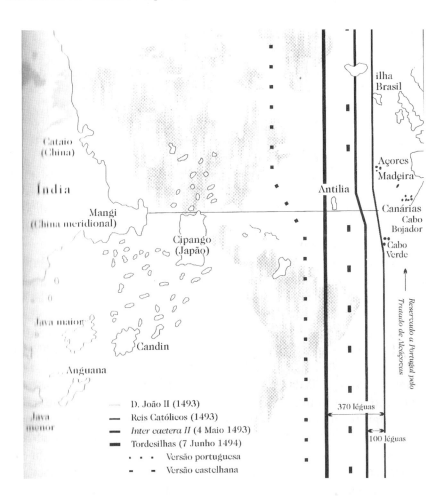

A redação deste trecho é ambígua. No entanto, se levarmos em consideração que a corte castelhano-aragonesa tinha mestre Ferrer na mais alta consideração, não custa aceitar que tivesse sido ele o inspirador dessa passagem da carta dos monarcas, uma vez que fora expressamente nomeado para dar pareceres de natureza técnica sobre as negociações com os embaixadores do rei de Portugal.

Se procedermos à comparação deste texto com a missiva que, por ordem de Isabel de Castela, aquele lapidário e cosmógrafo catalão, de origem judaica, escreveu a Colombo em 5 de agosto de 1495, veremos que, segundo a sua opinião, o "apóstolo e embaixador de Deus" tinha atingido "o Oriente e as extremas partes da Índia superior" e que, de acordo com a experiência acumulada por Ferrer no decurso das longas viagens realizadas na Ásia, era na "volta da equinocial" (situada na região do Equador) e, por conseguinte, nas "regiões muito quentes" que se localizavam as "coisas grandes e de preço como são pedras preciosas, ouro, especiarias e drogas".[70] Chega-se, pois, à conclusão de que as ricas ilhas e o continente situar-se-iam no quadrante ocidental do Atlântico, sendo, no entanto, interpretados como fazendo parte integrante do continente asiático.

Tal asserção é, aliás, confirmada pela circunstância de Colombo, segundo o testemunho do seu mais reputado biógrafo, ter decidido alterar expressamente, na sua terceira expedição (1498), a derrota adotada nas duas primeiras viagens – escolhendo como base de partida o arquipélago de Cabo Verde em substituição às Canárias –, com o objetivo explícito de "encontrar ilhas e terras" e de verificar "qual era a intenção del rei D. João de Portugal que dizia que no austro havia terra firme e que por isto ... teve diferenças com os reis de Castela" e "que o dito rei D. João tinha por certo que dentro dos seus limites havia de encontrar coisas e terras famosas".[71] Foi exatamente no prosseguimento dessa nova rota que Colombo avistou, pela primeira vez, terra firme (1 de agosto de 1498), que batizou de Ilha Santa, tendo efetuado, seguidamente, o primeiro desembarque no continente americano (5 de agosto) numa região situada a norte do rio Orenoco.[72]

Um reputado historiador da ciência náutica interroga-se sobre se a obstinação do rei e dos seus procuradores na negociação do alargamento da raia para 370 léguas terá sido gratuita. Depois de concluir pela negativa, sugere que essa atitude se destinaria a reservar para Portugal os territórios do

---

70   **Cartas de Particulares a Colón...** p. 233-234.
71   COLOMBO, Cristovão. **Textos y Documentos...** p. 223.
72   Cfr. Idem. **Los Cuatro Víajes...** p. 25.

Nordeste americano.[73] Ora, como foi recentemente observado, as propostas joaninas de divisão horizontal do Atlântico implicavam a total ausência de presença portuguesa na região setentrional, fato que inviabiliza essa hipótese,[74] pelo que a única explicação plausível para a insistência lusitana na deslocação do meridiano reside na preocupação de reservar para Portugal não só a exclusividade do acesso ao Atlântico meridional como também os "territórios... já entrevistos ou de existência apenas suspeitada",[75] mas situados na região austral.

A tenacidade com que o Príncipe Perfeito defendeu como linha divisória entre as áreas de soberania dos dois reinos no Mar Oceano, em primeiro lugar, o paralelo das Canárias e, em segundo lugar – quando essa solução se tornou inviável devido à irredutível oposição dos Reis Católicos –, o afastamento da raia para 370 léguas só se justifica pelo duplo objetivo de, por um lado, visar "a todo o transe libertar de intromissões alheias a navegação portuguesa no Atlântico meridional – via marítima para o Oriente já aberta devido ao descobrimento da passagem de Sueste"[76] e, por outro, de incorporar na Coroa portuguesa as terras situadas no Austro (Brasil), que bordejassem a margem ocidental do Mar Oceano, "de cuja existência D. João tinha suficientes indícios".[77]

Para salvaguardar o seu desiderato no sudoeste atlântico, o soberano lusitano não hesitou em fazer concessões territoriais no Norte de África, concordar com o acesso de súditos castelhanos quer aos bancos de pesca compreendidos entre os cabos Não e Bojador, quer ao corso até o rio do Ouro e, sobretudo, renunciar a um projeto que, desde a morte do príncipe D. Afonso, se lhe tornara tão caro: a indicação de D. Jorge como herdeiro do trono.

O meridiano de 100 léguas afastava-se tanto da costa africana – observe-se atentamente o n. IV do mapa 2 – e proporcionava uma razoável margem de manobra para as naus descreverem a volta pelo largo no Atlântico Sul, que a exigência do afastamento de mais 270 léguas da linha divisória para oeste – em troca de concessões territoriais e políticas – não pode ter ficado a dever-se unicamente à preocupação de garantir espaço marítimo. Pelo contrário, os dados já enumerados – todos de origem castelhana – apon-

---

73   Cfr. ALBUQUERQUE, Luís de. **Crónicas de História de Portugal**. Lisboa, 1987. p. 54.
74   Cfr. FONSECA, Luís Adão da. **O Tratado de Tordesilhas...** p. 73.
75   ALBUQUERQUE, Luís de. Op. cit. p. 54.
76   PERES, Damião. Op. cit. p. 275.
77   LEITE, Duarte. **História dos Descobrimentos. Colectânea de Esparsos**. org. de Vitorino Magalhães Godinho. Lisboa, 1959. v. I, p. 472.

tam no sentido de que, possuindo fortes indícios sobre a real possibilidade da existência de ilhas ou terra firme nas regiões austrais situadas a ocidente de África, D. João II tenha agido determinadamente de modo a alcançar uma solução negociada que preservasse os aspectos vitais para os interesses portugueses, à cabeça dos quais figurava o "Plano das Índias".

A viabilização do projeto indiano tornava imprescindível prevenir a eventualidade de terras austrais, situadas ao longo da rota pelo largo, ficarem na posse de Castela e serem ocupadas por súditos seus, situação que poria em sério risco o exclusivo domínio lusitano do Atlântico Sul e a segurança da rota do Cabo.[78] Naturalmente que a preocupação prioritária do monarca não terá sido a de obter territórios ocidentais – que posteriormente vieram a corresponder ao Brasil – mas sim a de impedir que os seus concorrentes peninsulares neles se estabelecessem, conferindo, desse modo, uma autonomia acrescida ao Caminho Marítimo para a Índia, reforçada pela hipotética criação de alguma base de apoio no hemisfério ocidental a sul do Equador.

Como concluiu um insuspeito historiador norte-americano, biógrafo de Colombo, se forem descobertos "os documentos das negociações de Tordesilhas, pode ficar a saber-se que D. João II possuía mais conhecimentos do que parece, ao assinar o tratado de 1494 e o pacto de 1495", e que "a sua suspeita da existência de um território como o Brasil correspondia a uma convicção..."[79]

O fato de D. João II e D. Manuel I, contrariamente aos Reis Católicos, nunca terem tomado uma única iniciativa no sentido de dar cumprimento à cláusula referente à organização da viagem conjunta destinada a fixar o meridiano de demarcação, apesar da insistência castelhana, também estará relacionado com a posse de indícios sobre a existência de terras no hemisfério austral a ocidente de África.

Isabel e Fernando solicitaram a mestre Jaime Ferrer, em 1494, pareceres sobre a definição da linha divisória fixada em Tordesilhas.[80] Por outro lado, aprovaram, a 7 de maio de 1495, as regras para a realização de uma

---

78   Cfr. CASTELO-BRANCO, Fernando. "O Tratado de Tordesilhas e o Brasil": **El Tratado de Tordesillas y su Proyección**. v. I, p. 323-328 e Idem. "Problemática do Tratado de Tordesilhas": **Anais da Academia Portuguesa da História**. (Lisboa), II (22), 1973. p. 43-51.

79   MORISON, S. E.. **As Viagens Portuguesas à América**. Lisboa, trad. port., s.d. p. 86.

80   Pub. por MARQUES, João Martins da Silva. Op. cit., doc. 300 (27 de janeiro de 1495). p. 459-460 e doc. 304 (posterior a 28 de fevereiro de 1495). p. 463-466.

reunião preparatória, na fronteira entre os dois reinos, dos cosmógrafos, pilotos e marinheiros incumbidos de preparar tecnicamente a expedição mista, bem como prorrogaram o prazo para a sua concretização.[81] Contudo, o rei de Portugal, apesar de promessas feitas nesse sentido, não chegou sequer a nomear os seus delegados.

A delimitação do meridiano de Tordesilhas envolvia várias questões polêmicas relacionadas com as dificuldades técnicas para a sua aplicação rigorosa, com o fato de não ter sido fixada a ilha de Cabo Verde a partir da qual se efetuaria a contagem das 370 léguas e, ainda, com a extensão atribuída ao grau do meridiano terrestre.[82]

As explorações conjuntas no hemisfério ocidental eram inconvenientes para Portugal antes que os seus navios, pela rota do Cabo, atingissem o Índico, já que, no caso de serem encontradas terras no poente, poderiam provocar conflitos sobre a determinação do hemisfério em que as mesmas se situavam e, consequentemente, da potência a que pertenciam, desviando, assim, os esforços portugueses do objetivo primordial: alcançar a Índia.

Teria sido justamente a previsão da forte probabilidade de a expedição conjunta encontrar terras na região ocidental que levou os reis de Portugal a não tomarem qualquer iniciativa nesse sentido. Para os monarcas lusitanos seria preferível que Castela continuasse convencida de que tinha atingido o Oriente – baseada nos relatórios enviados por Cristóvão Colombo – enquanto concluíam os preparativos e se efetuava a viagem marítima à Índia. Aliás, o Almirante do Mar Oceano persistiu na convicção – sincera ou interessada – de que tinha alcançado a Ásia, tendo inclusive compelido, em junho de 1494, os seus tripulantes a testemunhar, sob juramento, perante o escrivão real Fernão Péres de Luna, que Cuba era terra firme asiática: o Mangi (China meridional) de Marco Polo.[83]

Prestigiados historiadores espanhóis defendem que a assinatura do Tratado de Tordesilhas não implicou a revogação da totalidade das disposições da bula *Dudum siquidem* – limitando-se a delimitar "o término *a quo*" da linha divisória e deixando indeterminado "o término *ad quem*" –, o que representava que o acesso ao Oriente caberia ao reino cujos navios, navegando nas respectivas áreas de influência, o alcançassem em primeiro

---

81 Pub. por Idem. Ibidem, doc. 306 (7 de maio de 1495). p. 467-470.
82 Cfr. ALBUQUERQUE, Luís de. "O Tratado de Tordesilhas e as dificuldades técnicas da sua aplicação rigorosa": **El Tratado de Tordesillas y su Proyección**. v. I. p. 122-123.
83 Cfr. **Cartas de particulares a Colón...** p. 216-223.

lugar.[84] Por maioria de razão, interpretações de idêntico teor deveriam vigorar, nos finais de Quatrocentos, nos círculos governativos castelhanos. Assim sendo, os soberanos portugueses – certamente conhecedores destes fatos – conferiram a máxima prioridade à descoberta do Caminho Marítimo para a Índia, de modo a garantir a primazia na abertura dessa rota.

A concretização deste objetivo estratégico, bem como a sua consolidação, condicionaram claramente a posição dos monarcas lusitanos relativamente à organização de expedições conjuntas ao hemisfério ocidental com o objetivo de proceder à respectiva demarcação, conduzindo, também, à adoção de uma cuidada escolha das conjunturas mais adequadas para divulgar os descobrimentos efetuados nessa área do globo.

Independentemente da discussão em torno das reais intenções de D. João II e da possibilidade de ter conhecimento "da existência de terras no quadrante sudoeste do Atlântico",[85] fato que justificaria a sua obstinação no afastamento do meridiano de partilha para 370 léguas, o certo é que essa atitude negocial proporcionou a Portugal não só o senhorio do Atlântico Sul, mas também a faixa territorial brasílica compreendida entre a baía do Maracanã (na costa oriental do Pará) e a Cananeia (na costa paulista).

Em síntese, sem as concepções geopolíticas do Príncipe Perfeito, muito avançadas para o seu tempo,[86] a sua determinação e habilidade político-diplomática – bem patenteadas nas conversações que conduziram à assinatura dos Tratados de Tordesilhas –, Portugal não só teria enfrentado grandes dificuldades na estruturação e manutenção da Carreira da Índia como não teria tido qualquer presença no Novo Mundo, cuja consequência última seria a inexistência do Brasil tal como o conhecemos: desde a sua designação, passando pelas fronteiras, composição étnica, língua, até as características culturais, civilizacionais e idiossincráticas do seu povo, que tanto o individualizam.

4. VIAGENS NO ATLÂNTICO AUSTRAL POSTERIORES A TORDESILHAS

Chegaram-nos alguns indícios da organização de missões exploratórias ao Atlântico meridional depois da assinatura do Tratado de Tordesi-

---

84 Cfr. GALLO, Alfonso Garcia. Op. cit. p. 147 e segs.; ABADIA, Rámon Ezquerra. "La Idea del Antimeridiano": **A Viagem de Fernão de Magalhães...** p. 5-6.
85 COUTINHO, Gago. Op. cit. v. II, p. 46.
86 Cfr. TEIXEIRA DA MOTA, Avelino. "A Viagem de Bartolomeu Dias e as Concepções Geopolíticas de D. João II": **Boletim da Sociedade de Geografia de Lisboa**. S. 76 (10-12), 1958. p. 297-322; THOMAZ, Luís Filipe F. R.. Op. cit. p. 81-98.

lhas. Uma das hipóteses que se coloca é a da caravela de Afonso Gonçalves – prestigiado piloto cuja atividade está documentada nos finais de Quatrocentos e no início de Quinhentos – ter zarpado, em novembro de 1494, para a realização de uma dessas viagens,[87] tendo sido recompensado, por Carta Régia de 11 de junho de 1497 (menos de um mês antes de embarcar na armada de Vasco da Gama), com o privilégio de escudeiro pelos serviços já prestados à Coroa e por aqueles que no futuro viesse a prestar.[88]

Após as caravelas terem descoberto a volta pelo largo, as viagens preparatórias visariam, seguidamente, a experimentar essa rota com naus, protótipo de navio desenvolvido no final do século XV e escolhido para efetuar a descoberta do Caminho Marítimo para a Índia. Estas foram equipadas com aparelho redondo – os mastros grande e do traquete (proa) com velas quadrangulares duplas e o da mezena (ré) com vela latina –, pelo que não só eram menos velozes do que as caravelas como também bolinavam muito pouco. Tinham, no entanto, a vantagem de possuir não só tonelagem mais elevada, o que possibilitava o transporte de guarnições militares, de passageiros e de maior quantidade de carga, mas também de dispor de alto bordo e de castelos inseridos no casco, sendo este reforçado por cintas que corriam da popa à proa.[89]

As estruturas das naus conferiam-lhes uma acrescida capacidade de resistência em face das violentas tempestades que ocorrem com frequência no Atlântico austral na latitude aproximada de 37º, altura da montagem da extremidade meridional de África (o cabo das Agulhas, situado em 34º 50' S) pelo largo.

Pouco depois de ser aclamado rei (27 de outubro de 1495), D. Manuel I submeteu à discussão do Conselho Régio, reunido em Montemor-o-Novo, entre dezembro desse ano e janeiro do ano seguinte, a concretização da projetada viagem à Índia. Apesar do parecer desfavorável da maioria dos seus conselheiros, o monarca decidiu prosseguir a empresa oriental.[90]

O Venturoso, após ter tomado essa resolução, encarregou Bartolomeu Dias de dirigir os trabalhos finais de construção dos navios destinados à

---

87 Cfr. CORTESÃO, Armando. Op. cit. p. 177.
88 Cfr. VITERBO, Sousa. **Trabalhos Náuticos dos Portugueses, Séculos XVI e XVII**. Lisboa, 1988 (1898), Parte I. p. 337.
89 Cfr. BARATA, Pimentel, João da Gama. Op. cit. v. II, p. 15-16.
90 Cfr. BARROS, João de. **Ásia. Primeira Década**. Coimbra, 1932 (1552). p. 121-124; GÓIS, Damião de. **Crónica do Felicíssimo Rei D. Manuel**. Prefácio de David Lopes. Coimbra, 1949 (1566). v. I, p. 48.

Índia – tarefa que desempenhava desde o início por escolha de D. João II –, "segundo ele sabia que convinham para sofrer a fúria dos mares daquele grande cabo da Boa Esperança",[91] o que significa que a exploração prévia dos condicionalismos físicos do Atlântico Sul e a opção por naus[92] correspondem a decisões tomadas no reinado joanino, ou seja, anteriormente a outubro de 1495.

As grandes viagens portuguesas de descobrimento não se fizeram ao acaso – "indo a acertar" – como observou, em 1537, o matemático Pedro Nunes, porquanto foram precedidas de cuidada e prolongada preparação.[93]

A 8 de julho de 1497 largou do Tejo a expedição destinada a descobrir o Caminho Marítimo para a Índia, comandada por Vasco da Gama e formada por quatro navios dirigidos por alguns dos melhores pilotos da época (Pêro de Alenquer, João de Coimbra, Pêro Escobar e Afonso Gonçalves), sendo a primeira armada, composta de naus, a cruzar o Atlântico Sul.

A partir da ilha de Santiago (Cabo Verde), a esquadra navegou para sueste até a latitude aproximada da Serra Leoa com a finalidade de vencer os ventos ponteiros do Sul que, no verão, fazem sentir a sua influência até cerca de 10° a norte do Equador, para ganhar barlavento a nascente, iniciando aí a volta pelo largo em arco para oeste, alterando, pouco depois, o rumo para sudoeste.[94] Atendendo às características da navegação à vela nessa estação do ano, chega-se à conclusão de que, sem a realização dessa manobra, os pilotos "ensacariam a pequena frota a norte do cabo de São Roque, impedindo-a de montar a protuberância nordestina do Brasil"[95] e inviabilizando, por conseguinte, o prosseguimento da viagem em direção ao cabo da Boa Esperança.

O reabastecimento da armada de Vasco da Gama em Cabo Verde, tão poucos dias após a saída de Lisboa, sugere, desde logo, existir um conhecimento prévio do traçado da volta pelo largo, já que implicava uma navegação de três meses sem avistar terra, tornando-se, assim, aquele arquipélago, a última escala antes de se atingir a ponta meridional de África.

A precisão e a segurança reveladas pela armada gâmica na descrição da rota indireta em dupla curva (bordada a sueste e arco por oeste) e o fato

---

91   BARROS, João de. Op. cit. p. 122.
92   Cfr. PERES, Damião. Op. cit. p. 284.
93   Cfr. COUTINHO, Gago. Op. cit. v. I, p. 90 e 326.
94   Cfr. PERES, Damião. **O Descobrimento do Brasil por Pedro Álvares Cabral. Antecedentes e Intencionalidade.** Porto-Rio de Janeiro, 1949. p. 79-89.
95   GUEDES, Max Justo. **O Descobrimento do Brasil.** 2. ed. Lisboa, 1989. p. 96-97.

de ser ainda hoje praticada pelos veleiros modernos que, no verão, pretendem montar o cabo de São Roque, levaram, também, a colocar a questão da sua anterior determinação – e do eventual avistamento desse ponto da costa –, uma vez que não podia ter sido adivinhada nem é crível haver sido explorada numa única viagem, sobretudo com naus.[96]

A caravela de Bartolomeu Dias acompanhou a armada até o momento em que esta concluiu a bordada de sueste e iniciou a volta em arco para oeste, o que reforça ainda as observações anteriores. De fato, a missão confiada pelo rei ao descobridor da passagem de Sueste – um dos maiores caravelistas do seu tempo – significa que este sabia, em julho de 1497, qual a rota exata para contornar, nessa estação do ano, a costa de África pelo largo, conhecimento esse que naturalmente lhe adveio da realização de anteriores explorações efetuadas com aquele tipo de navio, plenamente adaptado à exploração oceânica.

Não é de crer que a uma armada de quatro navios que pretendia atingir o Índico, numa viagem de tão longo curso, com objetivos de natureza diplomática, religiosa e comercial, tivesse sido cometida a tarefa de explorar o desconhecido Atlântico meridional – quando se dispusera de quase dez anos para o fazer –, determinando-lhe uma rota ainda não delineada.

A opção pela volta pelo largo só poderá ter sido assumida depois de explorações anteriores terem comprovado a sua viabilidade e a maior rapidez desse traçado, fatores decisivos para uma armada que tinha de percorrer milhares de léguas para efetuar a primeira ligação marítima entre Lisboa e Calecut, ou seja, entre a Europa e a Ásia.

No decurso do mês de agosto de 1497, a frota de Vasco da Gama, ao navegar ao largo da costa oriental do Brasil, detectou indícios da existência de terra no poente, que foram registrados, nos seguintes termos, pelo autor da *Relação da Viagem*, que não era marinheiro:[97] "... indo na volta do mar ao sul quarta do sudoeste, achamos muitas aves, feitas como garções, e,

---

96 Cfr. COUTINHO, Gago. Op. cit. v. I, p. 397; PERES, Damião. **História dos Descobrimentos...** p. 298-299.
97 Sobre as razões que terão impedido Valentim Fernandes, impressor originário da Morávia estabelecido em Portugal desde os finais do século XV, de editar esse texto da maior importância e para o qual teria público garantido como o prova a edição a que o mesmo procedeu, em 1502, do **Livro de Marco Polo**, veja-se PINTO, João Rocha. "As Frustações de Valentim Fernandes. Portugal: uma organização estratégica do saber ou a ausência de coleções de viagens apesar de nisso termos sido os primeiros": **Anais do Clube Militar Naval** (Lisboa), CXVI (1986). p. 207-238.

quando veio a noite, tiravam contra o sudoeste muito rijas, como aves que iam para terra..."[98]

5. A VIAGEM DE DUARTE PACHECO PEREIRA AO CONTINENTE AMERICANO (1498)

Dez dias após Vasco da Gama ter atingido Calecut (20 de maio de 1498) – fato que permaneceria desconhecido na Europa até aos primeiros dias de julho do ano seguinte – levantou ferro do porto de Sanlúcar de Barrameda a terceira expedição de Cristóvão Colombo. Era constituída por oito navios com uma tripulação de 226 homens, cujo recrutamento levantou muitas dificuldades devido a terem-se gorado as enormes expectativas alimentadas quando da realização da viagem anterior, obrigando a Coroa a recorrer a um significativo contingente de degredados.[99]

O Almirante do Mar Oceano decidiu, pelas razões atrás referidas, modificar, de acordo com os seus soberanos, a rota adotada nas anteriores expedições, tendo feito paragens nas ilhas do Porto Santo e Madeira, atingido o arquipélago de Cabo Verde (Boavista) a 28 de junho e rumado seguidamente para a ilha de Santiago, onde estacionou até 4 de julho. Colombo recebera instruções expressas dos Reis Católicos para aí adquirir gado com destino à Hispaniola, uma vez que os animais aí existentes já se encontravam adaptados às características climatéricas tropicais.[100]

As escalas efetuadas pelo navegador genovês em quatro ilhas de dois arquipélagos portugueses violavam frontal e ostensivamente as disposições do Tratado de Tordesilhas – que somente as permitiam em casos de força maior, designadamente tempestades –, a não ser que tivessem sido previamente autorizadas pelo monarca lusitano. Ora, a peculiar conjuntura ibérica que se verificou entre março de 1498 e julho de 1500 constitui a chave para esclarecer não só este episódio, como também os problemas relacionados com a realização, nessa época, de expedições portuguesas ao continente americano.

Em outubro de 1497, D. Manuel I casou com a princesa D. Isabel, filha mais velha dos Reis Católicos. Simultaneamente, falecia o príncipe D. João, único descendente varão daqueles monarcas, deixando grávida a mulher, Margarida de Áustria, que, pouco depois, deu à luz um natimorto.

---

98 **Diário de Viagem de Vasco da Gama.** Ed. de António Baião e Artur Magalhães Basto, v. I, Porto, 1945 (1497), v. I, p. 2.
99 Cfr. COLOMBO, Cristovão. **Las Cuatro Víajes...** p. 23-25.
100 Cfr. Idem. Ibidem. p. 251.

Deste modo, a sucessão de Castela e Aragão recaiu nos reis de Portugal, pelo que Isabel e Fernando lhes solicitaram que aceitassem a herança que lhes cabia e se deslocassem àqueles reinos a fim de serem jurados herdeiros dos tronos castelhano e aragonês.

A questão suscitou reticências nas Cortes de Lisboa de fevereiro-março de 1498,[101] tendo-se levantado vozes contra os riscos que adviriam para Portugal pelo fato de o monarca se ausentar longamente para o estrangeiro e de passar a ser príncipe herdeiro de Castela e Aragão, circunstância que o colocaria em posição subalterna em face dos poderosos sogros, bem como limitaria a capacidade de manobra lusitana numa fase de aguda concorrência entre as Coroas peninsulares pela primazia no alcance do Oriente, uma vez que ainda se desconheciam os resultados da expedição de Vasco da Gama e Cristóvão Colombo se aprestava para partir para a sua terceira viagem.[102]

Apesar das muitas opiniões desfavoráveis, D. Manuel decidiu aceitar a proposta dos sogros, tanto mais que o seu cunhado Filipe de Habsburgo – futuro Filipe I de Castela –, casado desde 1496 com uma secundogênita dos Reis Católicos,[103] se apressou a "proclamar-se a si próprio e a sua esposa, Joana, herdeiros do trono".[104]

Após ter confiado a regência à irmã, a rainha viúva D. Leonor, que seria auxiliada no governo do reino pelo duque de Bragança, pelo marquês de Vila Real e por outros nobres, D. Manuel e a mulher partiram para Castela, onde foram jurados herdeiros do trono, em Toledo, a 28 de abril, seguindo, depois, na companhia dos Reis Católicos, para Saragoça, capital do reino de Aragão, aonde chegaram no primeiro dia de junho. Todavia, devido à não confirmação pelo monarca aragonês dos privilégios e isenções tradicionais requeridos sobretudo pelos procuradores de Valência e Barcelona, não se realizou a cerimônia prevista, tendo D. Isabel falecido, a 24 de agosto, algumas horas após ter dado à luz o príncipe D. Miguel da Paz, doravante sucessor das três Coroas ibéricas.[105]

---

101   Cfr. SERRÃO, Joaquim Veríssimo. "Lisboa, Cortes de 1498": **Dicionário de História de Portugal**, dir. de Joel Serrão, Porto, 1971. v. II, p. 773-775.
102   Cfr. GÓIS, Damião de. Op. cit. v. I, p. 50-52.
103   Cfr. JOSEPH PÉREZ. **Isabelle et Ferdinand. Rois Catholiques d'Espagne.** Paris, 1988. p. 374.
104   PAUL STEVENS. **Fernando e Isabel**. São Paulo, trad. port., 1988. p. 70-71.
105   Cfr. RESENDE, Garcia de. "A Entrada Del Rey Dom Manoel em Castella": Op. cit. p. 297-318.

Com a morte da mulher, D. Manuel perdeu automaticamente a qualidade de presuntivo herdeiro dos tronos castelhano e aragonês, pelo que se apressou a regressar ao seu reino, aonde chegou a 7 de outubro. É à luz desta teia de acontecimentos político-diplomáticos que envolveu profundamente os reis de Portugal, Castela e Aragão – cujas cortes coabitaram durante seis meses do ano de 1498 – que devem ser interpretados os desenvolvimentos relacionados com a expansão ultramarina das monarquias peninsulares até finais de 1500.

Informado sobre a partida da terceira esquadra colombiana, bem como sobre as expedições ao Atlântico setentrional, igualmente em busca de uma passagem para o Oriente, empreendidas, em 1497-1498, por João Caboto, veneziano ao serviço da Coroa inglesa, a partir de Bristol,[106] o monarca lusitano não ficou inativo em face das movimentações promovidas pelos Reis Católicos e por Henrique VII (1485-1509) em direcção ao hemisfério ocidental.

A necessidade de averiguar onde se situavam os marcos de demarcação no poente para verificar se as explorações castelhanas e inglesas se estariam a efetuar na "área de influência" lusitana induziu D. Manuel I a ordenar a realização de viagens de exploração "em plano sistemático e, por vezes, simultaneamente, nas terras do Atlântico Ocidental, ao norte e sul do Equador".[107]

Duarte Pacheco Pereira, cosmógrafo, navegador e guerreiro de reconhecida têmpera, refere, no seguinte extrato da sua célebre obra redigida em 1505-1507:

> "... além do que dito é, a experiência, que é madre das cousas nos desengana e de toda dúvida nos tira; e por tanto bem-aventurado Príncipe, temos sabido e visto como no terceiro ano do vosso reinado do ano de Nosso Senhor de mil quatrocentos e noventa e oito, donde nos Vossa Alteza mandou descobrir a parte ocidental, passando além a grandeza do mar oceano, onde é achada e navegada uma tão grande terra firme, com muitas e grandes ilhas adjacentes a ela, que se estende a setenta graus de ladeza da linha equinocial contra o polo Árctico, e, posto que seja assaz fora, é grandemente povoada, e do mesmo círculo equinocial torna outra vez e vai além em vinte e oito graus e meio de ladeza contra o polo Antárctico, e tanto se dilata sua grandeza e corre com muita longura, que de uma parte nem da outra não foi visto nem sabido o fim e cabo dela; pelo qual, segundo a ordem que leva, é certo que vai em cercoito por toda a redondeza; assim que temos sabido que das praias e costa do mar destes

---

106 Porto que era muito frequentado por armadores e mercadores portugueses, designadamente pelos açorianos João Fernandes Lavrador e Pêro de Barcelos.
107 PERES, Damião. Op. cit. p. 339.

Reinos de Portugal, e do promontório de Finis Terra e de qualquer outro lugar da Europa e da África e da Ásia (provavelmente a Gronelândia, que foi visitada por navegadores lusitanos – nomeadamente Pêro de Barcelos e João Fernandes Lavrador – na década de noventa do século XV e que, numa legenda constante do planisfério português anónimo de 1502, vulgo Cantino, é considerada a ponta do continente asiático), atravessando além todo o oceano direitamente a ocidente, ou a oeste segundo ordem de marinharia, por trinta e seis graus de longura (longitude), que serão seiscentas e quarenta e oito léguas de caminho, contando a dezoito léguas por grau, e a lugares algum tanto mais longe, é achada esta terra não navegada pelos navios de Vossa Alteza e, por vosso mandado e licença, os dos vossos naturais. E, indo por esta costa sobredita, do mesmo círculo equinocial em diante, por vinte e oito graus de ladeza contra o polo Antárctico, é achado nela muito e fino brasil com outras muitas cousas de que os navios nestes reinos vem grandemente carregados".[108]

A interpretação desta enigmática passagem tem dado origem a acesas polêmicas, tornando-se necessário, para melhor analisar o seu alcance, enumerar as principais questões que têm suscitado:

1) se a expedição a que alude o autor teve efetivamente lugar ou se não passou de um projeto;

2) se o seu comando pertenceu a Duarte Pacheco Pereira ou a outro navegador;

3) quais as regiões exploradas;

4) por que razão o rei de Portugal não divulgou os resultados obtidos.

Importa, previamente, sublinhar que o valor indicado para o comprimento do grau terrestre (18 léguas marítimas portuguesas correspondentes a 106,560 km) constitui a estimativa mais precisa efetuada até a segunda metade do século XVIII, com uma margem de erro em relação ao valor atual (18,75 léguas equivalentes a 111 km) de apenas 4% por defeito, cálculo que somente foi adotado em Portugal, a partir da publicação, em 1712, de um tratado da autoria do cosmógrafo-mor.[109]

Em primeiro lugar, a longa e minuciosa investigação sobre o *Esmeraldo de Situ Orbis* efetuada, durante décadas, por um historiador da cultura renascentista permitiu-lhe verificar que as expressões "mandou descobrir" e "temos sabido e visto", bem como todas as referências contidas na

---

108 **Esmeraldo de Situ Orbis**. Ed. de Damião Peres, Lisboa, 1988. p. 20-21.
109 Cfr. MANUEL PIMENTEL. **Arte de Navegar**. Ed. de Armando Cortesão, Fernanda Aleixo e Luís de Albuquerque, Lisboa, 1969. p. 54.

obra sobre as numerosas viagens efetuadas pelos portugueses ao longo de Quatrocentos, diz exclusivamente respeito a expedições que obtiveram resultados concretos em termos de exploração de territórios desconhecidos, não se verificando uma única menção a hipotéticas ou fracassadas missões, circunstância que leva a concluir pela efetiva realização da viagem de 1498 ao hemisfério ocidental.[110]

Relativamente à segunda questão, a comparação das frases em que o autor do "livro de cosmografia e marinharia" se refere a si próprio revela que utiliza geralmente os pronomes pessoais *nós* e *nos* com o sentido de primeira pessoa do singular.[111] Citam-se, a título exemplificativo, os seguintes trechos:

> 1) "... a muito antiga e excelente cidade de Lisboa, metropolitana de nossa pátria, donde **nós** Duarte Pacheco, autor, somos natural...";[112]
> 2) "... e a experiência **nos** tem ensinado, porque, por muitos anos e tempos que esta região das Etiópias de Guiné temos navegadas e praticadas, tomamos as alturas do Sol e a sua declinação...".[113]

O excerto "no terceiro ano do vosso reinado do ano de Nosso Senhor de mil quatrocentos e noventa e oito, donde *nos* Vossa Alteza mandou descobrir a parte ocidental, passando além a grandeza do mar oceano", significa, por conseguinte, que o monarca encarregou Duarte Pacheco dessa missão, interpretação que é confirmada pela análise de outra passagem em que aquele navegador alude, em termos praticamente idênticos, à viagem de Vasco da Gama, em que não participou, tendo suprimido, nesse caso, o pronome ***nos***: "Porquanto no segundo ano de vosso reinado, na era de Nosso Senhor de mil quatrocentos e noventa e sete, e no vinte e oito de vossa idade, Vossa Alteza mandou descobrir esta costa (de África) do Ilhéu da Cruz, donde el rei D. João acabou em diante..."[114]

Algumas das características essenciais do *Esmeraldo* consistem na objetividade, no rigor[115] e na referência a fatos históricos comprovados por

---

110   Cfr. CARVALHO, Joaquim Barradas de. **À la Recherche de la Spécificité de la Renaissance Portugaise. L'Esmeraldo de Situ Orbis de Duarte Pacheco Pereira et la Littérature Portugaise de Voyages à l'Époque des Grandes Découvertes**. Paris, 1983. v. I, p. 38.
111   Cfr. Idem. Ibidem. v. I, p. 43 e 50-54.
112   PEREIRA, Duarte Pacheco. Op. cit. p. 83.
113   Idem. Ibidem. p. 160-161.
114   Idem. Ibidem. p. XX.
115   Veja-se o Anexo B.

outras fontes. Na verdade, não parece lógico que uma obra encomendada pelo rei e a ele dirigida fizesse alusão a uma pretensão irrealizada de D. Manuel. Por outro lado, não faz sentido que Duarte Pacheco Pereira, no diálogo que mantém ao longo de todo o *Esmeraldo* com o "bem-aventurado Príncipe", mencionasse ordens régias que não tivessem sido executadas a contento do "César Manuel". Se o navegador tivesse fracassado na missão que lhe fora cometida pelo rei, o mais natural seria não se referir ao assunto, tanto mais que o livro tinha por objeto a costa africana e a navegação atlântica, contendo somente algumas informações acidentais relativas à "quarta parte, que Vossa Alteza mandou descobrir além do oceano...",[116] ou seja, ao Novo Mundo.

A análise do texto conjugada com a documentação régia leva-nos a concluir que não só os projetos de D. Manuel I foram concretizados como também que o soberano ficou satisfeito com os resultados alcançados. A alta estima que o Venturoso sempre nutriu pelo Aquiles Lusitano – epíteto atribuído por Camões a Duarte Pacheco, em **Os Lusíadas** –, concedendo-lhe o comando de uma nau integrante da armada que partiu para a Índia, em 1503, sob a chefia de Afonso de Albuquerque e recompensando-o, por ocasião do seu casamento (1512), com uma tença anual, posteriormente aumentada, de 120.000 reais, bem como com o prestigiante – e também muito rendoso – cargo de governador de São Jorge da Mina (1519-1522),[117] contribuem para confirmar estas asserções.

Não parece plausível que um homem que participou na fase final das negociações de Tordesilhas, tendo sido, inclusive, por determinação do Príncipe Perfeito, um dos signatários do Tratado – distinção que nem sequer refere, tal como não menciona a sua relevante atuação na defesa do reino de Cochim (1504), nem o acolhimento triunfal que D. Manuel lhe reservou (1505) – procurasse valorizar o seu currículo com uma viagem inexistente. Essa manobra não surtiria qualquer efeito já que o rei imediatamente detectaria a falsidade da afirmação. Tão pouco se destinaria a toldar a glória do soberano, recordando-lhe, decorridos alguns anos, uma iniciativa fracassada. As ilações a retirar serão, pois, a de que a expedição de 1498 foi comandada pelo autor do *Esmeraldo* e que a mesma atingiu os objetivos pretendidos pelo rei de Portugal.

---

116 PEREIRA, Duarte Pacheco. Op. cit. p. 22.
117 Cfr. TEIXEIRA DA MOTA, Avelino. "Duarte Pacheco Pereira, Capitão e Governador de S. Jorge da Mina": **Mare Liberum** (Lisboa), 1 (1990). p. 1-27.

A terceira questão constitui, sem sombra de dúvida, o tema gerador da mais intensa controvérsia, tendo a determinação dos litorais reconhecidos por Duarte Pacheco Pereira no decurso da exploração efetuada no quadrante ocidental do Mar Oceano dando origem a diversas teses.

No citado extrato do *Esmeraldo* – em que se expressa claramente a noção da continuidade e continentalidade do Novo Mundo (1505), totalmente distinto da Ásia – o seu autor não procede à definição das extremidades daquele continente, que afirma prolongarem-se até os polos, mas sim à determinação das fronteiras setentrional (70º N) e meridional (28º 30' S) das possessões lusas nas paragens americanas.[118]

A proposta de interpretação da localização da "quarta parte" do mundo que D. Manuel mandou descobrir, em 1498, na região ocidental do Atlântico implica uma análise articulada dos trechos já referidos com a seguinte passagem do "livro de cosmografia e marinharia":

> "A experiência nos faz viver sem engano das abusões e fábulas que alguns dos antigos cosmógrafos escreveram acerca da descrição da terra e do mar, os quais disseram que toda a terra que jaz debaixo do círculo da equinocial era inabitável, pela grande quentura do sol. E isto achámos falso e pelo contrário: porque adiante do rio do Gabão... é achado um promontório baixo e delgado, a que em nossa língua o cabo de Lopo Gonçalves (0º 39' S) chamamos, o qual tomou o nome do capitão que o descobriu, e jaz com o dito rio do Gabão nordeste e sudoeste, e toma a quarta do norte e sul, e tem vinte e sete léguas na rota; e este cabo de Lopo Gonçalves pontualmente jaz debaixo do círculo da equinocial; e nesta terra há muita habitação de gente, os quais são negros, que em nenhuma parte do mundo pode mais haver; e a experiência nos tem ensinado, porque por muitos anos e tempos que esta região das Etiópias de Guiné temos navegadas e praticadas, tomámos as alturas do Sol e suas declinações, para se saber os graus que cada lugar se aparta em ladeza, da mesma equinocial para cada um dos polos; e achámos que este círculo vai por cima deste promontório. E temos sabido que neste lugar, em todos os dias do ano, é igual o dia da noite; e, se alguma diferença tem, é tão pouca que quase se não sente. Muitos Antigos disseram que, se alguma terra estivesse oriente e ocidente com outra terra, que ambas teriam o grau do Sol igualmente e tudo seria de uma qualidade. E quanto à igualdade do Sol é verdade; mas como quer que a majestade da grande natureza usa de grande variedade, em sua ordem, no criar e gerar das coisas, achámos, por experiência, que os homens deste promontório de Lopo Gonçalves e de toda a outra terra de Guiné são assaz negros, e as outras gentes (não utiliza a expressão índios) que jazem além do mar oceano ao ocidente (que tem o grau do Sol por igual, como

---

118 Cfr. LEITE, Duarte. **Descobridores do Brasil**. Porto, 1931. p. 16.

> os Negros da dita Guiné) são pardos quase brancos; e estas são as gentes que habitam na terra do Brasil, de que já no segundo capítulo do primeiro livro fizemos menção. E que algum queira dizer que estes são guardados da quentura do Sol, por nesta região haver muitos arvoredos que lhe fazem sombra, e que, por isso, são quase alvos, digo, que se muitas árvores nesta terra há, que tantas e mais, tão espessas, há nesta parte oriental daquém do oceano de Guiné. E se disserem que estes daquém são negros porque andam nus e os outros são brancos porque andam vestidos, tanto privilégio deu a natureza a uns que a outros, porque todos andam segundo nasceram; assim que podemos dizer que o Sol não faz mais impressão a uns do que a outros. E agora é para saber se todos são da geração de Adão".[119]

Além das coordenadas terrestres indicadas por Duarte Pacheco Pereira apontarem no sentido de que a expedição de 1498 teria por destino a região equatorial, este último excerto fornece o argumento mais convincente para que a mesma tenha explorado a parcela amazônica da orla marítima brasílica. Com efeito, este cosmógrafo efetua uma comparação tão circunstanciada entre a natureza e os homens das regiões equatoriais de África e da América que pressupõe observação direta.[120]

A margem americana correspondente ao cabo de Lopo Gonçalves (0° 39' S) é a embocadura do Amazonas (do extremo norte – a Ponta Grossa – situada a 1° 10' N ao extremo sul – a Ponta Tijoca –, localizada a 0° 35' S, numa extensão superior a 180 km). No litoral sul-americano, a floresta equatorial estende-se apenas até os lençóis maranhenses, "linha de costa formada por dunas de areia de cor branca... que constituem uma notável marca para a navegação",[121] verificando-se a partir daí tão significativas diferenças na botânica da faixa litorânea que a tornam insusceptível de qualquer tipo de confronto com a exuberante vegetação africana. O autor do *Esmeraldo* observa, ainda, corretamente "que a floresta equatorial africana era mais densa que a equatorial americana, na região do litoral".[122]

As características físicas dos povos "que jazem além do mar oceano ao ocidente", descritos por Duarte Pacheco Pereira como "pardos quase brancos" ou "quase alvos", ajustam-se mais aos aruaques que dominavam a orla marítima desde a foz do Oiapoque (Amapá) até a costa paraense,

---

119 PEREIRA, Duarte Pacheco. Op. cit. p. 160-161.
120 Cfr. CARVALHO, Joaquim Barradas de. Op. cit., v. I, p. 60-64.
121 GUEDES, Max Justo. "As Primeiras Expedições de Reconhecimento da Costa Brasileira": **História Naval Brasileira**. Rio de Janeiro, 1975. v. I, t. 1, p. 190.
122 CORTESÃO, Jaime., "Relações entre a Geografia e a História do Brasil...": **História da Expansão Portuguesa no Mundo**. Dir. de António Baião, Hernâni Cidade e Manuel Múrias. Lisboa, 1940. v. III, p. 23.

incluindo a bacia amazônica e respectivos arquipélagos,[123] designadamente a maior ilha fluvial do Mundo – a de Marajó – do que aos tupi-guaranis que controlavam o litoral a partir da foz do Jaguaribe (Ceará), referenciados, de acordo com o testemunho do autor da *Carta do Achamento*, como "pardos, maneira d'avermelhados".[124]

É também perfeitamente plausível que a menção à terra "grandemente povoada" diga respeito ao curso do Amazonas, uma vez que as últimas investigações arqueológicas confirmam os relatos etno-históricos testemunhando que nas margens e várzeas desse grande rio se encontravam aglomerações que dispunham de elevados contingentes demográficos.[125]

Nas ricas terras de aluvião amazônicas floresceram numerosas comunidades de horticultores-ceramistas que deram origem a sociedades complexas com assentamentos de escala urbana que praticavam sistemas de agricultura intensiva, produziam artesanato especializado, nomeadamente a célebre cerâmica marajoara, desenvolveram rituais e ideologias e atingiram, entre os séculos V a XV d. C., "uma densidade populacional extremamente alta".[126] Os primeiros europeus que escreveram sobre a região sublinham, unanimemente, o grande número de habitantes que encontraram na orla amazônica, realçando a existência de povoados que "comportavam muitos milhares a dezenas de milhares de indivíduos".[127]

Estes elementos apontam no sentido de que a comparação ecológica e antropológica a que procedeu Duarte Pacheco terá tido por referentes, no Novo Mundo, o ecossistema e a população do estuário do Amazonas.[128]

A partir deste conjunto de dados pode-se formular a seguinte proposta interpretativa:

a) D. Manuel I, após o seu regresso de Castela (princípio de outubro de 1498), decidiu enviar uma expedição com a finalidade de determinar *in loco* a localização do meridiano de demarcação dos domínios lusos e castelhanos, bem como de averiguar a existência de terras na área de jurisdição portuguesa. Apesar da sugestiva tese recentemente defendida por um

---

123 Cfr. PROUS, André. **Arqueologia Brasileira**. Brasília, 1992. p. 494-498.
124 CAMINHA, Pêro Vaz de. **Carta a El-Rei Dom Manuel sobre o Achamento do Brasil**. Ed. de M. Viegas Guerreiro e Eduardo Nunes. Lisboa, 1974. p. 37.
125 Cfr. PORRO, António. **As Crónicas do Rio Amazonas. Notas Etno-Históricas sobre as Antigas Populações Indígenas da Amazónia**. Petrópolis, 1992. p. 7-26.
126 ROOSEVELT, Anna Curtenius. "Arqueologia Amazônica": **História dos Índios no Brasil**. Org. de Manuela Carneiro da Cunha., São Paulo, 1992. p. 74.
127 Idem. Ibidem. p. 71.
128 Cfr. JOAQUIM BARRADAS DE CARVALHO. Op. cit., v. I, p. 45-48 e 61-64.

prestigiado historiador espanhol de que a viagem se destinaria a procurar descobrir a Taprobana pela linha equinocial,[129] é mais provável que tenham sido os primeiros os reais objetivos formulados pelo Venturoso;

b) para atingir esse desiderato, o monarca encarregou Duarte Pacheco Pereira de "descobrir a parte ocidental, passando além a grandeza do mar oceano". Com efeito, ninguém melhor que o reputado cosmógrafo e navegador se encontraria habilitado a executar com sucesso aquela missão, uma vez que há muitos anos se dedicava à determinação de latitudes e à exploração da costa e dos rios africanos, tendo ainda participado ativamente, como conselheiro técnico, na delegação portuguesa que negociou e assinou o Tratado de Tordesilhas;

c) devido às dificuldades existentes na determinação da longitude a bordo, o processo técnico mais eficaz para a fixação da linha divisória consistia – até a experimentação, com êxito, por James Cook, à volta de 1770, do cronômetro marítimo descoberto, em 1757, por John Harrison (1693-1776) – em "marcar pelo Equador a linha de demarcação, pois os graus de longitude deviam ser aí iguais aos de latitude",[130] segundo corretamente admitiam, nos finais do século XV, os mais categorizados cosmógrafos;

d) em novembro de 1498, Duarte Pacheco Pereira, a partir de uma ilha de Cabo Verde – muito provavelmente Santiago, ponto de partida que utiliza na sua obra para efetuar o cálculo da linha divisória de Tordesilhas –, teria iniciado a viagem em direção à "quarta parte" do mundo, adotando o rumo sudoeste;

e) no prosseguimento dessa derrota, a expedição, ao entrar na zona onde se faz sentir a influência da corrente equatorial, "fechou ligeiramente para sul o seu rumo, de modo a compensar o arrastamento para oeste causado por aquela corrente",[131] avistando o litoral brasílico por volta dos 2° S. Ao encontrar a "corrente das guianas" – que nas proximidades da faixa litorânea inflete para noroeste – Duarte Pacheco teria continuado a viagem nesse rumo, uma vez que "do Cabo de S. Agostinho para o rio das Amazonas é a monção perpétua e se não pode voltar pela costa em tempo algum".[132] Na aproximação a terra, o navegador teria iniciado, em novembro-dezembro de 1498, a

---

129   Cfr. JUAN GIL. **Mitos y Utopías del Descubrimiento 1. Colón y su Tiempo**. Madrid, 1989. p. 136.
130   ALBUQUERQUE, Luís de. "O Tratado de Tordesilhas e as dificuldades técnicas da sua aplicação rigorosa": **El Tratado de Tordesillas y su Proyección**. Valladolid, 1973. v. I, p. 125.
131   GUEDES, Max Justo. Op. cit., v. I, t. I, p. 208.
132   CABRAL, Sebastião da Veiga (1713). pub. por Idem. Ibidem. p. 205.

exploração da porção norte da costa maranhense, do estuário do Amazonas e de uma parcela da orla marítima setentrional da América do Sul.

O Aquiles lusitano "deixa claramente entender que a linha de demarcação é o meridiano que corre 36° a oeste do de Lisboa", pelo que "este encontra o litoral brasileiro na foz do Turiaçu (1° 20' S)",[133] razão pela qual a zona de soberania portuguesa na "quarta parte" do mundo apenas se iniciaria nessa latitude, excluindo, por conseguinte, uma parte do litoral maranhense e a totalidade do paraense, que foram considerados como estando localizados na esfera de influência castelhana. Esse motivo – de cariz político-diplomático – explicaria que Portugal não tivesse divulgado as descobertas que efetuou, respondendo, assim, às interrogações colocadas sobre as razões que teriam estado na origem da ocultação dos resultados obtidos por aquela expedição.[134]

A viagem de Duarte Pacheco ao continente americano encontra comprovação noutras fontes. Num documento intitulado *Informazion y relazion del derecho que tenían los Reyes Catolicos a las Yndias y yslas del mar oceano*, também conhecido por *Memorial de La Mejorada*, atribuído a Cristóvão Colombo, além de se pôr em causa que o Tratado de Tordesilhas permitisse a Portugal efetuar viagens a partir do cabo da Boa Esperança, designadamente à Índia, acusa-se D. Manuel I de ter violado o meridiano de demarcação por ter enviado expedições portuguesas que navegaram nas paragens setentrionais e ultrapassaram a raia pela parte do poente.[135]

O memorial – que foi redigido para contestar a viagem lusa de descobrimento do Caminho Marítimo para a Índia – é, apesar de alguns historiadores o datarem de 1497,[136] uma consequência do regresso do primeiro navio da armada de Vasco da Gama a Lisboa, sendo, por conseguinte, posterior a 10 de julho de 1499. Existe, por outro lado, uma carta do Almirante do Mar Oceano, datável de finais de 1500, dirigida a D. Joana de la Torre, em que refere haver enviado uma informação aos Reis Católicos acerca dos seus direitos sobre Calecut em particular e o Oriente em geral.[137] Estes elementos levam a situar o documento em 1499-1500,[138] sendo muito pro-

---

133 LEITE, Duarte. **História dos Descobrimentos...** v. I, p. 475.
134 Cfr. Idem. **Descobridores do Brasil**. p. 23.
135 Cfr. COLOMBO, Cristóvão. **Textos y Documentos...** p. 170-176.
136 Cfr. ARMAS, Antonio Rumeu de. **Un Escrito Desconocido de Cristóbal Colón: el Memorial de La Mejorada**. Madrid, 1972.
137 Cfr. ABADIA, Rámon Ezquerra. Op. cit. p. 8.
138 Cfr. ALMEIDA, Luís Ferrand de. Op. cit. p. 10.

vável que a *Informazion* se destinasse a procurar impedir a partida da frota de Cabral (março de 1500).[139]

A acusação colombiana de que o rei de Portugal violara deliberadamente a linha divisória por, além de mandar aparelhar uma esquadra para descobrir o Caminho Marítimo para a Índia, ter dado ordens para explorar a região noroeste (Pêro de Barcelos, João Fernandes Lavrador e Gaspar Corte-Real) e enviado uma expedição ao poente (Duarte Pacheco Pereira) – em busca, segundo o seu autor, da Cítia[140] – constitui uma "preciosa confirmação dos dados fornecidos por outras fontes sobre viagens portuguesas na direção do ocidente nos fins do século XV".[141]

Idêntica argumentação foi retomada, depois da morte do navegador genovês, por Fernando Colombo no *Memorial por el Almirante* (1509), na *Concordia* (1511) e, finalmente, na *Declaración del derecho que la Real Corona de Castilla tiene a la conquista de las provincias de Persia, Arabia e India e de Calicute e Malaca, con todo lo demás que al Oriente del Cabo de Buena Esperanza el Rey de Portugal, sin título ni derecho alguno, tiene usurpadas...* (1524) redigida no decurso da disputa luso-espanhola pela soberania do arquipélago das Molucas.[142]

O planisfério português anônimo de 1502 – vulgarmente designado de Cantino, nome do agente de Hércules I d'Este, duque de Modena, que o adquiriu clandestinamente em Lisboa, nesse ano, através do suborno de um cartógrafo manuelino – pode, igualmente, contribuir para confirmar a realização da expedição de 1498 à orla setentrional sul-americana. Este mapa-múndi constitui a primeira versão moderna do orbe, incluindo a Europa, a África, a Ásia e o Novo Mundo, contendo, ainda, a mais antiga representação cartográfica conhecida do Brasil.[143]

O monumento cartográfico lusitano apresenta um acidente geográfico, o *"golfo fremosso"* – que não surge em nenhum documento estrangeiro até 1506 – situado a norte do Equador e da linha divisória, ou seja, o "marco dantre Castela e Portugal", "colocado exatamente a 370 léguas da ilha de S. Antão de Cabo Verde".[144] Duarte Leite, que procedeu ao mais

---

139 Cfr. CORTESÃO, Jaime. **História dos Descobrimentos...** v. II, p. 171-173.
140 Cfr. COLOMBO, Cristovão. **Textos y Documentos...** p. 175.
141 ALMEIDA, Luís Ferrand de. Op. cit. p. 11.
142 Cfr. ABADIA, Rámon Ezquerra. Op. cit. p. 9.
143 Cfr. CORTESÃO, Armando. **Cartografia e Cartógrafos Portugueses dos Séculos XV e XVI (Contribuição para um estudo completo).** Lisboa, 1935. v. I, p. 142-151.
144 LEITE, Duarte. **Os Falsos Precursores de Álvares Cabral.** 2. ed. melhorada, Lisboa, s.d. p. 166.

aprofundado estudo sobre o planisférío de 1502, confessou não atinar com a origem desse topônimo,[145] possivelmente por não ter considerado a hipótese do mesmo resultar de uma expedição portuguesa.

Um esboço cartográfico de 1506, cuja autoria é atribuída a Bartolomeu Colombo, contém um contorno do litoral do continente americano – entendido como "um prolongamento protuberante da China"[146] – que se estende até ao "Golfo Fermoso" e ao "cabo de Santa Crose", abarcando a terra firme então designada por "Novo Mundo" ou *Terra Sanctae Crucis*".[147] Não aparecendo em fontes castelhanas, até essa data, o primeiro topônimo, concluiu-se que só após o regresso de Américo Vespúcio a Sevilha (em finais de 1504) – depois de ter estado alguns anos ao serviço de Portugal – é que o "golfo fremosso", já patente no monumento cartográfico de 1502, surge, pela primeira vez, num documento de origem não portuguesa. Assim, a conclusão a retirar será a de que o mesmo resulta de uma viagem lusitana de exploração à costa setentrional da América do Sul, tendo sido integrado em mapas castelhanos através de informações fornecidas pelo navegador florentino que acabou por ser nomeado, em 1508, primeiro piloto-mor da Casa da Contratação de Sevilha.[148]

As divergências existentes entre o planisférío de João de la Cosa (c. 1500-1506)[149] e o mapa-múndi português de 1502 relativamente à parcela setentrional da costa sul-americana – na representação dos litorais e na nomenclatura, em que coincidem, apenas, três topônimos – contribuem, também, para revelar que este último incorpora os resultados de silenciadas explorações efetuadas, nessa área, por navios portugueses.[150]

A partir da análise de espécies cartográficas (os mapas de Pesaro, Egerton MS 2803 e Roselli, de origem portuguesa, transmitidos a Espanha e Itália por Vespúcio e outros) e de fontes espanholas, um acadêmico inglês chegou à conclusão de que uma expedição portuguesa, ajudada pelas ma-

---

145 Idem. "Os Falsos Precursores de Álvares Cabral": **História da Colonização Portuguesa do Brasil** (doravante HCPB), dir. de Carlos Malheiro Dias., Porto, 1921. v. I, p. 176.
146 LEITE, Duarte. Op. cit. p. 17.
147 Cfr. GIL, Juan. Op. cit. p. 184.
148 Cfr. VARELA, Consuelo BUENO. **Amerigo Vespucci, un Nombre para el Nuevo Mundo**. Madrid, 1988. p. 70-71.
149 Cfr. MARQUES, Alfredo Pinheiro. **Portugal e o Descobrimento Europeu da América. COLOMBO, Cristovão e os Portugueses**. Lisboa, 1992. p. 87.
150 Cfr. PEREIRA, Moacir Soares. "O Novo Mundo no Planisférío da Casa de Este, o 'Cantino'". In: **Revista da Universidade de Coimbra**, XXXV (1989). p. 287.

rés que penetram profundamente no Amazonas, explorou, entre dezembro de 1498 e maio de 1499, o curso do rio designado por "colpho grande", até cerca de 500 milhas do mar, reconhecendo as embocaduras dos rios Pará e Tapajós[151] – região que, apesar de se encontrar "assaz fora", era "grandemente povoada"[152] – antes de regressar ao Atlântico.

Estes elementos concorrem para comprovar cartograficamente a realização de "uma expedição lusa por essas paragens, anterior à de Cabral, mas não antes de 1498, quando lá esteve Cristóvão Colombo",[153] coadunando-se perfeitamente com a viagem de exploração empreendida, nesse ano, por Duarte Pacheco, que teria reconhecido parte do litoral setentrional sul-americano, incluindo, muito provavelmente, uma parcela do atual território brasileiro que viria a ser, a partir do século XVII, gradualmente incorporada na Coroa portuguesa, dando origem à formação do Estado do Maranhão (1621), entidade autônoma do Estado do Brasil.

Estas conclusões estão em sintonia com a convicção perfilhada por um cientista que se debruçou sobre este assunto e que afirma, nomeadamente, estar convencido de que as "explorações iniciais da costa amazónica... foram portuguesas",[154] encontrando, também, crescente aceitação entre reputados investigadores que recentemente abordaram o tema.[155]

6. O DESCOBRIMENTO OFICIAL. A EXPEDIÇÃO CABRALINA (1500)

Pouco depois de Duarte Pacheco ter relatado a D. Manuel I os resultados da sua viagem e de o informar sobre a existência de um continente no hemisfério ocidental,[156] fundeou no Tejo, a 10 de julho de 1499, a nau Bérrio,

---

151 Cfr. ARTHUR DAVIES. "O Capitão Maranhão no Amazonas em 1498": **A Abertura do Mundo. Estudos de História dos Descobrimentos Europeus. Em Homenagem a Luís de Albuquerque**. Org. de Francisco Contente Domingues e Luís Filipe Barreto. Lisboa, 1987. v. II, p. 11-20.
152 Cfr. PROUS, André. Op. cit. p. 457-458.
153 PEREIRA, Moacir Soares. Op. cit. p. 287.
154 LEITE, Duarte. "A Exploração do Litoral do Brasil na Cartografia da Primeira Década do Século XVI": **HCPB**. Porto, 1923. v. II, p. 395.
155 Cfr. JUAN MANZANO MANZANO., **Los Pinzones y el Descubrimiento de América**. Madrid, 1988. t. I, p. 318-319; CARMEN BERNARD e SERGE GRUZINSKI. **Histoire du Nouveau Monde. De la Découverte à la Conquête**. Paris, 1991. p. 591; MARQUES, Alfredo Pinheiro. "As Primeiras Representações da Foz do Amazonas na Cartografia Portuguesa": **Actas da VIII Reunião Internacional de História da Náutica e da Cartografia** (Manaus, 1992), no prelo.
156 Cfr. PADRÓN, Francisco Morales. Op. cit. p. 151-152.

primeira embarcação da armada de Vasco da Gama a regressar a Lisboa, trazendo a notícia – e as provas – do descobrimento do Caminho Marítimo para a Índia, fato que desencadeou, desde logo, uma febril atividade por parte da Coroa portuguesa nos domínios diplomático, organizativo e militar, destinada a estruturar a primeira ligação comercial oceânica euro-asiática.

A divulgação deste evento – que suscitou grande admiração e curiosidade na Europa – teve importantes repercussões internacionais, sobretudo em Castela e Veneza, os dois estados europeus cujos interesses eram mais duramente atingidos pela nova situação. O rei de Portugal certamente não desconhecia que o sucesso da frota de Vasco da Gama provocaria profunda decepção em Castela, uma vez que os Reis Católicos estavam empenhados, desde 1492, em atingir esse mesmo objetivo. O conhecimento dessa realidade, bem como a conveniência em obter um rápido reconhecimento internacional dos direitos portugueses à rota do Cabo, levaram D. Manuel I a atuar muito rapidamente junto das cortes castelhana, imperial e pontifícia.

A 12 de julho, dois dias após o acontecimento, o Venturoso apressou-se a escrever a Isabel e Fernando para comunicar-lhes o feliz sucesso da empresa, não esperando sequer pela chegada do comandante da expedição. Na missiva salientava-se a existência de grandes e ricas cidades, sublinhava-se a descoberta dos circuitos mercantis orientais e de minas de ouro; realçava-se a carga de especiarias (canela, cravo, gengibre, noz-moscada, pimenta e outras) e de pedras preciosas (incluindo rubis) trazida pelo navio comandado por Nicolau Coelho e forneciam-se informações – que posteriormente se verificaram ser errôneas – sobre a natureza cristã das populações "índias", embora com reservas sobre a ortodoxia das suas crenças e ritos.[157]

O monarca lusitano informou também, em diferentes datas, o imperador Maximiliano I, o papa Alexandre VI, o colégio dos cardeais e D. Jorge da Costa, cardeal de Portugal e influente membro da Cúria romana, das novas da Índia. Numa missiva datada de 28 de julho de 1499, dirigida ao primo, Maximiliano de Habsburgo, D. Manuel I utiliza, pela primeira vez, além dos títulos herdados do seu antecessor, os de "senhor da conquista, navegação e comércio da Etiópia, Arábia, Pérsia e Índia",[158] forma simbó-

---

157 O original, pertencente à Real Academia da História de Madrid, além de ter sido publicado no Boletim daquela instituição, foi integralmente transcrito por F. Félix Lopes. **Fr. Henrique de Coimbra. O Missionário. O Diplomata. O Bispo**. Lisboa, 1973. p. 2-4.

158 Redigida em latim, foi descoberta no arquivo da Casa, Corte e Estado de Viena, tendo a sua existência sido divulgada, em 1979, por Peter Krendl, que a publicou no ano seguinte. Cfr. GARCIA, José Manuel. "A Carta de D. Manuel a Maximiliano sobre o Descobrimento do Caminho Marítimo para a Índia": **Oceanos** (Lisboa), 16 (1993). p. 28-32.

lica de afirmar perante os outros príncipes cristãos o direito português ao monopólio de acesso ao Índico, baseado na primazia da descoberta e nas antigas concessões papais.

Na epístola dirigida ao cardeal Alpedrinha, datada de 28 de agosto, após o regresso da nau São Gabriel, sob o comando de João de Sá, o rei fornecia-lhe importantes dados de natureza geopolítica, econômica e religiosa sobre o Oriente. Enviava-lhe, também, cópias das cartas remetidas ao papa e ao colégio dos cardeais, solicitava-lhe – apesar de afirmar explicitamente que as doações apostólicas reconheciam os direitos da Coroa de Portugal às terras orientais – a sua intervenção junto do pontífice e dos cardeais no sentido de, em sinal de júbilo pelo feito, obter a confirmação das bulas anteriormente outorgadas,[159] medida destinada a precaver a eventualidade do aparecimento de concorrentes europeus ou contestação por parte de Castela.

O relato que, depois de 29 de agosto, Vasco da Gama transmitiu a D. Manuel I sobre o complexo quadro geopolítico vigente nas fachadas africana e asiática do Índico, bem como as preciosas informações fornecidas por Gaspar da Índia,[160] induziram o monarca a concluir que a implantação portuguesa no Oriente iria deparar-se com significativas dificuldades devido à existência de uma numerosa e influente comunidade muçulmana que controlava as redes comerciais índicas, tendo recebido com visível hostilidade a frota portuguesa que aportou a Calecut.

O entendimento de que a penetração comercial lusitana nos circuitos mercantis orientais encontraria séria oposição esteve na base da decisão real, provavelmente a conselho de Vasco da Gama, de enviar uma grande armada que demonstrasse o poderio militar de Portugal e que funcionasse como importante suporte das pretensões lusas em estabelecer uma feitoria e uma missão na capital do Samorim.

O poder de fogo da esquadra deveria, ainda, exercer uma função dissuasória em face do surgimento de eventuais resistências.

A recepção em Castela das novas oriundas de Portugal contribuiu para agravar o descrédito de Cristóvão Colombo perante os Reis Cató-

---

159 Pub. por MARQUES, João Martins da Silva. Op. cit., doc. 341. p. 549-550. Sobre esta importante personalidade, veja-se o estudo de MENDONÇA, Manuela. **D. Jorge da Costa, "Cardeal de Alpedrinha"**. Lisboa, 1991.
160 Mercador e lapidário judeu que foi levado para Lisboa e aí convertido ao cristianismo, ficando a ser conhecido por Gaspar da Gama. Cfr. LIPINER, Elias. **Gaspar da Gama, um Converso na Frota de Cabral**. Rio de Janeiro, 1987. p. 77-104.

licos[161] e levou-os a introduzir importantes modificações na sua política relativamente ao poente. No último trimestre de 1498, o Almirante do Mar Oceano enviara aos seus soberanos uma relação e uma pintura sobre a "terra firme grandíssima" que tinha descoberto na sua terceira viagem,[162] bem como informações sobre a existência de pérolas na parcela da orla marítima sul-americana batizada de Costa de Pária. Com base nos relatos e no mapa colombianos, D. João Rodríguez de Fonseca, representante de Isabel e Fernando para os assuntos das "Índias", autorizou Alonso de Ojeda, João de la Cosa e Américo Vespúcio, bem como Pedro Alonso Niño e Cristóvão Guerra, a empreenderem viagens na região ocidental (1499-1500).

Os resultados alcançados por Vasco da Gama convenceram os Reis Católicos a ignorar definitivamente o exclusivo concedido a Colombo, autorizando a celebração de capitulações com outros candidatos que pretendessem efetuar explorações nas paragens ocidentais em busca da Ásia. Como consequência dessa nova orientação política, partiram, em finais desse ano, as expedições capitaneadas por Vicente Yáñez Pinzón e Diogo de Lepe (1499-1500), seguindo-se, no ano imediato, as de Rodrigo de Bastidas (1500-1502) e de Alonso Vélez de Mendoza (1500-1501).[163]

A determinação régia em incrementar as viagens castelhanas ao hemisfério ocidental, promovidas por andaluzes, tinha por objetivo alcançar o Oriente conforme revela a seguinte passagem da edição de 1516 das *Décadas* de Pedro Mártir de Anghiera referente a um trecho da costa sul-americana reconhecido pelos homens de Pinzón: "Tinham percorrido já 600 léguas pelo litoral de Pária e, segundo pensam, passado além da cidade de Cataio e da costa da Índia além do Ganges".[164]

Os preparativos para o envio da segunda armada da Índia decorreram rapidamente e desenvolveram-se em várias frentes. A diplomacia lusitana encetou, com êxito, diligências junto a Roma no sentido de alcançar concessões apostólicas que permitissem desenvolver ações evangelizadoras, fundar conventos e organizar eclesiasticamente a Índia.[165] Paralelamente, D. Manuel I procurou obter em Castela até 1.500 marcos de prata destinados à aquisição de produtos orientais.[166]

---

161 Cfr. MARQUES, Alfredo Pinheiro. Op. cit. p. 81-83.
162 Cfr. COLOMBO, Cristóvão. **Las Cuatro Víajes...** p. 27.
163 Cfr. PADRÓN, Francisco Morales. Op. cit. p. 144-150.
164 Trad. e pub. por LEITE, Duarte. **Os Falsos Precursores...** p. 86.
165 Cfr. LOPES, F. Félix. Op. cit. p. 11-12.
166 Carta Régia de 3 de dezembro de 1499 a Miguel Péres de Almaçam, secretário dos Reis Católicos, pub. por Idem. Ibidem. p. 2-3.

Um documento de significativa importância – o "apontamento das coisas necessárias às naus da armada" –, redigido entre meados de setembro e 4 de novembro de 1499, contém minuciosas recomendações destinadas à organização da viagem. O seu autor salienta a necessidade de se elaborarem os regimentos destinados às duas figuras-chave da expedição – Vasco da Gama, então indigitado para o cargo de capitão-mor, e Bartolomeu Dias, responsável pela flotilha de caravelas destinada a Sofala –, a vantagem de se nomear um sota-capitão, de se designarem, com antecedência, os restantes capitães e os respectivos escrivães, mestres e pilotos, bem como de se elaborarem as instruções para os capitães, feitor e escrivães. Este memorando alude, também, à indicação dos clérigos, frades e bombardeiros, à dotação de cartas de marear para todas as embarcações, ao fornecimento de apetrechos, mantimentos, armas e munições destinados à esquadra e, ainda, ao envio de cartas e presentes aos reis de Calecut, Melinde e a outros soberanos não especificados.[167]

Por Carta Régia de 15 de fevereiro de 1500, o soberano nomeou para o cargo de comandante da frota Pedro Álvares de Gouveia (Cabral),[168] secundogênito de Fernão Cabral, senhor de Belmonte e corregedor da Beira, embora anteriormente tivesse escolhido Vasco da Gama para exercer aquela função.[169] A preparação da armada mereceu os maiores cuidados, tendo o escrivão Antônio Carneiro ouvido o Almirante da Índia e registrado os seus conselhos,[170] que foram utilizados na elaboração do regimento real.

Quer o "borrão original" das ordens régias fornecidas a Cabral,[171] quer os fragmentos da minuta do regimento da esquadra de 1500[172] denotam preocupações relacionadas com o estabelecimento de alianças com vários soberanos locais (em especial com os senhores de Calecut e Melinde), o ataque à navegação muçulmana no Índico, a participação no comércio das especiarias orientais, o estabelecimento de uma feitoria em Calecut e o de-

---

167 Cfr. GOMES, Carlos Alberto Encarnação. "Novos elementos para o estudo da viagem de 1500 ao Brasil": **Anais do Clube Militar Naval** (Lisboa), CXIX (1989). p. 9-27.
168 Pub. por COSTA, A. Fontoura da. **Os Sete Únicos Documentos de 1500, Conservados em Lisboa, referentes à Viagem de Pedro Álvares Cabral**. Lisboa, 1940. p. 11-12.
169 Cfr. FARIA, Francisco Leite de. **Pensou-se em Vasco da Gama para Comandar a Armada que Descobriu o Brasil**. Lisboa, 1978.
170 Cfr. "Borrão original da primeira folha das instruções de Vasco da Gama para a viagem de Cabral", pub. por COSTA, A. Fontoura da. Op. cit. p. 15-20.
171 Pub. por COSTA, A. Fontoura da. Op. cit. p. 23-46.
172 Pub. por LOBATO, Alexandre., "Dois novos fragmentos do Regimento de Cabral para a Viagem da Índia em 1500": **Studia** (Lisboa), 25 (1968). p. 31-49.

senvolvimento de atividades missionárias na Índia. Os referidos documentos estão, contudo, incompletos, não possuindo, curiosamente, os fólios iniciais referentes à travessia do Atlântico Sul que interessam diretamente à questão do descobrimento do Brasil.

Não chegaram aos nossos dias os regimentos confiados aos capitães dos restantes navios, sabendo-se, todavia, que foram elaborados vários, designadamente o destinado a Bartolomeu Dias, conforme se deduz da leitura das notas apostas nas margens e no reverso do "borrão" das instruções adicionais entregues a Cabral.[173] No entanto, conservaram-se as minutas integrais dos regimentos dados aos escrivães da receita (Martinho Neto e Afonso Furtado) e da despesa (Gonçalo Gil Barbosa e Pêro Vaz de Caminha) da feitoria que D. Manuel projetava estabelecer em Calecut e cuja direção tinha sido atribuída a Aires Correia.[174]

A 9 de março de 1500 zarpou de Belém a segunda armada da Índia, constituída por 13 velas (9 naus, 3 caravelas e 1 naveta de mantimentos) capitaneadas por Cabral, Sancho de Tovar (que comandava a nau *El-Rei*, estando investido no cargo de sota-capitânia, ou seja, lugar-tenente, tendo por missão substituir o capitão-mor em caso de impedimento deste), Simão de Miranda de Azevedo, Aires Gomes da Silva, Nicolau Coelho, Nuno Leitão da Cunha, Vasco de Ataíde, Bartolomeu Dias, Diogo Dias, Gaspar de Lemos, Luís Pires, Simão de Pina e Pêro de Ataíde.[175]

A esquadra transportava entre 1.200 e 1.500 homens, incluindo a tripulação, a gente de guerra, o feitor, os agentes comerciais e escrivães, o cosmógrafo mestre João, um vigário e oito sacerdotes seculares, oito religiosos franciscanos, os intérpretes, os indianos que tinham sido levados para Lisboa por Vasco da Gama e alguns degredados.

A 14 desse mês, a armada passou ao largo do arquipélago das Canárias e a 22 alcançou as ilhas de Cabo Verde, tendo o capitão-mor optado

---

173 Pub. por COSTA, A. Fontoura da. Op. cit. p. 50-53.
174 Pub. por PEREIRA, Isaías da Rosa. "Documentos inéditos sobre Gonçalo Gil Barbosa, Pêro Vaz de Caminha, Martinho Neto e Afonso Furtado, escrivães da despesa e receita do feitor Aires Correia (1500)": **Congresso Internacional Bartolomeu Dias e a sua Época. Actas**. Porto, 1989. v. II, p. 505-513.
175 Existem várias versões sobre a composição da esquadra cabralina. Optamos por aquela que consta do maior número de fontes (Relação das Naus e Armadas, Crónica do Descobrimento, Livro das Armadas, etc.) e que foi mais amplamente divulgada pelos cronistas (Castanheda, Barros e Góis), recolhendo o consenso mais alargado. Cfr. **Relação das Naus e Armadas da Índia...**, Ed. de Maria Hermínia Maldonado. Coimbra, 1985. p. 10-11.

por não se deter nessas ilhas para efetuar a aguada prevista nas instruções. No dia seguinte, sem que tivesse ocorrido qualquer tempestade, desapareceu a nau de Vasco de Ataíde, resultando infrutíferas todas as tentativas para a encontrar.[176] É provável que a intensa cerração que se faz sentir nessa região, conjugada com nuvens de poeira oriundas da costa saariana que provocam má visibilidade, possam ter estado na origem do naufrágio.[177]

Entre os dias 29 e 30, a esquadra encontrar-se-ia a 5° N, iniciando a penetração na zona das calmarias equatoriais – que levou dez dias a transpor –, tendo a corrente equatorial sul afastado a sua rota cerca de noventa milhas para oeste. A 1° 1/4 a norte do Equador, a frota encontrou vento escasso, iniciando, então, de acordo com as recomendações do Gama, a volta pelo largo em busca do alísio de sueste, rumando muito provavelmente para sudoeste, devido ao regime de ventos que ocorre na região. Ultrapassada a linha equinocial, por volta de 10 de abril, a rota terá sido corrigida para su-sudoeste, passando a frota a cerca de 210 milhas a ocidente do arquipélago de Fernando de Noronha.[178]

Nessa época do ano — em que vigora a monção de sueste (março a setembro) no trecho da costa nordestina compreendido entre o cabo Calcanhar (5° 09' S) e o rio de São Francisco (10° 31' S) – atenua-se o efeito de arrastamento para oeste a partir da latitude do cabo de São Roque (5° 29' S) devido à divisão, nas imediações desse acidente geográfico, da corrente equatorial sul em dois ramos: a "corrente das guianas" – que prossegue para oeste e nas proximidades da orla marítima inflete para noroeste – e a "corrente brasileira", que se dirige para o quadrante sudoeste, descendo ao longo da faixa litorânea com um afastamento da ordem das 120 a 150 milhas, permitindo, assim, um aumento da velocidade dos navios.[179]

Por volta do dia 18, a armada encontrar-se-ia na altura da baía de Todos os Santos (13° S), área em que o vento se aproxima bastante de leste, favorecendo a busca de terra, pelo que a esquadra terá passado a navegar a um rumo próximo do sudoeste, fechando sempre sobre a costa.[180]

Na terça-feira, 21, segundo o testemunho do célebre escrivão cabralino, os membros da tripulação encontraram alguns sinais de terra: "Muita

---
176   Cfr. CAMINHA, Pêro Vaz de. Op. cit. p. 32-33.
177   Cfr. GUEDES, Max Justo. **O Descobrimento do Brasil**. p. 100.
178   Cfr. Idem. Ibidem. p. 100-103.
179   Cfr. Idem. "O Condicionalismo Físico do Atlântico e a Navegação à Vela": **História Naval Brasileira**. v. I, t. 1, p. 126.
180   Cfr. Idem. **O Descobrimento do Brasil**. p. 103.

quantidade d'ervas compridas a que os mareantes chamam botelho e assim outras, a que também chamam rabo d'asno".[181] Apesar de, nessa latitude (cerca de 17° S), dispor de vento favorável – que sopra francamente de leste – para atingir mais rapidamente o seu objetivo prioritário que era o de alcançar a monção do Índico, o capitão-mor alterou deliberadamente o rumo para oeste em busca de terra.

A 22 de abril toparam, pela manhã, "com aves, a que chamam fura-buchos... e, a horas de véspera (entre as 15 horas e o sol-posto)," tiveram "vista de terra, isto é, primeiramente d'um grande monte, mui alto e redondo, e d'outras serras mais baixas a sul dele e de terra chã com grandes arvoredos, ao qual monte alto o capitão pôs nome o Monte Pascoal e à terra a Terra de Vera Cruz".[182]

Após este achamento, a armada fundeou a cerca de 6 léguas (19 milhas) da costa. No dia imediato (quinta-feira, 23 de abril), os navios mais ligeiros (caravelas), seguidos pelos de maior tonelagem (naus), procedendo cautelosamente a operações de sondagem, ancoraram a cerca de meia légua (milha e meia) da foz do posteriormente denominado rio do Frade. Foi, então, decidido enviar um batel à terra, comandado por Nicolau Coelho, para estabelecer relações com os indígenas que se encontravam na praia.

Os primeiros contatos entre os tripulantes da pequena embarcação e o grupo de 18 a 20 ameríndios foram dificultados pelo barulho ensurdecedor provocado pela rebentação que impediu tentativas mais prolongadas de entendimento. Contudo, ainda houve oportunidade para trocar um barrete vermelho, uma carapuça de linho e um sombreiro preto por "um sombreiro de penas d'aves, compridas, com uma copazinha pequena de penas vermelhas e pardas, como de papagaio... e um ramal (colar) grande de continhas brancas, miúdas..."[183]

Na noite de quinta para sexta-feira, uma forte ventania de "sueste, com chuvaceiros, que fez caçar (afastar do local onde estavam fundeadas) as naus, especialmente a capitânia", levou a que os capitães e os pilotos decidissem aproar para norte, ao amanhecer, em busca de um ancoradouro abrigado, onde pudessem verificar o estado de abastecimento da frota em água e lenha, com o objetivo de dispensar a aguada na costa de África.

---

181   CAMINHA, Pêro Vaz de. Op. cit. p. 33.
182   Idem. Ibidem. p. 33-34.
183   Idem. Ibidem. p. 35.

Depois de percorrerem cerca de 10 léguas (quase 32 milhas), os pilotos ultrapassaram a barra do Buranhém,[184] encontraram "um arrecife – a Coroa Vermelha – com um porto dentro, muito bom e muito seguro – a baía Cabrália –, com uma mui larga entrada", onde lançaram as âncoras, tendo as naus fundeado acerca de uma légua do recife, por terem atingido o local pouco antes do pôr do sol. Afonso Lopes,[185] piloto do capitão-mor, sondou o porto, tendo, no decurso dessa operação, capturado dois mancebos que se encontravam numa almadia e os conduzido para a nau-capitânia com o objetivo de os interrogar.[186]

No sábado, 25 de abril, as embarcações de maior tonelagem penetraram na baía, aí fundeando. Concluídas as tarefas de marinharia, reuniram-se todos os comandantes na nau de Cabral, sendo Nicolau Coelho e Bartolomeu Dias incumbidos pelo capitão-mor de devolver à liberdade, com presentes, os dois nativos aprisionados na véspera e de desembarcar o degredado Afonso Ribeiro, que tinha por missão obter informações mais detalhadas sobre os autóctones.

Na praia encontravam-se perto de 200 homens armados com arcos e flechas, tendo-os deposto a pedido dos seus companheiros que se encontravam nos batéis. A partir de então começaram progressivamente a estabelecer-se relações cordiais entre os marinheiros lusos e os tupiniquins traduzidas em trocas de objetos (carapuças, manilhas e guizos por arcos, flechas e adornos de penas) e na colaboração prestada pelos indígenas nas operações de abastecimento de água e lenha.

Os ameríndios não permitiram que o degredado ficasse entre eles, compelindo-o a regressar à armada. Na tarde do mesmo dia, uma parte da tripulação foi folgar e pescar no ilhéu, distante da praia, onde os nativos só tinham possibilidades de chegar a nado ou em canoa. Esta decisão foi tomada por Cabral como medida de segurança para evitar quaisquer hipóteses de ataques de surpresa de que, por exemplo, os tripulantes das expedições de Dias e Gama tinham sido alvo na costa africana.

---

184 Cfr. FERNANDES, Fernando Lourenço. **A Armada de 1500 e as Singularidades de Arribada na Escala do Atlântico Sul**. Lisboa, 1993. p. 13.
185 Cfr. VITERBO, Sousa. Op. cit., parte II. p. 209-210.
186 Cfr. CAMINHA, Pêro Vaz de. Op. cit. p. 36-37.

Mapa 4
O descobrimento do Brasil. (A partir de Max Justo Guedes. "O descobrimento e as primeiras viagens de reconhecimento", in **Portugal no Mundo**, III, Lisboa, 1989. p. 186).

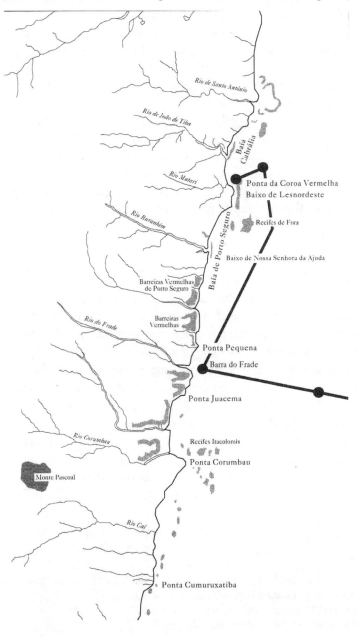

No domingo, dia de Pascoela, o capitão-mor mandou armar, no ilhéu da Coroa Vermelha, um altar destinado à celebração da missa. A primeira cerimônia cristã no Brasil, à qual assistiram a tripulação e cerca de duzentos tupiniquins que se encontravam na praia fronteiriça, foi presidida por Frei Henrique de Coimbra, guardião dos franciscanos, que, num improvisado púlpito, também se encarregou da pregação, dissertando sobre o significado da quadra pascal e do descobrimento daquela terra.

No mesmo dia, o comandante reuniu em conselho na nau-capitânia todos os capitães da esquadra que concordaram com a sua proposta no sentido de mandar ao rei o navio auxiliar com a "nova do achamento" da Terra de Vera Cruz e, também, com a missão de a explorar mais detalhadamente na viagem de regresso. Foi ainda deliberado que se não tomasse nenhum indígena para o enviar ao reino, optando-se apenas por deixar dois degredados com a missão de aprender a língua e recolher informações. Terminada a reunião, o capitão-mor foi efetuar um reconhecimento das margens do rio Mutari, autorizando a tripulação a folgar, circunstância que foi aproveitada por Diogo Dias para organizar um baile, ao som de gaita, no qual participaram portugueses e ameríndios.

Nos dias imediatos procedeu-se à transferência da carga da naveta de mantimentos para as outras onze embarcações, à conclusão do aprovisionamento de água e lenha, à construção de uma grande cruz, à prossecução das tentativas para obter mais informações sobre os habitantes da terra e à criação de um clima de cordialidade com os tupiniquins, alguns dos quais foram convidados a tomar refeições e a pernoitar nas naus.

O cosmógrafo, bem como os pilotos das naus do capitão-mor e do sota-capitão, respectivamente, Afonso Lopes e Pêro Escobar,[187] aproveitaram a permanência em terra para armar na praia o grande astrolábio de pau – mais fiável do que os pequenos astrolábios de latão utilizados a bordo[188] – com o objetivo de tomar a altura do sol ao meio-dia, comparar os cálculos das léguas percorridas e estimar a distância a que se encontravam do cabo da Boa Esperança. A medição da latitude da baía Cabrália (que está atualmente fixada em 16° 21' S), efetuada a 27 de abril por aqueles três técnicos, deu o resultado de 17° S, tendo, por conseguinte, uma margem de erro inferior a 40' por excesso.

---

187 Um dos melhores pilotos do seu tempo. Já tinha participado na viagem de descobrimento do Caminho Marítimo para a Índia como piloto da nau Bérrio, comandada por Nicolau Coelho. Cfr. VITERBO, Sousa. Ob. cit., parte I, p. 91-92.
188 Cfr. BARROS, João de. Op. cit. p. 127.

Na carta que enviou a D. Manuel I, mestre João Faras,[189] além de recomendações de natureza náutica, procede à primeira descrição e a um esboço de representação da cruz, ou seja, da constelação austral.[190] O cosmógrafo e físico régio acrescenta, ainda, uma passagem em que informa o monarca de que, para conhecer a localização da nova terra, bastaria consultar o mapa-múndi que se encontrava em Lisboa, na posse de Pêro Vaz da Cunha, o Bisagudo, onde a mesma estava desenhada. No entanto, ressalva que se tratava de uma carta antiga, não indicando se a terra era ou não habitada.[191] Esta referência a uma hipotética representação cartográfica da Terra do Brasil, anterior a abril de 1500, tem suscitado acesa polêmica devido às implicações decorrentes da sua interpretação apontarem ou não para a existência de precursores de Cabral naquela região brasílica.

Não são concordantes as opiniões dos autores dos três relatos sobre o descobrimento do Brasil relativamente à natureza da terra achada. Pêro Vaz de Caminha considera-a uma ilha, uma vez que no encerramento da *Carta* a D. Manuel data-a de "Porto Seguro, da vossa ilha da Vera Cruz, hoje, sexta-feira, primeiro dia de maio de 1500". O bacharel mestre João, por seu turno, refere que "... quase entendemos por acenos que esta era ilha, e que eram quatro, e que de outra ilha vêm aqui almadias...", endereçando a sua missiva de "Vera Cruz no primeiro de maio de 500".

O autor da vulgarmente designada *Relação do Piloto Anónimo* aborda a questão de forma mais dubitativa, indicando que a terra era "grande, porém não pudemos saber se era ilha ou terra firme", adiantando, contudo, que se inclinava para a "última opinião pelo seu tamanho".[192] Esta última testemunha não ficou, todavia, circunscrita ao litoral reconhecido até a baía

---

189 Bacharel em artes e medicina, físico e cirurgião régio. Sobre a importância da sua obra, veja-se CARVALHO, Joaquim Barradas de. **La Traduction Espagnole du "De Situ Orbis" de Pomponius Mela par maitre Joan Faras et les notes marginales de Duarte Pacheco Pereira**, Lisboa, 1974.
190 Cfr. COSTA, A. Fontoura da. **A Marinharia dos Descobrimentos**. 4. ed. Lisboa, 1983. p. 120-122.
191 Pub. Idem. **Os Sete Únicos...** p. 105-110. Um historiador da náutica chegou à conclusão que o *"mapa-múndi* de Bisagudo *tinha marcadas as latitudes,* isto é, tinha desenhado *um meridiano graduado em graus,* pois só assim poderia D. Manuel verificar o 'sítio desta terra', que mestre João indicava estar em 17º S". Idem. **A Marinharia dos Descobrimentos**. p. 205.
192 "Navegação do capitão Pedro Álvares Cabral escrita por um piloto português": **O Reconhecimento do Brasil**, dir. de Luís de Albuquerque. Lisboa, 1989 (1500-1507). p. 39.

Cabrália, tendo tido oportunidade, no prosseguimento da derrota rumo ao cabo da Boa Esperança, de avistar mais uma parcela da orla marítima, o que lhe permitiu adquirir uma visão mais próxima da realidade.

A 1º de maio, sexta-feira, o capitão-mor procedeu à escolha do sítio onde deveria ser erguida a grande cruz construída em madeira da terra, de forma a, de acordo com o escrivão cabralino, "melhor ser vista". Este fato denota a preocupação em assinalar aquela excelente aguada para as armadas vindouras, tal como o havia feito Vasco da Gama na costa de África, em 1497, ao mandar carpinteirar uma cruz de um mastro grande para mais eficazmente sinalizar a angra de São Brás.[193]

Foi então organizada uma procissão que transportou a cruz, em que foram pregadas as armas e a divisa reais, até o local selecionado, situado nas proximidades da foz do rio Mutari, que não é visível do mar, onde a implantaram, seguindo-se a celebração da segunda missa na Terra de Vera Cruz. Concluídas as cerimônias litúrgicas, o comandante da expedição ordenou a partida para Lisboa da naveta de mantimentos, comandada por Gaspar de Lemos, enviando ao rei papagaios, arcos, flechas e outros objetos fornecidos pelos tupiniquins, bem como as missivas dos capitães, do feitor, do cosmógrafo e do escrivão sobre o "achamento da terra nova".

No sábado, 2 de maio, a esquadra cabralina zarpou do ancoradouro brasílico, deixando, todavia, em terra, dois grumetes que tinham desertado nas vésperas da partida e igual número de degredados "os quais começaram a chorar, e foram animados pelos naturais do país que mostravam ter piedade deles".[194]

7. CASUALIDADE *VERSUS* INTENCIONALIDADE

O debate em torno da intencionalidade ou casualidade do descobrimento do Brasil pela segunda armada da Índia constitui um dos temas mais polêmicos da historiografia das explorações geográficas quatrocentistas.

Durante séculos, vigorou a versão divulgada pelos cronistas de que a arribada da esquadra de Pedro Álvares Cabral à Terra de Vera Cruz se ficara a dever ao afastamento para oeste destinado a contornar as calmarias equatoriais ou a um temporal que a afastara da sua rota. A publicação e tradução, no século XIX, dos documentos produzidos por três membros da expedição cabralina motivaram vários estudiosos a debruçar-se sobre

---

193 Cfr. CORTESÃO, Jaime. **A Carta de Pêro Vaz de Caminha**. Rio de Janeiro, 1943. p. 95-96.
194 "Navegação do capitão... p. 39-40.

o problema. Na década de cinquenta de Oitocentos, Joaquim Norberto de Sousa e Silva apresentou ao Instituto Histórico e Geográfico Brasileiro uma memória em que defendia a intencionalidade da descoberta efetuada por Cabral. Esta tese desencadeou a controvérsia sobre o tema que se prolonga até os nossos dias.

A formulação de uma hipótese interpretativa deve estribar-se num amplo conjunto de fatores, implicando, naturalmente, o recurso às fontes documentais disponíveis, mas articulando-as com os condicionalismos físicos do Atlântico. Uma abordagem global da questão exige, ainda, que se proceda ao seu enquadramento na conjuntura político-diplomática peninsular, bem como no contexto da rivalidade entre os projetos expansionistas luso e castelhano.

O arrastamento involuntário da armada para ocidente, provocado pela corrente equatorial,[195] constitui um dos argumentos mais invocados pelos partidários da tese da casualidade para explicar a descoberta do Brasil. Se essa hipótese tivesse correspondido à realidade, então a aterragem da armada cabralina na Terra de Santa Cruz deveria ter ocorrido bastante mais a norte, ou seja, entre os cabos de São Roque (5° 29' S) e de Santo Agostinho (8° 18' S), pelas seguintes razões:

a) a referida parcela da chamada costa leste-oeste brasileira constitui, simultaneamente, a extremidade oriental da orla marítima sul-americana e a área onde os navios mais se aproximam de terra ao efetuarem a bordada pelo largo o mais a oeste possível em busca do alísio de sueste;

b) no decurso da monção de sueste (março a setembro), por alturas do cabo de São Roque, verifica-se uma significativa diminuição do efeito de arrastamento para oeste, devido à bifurcação, nas proximidades desse acidente geográfico, da corrente equatorial sul;[196]

c) a costa muda de direção, a partir do cabo de Santo Agostinho, orientando-se para sudoeste;

d) na quadra do ano em que se realizou a viagem, os ventos sopram de sueste, rodando francamente para leste por alturas dos 17° S, "afastando, assim, os navios da costa brasileira".[197]

---

195 Cfr. SOUSA, T. O. Marcondes de. **O Descobrimento do Brasil. De acordo com a documentação histórico-cartográfica e a náutica...** 2. ed. São Paulo, 1956. p. 165.
196 Cfr. GUEDES, Max Justo. "O Condicionalismo Físico... p. 126.
197 DIAS, Manuel Nunes. "O descobrimento do Brasil – tratados bilaterais e partilha do Mar Oceano": **Studia** (Lisboa), 25 (1968). p. 27.

Se "os navegadores e pilotos de Cabral não tiveram a noção da extensão deste desvio para Ocidente",[198] então o avistamento do litoral brasílico deveria ter ocorrido na região em que a ação dos elementos naturais se faz sentir mais intensamente, ou seja, até o referido trecho do nordeste brasileiro onde "os navios ficavam sujeitos durante muitos dias à forte corrente equatorial, que os arrastava para oeste".[199] Ora, a inflexão do rumo da esquadra para poente foi efetuada bastante mais a sul – cerca de 17º – quando já não existia o risco do vento a ensacar na costa a sotavento, uma vez que "o alisado de sueste se converte em leste, permitindo a progressão num franco rumo sul".[200]

Não faz sentido, por conseguinte, a teoria de que a esquadra de Cabral foi afastada para oeste, somente encontrando sinais de terra mais de 500 milhas a sul da área em que, simultaneamente, o efeito de arrastamento das correntes atinge a máxima intensidade e o continente sul-americano mais penetra no oceano, indo aterrar num local em que essa ação se encontra bastante atenuada e a configuração da costa é significativamente mais recuada do que na protuberância nordestina. Por outro lado, "pelo confronto diário do caminho percorrido com a latitude calculada, os pilotos portugueses tiveram a consciência do seu afastamento progressivo para oeste, mas longe de o subestimar, por ignorância do impulso dos agentes naturais, o exageravam.... E como... a navegação foi *de longo*, quer dizer, sem voltas, como sucedia nas proximidades do Golfo da Guiné, temos de concluir que o afastamento para oeste foi intencional".[201]

Outra questão que importa equacionar, até porque consiste numa das hipóteses explicativas mais antigas, é a referente à tão propalada tempestade. Além de nenhum dos relatos dos membros da armada se referir a esse hipotético acontecimento, convém sublinhar que, no caso de ter ocorrido um temporal, uma das suas consequências naturais seria a de provocar a dispersão da armada como se verificou, posteriormente, quando da dobragem do cabo da Boa Esperança (23 de maio de 1500), em que, em consequência da tormenta, naufragaram quatro embarcações, tresmalhou-se a frota e desgarrou-se a embarcação de Diogo Dias, que foi empurrada para

---

198 GREENLEE, William B.. **A Viagem de Pedro Álvares Cabral ao Brasil e à Índia...** trad. de António Álvaro Dória. Porto, 1951 (1938). p. 59, nota 3.
199 PEREIRA, Moacir Soares. Op. cit. p. 304.
200 PERES, Damião. **O Descobrimento do Brasil...** p. 145.
201 CORTESÃO, Jaime. Op. cit. p. 75-76.

o Índico.[202] Ora, a *Carta do Achamento* mostra que todos os navios da esquadra, então em número de doze, aportaram simultaneamente ao litoral brasílico, tendo prosseguido a derrota para norte em perfeita ordem com as unidades de menor calado na vanguarda, seguidas pelas de maior tonelagem.

Os resultados das experiências levadas a cabo em 1979 pelo comandante Max Justo Guedes, num helicóptero da Marinha de Guerra Brasileira voando à altura provável do cesto da gávea de uma nau cabralina, provaram que a descrição do Monte Pascoal (16° 53' S) – com 536 metros de altitude, situado a oeste da ponta Corumbau e distante 18 milhas da costa – efetuada por Caminha só foi possível sendo a aproximação à terra feita pelo quadrante sueste (observe-se o mapa 3). No caso de ser avistado de nordeste ou de este, o monte surge aos olhos do observador como um morro arredondado, isolado e aproximadamente cônico. Somente entrevisto de sueste aparece ligado a outros morros situados a sul, fazendo parte de um conjunto de elevações dispostas ao longo do litoral, daí resultando que a busca de terra "foi proposital, intencional".[203]

É extremamente significativo que a rota delineada pela esquadra cabralina tenha dado resguardo à costa do Brasil até cerca de 17° S, conforme recomenda atualmente a *Ocean Passages for the World* para os navios à vela[204] e evitado os numerosos baixios, parcéis, recifes e formações coralinas – decorrentes da existência de planaltos submarinos[205] – que tornam aquela faixa litorânea, a partir dos recifes dos Itacolomis, "num dos mais perigosos trechos da costa do Brasil".[206] Com efeito, a partir de cerca de 30' a sul do Monte Pascoal situam-se obstáculos de monta para a navegação costeira, sobretudo os recifes das Timbebas (latitude próxima e inferior aos 17° 30'), o parcel das Paredes (17° 45') e o parcel dos Abrolhos (17° 54' a 18° 03' S).

Os navegadores cabralinos adotaram uma rota mais correta do que a recomendada por Luís Teixeira, na segunda metade de Quinhentos, que aconselhava os pilotos a afastar os seus navios do litoral a partir dos "16

---

202 Cfr. BARROS, João de. Op. cit. p. 175-176.
203 GUEDES, Max Justo. **O Descobrimento do Brasil**, no prelo (1992). p. 23-24.
204 Cfr. CARDOSO, António. **Bartolomeu Dias e o Descobrimento do Brasil**. Lisboa, no prelo (1993). p. 7.
205 Cfr. SILVEIRA, João Dias da. "Morfologia do Litoral": **Brasil. A Terra e o Homem**, dir. de Aroldo de Azevedo, São Paulo, 1964. v. I, p. 291.
206 FERNANDES, Fernando Lourenço. Op. cit. p. 9-11.

graus e 1/2 por causa dos baixos dos Abrolhos que são muito perigosos e botam muito ao mar", manobra que, a ser efetuada, impediria qualquer navio de alcançar Porto Seguro, situado em 16° 27'.[207]

Será que Cabral apenas "teve muita sorte em ter encontrado o monte Pascoal e ter evitado os bancos e recifes perigosos"[208] ao escolher um percurso com um tão elevado grau de precisão que lhe permitiu, simultaneamente, impedir a esquadra de penetrar numa faixa marítima tão eriçada de escolhos – que se iniciava a menos de 9 léguas do local de arribada – e descobrir "um dos seis melhores portos seguros para veleiros em um raio de 240 léguas de costa"?[209]

Em conclusão, a rota traçada pela armada de Cabral, analisada à luz das características das correntes que se deslocam ao longo do litoral brasílico durante a monção de sueste e da orientação dos ventos na época do ano em que sulcou o Atlântico Sul, bem como do quadrante a partir do qual os vigias do cesto da gávea avistaram terra, provam a "clara intenção de, atingida a latitude de uns 17 graus, e estando segura a rota pelo largo, se arribar a poente".[210]

Vários autores têm interpretado o termo *achamento*, utilizado por Caminha, como sinônimo de encontro casual. Todavia, segundo a opinião de uma reputada filóloga, *"achamento... é ação praticada por quem antes procurou"*.[211] O minucioso estudo que Jaime Cortesão dedicou ao assunto[212] e, sobretudo, a apurada investigação efetuada em milhares de textos sobre a gênese e evolução de todos os vocábulos ligados às explorações geográficas – achar, encontrar, buscar, topar, descobrir, descobrimento, descoberta, achamento etc. – demonstram que este último significa que se "encontrou aquilo que se procurava, neste caso o Brasil".[213] Estas interpretações são ainda confirmadas pela utilização do mesmo termo, com idêntico sentido, feita pelo impressor Valentim Fernandes[214] na seguinte passagem do prólo-

---

207 **Roteiro de Todos os Sinais na Costa do Brasil**. Ed. crítica de Max Justo Guedes. Rio de Janeiro, 1968. p. 95.
208 MORISON, S. E.. Op. cit. p. 66.
209 FERNANDES, Fernando Lourenço. Op. cit. p. 28.
210 COUTINHO, Gago. **O Descobrimento do Brasil**. Rio de Janeiro, 1955. p. 21-22.
211 MICHAELIS, Carolina. "Versão em linguagem actual, com anotações, da Carta de Pêro Vaz de Caminha": **HCPB**, v. II, p. 86.
212 **A Carta de Pêro Vaz de Caminha**. p. 245-259.
213 CARVALHO, Joaquim Barradas de. **À la Recherche de la Spécificité...** v. II. p. 539.
214 Sobre o papel que desempenhou na divulgação europeia dos Descobrimentos Portugueses veja-se PINTO, João Rocha. Op. cit. p. 207-238.

go de uma obra editada em 1502: "O *achamento* daquela terra de promissão – a Índia – onde há cravo, canela, gengibre, noz-moscada..."[215] E não subsiste qualquer dúvida sobre qual o objetivo último da armada de Vasco da Gama, que era o de alcançar, por via marítima, uma terra cuja existência era já sobejamente conhecida.

Apontando os elementos de natureza náutica disponíveis para uma modificação intencional da rota da armada de 1500 em direção ao poente, importa, seguidamente, equacionar as duas possibilidades que têm sido discutidas: se a iniciativa se ficou a dever à exclusiva responsabilidade do capitão-mor ou se terá resultado de ordens régias confidenciais.

Relativamente à primeira hipótese, é necessário sublinhar que todos os documentos existentes respeitantes à preparação da expedição cabralina revelam unicamente preocupação em garantir o sucesso do empreendimento a realizar no Índico. Vasco da Gama, no parecer destinado à elaboração do regimento real, aconselhava o capitão-mor, no caso de ter água para quatro meses, a não efetuar qualquer paragem na ilha de Santiago, dirigindo-se o mais rapidamente possível para a angra de São Brás,[216] na entrada do Índico.

As instruções régias adicionais fornecidas a Cabral concediam-lhe poderes para decidir sobre a oportunidade de comprar navios na Índia, no caso do volume das especiarias adquiridas ser superior à capacidade de carga da frota, bem como para autorizar a realização de idênticas operações aos feitores das embarcações particulares que participavam na esquadra, pertencentes ao conde de Portalegre e à sociedade constituída por D. Álvaro de Bragança, Bartolomeu Marchioni, Jerónimo Sernigi e António Salvago.

O comportamento adotado por Cabral foi, em várias ocasiões, oposto ao estatuído nas instruções conhecidas. Quando dispunha de vento extremamente favorável para atingir mais rapidamente o seu objetivo náutico primordial, que era o de alcançar Melinde até agosto, de forma a cruzar o Índico no decurso da monção grande (ou estação Damani), o capitão-mor alterou deliberadamente o rumo para oeste, à procura de terra. Após tê-la encontrado, gastou mais um dia em explorações. Devido ao temporal que entretanto ocorreu, rumou para norte em busca de um bom ancoradouro e, segundo testemunha Caminha, sem lhe minguar a água ou os mantimentos, permaneceu uma semana na baía Cabrália. Por outro lado, desfalcou a

---

215 **O Livro de Marco Paulo...** introd. e ed. de F. M. Esteves Pereira. Lisboa, 1922 (1502). p. 2.
216 Pub. por COSTA, A. Fontoura da. Op. cit. p. 17.

frota em um navio – tendo ordens para, em caso de necessidade, comprar embarcações suplementares na Índia –, pois encarregou o comandante da naveta de mantimentos de regressar a Lisboa a fim de transmitir as novas do achamento ao rei.

Teria Cabral assumido o risco de "ficar com a armada encurralada" somente porque, como sugere um historiador norte-americano, "era grande o impulso da curiosidade e da aventura"?[217] Não nos parece crível que o capitão-mor da maior armada que jamais sulcara o Atlântico Sul tivesse, por iniciativa própria, posto em causa o sucesso da espinhosa missão interoceânica que lhe fora confiada para investigar a proveniência de ervas (botelho e rabo-d'asno), retardado a viagem durante dez dias devido a diversas operações e, finalmente, reduzido o número de unidades da frota contrariamente ao desejo expresso de D. Manuel I.

A explicação mais consentânea para o conjunto de questões que o descobrimento cabralino da Terra de Vera Cruz suscita, reside – na opinião de muitos autores – nas ordens confidenciais dadas pelo monarca ao comandante da expedição. Um historiador norte-americano admite que a "existência destas instruções [do Gama] não exclui a possibilidade de 'instruções secretas' e adicionais do rei a Cabral para parar no Brasil". Contudo, acrescenta que não descortinava "qualquer objectivo ou necessidade de segredo, naquela altura, sobre o Brasil".[218]

A resposta a esta questão encontra-se, do nosso ponto de vista, por um lado, na complexa teia de relações familiares e políticas que ligavam os soberanos de Portugal e Castela-Aragão, que, todavia, não eliminava a intensa competição ultramarina em que as respectivas Coroas se encontravam envolvidas e, por outro, nas profundas divergências existentes entre as concepções geográficas perfilhadas e os métodos de navegação utilizados por portugueses e castelhanos.

No início de 1500, D. Manuel I possuía o mais amplo conjunto de informações então existente na Europa sobre a África, a Ásia e o Índico, o que lhe permitia concluir que os descobrimentos efetuados no poente não se relacionavam com o continente asiático. Paralelamente, o conhecimento da descoberta de terra firme no Atlântico central por Colombo, na região setentrional por Caboto e no quadrante equatorial por Duarte Pacheco Pereira, bem como da partida de três expedições andaluzas (Ojeda, Pinzón

---

217 MORISON, S. E. Op. cit. p. 71.
218 Idem. Ibidem. p. 62.

e Lepe) na pegada do Almirante do Mar Oceano, associado aos indícios recolhidos pelos navegadores joaninos, confirmados no decurso da viagem de Vasco da Gama e eventualmente ampliados por Bartolomeu Dias (1497-1499),[219] permitiram formular a hipótese, baseada em fundadas razões, da existência de terra no hemisfério austral.

Uma vez que o Tratado de Tordesilhas reconhecia a Portugal direitos de soberania até 370 léguas a oeste de Cabo Verde, quais as razões que teriam levado o monarca lusitano a confiar secretamente a Cabral a incumbência de encontrar uma base de operações no Atlântico Sul?

Na época em que decorreu a preparação da segunda armada da Índia, a autonomia do reino de Portugal corria sérios riscos. O soberano, então com trinta anos, estava viúvo e o seu único descendente, D. Miguel da Paz, herdeiro dos três reinos, encontrava-se sob a custódia dos avós maternos, os Reis Católicos. Esta sucessão prefigurava a unificação peninsular que D. Manuel desejara, mas no pressuposto de se efetuar sob a sua direcção. Ora, a morte prematura da mulher retirara-lhe a possibilidade de conduzir esse processo, deixando, ainda, a formação do príncipe a cargo de Isabel e Fernando.

A consciência dos potenciais perigos que uma tal situação acarretava levou D. Manuel a protelar, enquanto lhe foi possível, a convocação de cortes destinadas a aceitar o filho como herdeiro do trono lusitano. Entretanto, os Reis Católicos não só promoveram o reconhecimento do neto nos seus reinos, como insistiram com o Venturoso para que atuasse de igual modo. As Cortes de Lisboa, realizadas em março de 1499, procederam ao juramento do príncipe, mas só depois de o monarca ter dado diversas garantias de que, no caso de se verificar a união das Coroas ibéricas sob o cetro de D. Miguel, a administração da justiça e da fazenda, bem como o exercício dos cargos de capitães e alcaides – tanto no reino como nos domínios ultramarinos – ficariam exclusivamente a cargo de portugueses.[220]

O fato de terem em seu poder o presuntivo sucessor de D. Manuel I concedia aos Reis Católicos um assinalável meio de pressão sobre Portu-

---

219 Veja-se o Anexo C.
220 Cfr. GÓIS, Damião de. Op. cit., v. I. p. 71. Na mesma linha de preocupações quanto ao futuro de Portugal num contexto em que a sucessão dos tronos peninsulares recairia em um único titular, veja-se a "Minuta na qual se dá o conselho de D. Manuel, a respeito do regimento que o príncipe D. Miguel, seu filho, devia seguir para governar os reinos que devia herdar", pub. in **As Gavetas da Torre do Tombo**. Lisboa, 1975. v. XI, p. 83.

gal. Além de ter esse importante fator em linha de conta no relacionamento com aqueles soberanos, o Venturoso – que fora refém, em 1481, da corte castelhano-aragonesa no quadro do Tratado de Alcáçovas[221] – tinha uma dupla dívida de gratidão para com Isabel e Fernando. Em primeiro lugar, pela decisiva ação diplomática que exerceram junto de Alexandre VI e de D. João II no sentido de defenderem os seus direitos à Coroa portuguesa e, em segundo lugar, pelo empenho demonstrado para que aceitasse suceder-lhes, conjuntamente com a mulher, nos respectivos tronos.

Profundo conhecedor dos meandros políticos peninsulares, o Venturoso mantinha estreitos contatos com os mais próximos colaboradores dos sogros – com particular destaque para o cardeal Cisneros e Miguel Péres de Almaçam, secretário régio –, pelo que tinha a consciência nítida de que o sucesso da viagem de Vasco da Gama representara um sério revés para a concretização do ambicioso projeto oriental acalentado pelos Reis Católicos desde 1492.

Devido aos fatores já referidos e também porque necessitava de adquirir prata em Castela para utilizar na compra das especiarias, D. Manuel I, "dotado de elevado senso político",[222] não pretendia, nessa conjuntura precisa, dar a entender a Isabel e Fernando que, para além da África e da Ásia, também se encontrava interessado em estender a soberania lusitana aos territórios que eventualmente lhe pertenceriam na região ocidental. Todavia, não estava disposto a prescindir dos domínios que caberiam à Coroa de Portugal nessa área do globo que se revestia, no Atlântico Sul, de importância estratégica para o funcionamento da rota do Cabo.

O objetivo de compatibilizar as exigências da expansão com os constrangimentos decorrentes da situação político-diplomática peninsular poderá encontrar-se na origem de instruções régias confidenciais comunicadas a Cabral "para, sem prejuízo da sua missão principal, procurar o continente já visitado por Colombo e Duarte Pacheco",[223] bem como pelos homens de Bristol (Caboto e, possivelmente, João Fernandes Lavrador), com a finalidade de estabelecer uma base para as esquadras da Índia. No entanto, essa pesquisa deveria ser efetuada de molde a que surgisse como tendo resultado de um acaso.

---

221 Cfr. PINA, Rui de. **Chronica de D. Affonso V**. Lisboa, 1901-1902 (princípios do séc. XVI). p. 135, 144-145 e 147; TORRE, Antonio de La. "Dom Manuel de Portugal y las Tercerias de Moura": **Revista Portuguesa de História** (Coimbra), 5 (1951). p. 411-417.
222 TÁVORA, Luís de Lancastre e. Op. cit. p. 85.
223 LEITE, Duarte. **História dos Descobrimentos...** v. I. p. 707.

A preocupação em manter a aparência de casualidade na arribada da armada de 1500 justificaria o desaparecimento das páginas iniciais do "borrão original" das ordens reais transmitidas a Cabral e da minuta do regimento do capitão-mor – justamente aquelas que diziam respeito à travessia do Atlântico Sul –, bem como dos relatórios dos capitães e pilotos da expedição que tratavam da "marinhagem e singraduras", assuntos de que Caminha se confessava ignorante. Talvez por essa razão o seu precioso relato e a carta de mestre João – que não contêm referências sobre a rota da esquadra – tenham sido considerados sem valor estratégico, pelo que transitaram na segunda metade de Quinhentos, presumivelmente no período em que Damião de Góis desempenhava as funções de Guarda-mor, para o Arquivo Real (a Torre do Tombo, então localizada no Castelo de São Jorge).

Os resultados da expedição de Vasco da Gama abriram uma nova era na expansão portuguesa, que passou do ciclo atlântico-africano – vigente na maior parte de Quatrocentos – para uma fase interoceânica de dimensão euro-afro-asiática em que a rota do Cabo assumiu uma função estruturante. Estas profundas modificações implicaram um reequacionamento da posição do Mar Oceano que, no contexto da estratégia lusitana, se transformou de centro nevrálgico em meio instrumental para atingir o Índico.

É à luz das novas perspectivas geopolíticas e econômicas e da decisão régia em enviar anualmente uma frota à Índia[224] que terá sido formulado o projeto de, em consequência das explorações efetuadas na zona ocidental do Atlântico, procurar estabelecer um ponto de apoio na região austral desse oceano, que passaria a ser regularmente cruzada por frotas, as quais, devido ao traçado da volta pelo largo, não dispunham, em caso de necessidade, de nenhuma escala no espaço compreendido aproximadamente entre os 16° N e os 35° S, ou seja, num percurso superior a 950 léguas (mais de 3.000 milhas).

A pretendida base deveria reunir várias condições. Em primeiro lugar, a sua localização não poderia pôr em risco o êxito da rota das armadas em direção ao cabo da Boa Esperança, o que implicava que a sua busca somente deveria ser efetuada quando os ventos favorecessem um franco rumo sul; em segundo lugar, teria simultaneamente de possuir um bom surgidouro para os navios e de dispor de abundantes reservas de água e lenha e, em terceiro lugar, encontrar-se suficientemente afastada das terras castelhanas de modo a evitar o surgimento de quaisquer dúvidas sobre a sua pertença

---

224 Cfr. BARROS, João de. Op. cit. p. 205.

à Coroa de Portugal, uma vez que, numa fase de implantação da presença lusitana na Índia e da preparação de planos para expandir o domínio sobre Marrocos,[225] a ocorrência de um conflito com Castela se apresentava como sobejamente indesejável.

Esta conjuntura torna, assim, perfeitamente inteligível o comportamento adotado por Cabral ao iniciar a busca de terra no poente apenas por volta dos 16° S – quando nem as correntes nem, sobretudo, os ventos o impeliam nessa direção – escolhendo uma zona bastante a sul da região nordestina onde a atuação desses elementos teria facilitado sobremaneira a concretização desse objetivo. Explica, ainda, que, apesar de se dirigir para sueste, Cabral tenha infletido o rumo da esquadra para procurar um bom fundeadouro, não se contentando com o primeiro que encontrou (o do Buranhém), prosseguindo a exploração para norte (veja-se o mapa 3) até encontrar um local que reunisse as condições adequadas (a futura baía Cabrália): proteção contra os ventos de sueste, porto fundo e rio cristalino para aguada.[226]

A interpretação proposta fornece, ainda, um fio condutor para outras decisões tomadas pelos capitães da armada de 1500. O grande interesse demonstrado em ganhar a simpatia dos indígenas, seja através de presentes diversos (carapuças vermelhas, sombreiros pretos, camisas, guizos, manilhas, bacias, cruzes de estanho etc.), seja da preocupação em não os molestar; a resolução de não capturar nativos para os enviar a Lisboa por troca com degredados, a fim de não "fazer escândalo, para os de todo mais amansar e pacificar",[227] bem como a deliberação de deixar dois condenados com a missão de aprender a língua e recolher informações, ultrapassam largamente os objetivos de curto prazo relacionados com a breve permanência da frota naquelas paragens e são fortemente reveladores de uma decisão implícita de criar todas as condições (bom relacionamento com os autóctones, domínio da língua, conhecimento da terra) suscetíveis de permitir uma utilização futura daquela região, nas melhores condições, como base para as armadas lusitanas.

A pesquisa topográfica recentemente levada a cabo por um investigador brasileiro – confirmando a interpretação aventada por Jaime Cortesão –

---

225 Cfr. FARINHA, António Dias. "O Interesse pelo Norte de África": **Portugal no Mundo**, dir. de Luís de Albuquerque. Lisboa, 1989. v. I, p. 113-124.
226 Cfr. FERNANDES, Fernando Lourenço. Op. cit. p. 28.
227 CAMINHA, Pêro Vaz de. Op. cit. p. 53.

demonstra que a colocação da "cruz de madeira muito grande"[228] no recife da Coroa Vermelha, nas imediações da foz do rio Mutari, se destinava fundamentalmente a assinalar o local da aguada para as frotas seguintes – para "ser melhor vista", segundo testemunha Caminha – e não para a celebração da segunda missa,[229] encontrando-se na origem da denominação de *Santa Cruz* atribuída pelo rei ao seu novo domínio: "porque na praia (o capitão-mor) arvorou uma cruz muito alta".[230]

A inexistência de padrões de pedra nos navios cabralinos compreende-se pelo fato de a armada ter por objetivo publicamente divulgado a realização de missões de âmbito naval, diplomático e comercial no Índico, sendo aqueles símbolos de soberania apanágio das expedições com finalidades exploratórias. Contudo, a incorporação da Terra de Vera Cruz na Coroa de Portugal foi simbolicamente efetuada através da colocação das armas e da divisa de D. Manuel na "grande cruz".

Esta última questão relaciona-se com o fato de nos textos das três testemunhas do acontecimento não aflorar a mínima dúvida sobre a inclusão daquela terra na esfera de influência lusitana, tendo Caminha afirmado textualmente que iria escrever ao rei sobre "a nova do achamento desta vossa terra nova", o que indica que os responsáveis da armada estavam bem cientes das cláusulas do Tratado de Tordesilhas.

A resolução de mandar regressar a naveta de mantimentos a Lisboa – contrária às instruções régias conhecidas – concorre para indiciar que Cabral contava com a autorização confidencial do monarca no sentido de tomar as medidas que se lhe afigurassem necessárias para procurar instalar uma base de apoio à rota do Cabo na região ocidental do hemisfério austral.[231] Sublinha-se que a proposta partiu do próprio capitão-mor que a submeteu à consideração do conselho da armada, onde "entre muitas falas que no caso se fizeram, foi por todos ou a maior parte dito que seria muito bem".[232] A discussão que o assunto suscitou – não sendo claro se mereceu aprovação unânime – evidencia a natureza polêmica da deliberação em face dos objetivos índicos, o que aponta para que só provavelmente Ca-

---

228 "Navegação do capitão... p. 39.
229 Cfr. FERNANDES, Fernando Lourenço. Op. cit. p. 23-30.
230 **Carta de El-Rei D. Manuel ao Rei Catholico...**, Lisboa, 1892 (1505). p. 9. Sobre este documento, veja-se FARIA, Francisco Leite de. **Estudos Bibliográficos sobre Damião de Góis e a sua Época**. Lisboa, 1977. p. 251-252.
231 Cfr. CORTESÃO, Jaime. Op. cit. p. 86.
232 CAMINHA, Pêro Vaz de. Op. cit. p. 53.

bral[233] – e talvez os mais importantes capitães da armada (Tovar, Azevedo, Silva, Coelho e Bartolomeu Dias) – estivesse ao corrente da totalidade dos objetivos régios, fato natural se atendermos ao elevado número de navios que compunha a esquadra, bem como à circunstância de duas das embarcações pertencerem a particulares.

O fato de D. Manuel I ter substituído D. Vasco da Gama, que acabara de ser investido no cargo de Almirante da Índia,[234] por Pedro Álvares Cabral no comando da expedição terá ficado a dever-se não só a divergências sobre a estratégia de implantação portuguesa no Índico – que na última versão do Regimento Real,[235] muito provavelmente reformulado por Duarte Galvão,[236] assumiu um forte cunho de intervenção naval de cariz antimuçulmano, prenunciando o projeto imperial manuelino de que aquele alto funcionário palatino era o mais cotado ideólogo[237] – como também à discordância de Vasco da Gama com a diretiva régia de empenhar a frota numa operação de reconhecimento da zona oeste do Atlântico Sul com o objetivo de aí estabelecer uma base. O descobridor do Caminho Marítimo para a Índia era, pelo contrário, partidário da opção de cruzar o Mar Oceano no mais curto espaço de tempo possível, prescindindo, inclusive, no caso de essa solução ser viável, da escala no arquipélago de Cabo Verde.[238]

A tese de que, no início de 1500, D. Manuel se encontrava empenhado em mandar explorar e tomar posse das terras ocidentais – tanto setentrionais como austrais – que se encontrassem situadas no hemisfério português[239] encontra confirmação na Carta Régia de 12 de maio desse ano, em que o so-

---

233 No caso de expedições importantes, além das ordens régias divulgadas, os monarcas forneciam instruções confidenciais aos respectivos comandantes. Cita-se, a título de exemplo, as recomendações especiais que o rei D. Duarte entregou ao Infante D. Henrique antes da partida da expedição a Tânger. Cfr. **Livro dos Conselhos de El-Rei D. Duarte...**, ed. diplomática de João José Alves Dias, A. H. de Oliveira Marques e Teresa F. Rodrigues. Lisboa, 1982. p. 121-134.

234 Por Carta Régia de 10 de janeiro de 1500, pub. por MARQUES, João Martins da Silva. Op. cit., doc. 350. p. 558-562.

235 Cfr. LOBATO, Alexandre. Op. cit. p. 31-49.

236 Cfr. "Apontamento das coisas necessárias para guarnecer as naus da armada da Índia", pub. in **As Gavetas da Torre do Tombo**, v. XI, p. 128.

237 Cfr. THOMAZ, Luís Filipe F. R.. "L'idée impériale manuéline": **La Découverte, le Portugal et l'Europe. Actes du Colloque**. Paris, 1990. p. 35-103.

238 Cfr. "Borrão original...", pub. por COSTA, A. Fontoura da. Op. cit. p. 15-20.

239 Cfr. GREENLEE, William B.. Op. cit. p. 68-69.

berano concedia a Gaspar Corte-Real, fidalgo da Casa Real, a capitania das ilhas e terra firme que conseguisse descobrir no noroeste do Atlântico.[240]

Portugal e Castela observavam atentamente os respectivos movimentos expansionistas, conforme se depreende, por exemplo, do fato de Américo Vespúcio, acabado de regressar a Sevilha após ter participado na expedição comandada por Ojeda, ter prontamente obtido a informação (anteriormente a 18 de julho de 1500) de que "o rei de Portugal fez aprestar novamente 12 naus com grandíssima riqueza e as enviou até aquelas partes (orientais) e seguramente farão grandes coisas, sendo que cheguem a salvo".[241] Trata-se, naturalmente, de uma evidente referência à partida da armada de Cabral.

Foi afirmado que, se "o Brasil tivesse sido descoberto intencionalmente por Cabral, dificílimo seria guardar sigilo sobre esse acontecimento".[242] Ora, um exame atento da documentação revela que o achamento da Terra de Vera Cruz foi silenciado durante cerca de um ano. O regresso a Lisboa da naveta de mantimentos – que se encontra documentalmente comprovado[243] – terá ocorrido em junho-julho de 1500 e as primeiras notícias sobre aquele descobrimento somente começaram a circular nos finais de junho de 1501, depois do retorno da nau *Anunciada*.

A divulgação das informações sobre o encontro da terra austral é, por conseguinte, posterior ao fundear no Tejo do navio de Nuno Leitão da Cunha, primeira unidade da esquadra cabralina oriunda do Índico a voltar a Portugal, não existindo uma única referência coeva do regresso da naveta de Gaspar de Lemos com a missão de transmitir ao rei a nova do achamento da Terra de Vera Cruz, bem como de lhe entregar as missivas dos capitães e de importantes funcionários régios, os papagaios e os diversos objetos adquiridos aos ameríndios.

A investigação desenvolvida nas últimas décadas pelo comandante Max Justo Guedes no sentido de interpretar os textos quinhentistas à luz dos condicionalismos físicos do Atlântico Sul – metodologia que já fora preconizada por Gago Coutinho –, bem como por outros pesquisadores sobre a topografia e a hidrografia do litoral cabralino, conferiu bases significativamente mais sólidas à tese da intencionalidade do descobrimento do Brasil.

---

240 Pub. por MARQUES, João Martins da Silva. Op. cit., doc. 366. p. 609-610.
241 VESPÚCIO, Américo. **Cartas de Víaje**, introd. e notas de Luciano Formisano, trad. Castelhana. Madrid, 1986 (1501). p. 65.
242 SOUSA, T. O. Marcondes de. Op. cit. p. 180.
243 Cfr. **Carta de El-Rei D. Manuel ao Rei Catholico...** p. 11.

Talvez não seja despiciendo trazer à colação no debate em torno da casualidade ou intencionalidade do descobrimento do Brasil a seguinte reflexão de Amyr Klink, o navegador solitário que foi o primeiro a atravessar, num barco a remos, a imensidão do Atlântico Sul: "Pode-se dizer que Cabral, quando seguia para as Índias, não aportou aqui por acaso. Simplesmente, aliou uma tática de navegação obrigatória para se dobrar a África, ao interesse de investigação e reconhecimento das terras que, já se sabia, existiam a oeste..."[244]

Em síntese, as variáveis geopolíticas, diplomáticas, econômicas e técnicas referidas apontam incisivamente no sentido de que o "afastamento da frota para Ocidente estaria no plano imperial da Coroa",[245] pelo que Cabral terá recebido instruções reservadas de D. Manuel I para, no decurso da sua viagem para o Índico, explorar a região oeste do Atlântico Sul[246] com o objetivo de encontrar o prolongamento austral do continente visitado por Colombo, Caboto e Duarte Pacheco, a fim de aí estabelecer uma escala destinada a apoiar o funcionamento da rota do Cabo.

---

244 KLINK, Amyr. **Cem Dias entre Céu e Mar**. 29. ed. Rio de Janeiro, 1991. p. 54.
245 DIAS, Manuel Nunes. Op. cit. p. 28.
246 Cfr. PERES, Damião. Op. cit. p. 136.

IV

O Tempo das Feitorias

1. A INTEGRAÇÃO DA TERRA DE SANTA CRUZ NO CONTEXTO DO IMPÉRIO

O navio alvissareiro efetuou, na viagem de retorno a Lisboa, um reconhecimento do litoral brasílico compreendido entre Porto Seguro e o cabo de São Jorge[1] – identificado com o atual cabo de Santo Agostinho – numa extensão superior a 150 léguas, o que permitiu obter a confirmação de que se tratava de um continente. O traçado geral da faixa costeira explorada, uma legenda alusiva ao descobrimento, os topônimos correspondentes às estremas atingidas, sendo que a do norte se encontra assinalada com uma bandeira das Quinas, foram, na sequência da expedição cabralina, inseridos no padrão cartográfico real.

D. Manuel I recebeu, provavelmente no decorrer do mês de julho de 1500,[2] Gaspar de Lemos, tomando conhecimento dos sucessos protagonizados pela segunda armada da Índia até 1 de maio, inclusive, bem como da existência no poente de uma grandiosa terra firme austral. Na previsão de que a descoberta da Terra de Vera Cruz pudesse suscitar a eclosão de disputas com Castela acerca da esfera de influência em que o novo domínio se situava, o rei decidiu manter segredo sobre o assunto até obter informações sobre os respectivos limites.

Em data muito próxima da arribada ao Tejo da naveta de mantimentos, chegaram a Lisboa as novas do falecimento de D. Miguel da Paz, ocorrido em Granada a 17 de julho de 1500, o que não suscitou manifestações de pesar[3] porquanto significava o fim da união ibérica que se concretiza-

---

[1] Cfr. MOTA, A. Teixeira da. "Reflexos do Tratado de Tordesilhas na Cartografia Náutica do Século XVI": **El Tratado de Tordesillas y su Proyección**. Valladolid, 1973. v. I, p. 142.
[2] Cfr. PEREIRA, Moacir Soares., **Capitães, Naus e Caravelas da Armada de Cabral**. Lisboa, 1979. p. 84.
[3] Cfr. GÓIS, Damião de. **Crónica do Felicíssimo Rei D. Manuel**. Prefácio de David Lopes. Coimbra, 1949 (1566). v. I, p. 109.

ria quando o príncipe subisse aos tronos de Castela, Aragão e Portugal. A sucessão dos dois primeiros reinos recaía automaticamente em D. Joana (futura Joana a Louca) e no varão que havia poucos meses dera à luz (o futuro Carlos I de Espanha e Carlos V do Sacro Império nascera a 24 de fevereiro desse ano).

A morte de D. Miguel reabriu o problema da sucessão da Coroa de Portugal, uma vez que não havia um único descendente legítimo da dinastia de Avis. A inexistência de um herdeiro do trono conferiu grande premência ao casamento do rei, tendo D. Manuel iniciado rapidamente negociações com os Reis Católicos com vista a consorciar-se com a infanta D. Maria, terceira filha daqueles monarcas. O Venturoso não teve dificuldades em obter o assentimento de Isabel e Fernando, que também desejavam aquele enlace, tendo-se realizado os esponsais em Alcácer do Sal a 30 de outubro de 1500.[4]

Estes acontecimentos condicionaram o calendário político manuelino até finais do ano, pelo que não foram adotadas iniciativas suscetíveis de criar atritos com Castela-Aragão que pudessem dificultar ou inviabilizar a concretização do matrimônio régio. No início de 1501, ultrapassados os constrangimentos político-diplomáticos já referidos e encerrado o período de festividades inerentes ao evento, o rei de Portugal tomou decisões conducentes a integrar funcionalmente os domínios do Novo Mundo no contexto do Império.

A primeira consistiu em dar instruções a João da Nova, capitão-mor da terceira armada da Índia, para tomar refresco na Terra de Santa Cruz.[5] Com efeito, a frota zarpou do Tejo na primeira quinzena de março, iniciou a aproximação ao litoral brasílico por alturas do cabo de Santo Agostinho e efetuou a aguada na costa pernambucana.[6]

A segunda – e mais importante – foi a de armar uma flotilha de três caravelas, cujo comando confiou a Gonçalo Coelho, com a missão de determinar os limites da terra firme descoberta por Cabral. É muito provável que entre os objetivos cometidos à expedição de 1501-1502 se encontrasse o de efetuar um levantamento das potencialidades econômicas da Terra de Santa Cruz, fato indiciado pela participação de dois destacados florentinos

---

4   Cfr. Idem. Ibidem. p. 110-114.
5   Cfr. **Carta de El-Rei D. Manuel ao Rei Catholico...** Lisboa, 1892 (1505). p. 21.
6   Cfr. PEREIRA, Moacir Soares. "A Ilha Brasileira do Planisfério da Casa d'Este": **Revista do Instituto Histórico e Geográfico Brasileiro** (Rio de Janeiro), 309 (1975). p. 27, 47, 103-104, 126.

que se encontravam intimamente associados a empreendimentos marítimos e comerciais nas "Índias de Castela".

Um dos italianos era Gerardo Verde, irmão de um grande mercador originário da Toscana, Simão Verde, que fundara uma companhia comercial solidamente implantada na Andaluzia.[7] O outro era Américo Vespúcio, que, após ter sido impedido de embarcar na expedição de Vélez de Mendoza devido às recentes disposições régias proibindo a participação de estrangeiros nos navios castelhanos com destino ao poente,[8] foi aliciado, segundo o seu testemunho, pelos "nossos florentinos de Lisboa"[9] no sentido de se transferir para Portugal. O fato de Vespúcio ter desempenhado as funções de feitor de Juanoto Berardi, que havia sido correspondente na Andaluzia de Bartolomeu Marchioni,[10] terá contribuído para que D. Manuel I resolvesse incorporá-lo na expedição chefiada por Coelho com a finalidade de efetuar uma prospecção dos produtos com interesse comercial existentes na Terra de Santa Cruz.

A concordância em aceitar os serviços do florentino poderá, também, ter ficado a dever-se ao fato de o Venturoso pretender agir cautelosamente na definição da soberania portuguesa no hemisfério ocidental, utilizando um estrangeiro neutral que tinha participado na expedição de Ojeda aos territórios americanos pertencentes à Coroa de Castela e que poderia, no caso de ocorrer um conflito luso-castelhano sobre a soberania ou os limites do Brasil, testemunhar que a viagem organizada por Portugal se destinava a terras desconhecidas, incluídas na sua área de jurisdição, não constituindo qualquer violação do Tratado de Tordesilhas.

A prudente atuação de D. Manuel I destinar-se-ia a garantir que a implantação da presença lusitana na Terra de Santa Cruz não suscitasse a hostilidade dos Reis Católicos de forma a permitir-lhe concentrar prioritariamente os meios disponíveis na cruzada antimuçulmana no Oriente, no Norte de África e no Mediterrâneo, o que pode ser ilustrado com a partida, a 15 de junho de 1501, de uma grande armada (30 naus, navios e

---

7   Cfr. VARELA, Consuelo. **Cólon y los Florentinos**. Madrid, 1988. p. 83-93.
8   Cfr. Idem. **Amerigo Vespucci, un Nombre para el Nuevo Mundo**. Madrid, 1988. p. 32-60.
9   VESPÚCIO, Américo. **Cartas de Víaje**, introd. e notas de Luciano Formisano. Madrid, trad. castelhana, 1986 (1501). p. 66.
10 Influente negociante florentino radicado em Lisboa, onde se alcandorara à posição de importante colaborador dos reis de Portugal desde D. João II.

caravelas), comandada por D. João de Meneses, conde de Tarouca, com o objetivo de socorrer os venezianos e conter a ameaça turca.

Os navios de Gonçalo Coelho zarparam de Lisboa entre 10 e 14 de maio de 1501, dirigindo-se a Bezeguiche (Senegal) para tomar refresco. No final do mês encontraram ancoradas nesse porto duas naus da armada de Cabral que regressavam da Índia, tendo-se efetuado importantes conciliábulos entre alguns membros de ambas as tripulações que permitiram a Vespúcio chegar à conclusão de que a Terra de Santa Cruz pertencia ao mesmo continente que ele havia visitado no decurso da expedição de Ojeda, situando-se, todavia, na região meridional.[11]

2. A DIVULGAÇÃO DA DESCOBERTA DA TERRA DE SANTA CRUZ

Apesar de todas estas movimentações, não transpiraram notícias sobre a descoberta efetuada pela esquadra de Cabral nas paragens ocidentais, o que revela a existência de um calendário político para a sua divulgação. O argumento de que a inexistência de informações sobre o assunto se teria ficado a dever à pouca importância atribuída por D. Manuel I ao achamento do Brasil é infirmado pela tomada das decisões já referidas que apontam no sentido contrário ao dessa hipótese.

Na noite de 23 para 24 de junho de 1501 chegou ao Tejo a nau *Anunciada*, pertencente à sociedade constituída entre D. Álvaro e os mercadores italianos, comandada por Nuno Leitão da Cunha,[12] primeira unidade da segunda armada da Índia a regressar do Oriente. A partir de 26 desse mês, as missivas de italianos residentes em Portugal e Castela (Affaitadi, Cretico, Marchioni, Pisani e Trevisano) vão aludir constantemente ao descobrimento da *Terra dos Papagaios* – designação que lhe foi atribuída por esses diplomatas e mercadores –, pondo em relevo o encontro de uma terra desconhecida, a existência de populações caracterizadas pela nudez e a abundância e variedade de papagaios. No mês de julho, verificou-se o gradual retorno dos restantes navios cabralinos, incluindo a nau-capitânia.[13]

---

11   Cfr. Idem. Ibidem. p. 66-73.
12   Cfr. Carta de João Francisco de Affaitadi a Domingos Pisani (Lisboa, 26 de junho de 1501), pub. por GUEDES, Max Justo. **O Descobrimento do Brasil**. 2. ed. Lisboa, 1989. p. 149-152.
13   Cfr. "Navegação do capitão Pedro Álvares Cabral escrita por um piloto português": **O Reconhecimento do Brasil**. Dir. de Luís de Albuquerque. Lisboa, 1989 (1500-1507). p. 62-63.

Somente a 28 de agosto de 1501, o Venturoso escreveu aos sogros dando-lhes novas dos sucessos da expedição de 1500 e referindo o achamento da Terra de Santa Cruz,[14] o que desmente a ideia generalizada de que D. Manuel I comunicou rapidamente aos Reis Católicos o descobrimento do Brasil, asserção que não corresponde à realidade dos fatos, conforme comprova a análise cuidada da cronologia.

A conclusão a retirar não pode, pois, deixar de ser a de que o rei de Portugal propositadamente demorou mais de um ano (de julho de 1500 a agosto de 1501) a dar conta a Isabel e Fernando das descobertas efetuadas pelos seus navios na região austral. Fê-lo, ainda assim, nessa data, devido à insistência de Pêro Lopez de Padilla, representante dos Reis Católicos na corte de Lisboa, apresentando a desculpa diplomática de não os ter notificado mais cedo porque quisera aguardar primeiramente pelo regresso do capitão-mor e depois pelo dos restantes navios, preparando-se para o fazer quando o embaixador lhe transmitira os seus desejos de receber notícias sobre os sucessos daquela armada. Em suma, o Venturoso tinha conhecimento há mais de um ano do "achamento da terra nova" quando comunicou o acontecimento aos reis de Castela e Aragão, que, a partir de então, tomaram conhecimento de que teriam de passar a partilhar *de fato* com Portugal a terra firme ocidental.

O comportamento de D. Manuel I relativamente à divulgação dos resultados obtidos pela esquadra de Cabral foi diametralmente oposto àquele que adotou quando do descobrimento do Caminho Marítimo para a Índia. Neste último caso, o monarca, dois dias após a entrada do primeiro navio da armada de Vasco da Gama na barra do Tejo, apressou-se a escrever aos Reis Católicos, transmitindo-lhes euforicamente o feliz sucesso da empresa, não esperando sequer pelo retorno do comandante da expedição. Relativamente à descoberta do Brasil, o soberano não só não deu qualquer informação sobre o regresso da naveta de mantimentos com os vários relatos sobre o "achamento da terra nova", como retardou o mais possível a sua participação, fazendo-o num tom de "prudência e júbilo moderado".[15] Importa, pois, procurar encontrar os motivos que permitam interpretar uma tão significativa diferença de atitudes em relação às duas situações.

---

14   Cfr. Carta de D. Manuel aos Reis Católicos (28 de agosto de 1501), pub. in **História da Colonização Portuguesa do Brasil**. Dir. de Carlos Malheiro Dias. Porto, 1923. v. II, p. 165-167.
15   DIAS, C. Malheiro. Introdução: Ibidem. Porto, 1921. v. I, p. XXXI.

Ao receber as notícias sobre a descoberta da grande terra firme austral – cujas estremas setentrional e meridional eram desconhecidas – D. Manuel apercebeu-se que, para além de ter batido os Reis Católicos na corrida pela chegada ao Oriente (1499), acabava de abrir uma nova frente de competição com Castela, desta vez no hemisfério ocidental (1500). Terá considerado, então, mais adequado, devido às prioridades em assegurar a sucessão do trono (negociações para o seu casamento com a infanta D. Maria) e em ampliar militarmente a presença portuguesa no Oriente e no Norte de África, não permitir a divulgação de notícias sobre o assunto até se encontrar na posse de informações precisas sobre os limites da Terra de Santa Cruz, para o que mandou aparelhar a esquadrilha que confiou a Gonçalo Coelho. No entanto, o regresso do Índico dos navios cabralinos, o primeiro dos quais pertencia a particulares, tornou pública a descoberta daquela terra.

Os Reis Católicos – alertados pelos rumores que circulavam sobre o achamento, por navios lusos, de terras no poente que poderiam estar situadas no seu hemisfério de influência – deram instruções ao seu representante em Portugal para que insistisse junto do "dileto filho" no sentido de lhes dar conta dos resultados obtidos pela segunda armada da Índia. O monarca lusitano, pressionado pelo embaixador dos sogros, enviou-lhes uma missiva (28 de agosto de 1501), redigida em linguagem muito cautelosa e ambígua, em que atribui a descoberta feita por Cabral a um "milagre divino", sublinhando que a mesma era muito conveniente e necessária para a navegação da Índia.[16] Omite, todavia, os dados sobre a posição geográfica da Terra de Vera Cruz, bem como os resultados das medições de latitude efetuadas em Porto Seguro,[17] e não faz a mínima referência ao envio da expedição de Coelho que havia partido de Lisboa em maio.

O selo de secretismo com que o Venturoso rodeou os resultados náuticos da expedição de Cabral encontra-se bem patente numa missiva, datada de 10 de agosto desse ano, em que Ângelo Trevisano, secretário do *oratore* veneziano (Domenico Pisani) junto de Isabel e Fernando, informava o analista Malapiero que não tinha sido possível obter uma carta de marear

---

16   Cfr. ANDRADE, António Alberto Banha de. **Mundos Novos do Mundo. Panorama da difusão, pela Europa, de Notícias dos Descobrimentos Geográficos Portugueses**. Lisboa, 1972, v. I, p. 267-271.
17   Cfr. ALBUQUERQUE, Luís de. **Os Guias Náuticos de Munique e Évora**. Lisboa, 1965. p. 66, nota 135.

da referida viagem, "porque o rei impôs a pena de morte a quem a mandar para fora".[18]

Idêntica política foi prosseguida nos anos seguintes. Quando Vespúcio regressou da viagem de 1503-1504, D. Manuel I confiscou-lhe os documentos de cariz náutico que estavam em sua posse, nunca tendo procedido à sua devolução. Na sequência do retorno do florentino a Castela, foi promulgado o Alvará de 13 de novembro de 1504 que proibia os cartógrafos, sob pena de perda dos bens, de representarem a costa a partir do rio de Manicongo,[19] fato que demonstra a preocupação régia em impedir "a divulgação de qualquer notícia sobre a costa recentemente descoberta".[20]

3. A EXPEDIÇÃO DE 1501-1502

No início de agosto de 1501, a flotilha comandada por Gonçalo Coelho atingiu a costa brasílica no Rio Grande do Norte, por volta dos 5° S, iniciando aí o reconhecimento da orla marítima que se estendeu até ligeiramente a sul da Cananeia (25° 03' S), numa extensão superior a 370 léguas. No decurso da viagem foram descobertos e batizados importantes acidentes geográficos, designadamente o cabo de São Roque (16 de agosto), o cabo de Santa Cruz (posteriormente designado de Santo Agostinho), o rio de São Francisco (4 de outubro), a baía de Todos os Santos (1 de novembro), a serra de São Tomé (21 de dezembro), Cabo Frio, a baía (Angra) dos Reis (6 de janeiro), o porto de São Vicente (22 de janeiro) e o "rio de Cananor" ou Cananeia (29 de fevereiro). No início de março de 1502, a flotilha afastou-se do litoral a partir aproximadamente dos 26° S, seguiu o rumo sueste e efetuou uma profunda incursão em águas austrais até cerca de 50°, enfrentando violentas tempestades, frio intenso e ilhas de gelo. Regressou a Lisboa entre 22 de julho e 7 de setembro desse ano.[21]

A expedição trouxe uma carga de pau-brasil, canafístula e papagaios, confirmando que as terras meridionais – onde não foram encontrados indícios da existência de metais preciosos ou especiarias – tinham um interesse econômico limitado. Procedeu, ainda, à recolha de um dos degredados deixado por Cabral em Porto Seguro que, entretanto, tinha adquirido o

---

18 LEITE, Duarte. "O Mais Antigo Mapa do Brasil": **HCPB**, v. II. p. 227.
19 Pub. in **Alguns Documentos do Archivo Nacional da Torre do Tombo acerca das Navegações e Conquistas Portuguezas**. Lisboa, 1892. p. 138-139.
20 ALBUQUERQUE, Luís de. Op. cit. p. 11.
21 Cfr. GUEDES, Max Justo. "As Primeiras Expedições de Reconhecimento da Costa Brasileira": **História Naval Brasileira**. Rio de Janeiro, 1975. v. I, t. 1, p. 226-239.

conhecimento da língua tupi, pelo que forneceu detalhadas informações ao rei sobre a terra e a gente brasílicas.[22]

Uma das consequências da viagem de 1501-1502 consistiu em reforçar a noção de continentalidade da terra firme ocidental que já ganhara consistência na corte manuelina no decurso de 1501,[23] como mostra o fato de, em 18 de outubro desse ano, Pedro Pasqualigo, embaixador de Veneza, atestar que os homens da expedição de Gaspar Corte-Real, acabados de regressar da Terra Nova (Canadá), acreditavam na continuidade da "quarta parte" do Mundo desde a região glacial até a Terra dos Papagaios.[24]

Os resultados das explorações lusitanas nas paragens ocidentais – do extremo setentrional (Terra Nova) à região austral (Cananeia) – foram incorporados, como acontecia com os territórios pertencentes ao Velho Mundo, nas cartas-padrão régias. Da valiosa produção cartográfica de 1502 somente se conserva o planisfério português anônimo, o famoso "Cantino". No entanto, o traçado da costa brasílica desde a Cananeia – local por onde passava, a sul, o meridiano de Tordesilhas – encontra-se deslocado para oriente, ou seja, foi falsificado de modo a impedir a revelação de que as terras situadas a partir daquele local pertenciam à Coroa de Castela. Este tipo de alteração intencional introduzida nas cartas-portulano por motivos políticos (veja-se o mapa 4) manteve-se até 1515-1516, época em que um piloto português ao serviço de Fernando, o Católico conduziu uma expedição castelhana às terras austrais.[25]

Após o regresso a Lisboa, Américo Vespúcio redigiu uma relação sumária da viagem de 1501-1502 que enviou a Lourenço di Pierfrancesco de Medici. Este primeiro documento impresso sobre o Brasil foi publicado em italiano na cidade de Paris, provavelmente em 1503, com numerosas alterações introduzidas sem o conhecimento do autor, tendo, pouco depois, saído dos prelos a versão latina intitulada *Mundus Novus* (Veneza, 1504). A expressão divulgou-se rapidamente, passando a ser muito utilizada para nomear o continente austral recentemente descoberto pela armada de Cabral.[26] Contudo, ela já era empregada nos círculos portugueses desde 1501,

---

22 Cfr. **Carta de El-Rei D. Manuel ao Rei Catholico...** p. 14.
23 Cfr. CORTESÃO, Jaime. **A Expedição de Pedro Álvares Cabral e o Descobrimento do Brasil**. 2. ed. Lisboa, 1967. p. 143.
24 Cfr. PEREIRA, Moacir Soares. **A Navegação de 1501 ao Brasil e Américo Vespúcio**. Rio de Janeiro, 1984. p. 130-131.
25 Cfr. MOTA, A. Teixeira da. Op. cit. p. 144-147.
26 Cfr. ANDRADE, António Alberto Banha de. Op. cit. v. I, p. 273-283.

conforme comprova a seguinte passagem de uma carta remetida, em julho desse ano, por Marchioni para Florença: "Este rei (D. Manuel) descobriu nesta (viagem de 1500) um *novo mundo*, mas é perigoso navegar no âmbito desses mares".[27]

A carta-portulano de Fano, datada de 8 de junho de 1504, contém, na representação cartográfica do Novo Mundo austral, a seguinte inscrição em dialeto genovês: *Tera de Gonsalvo Coigo vocatur Santa Croxe*, ou seja, Terra de Gonçalo Coelho que se chama Santa Cruz, designação atribuída ao Brasil pelo cartógrafo Vesconte de Maiollo em homenagem ao navegador que comandara a expedição de reconhecimento de 1501-1502.[28]

4. O ARRENDAMENTO DA TERRA DE SANTA CRUZ

Nos primórdios de Quinhentos, D. Manuel I encontrava-se fundamentalmente interessado em impor a hegemonia lusitana no Índico, nas costas oriental de África, da península da Arábia e do Malabar (Índia), na conquista ou vassalização do reino de Fez (Marrocos), bem como no domínio do acesso ao Mar Vermelho. Devido a estas prioridades, bem como ao interesse relativamente secundário, do ponto de vista econômico, de que se revestiam as terras ocidentais, o Venturoso decidiu aplicar ao Brasil, com algumas adaptações, a solução adotada no reinado de D. Afonso V (1438-1481) para enquadrar a exploração geográfica e comercial da costa ocidental de África, consistindo em conceder, no período compreendido entre 1469 e 1475, o exclusivo do comércio a sul do cabo Bojador, com várias exceções, a um grande mercador lisboeta, Fernão Gomes, que ficou contratualmente obrigado a mandar proceder ao reconhecimento de, pelo menos, 100 léguas de litoral por ano.

Em data anterior a 3 de outubro de 1502, D. Manuel I arrendou a Terra de Santa Cruz a uma associação de mercadores. O contrato, de acordo com as informações fornecidas por Pedro Rondinelli, tinha uma duração prevista de três anos. Concedia o monopólio da exploração do território à sociedade encabeçada por Fernão de Loronha e vedava a importação do Oriente da variedade asiática do pau-brasil (*Caesalpinia sappan L.*). Entre as cláusulas estipuladas pela Coroa aos arrendatários contava-se o pagamento anual de 4.000 ducados, o envio todos os anos de uma esquadra de

---

27 Pub. por CORTESÃO, Jaime. Op. cit. p. 84.
28 Cfr. MOTA, A. Teixeira da. "Os Mapas de Maiollo e a Questão Vespuciana": pub. in LEITE, Duarte. **História dos Descobrimentos. Colectânea de Esparsos**. Org. de Vitorino Magalhães Godinho. Lisboa, 1959. v. I, p. 683.

seis navios destinada a prosseguir o reconhecimento de, pelo menos, 300 léguas de costa, bem como a fundação e manutenção de uma feitoria-fortaleza. No primeiro ano, as mercadorias desembarcadas no reino ficariam isentas de impostos, no segundo ano pagariam 1/6 e no terceiro ano, 1/4 dos direitos alfandegários.[29]

Na sequência do contrato de arrendamento partiu, em setembro-outubro de 1502, uma expedição de quatro navios que, de acordo com a interpretação dos dados fornecidos pelo planisfério de Nicolau de Cavério (c. 1502-1506), terá percorrido uma significativa parcela do litoral nordestino, alcançado Porto Seguro e o rio de Brasil, onde carregou pau-brasil e escravos, regressando a Lisboa em meados de 1503. No decurso desta viagem foi redescoberta a atual ilha de Fernando de Noronha, batizada pelo comandante da expedição de São João (3° 50' 30" S), que já figurava no planisfério de 1502 com a designação de Quaresma.[30]

As notícias sobre o projeto português de construir uma feitoria na Terra de Santa Cruz foram conhecidas em Castela nos inícios de 1503, tendo sido, no entanto, erroneamente interpretadas como destinando-se a Pária. Preocupada com a possibilidade da criação de um estabelecimento lusitano nos seus territórios, a rainha Isabel incumbiu, em 30 de maio, Ochoa de Ysassaga, responsável pela espionagem em Portugal, de recolher elementos pormenorizados sobre o assunto que lhe permitissem protestar fundamentadamente contra essa iniciativa. Em julho do mesmo ano, chegaram a Sevilha informações sobre o carregamento trazido pela expedição de 1502-1503 que teria sido obtido na terra descoberta por Bastidas. Em face da violação do Tratado de Tordesilhas que essa situação configuraria, a soberana ordenou, então (1 de agosto de 1503), à Casa da Contratação que averiguasse a veracidade dessas notícias. Nesse mesmo mês, mestre João de la Cosa foi enviado a Lisboa para cumprir essa missão, mas foi descoberto e preso.

Inteirado das desconfianças existentes no reino vizinho, D. Manuel mandou fornecer àquele piloto e cartógrafo duas cartas de marear comprovativas de que as viagens feitas por súditos seus tinham sido efetuadas na área de influência portuguesa. Regressado a Castela, o biscainho transmitiu essas informações à rainha, bem como a de que partira uma nova expedição com destino à Terra de Santa Cruz. As divergências sobre a localização dos litorais brasílicos ficaram a dever-se às "falsas concepções dos pilotos

---

29   Cfr. LEITE, Duarte. Op. cit. Lisboa, 1962. v. II, p. 69.
30   Cfr. GUEDES, Max Justo. Op. cit. p. 239-241.

e cartógrafos espanhóis sobre a proximidade entre o nordeste brasileiro e o golfo de Pária".[31]

Decorrido algum tempo sobre o arrendamento do Brasil, D. Manuel I procedeu à primeira doação efetuada pela monarquia portuguesa em território americano. Com efeito, o rei concedeu, em janeiro de 1504, a capitania da ilha de São João (atual Fernando de Noronha) a Fernão de Loronha, pelo prazo de duas vidas, com a obrigação do beneficiário a povoar e aproveitar economicamente. As contrapartidas consistiam no pagamento anual do quarto e do dízimo dos rendimentos obtidos, excetuando as matérias-primas tintureiras, drogas e especiarias, que ficavam reservadas para a Coroa.[32]

A afirmação de que "é achada esta terra não navegada pelos navios de Vossa Alteza e, por vosso mandado e licença, os dos vossos naturais" significa que, à data da redacção deste texto (1505), a exploração geográfica e comercial do Brasil estava confiada à sociedade de mercadores chefiada por Fernão de Loronha, pelo que a mesma não era frequentada por embarcações régias, mas sim pelas pertencentes aos respectivos arrendatários.[33]

Segundo a *Relazione di Lunardo da Cà Masser*, a vigência do contrato terá presumivelmente sido alargada para dez anos (1502-1512). Todavia, alguns autores são da opinião que, a partir de finais de 1505, o trato com o Brasil foi liberalizado, tendo a Coroa autorizado o livre acesso dos mercadores àquele território contra o pagamento do quinto.[34]

Em 1513, Jorge Lopes Bixorda – grande armador que em 1509 comandara pessoalmente uma nau de sua propriedade que partiu para a Índia integrada na armada do marechal D. Fernando Coutinho[35] – detinha o exclusivo do comércio da árvore tintureira por prazo e em condições desconhecidos.[36]

5. A FEITORIA DE CABO FRIO

A experiência proporcionada pela realização da viagem de 1501-1502 revelou que o aprovisionamento de pau-brasil efetuado no decurso da per-

---

31 CORTESÃO, Jaime. **História do Brasil nos Velhos Mapas**. Rio de Janeiro, 1965. v. I, p. 261-263.
32 Cfr. BAIÃO, António. "O Comércio do Pau Brasil": **HCPB**, v. II, p. 328.
33 Cfr. PEREIRA, Duarte Pacheco. **Esmeraldo de Situ Orbis**. Ed. de Damião Peres, Lisboa, 1988. p. 21.
34 Cfr. BAIÃO, António. Op. cit. p. 326.
35 Cfr. **Livro de Lisuarte de Abreu**, reprodução fac-similada, Lisboa, 1992 (c. 1565), fl. 26v.; **Relação das Náus e Armadas da Índia...** ed. de Maria Hermínia Maldonado. Coimbra, 1985. p. 24.
36 Cfr. GÓIS, Damião de. Op. cit. v. I, p. 131.

manência dos navios nos ancoradouros tornava a operação muito demorada e, por conseguinte, pouco lucrativa. Daí que se tenha chegado à conclusão de que a solução mais rentável consistiria em edificar uma feitoria, cuja guarnição deveria obter a colaboração dos indígenas para o abate e preparação das árvores no período em que se aguardava a chegada das naus, de modo a que estas, logo que arribassem, pudessem ser rapidamente carregadas.

A 10 de junho de 1503 zarpou de Lisboa a segunda armada de Gonçalo Coelho, constituída por seis navios, que tinha como um dos objetivos prioritários o de construir uma feitoria na Terra de Santa Cruz. Depois de refrescar nas ilhas de Cabo Verde, rumou, por razões náuticas, para sueste, dirigindo-se, seguidamente, para su-sudoeste. A 10 de agosto a expedição encontrou a ilha de São João, que rebatizou de São Lourenço, tendo a nau-capitânia naufragado, nesse mesmo dia, nos seus baixios. Devido a essa ocorrência, a esquadra dispersou-se, daí resultando que uma das unidades descobriu, em outubro, a ilha da Ascensão, posteriormente rebatizada de Trindade (20° 30' S).[37]

Após terem aguardado inutilmente na baía de Todos os Santos – local de encontro fixado pelo regimento régio para o reagrupamento das armadas – a chegada do capitão-mor, os navios de Vespúcio e de outro capitão cuja identidade se desconhece rumaram para sul a fim de cumprir uma das cláusulas do contrato de arrendamento: fundar um estabelecimento lusitano no Novo Mundo. Durante cinco meses edificaram a feitoria-fortaleza numa ilha nas imediações do Cabo Frio,[38] deixando o feitor João de Braga com uma guarnição de 24 homens, 12 peças de artilharia, armas, munições e mantimentos para seis meses, tendo regressado a Portugal a 18 de junho de 1504.[39]

A *Lettera* dirigida a Pedro Soderini, concluída em Lisboa a 4 de setembro de 1504, em que Américo Vespúcio descreve as viagens que efetuou, designadamente a de 1503-1504, foi, após ter sido modificada e ampliada por um compilador, impressa em Florença em 1505 ou 1506. O cosmógrafo alemão Martim Waldseemuller traduziu-a para latim, sob o título *Quatuor Navigationes* e publicou-a na sua *Cosmographiae Introductio* (Saint-Dié, Lorena, 1507), onde apareceu pela primeira vez o neologismo **América**, por ele criado.[40]

---

37 Cfr. MOTA, A. Teixeira da. **Novos Documentos sobre uma Expedição de Gonçalo Coelho ao Brasil entre 1503 e 1505**. Lisboa, 1969. p. 6-7.
38 Cfr. TRÍAS, Rolando A. Laguarda. **Las Latitudes del Diário da Navegação de Pêro Lopes de Sousa y la localización del Puerto de los Patos**. Lisboa, 1972. p. 8-16.
39 Pub. in **HCPB**, v. II, p. 288-291.
40 Cfr. Matos, Luís de. **L' Expansion Portugaise dans la Litterature Latine de la Renaissance**. Lisboa, 1991. p. 277-316.

Foi a partir do *Itinerarium Portugallensium* (Milão, 1508) – versão latina da coletânea de relações de viagens portuguesas e castelhanas, organizada por Fracanzano da Montalboddo, intitulada *Paesi Novamente Retrovati* (Vicência, 1507), na qual figuravam os textos vespucianos – que Tomás More tomou conhecimento do episódio referente à fundação da primeira feitoria portuguesa no Novo Mundo, fato que integrou na trama da sua célebre obra, a Utopia (Lovaina, 1516).[41]

No início da segunda década de Quinhentos, surgiu pela primeira vez, numa carta de Afonso de Albuquerque a D. Manuel I e no globo de Marini (1512), o termo **Brasil** para designar a América Portuguesa, tendo gradualmente suplantado a denominação oficial de Terra de Santa Cruz e as designações italianas de Terra dos Papagaios ou de Gonçalo Coelho.[42] A substituição do símbolo da paixão e redenção cristãs por um "pau que tinge panos" seria duramente criticada, na segunda metade do século XVI, por João de Barros[43] e por Pêro de Magalhães de Gândavo,[44] atribuindo-a a obra do demônio.

A base portuguesa no sudeste do Brasil manteve-se em funcionamento até 1516, ano em que foi desativada, devido, provavelmente, aos seguintes fatores: a sua localização ter sido descoberta por uma embarcação espanhola pertencente à armada de Solis que se apoderou indevidamente de um carregamento de pau-brasil; ao fato de se ter chegado à conclusão de que a transferência da área de aprovisionamento de ibirapitanga ("árvore vermelha") para a região do cabo de Santo Agostinho – que fica bastante mais próxima de Lisboa – encurtaria significativamente a duração da viagem, proporcionando, assim, uma maior rentabilidade; finalmente, à circunstância das espécies tintureiras do Nordeste serem de melhor qualidade, fator decisivo numa conjuntura em que se acentuava a concorrência da madeira colocada nas praças comerciais europeias por venezianos, castelhanos e franceses. Estes motivos terão levado Cristóvão Jaques a decidir transferir aquela feitoria para Pernambuco.

---

41 Cfr. Idem. Op. cit. p. 383-422.
42 Cfr. CORTESÃO, Jaime. **História dos Descobrimentos Portugueses**. Lisboa, 1979. v. II, p. 232.
43 Cfr. **Ásia. Primeira Década**. Coimbra, 1932. p. 175.
44 Cfr. **Historia da Província Santa Cruz a que vulgarmente Chamamos Brasil**. ed. facsimilada, Lisboa, 1984 (1576), fls. 7-7v.

6. VIAGENS DE EXPLORAÇÃO AOS LIMITES DO BRASIL

Pelas razões de ordem náutica já referidas no capítulo anterior, os navios que tinham por destino a costa situada a sul do cabo de São Roque não podiam efetuar explorações no litoral setentrional. Daí que o reconhecimento da parcela nortenha da orla marítima brasílica tivesse de ser cometida a expedições exclusivamente destinadas a essa região.

Existem fontes que apontam para a realização, nos inícios de Quinhentos (em 1502-1503, segundo defendeu o barão do Rio Branco), de missões exploratórias nas faixas litorâneas maranhense e amazônica dirigidas por João Coelho, o da Porta da Cruz, vizinho de Lisboa.[45] Apontam também nesse sentido documentos de origem castelhana (extrato da colecção Muñoz), em que os súditos dos Reis Católicos referiam haver os portugueses explorado, por volta de 1505, o litoral de Coquibacoa (Venezuela).[46]

Em 1511, a nau *São Pedro*, comandada por Jorge de Brito, pertencente à armada de D. Garcia de Noronha, descobriu os penedos de São Pedro e São Paulo.[47] Dois anos depois, D. Manuel expediu uma caravela comandada por Diogo Ribeiro, arauto real, para a região setentrional da América do Sul, à semelhança do que já tinha ordenado anteriormente, fato de que se queixava Fernando de Aragão em carta de 21 de abril de 1513 dirigida aos oficiais da Casa da Contratação de Sevilha. Após um recontro com índios em que perdeu a vida o capitão Rodrigo Álvares assumiu o comando do navio e efetuou um reconhecimento da costa norte do Brasil.

Depois de penetrar no hemisfério castelhano, a caravela foi forçada, devido à circunstância de ter sofrido um rombo no casco, a aportar à ilha de São João (Porto Rico). Aí foi apresada, sendo a tripulação transferida para a ilha Hispaniola, encerrada numa prisão da cidade de São Domingos, processada e alguns dos seus membros sujeitos a tortura. No decurso dos interrogatórios a que foram submetidos, afirmaram que a prática corrente entre os navegadores portugueses consistia em considerar a linha equinocial como marco divisório entre as Coroas castelhana e lusitana no Novo Mundo, sendo os territórios localizados a norte pertencentes à primeira e os situados a sul, à segunda.[48]

---

45 Cfr. LEITE, Duarte. **Os Falsos Precursores de Álvares Cabral**. 2. ed. melhorada. Lisboa, s.d. p. 210.
46 Cfr. PEREZ, Demérito Ramos. **Las Víajes de Descubrimiento y Rescate**. Valladolid, 1981. p. 222.
47 Cfr. **Relação das Náus e Armadas da Índia...** p. 26-27.
48 Carta de Estêvão Fróis a D. Manuel I (Santo Domingo, 30 de Julho de 1514), pub. in **HCPB**, v. I. p. XLVI.

Os contributos de natureza geográfica e toponímica fornecidos por essa expedição – entre os quais se contam muito provavelmente uma correta noção das embocaduras dos rios Amazonas e Pará, bem como um delineamento da ilha de Marajó[49] – foram incorporados na Carta do Brasil, incluída no atlas Lopo Homem-Reinéis (1519), onde 146 topônimos bordam o litoral desde o Maranhão ao Prata.[50] Esta apresenta inclusive na costa norte brasileira o topônimo "corco", estando comprovado que Francisco e Pêro Corço participaram nessa viagem e foram submetidos pelas autoridades castelhanas a tormentos de água e cordas, tendo, no entanto, respondido sempre que iam descobrir terras de Portugal, já anteriormente visitadas por João Coelho, e que não tinham a intenção de violar a área de jurisdição de Castela.[51]

Os navegadores portugueses exploraram, até 1514, o trecho do litoral compreendido entre a Cananeia e o rio de Santa Maria (Prata). Aliás, o cabo de Santa Maria (Punta del Este, Uruguai), situado na entrada do estuário daquele rio (34° 59' S), já aparece referenciado no *Livro de Marinharia* de João de Lisboa, concluído por volta de 1514, que atribui àquele acidente geográfico a latitude de 35°. Esta obra inclui ainda a primeira menção conhecida de Cruzeiro do Sul,[52] bem como o respectivo regimento para a determinação de latitudes, provavelmente também da autoria daquele reputado piloto.[53]

Lisboa procedeu, na primeira vintena de Quinhentos, a medições de latitude de norte a sul do litoral da Terra de Santa Cruz, conforme demonstram, por um lado, a tábua incluída na sua obra, que apresenta os primeiros topônimos e "alturas da costa do Brasil" para a região costeira sul-americana compreendida entre os 25 e 35° e, por outro, o fato de nas imediações da baía do Maranhão (2° 1/3 S) surgir cartografado no atlas Homem-Reinéis um rio denominado "Joham de lixboa".[54]

---

49 Cfr. GUEDES, Max Justo. **Conhecimentos Geográficos do Brasil em Portugal e Espanha em 1540**. Lisboa, 1972. p. 10-13.
50 Cfr. CORTESÃO, Jaime. **A Carta de Pêro Vaz de Caminha**. Rio de Janeiro, 1943. p. 28.
51 Cfr. DIAS, C. Malheiro. Op. cit. v. I, p. XLVI.
52 Cfr. COSTA, A. Fontoura da. **A Marinharia dos Descobrimentos**. 4. ed. Lisboa, 1983. p. 123-124.
53 Cfr. ALBUQUERQUE, Luís de. **O "Tratado da Agulha de Marear" de João de Lisboa; reconstituição do seu texto, seguida de uma versão francesa com anotações**. Lisboa, 1982. p. 1-19.
54 Cfr. GUEDES, Max Justo. Op. cit. p. 8-10.

Mapa 5.
Principais tipos de falsificação da costa brasileira na primitiva cartografia de origem portuguesa (A partir de A. Teixeira da Mota, "Reflexos do Tratado de Tordesilhas na Cartografia Náutica do Século XVI", in **El Tratado de Tordesillas y su Proyección**. Valladolide, 1973. v. I, p. 145).

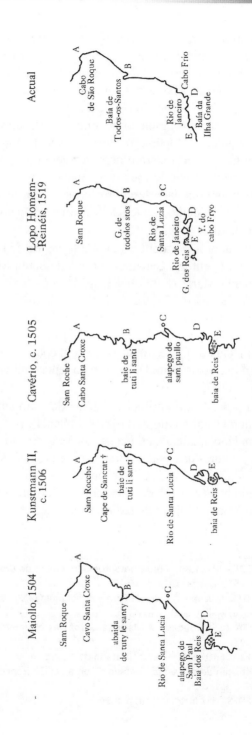

Por volta de 1516, foram impressas, pela primeira vez, no *Regimento da declinaçam do Sol*, tábuas de latitudes das regiões situadas a sul do Equador, abrangendo a "terra do Brasil, da banda do sul" à costa compreendida entre o "rio do arrecife" (2° S) e o "Cabo de Santa Maria" (35° S).[55] A divulgação destes dados até então ciosamente conservados em sigilo – depois de os castelhanos terem chegado ao rio da Prata – revela uma mudança de estratégia da Coroa portuguesa. Desvendado o segredo de que o reino vizinho tinha direito a uma parcela das terras austrais, D. Manuel apressou-se a mandar publicá-los de forma a poder invocar, nas inevitáveis negociações que se seguiriam sobre a definição dos respectivos limites, os direitos de Portugal aos territórios situados entre a Cananeia e o rio da Prata, baseados na prioridade do descobrimento.

Os elementos fornecidos pelo *Guia Náutico de Évora* foram incorporados na *Suma de Geographia* (Sevilha, 1519), da autoria de Martim Fernández de Enciso, que ao descrever o litoral brasílico situado entre o cabo de Santo Agostinho e o cabo de Santa Maria fornece as latitudes corretas, mas ao tratar da costa a norte do primeiro topônimo é "incrivelmente errôneo", arbitrando ao rio *Marañon* (Amazonas) a latitude de 7° 30' S.[56]

7. AS CAPITANIAS DE MAR E TERRA E A FEITORIA RÉGIA DE PERNAMBUCO

Em maio de 1505 retornaram a Honfleur os sobreviventes da nau *L'Espoir*, orientada por dois portugueses (Sebastião Moura e Diogo Couto) contratados em Lisboa a peso de ouro. O navio destinava-se ao Oriente, mas, devido ao insuficiente domínio das técnicas de navegação na região austral, acabou por arribar, em 1504, ao Brasil, tendo os seus tripulantes permanecido vários meses em Santa Catarina. Entre o reduzido grupo que, na viagem de regresso, escapou ao ataque de um pirata bretão, encontrava-se Essomericq, filho do chefe carijó Arosca, que "por todos os lugares de passagem era muito bem olhado, por não ter jamais havido em França personagem de tão longínquo país".[57]

Os relatos dos homens da expedição capitaneada por Binot Paulmier de Gonneville espalharam-se velozmente pelos portos da França atlântica, divulgando notícias sobre as gentes e os produtos das terras austrais, fato

---

55   Cfr. ALBUQUERQUE, Luís de. **Os Guias Náuticos...** p. 197.
56   Cfr. GUEDES, Max Justo. "As Primeiras Expedições... p. 205.
57   PERRONE-MOISÉS, Leila. **Vinte Luas: Viagem de Paulmier de Gonneville ao Brasil: 1503-1505**. São Paulo, 1992. p. 20-29.

que atraiu o interesse dos ativos homens de negócios da Normandia (Ruão, Dieppe, Harfleur, Honfleur e Caen) e da Bretanha (Brest e Saint-Malo). Os armadores normandos e bretões começaram, a partir de então, a enviar cada vez com maior frequência navios para se abastecerem diretamente de pau-brasil na Terra de Santa Cruz, assegurando, desse modo, o fornecimento de matérias corantes aos grandes centros gauleses produtores de tecidos. Utilizavam, ainda, intérpretes normandos, os *truchements,* que se fixaram em crescente número junto de alguns grupos tribais tupis.

O conhecimento dos resultados da expedição lusa de 1513-1514 ao rio da Prata (notícias sobre a existência de metais preciosos no sertão, comprovadas por um machado de prata, bem como de uma passagem para o Pacífico), associado à informação fornecida pelo piloto português João Dias de Solis – que se homiziara no reino vizinho por ter morto a mulher, e que sucedera a Américo Vespúcio no cargo de piloto-mor da Casa de Contratação de Sevilha (1512) – de que Castela tinha direito a territórios situados na região austral, levaram Fernando de Aragão a celebrar com aquele navegador, em novembro de 1514, uma capitulação que o incumbia de descobrir, de forma muito secreta, as terras que se encontrassem a sul da linha de demarcação e de procurar uma ligação marítima com o Oriente.[58]

O primeiro objetivo revelava-se muito atrativo pela possibilidade de encontrar minas de ouro e prata, enquanto o segundo ganhara foros de viabilidade, uma vez que Vasco Núñez de Balboa cruzara o istmo do Panamá e acabara de descobrir (setembro de 1513), por via terrestre, o Mar do Sul que os navios portugueses sulcavam desde a conquista de Malaca (1511), alcançando, em 1513, a China.

A esquadra de três caravelas partiu de Sanlúcar de Barrameda a 8 de outubro de 1515, atingindo, em fevereiro do ano seguinte, o rio da Prata e penetrando no seu estuário, onde se deu um violento recontro com os ameríndios em que pereceram Solis e muitos dos seus tripulantes. Na viagem de regresso, um dos navios naufragou junto à ilha de Santa Catarina, aí se refugiando vários sobreviventes, incluindo o português Aleixo Garcia, o primeiro europeu a alcançar o Império Inca.[59] Outra caravela, sob o comando de Francisco de Torres, penetrou na baía da Guanabara, entrou em contato com a feitoria portuguesa, apoderou-se de uma carga de pau-brasil

---

58 Cfr. ALMEIDA, Luís Ferrand de. **A Diplomacia Portuguesa e os Limites Meridionais do Brasil (1493-1700)**. Coimbra, 1957. p. 19-21.
59 Cfr. PADRÓN, Francisco Morales. **Historia del Descubrimiento y Conquista de América**. 5. ed. revista e aumentada. Madrid, 1990. p. 214-216.

e recolheu o piloto João Lopes de Carvalho que aí fora deixado, em regime de punição, pelo capitão da nau *Bretoa* (1511).

A crescente presença de franceses no Novo Mundo português e a penetração de castelhanos nos territórios austrais – que levantava a questão, até então inexistente, dos limites meridionais da Terra de Santa Cruz – configuravam uma real ameaça para o domínio português do Brasil, uma vez que os primeiros se estabeleciam de forma gradual no território indiscutivelmente sob soberania lusitana, enquanto os segundos mostravam interesse em ocupar uma das mais importantes bacias hidrográficas da América do Sul: a platina, objetivo que a concretizar-se representaria um sério risco para a segurança dos navios portugueses e, sobretudo, o aparecimento de concorrentes na pesquisa de metais preciosos, que naquela região se anunciava promissora.

Em face da nova situação, D. Manuel I resolveu adotar, em 1516, o sistema de "capitanias de mar e terra"[60] com o objetivo de criar bases terrestres que ampliassem a presença portuguesa na orla marítima brasílica – limitada à feitoria de Cabo Frio e a alguns "lançados"[61] dispersos pela Bahia, São Vicente e Cananeia –, complementadas por armadas de guarda-costa destinadas a policiar o litoral e a impedir que navios não autorizados, sobretudo franceses, estabelecessem postos de resgate ou efetuassem meras trocas comerciais com as populações indígenas.

A primeira expedição de Cristóvão Jaques à América do Sul (1516-1519) tinha por missão patrulhar a costa e fixar um núcleo de colonos no Brasil. Ao chegar à baía da Guanabara, a esquadra tomou conhecimento da apropriação de pau-brasil pela caravela de Torres e da fuga de Carvalho, pelo que Jaques decidiu partir em busca do navio castelhano que se encontrava atrasado, tendo, contudo, encontrado apenas sete náufragos em Santa Catarina. Regressado à feitoria, o capitão-mor mandou carregar um dos navios, embarcou os prisioneiros e ordenou o seu retorno a Lisboa. Após negociações entre D. Manuel I e o cardeal Cisneros, regente de Castela desde a morte de Fernando de Aragão (1516), os sete castelhanos foram trocados, em 22 de abril de 1517, pelos onze portugueses que tinham sido capturados em Porto Rico.

---

60 Cfr. CORTESÃO, Jaime. "Relações entre a Geografia e a História do Brasil...": **História da Expansão Portuguesa no Mundo**", dir. por António Baião, Hernâni Cidade e Manuel Múrias. Lisboa, 1940. v. III, p. 24-25; DIAS, Manuel Nunes. **Natureza e Estatuto da Capitania do Brasil**. Lisboa, 1979. p. 14.

61 Cfr. Sobre as origens e as funções dos "lançados" veja-se COUTO, Jorge. "A contribuição dos 'lançados' para os Descobrimentos": **Vértice** (Lisboa), II (9), 1988. p. 31-34.

Cristóvão Jaques, que fora investido nas funções de "governador das partes do Brasil", resolveu, pelas razões já referidas, transferir a feitoria de Cabo Frio para o litoral norte de Pernambuco – em território dos tabajaras com quem estabeleceu um pacto de aliança –, tendo edificado o entreposto na margem direita do canal de Santa Cruz que separa o continente da ilha de Ascensão (Itamaracá)[62] e nomeado Manuel de Braga para exercer o cargo de feitor.

O capitão-mor manuelino resolveu, também, desembarcar nessa região os homens que levava na sua armada para se fixarem nas paragens brasílicas, a quem um alvará régio do mesmo ano garantia o fornecimento, através da Casa da Índia, de machados, enxadas e todas as outras ferramentas necessárias. Noutro documento coevo, o rei ordenava, ainda, aos oficiais daquele organismo, que contratassem um mestre para instalar um engenho de açúcar na Terra de Santa Cruz. D. Manuel I procedeu, igualmente, à nomeação de Pêro Capico para dirigir, durante dez anos, uma capitania no Brasil.[63]

Pouco antes do seu inesperado falecimento (13 de dezembro de 1521), o Venturoso concedeu apoio a Cristóvão Jaques para armar duas caravelas destinadas à costa da América Portuguesa, encarregando-o de procurar cobre e outros metais. A flotilha partiu de Lisboa no último quadrimestre de 1521, percorreu o litoral brasílico, embarcou, no Porto dos Patos, Melchor Ramírez, náufrago da armada de Solis, para desempenhar as funções de intérprete, penetrou no estuário do Prata e subiu, pela primeira vez, o curso do rio Paraná em busca da Serra da Prata (Cordilheira dos Andes). A expedição encontrou muito cobre, alguma prata e vestígios de ouro, tendo, no regresso, deixado o piloto Jorge Gomes na feitoria de Pernambuco em cumprimento da pena imposta pelo capitão-mor e chegado ao Tejo em finais de 1522.[64]

8. A INTENSIFICAÇÃO DA DISPUTA PELO BRASIL

O início do reinado de D. João III (1521-1557) coincidiu com uma conjuntura em que avultavam os seguintes vetores geopolíticos e econô-

---

62 Cfr. ALBUQUERQUE, Marcos. "O Processo Interétnico em uma Feitoria Quinhentista no Brasil": **Revista de Arqueologia** (São Paulo), 7 (1993). p. 99-123.
63 Cfr. SEGURO, Visconde de Porto. **História Geral do Brasil antes da sua Separação e independência de Portugal**. 3. ed. Integral. São Paulo, s.d. v. I, p. 106 e 127.
64 Cfr. TRÍAS, Rolando A. Laguarda. "Cristóvão Jaques e as Armadas de Guarda-Costa": **História Naval Brasileira**. Rio de Janeiro, 1975. v. I, t. 1, p. 261-274.

micos desfavoráveis aos interesses da Coroa lusitana: eleição do novo rei de Espanha, Carlos I (1516-1556) – que passou a designar-se por Carlos V (1519-1556) –, quando sucedeu ao avô paterno, Maximiliano de Áustria, na dignidade imperial,[65] o que ampliou enormemente o poderio da Casa de Habsburgo, reduzindo a margem de manobra lusitana no contexto peninsular e europeu; revitalização da rota terrestre das especiarias incentivada pela nova política aduaneira adotada pelos otomanos logo que anexaram o Império Mameluco (1516-1517), com capital no Cairo;[66] fase crítica da primeira crise econômica de Quinhentos (1521-1524);[67] eclosão, em finais de 1522, da disputa com Carlos V sobre a posse das Ilhas Molucas – consequência direta da primeira viagem de circum-navegação (20 de setembro de 1519 a 8 de setembro de 1522), que descobriu a ligação marítima entre o Atlântico e o Pacífico e abriu à Espanha a possibilidade de penetrar no mercado das especiarias extremo-orientais – e, finalmemte, intensificação da presença francesa no Mar Oceano.

O novo monarca português adotou uma orientação política oposta à seguida pelo seu antecessor. Abandonou definitivamente os projetos imperiais manuelinos para o triângulo Jerusalém-Egito-Arábia,[68] de expansão militar no Norte de África[69] e de imposição naval da presença portuguesa na China.[70] Optou, sempre que possível, por concentrar esforços na manutenção da hegemonia no Atlântico Sul e conferiu especial ênfase à ocupação das duas margens atlânticas: a africana e, sobretudo, a americana, opção em que se inserem o projeto de colonização da Costa da Malagueta, na fachada ocidental de África,[71] e o início do processo de colonização do Brasil.

---

65 Cfr. ALVAREZ, Manuel Fernández. **Carlos V, el Rey de los Encomenderos Americanos**. Madrid, 1988. p. 8-16.
66 Cfr. KITSIKIS, Dimitri. **L'Empire Ottoman**. 2. ed. Corrigida. Paris, 1991. p. 84-85.
67 Cfr. GODINHO, Vitorino Magalhães. **Ensaios II. Sobre História de Portugal**. 2. ed. correcta e ampliada. Lisboa, 1978. p. 258.
68 Cfr. THOMAZ, Luís Filipe F. R. "L'idée impériale manuéline": **La Découverte, le Portugal et l'Europe. Actes du Colloque**. Paris, 1990. p. 35-103.
69 Cfr. FARINHA, António Dias. "O Interesse pelo Norte de África": **Portugal no Mundo**, dir. de Luís de Albuquerque. Lisboa, 1989. v. I, p. 113-124.
70 Cfr. COSTA, João Paulo Oliveira e. "Do Sonho Manuelino ao Realismo Joanino. Novos documentos sobre as relações luso-chinesas na terceira década do século XVI": **Studia** (Lisboa), 50 (1991). p. 121-156.
71 Cfr. SANTOS, Maria Emília Madeira. "A Hipótese do Estabelecimento de outras Bases Portuguesas em África": **Portugal no Mundo**. Lisboa, 1989. v. III, p. 54-65.

A crescente atuação de corsários no Atlântico e de armadores bretões e normandos na América Portuguesa transformou-se rapidamente numa das preocupações prioritárias do governo de Lisboa. D. João III, firmemente determinado a afastar os súditos do rei de França do Atlântico português e do Brasil, optou por uma estratégia que combinava uma intensa ação persuasiva junto da corte de Francisco I (1515-1547) com a adoção de medidas de cariz defensivo.

No campo diplomático, o rei procedeu à nomeação de João da Silveira para representar os interesses portugueses perante o monarca gaulês (de 1522 a abril ou maio de 1530).[72] Idêntica medida tomou o governo de Paris, designando Honorato de Cais para desempenhar as funções de seu embaixador em Lisboa, cargo que exerceu, embora de forma intermitente, ao longo de trinta e seis anos (de 1523 a 1558).[73]

Nas suas relações com Portugal, Francisco I pretendia atingir simultaneamente dois objetivos que, no entanto, se revelavam contraditórios. Por um lado, procurava combater o monopólio português em África, no Brasil e no Oriente, com a finalidade de proporcionar lucrativos negócios aos seus armadores e mercadores, contribuindo, desse modo, para fortalecer a componente atlântica da navegação e do comércio franceses e para criar melhores oportunidades de cobrança de receitas ao tesouro régio gaulês, depauperado pelos elevados custos das Guerras de Itália. Por outro lado, desejava firmar um tratado de aliança com o monarca lusitano com vista a obter apoios que lhe permitissem combater mais eficazmente Carlos V.

Apesar dos sérios prejuízos que os vassalos de Francisco I causavam à navegação e ao comércio portugueses, do forte sentimento popular antifrancês e das opiniões dos mais influentes membros do Conselho Régio, nomeadamente o infante D. Luís e o bispo de Viseu, partidários de uma política de claro alinhamento com o imperador e de frontal oposição à França, D. João III não quis adotar medidas que contribuíssem para que o reino gaulês fosse demasiadamente enfraquecido pela dinastia de Habsburgo, em virtude desta já estender a sua influência a uma vasta área, que englobava a Espanha e o seu Império Americano, uma parte da Itália, o Império Germânico, a Flandres, o Artois e, por vezes, conforme a sorte das armas, a

---

72 Cfr. VENTURA, Margarida Garcez. **João da Silveira. Diplomata Português do Século XVI**. Lisboa, 1983.
73 Cfr. SERRÃO, Joaquim Veríssimo. "Notas sobre a Embaixada de Honorato de Cais em Portugal 1523-1537": **Arquivos do Centro Cultural Português** (Paris), I (1969). p. 161-194.

Borgonha. Com esta atuação, o monarca português visava a contrabalançar as tendências hegemônicas da Casa de Áustria, que ambicionava concretizar o projeto da *monarquia universal* defendido por um dos mais influentes colaboradores de Carlos V, o chanceler Mercurino Gattinara.

A existência de uma Casa de Valois relativamente poderosa no plano das forças terrestres tinha para a estratégia lusitana a vantagem de constituir uma ameaça latente à segurança das fronteiras imperiais, contribuindo, desse modo, para aliviar excessivas pressões espanholas sobre o Império Português, sobretudo numa conjuntura em que os contenciosos sobre as ilhas Molucas e a bacia platina se encontravam por solucionar. Daí que, apesar dos renhidos combates que se travaram entre portugueses e franceses no Atlântico e no Brasil, as duas monarquias tenham optado por nunca romper abertamente as hostilidades no âmbito europeu, já que receavam o imenso poderio territorial, econômico e militar acumulado pelo imperador, bem como os prejuízos econômicos que um total corte de relações acarretaria a ambos os reinos.

A França desejava continuar a exportar as suas produções para o espaço imperial português e a abastecer-se de mercadorias orientais em Lisboa. Portugal, por seu turno, pretendia que os súditos de Francisco I não atacassem os navios que efetuavam as ligações com a feitoria da Flandres e que obrigatoriamente tinham de costear a região atlântica gaulesa.

As informações obtidas pelos espiões portugueses em França de que uma armada de dez navios que se aprestava para zarpar com destino ao Brasil levaram D. João III a investir Cristóvão Jaques nas funções de "Governador das partes do Brasil", confiando-lhe a chefia de uma esquadra, formada por uma nau e quatro caravelas comandadas por experimentados capitães, designadamente Diogo Leite, Gonçalo Leite e Gaspar Correia, com a missão de aprisionar todas as embarcações estrangeiras que encontrasse na costa brasílica. Autorizou-o, ainda, por Alvará de 5 de julho de 1526, a permitir o regresso a Portugal de Pêro Capico e da sua fazenda, que deveria pagar os respectivos direitos na Casa da Índia, uma vez que já tinha concluído o tempo de serviço.[74]

Os navios partiram de Lisboa, provavelmente no mês de fevereiro de 1527, atingindo a feitoria de Pernambuco em finais de abril ou inícios de maio. Jaques tomou, então, conhecimento da permanência no local, entre junho e setembro de 1526, da armada de Sebastião Caboto que levara o

---

74   Pub. in **HCPB**. Porto, 1926. v. III, p. 60.

piloto Jorge Gomes, bem como do ataque à nau *San Gabriel*, capitaneada por D. Rodrigo de Acuña, que se encontrava em reparação na embocadura do rio de São Francisco, perpetrado, no final de outubro de 1526, por três navios franceses.

Depois de ter mandado carregar a nau-capitânia de pau-brasil e de a despachar para Portugal com relatórios para o rei, Jaques decidiu empreender a busca das embarcações intrusas rumo ao sul. Possivelmente em julho, a esquadra lusitana surpreendeu, na Bahia, três naus bretoas. Após duro combate, foram afundados dois dos navios, apresado um terceiro e recuperada uma caravela portuguesa que havia sido capturada pela derrotada frota gaulesa.

As tripulações francesas fugiram ou renderam-se, os pilotos e alguns membros da equipagem foram executados, tendo sido feito grande número de prisioneiros. Este grau de violência foi intencionalmente utilizado com o objetivo de dissuadir os mercadores normandos e bretões de continuarem a financiar o envio de navios ao Brasil, explicando-se ainda pelo fato dos comandantes das embarcações serem responsáveis pelo assalto daquele navio português destinado à Mina e pela morte de muitos dos seus tripulantes.

Em maio de 1528, o capitão-mor mandou regressar a caravela de Gonçalo Leite com uma remessa de pau-brasil e com cartas para D. João III. No final do ano, a armada de Jaques foi substituída por uma esquadra comandada por António Ribeiro, que a 2 de novembro já se encontrava em Pernambuco.[75]

Os armadores dos navios franceses recorreram inicialmente ao conde de Lavall, lugar-tenente régio no ducado da Bretanha, e, posteriormente, ao próprio soberano no sentido de pressionar o rei de Portugal a compensá-los dos elevados prejuízos materiais e humanos provocados pela armada lusitana. Por carta-patente de 6 de setembro de 1528, Francisco I cometeu ao rei de armas do título de Angoulême a incumbência de exigir ao governo de Lisboa uma indenização no valor de 60.000 escudos para os seus súditos bretões (Ivo de Coadqungar, Francisco Guéret, Maturino Tournemouche, João Bureau e João Jamet), sob pena de mandar passar cartas de marca e represália contra os bens, navios e mercadorias dos portugueses até ressarcir integralmente aqueles homens de negócios das perdas sofridas.[76]

---

75 Cfr. TRÍAS, Rolando A. Laguarda. Op. cit. p. 274-282.
76 Pub.in **HCPB**. v. III, p. 74-76.

O emissário do rei de França chegou à capital portuguesa a 18 de janeiro de 1529, sendo prontamente recebido por D. João III. Existem duas versões contraditórias sobre a forma como decorreram as negociações encetadas por Helies Allesgle na corte de Lisboa. O representante de Francisco I, através de um memorial datado de 3 de julho desse ano, informou o seu soberano de que permanecera nove semanas na capital portuguesa sem que tivessem sido satisfeitas as reivindicações apresentadas, tendo-lhe o doutor Diogo de Gouveia Sénior[77] – um dos mais influentes conselheiros régios – retirado quaisquer esperanças na obtenção de sucesso para a sua missão.[78] Todavia, aquele humanista ter-se-ia limitado a transmitir as deliberações oficiais, perfilhando a opinião de que se deveria proceder à libertação dos bretões para permitir o apuramento da verdade e o castigo dos franceses que afirmavam terem os homens de Cristóvão Jaques supliciado os prisioneiros.[79]

O monarca lusitano comunicou a João da Silveira ter sugerido ao enviado francês que os queixosos recorressem aos tribunais portugueses que apreciariam o caso. D. João III deu posteriormente instruções ao seu embaixador em Paris para que diligenciasse no sentido de requerer a punição de Angoulême, por ter transmitido uma versão deturpada das negociações e ter ocultado a cópia do auto que então se redigira.[80]

As causas do insucesso da embaixada de Allesgle terão residido, por um lado, no fato de a Coroa lusitana considerar claramente atentatória dos seus direitos, à luz dos tratados internacionais e das bulas papais, ou seja, da doutrina do *Mare Clausum*, a intromissão de navios estrangeiros nas águas e territórios reservados a Portugal, pelo que julgava inteiramente legítimo que as suas esquadras reprimissem os infratores. Por outro lado, a

---

77 Teólogo, humanista e principal, desde 1520, do Colégio de Santa Bárbara, em Paris. Alcançou da Coroa a criação de bolsas de estudo para estudantes portugueses, tendo-se transformado em um dos principais conselheiros de D. João III, sobretudo no domínio das difíceis relações com a França. Desempenhou o cargo de reitor da Universidade de Paris (Sorbonne) pelo menos uma vez (em 1501). Cfr. MATOS, Luís de. **Les Portugais à l'Université de Paris entre 1500 et 1550**. Coimbra, 1950. p. 10-11, 29-49 e 114.

78 Processo verbal da audiência que D. João III concedeu a Helies Allesgle (Crucy, 3 de julho de 1529), pub. por GUERREIRO, Luís M. R. "La Prise de trois navires bretons sur les cotes du Brésil en 1527": **La Bretagne. Le Portugal. Le Brésil. Échanges et Rapports**. Rennes, 1973. v. I, p. 110.

79 Cfr. CARVALHO, M. E. Gomes de. **D. João III e os Francezes**. Lisboa, 1909. p. 26.

80 Carta Régia de 16 de Janeiro de 1530, pub. por VENTURA, Margarida Garcez. Op. cit. p. 194.

enviatura gaulesa ocorreu na fase final das negociações com Carlos V para a resolução do problema das Molucas, circunstância que permite formular a hipótese de D. João III ter protelado propositadamente a resposta a dar ao representante da França enquanto não estivesse definitivamente solucionado o contencioso com o imperador.

A missão de Allesgle contribuiu para que o governo joanino se certificasse de que a França não desistiria pacificamente de disputar com Portugal o comércio do pau-brasil e a soberania da Província de Santa Cruz. A celebração do Acordo de Saragoça (abril de 1529), que encerrou o conflito com a Espanha sobre a delimitação das esferas de influência ibéricas no Pacífico, libertou D. João III de uma preocupação fundamental – uma vez que estava em jogo o monopólio do comércio das especiarias do Extremo-Oriente – e permitiu-lhe enfrentar mais resolutamente a ameaça turca no Índico e os desafios franceses no Atlântico e no Brasil.

V

Os Modelos de Colonização

1. PRELÚDIOS DA COLONIZAÇÃO

O sistema de capitanias de mar e terra e a via diplomática revelaram-se incapazes de produzir os resultados desejados, ou seja, a eliminação da presença francesa na América do Sul. A manifesta insuficiência desse modelo para garantir o incontestável domínio português sobre o Brasil induziu o círculo governativo joanino a ponderar, no final da década de vinte, a adoção de soluções mais eficazes destinadas a assegurar a soberania lusitana sobre a totalidade do território americano que lhe pertencia, de acordo com o Tratado de Tordesilhas. No entanto, o monarca francês não lhe reconhecia legitimidade, exigindo ironicamente que lhe mostrassem a cláusula do testamento de Adão que o excluía da partilha do mundo.[1]

As notícias sobre as explorações efetuadas no rio da Prata pelas armadas de Carlos V provocavam, também, preocupação na corte de Lisboa, uma vez que se pretendia limitar a penetração espanhola na fachada atlântica da América do Sul à latitude equatorial. D. João III tomou conhecimento da expedição de Sebastião Caboto à bacia platina (1526-1530), onde edificou, num braço do rio Paraná, um fortim de taipa que batizou de *Forte de Sancti Spiritu* (1527), bem como da expedição de Diogo Garcia, piloto português ao serviço do imperador (1527-1529), através dos relatos fornecidos pelos tripulantes de uma caravela, comandada por Calderón e Barlow, enviada por Caboto e Garcia com pedidos ao imperador para que lhes enviasse reforços e que aportou ao Tejo em meados de outubro de 1528.[2] O Piedoso foi também posto ao corrente da movimentação de navios espanhóis na costa pernambucana pelos relatos sucessivamente enviados por Jaques.

---

1   Cfr. FERREIRA, Ana Maria Pereira. "Os Açores e o corso francês na primeira metade do século XVI: a importância estratégica dos Açores (1521-1537)": **Os Açores e o Atlântico (séculos XIV-XVII)**. Angra do Heroísmo, 1984. p. 280-284.
2   Cfr. TRÍAS, Rolando A. Laguarda. "A Expedição de Sebastião Caboto": **História Naval Brasileira**. Rio de Janeiro, 1975. v. I, t. 1, p. 303-332.

Os governantes lusos chegaram à conclusão, no final da década de trinta, de que a única medida capaz de neutralizar a ameaçadora presença francesa no Brasil e de conter a penetração espanhola no Prata residia na criação de núcleos populacionais ao longo do litoral. A partir dessa premissa, o soberano e os seus conselheiros analisaram, então, dois modelos alternativos.

O primeiro consistia na atribuição a particulares do encargo de encetar o processo de efetiva ocupação das terras americanas pertencentes à Coroa de Portugal. Por essa altura, surgiram dois nobres interessados em assumir a ingente tarefa. Um dos candidatos, João de Melo da Câmara, irmão do capitão da ilha de São Miguel, propôs ao rei, em troca da atribuição de direitos semelhantes aos concedidos aos seus antepassados nas ilhas atlânticas (Madeira e Açores), colocar, em duas viagens, 1.000 povoadores na Província de Santa Cruz sem qualquer gasto para o tesouro régio, arcando o proponente com o custeamento de todas as despesas (transportes, alfaias agrícolas, plantas e sementes, gados, ferramentas, materiais de construção, armas e munições etc.).[3] O outro candidato, Cristóvão Jaques, profundo conhecedor das potencialidades da terra brasílica, comprometia-se a iniciar o processo com idêntico contingente.[4]

Apesar do empenhamento colocado na concretização do projeto, quer por Câmara, quer por Jaques, D. João III recusou as propostas privadas de colonização do Brasil. Não chegaram até nós documentos referindo os motivos que estiveram na base da deliberação régia. Contudo, há indícios que permitem formular a hipótese de que as persistentes e fundadas informações disponíveis sobre a existência de abundantes jazidas de metais preciosos na região platina possam ter induzido o monarca a decidir guardar exclusivamente para a Coroa uma possessão potencialmente rica em ouro e prata.

2. A EXCLUSIVIDADE RÉGIA

O monarca optou por reservar para a administração régia a responsabilidade de assegurar a colonização da Terra de Santa Cruz. Começaram então os preparativos conducentes à organização de uma importante expedição, cuja chefia foi atribuída a um nobre de elevada estirpe e da estrita confiança do rei e do seu valido, D. António de Ataíde.

---

3   Carta de João de Melo da Câmara a D. João III (1529?), pub. in **HCPB**, dir. de Carlos Malheiro Dias. Porto, 1926. v. III, p. 90-91.
4   Carta do doutor Diogo de Gouveia a D. João III (Ruão, 29 de fevereiro e 1 de março de 1532), pub. in ibidem. p. 94.

A Martim Afonso de Sousa foram fixados diversos objetivos: efetuar um aprofundado reconhecimento do litoral, do Amazonas ao Prata; proceder ao assentamento de padrões em locais estratégicos da "Costa do Ouro e da Prata", que abrangia sensivelmente a região localizada entre São Vicente e o rio de Santa Maria; apresar todos os navios franceses encontrados na "Costa do Pau-Brasil", que compreendia aproximadamente a área situada entre o cabo Branco (Paraíba) e a baía da Guanabara; procurar descobrir metais preciosos; efetuar experiências agronômicas e fundar povoações litorâneas.

A armada do Governador da Terra do Brasil, que partiu do Tejo a 3 de dezembro de 1530, era constituída por duas naus, um galeão e duas caravelas, comandadas, respectivamente, por Pêro Lopes de Sousa, irmão do capitão-mor, Heitor de Sousa, Pêro Lobo Pinheiro, Diogo Leite e Baltasar Gonçalves, tendo Vicente Lourenço por piloto-mor.

Uma das finalidades primordiais da expedição relacionava-se com o combate à penetração francesa no Brasil. Logo a 31 de janeiro de 1531, a esquadra apresou uma nau nas imediações do cabo de Percaauri (atual Pontal da Boa Vista), no litoral pernambucano. Aquela embarcação dispunha de artilharia e tinha os porões a abarrotar de pau-brasil. Na mesma data, foi detectada e tomada, nas proximidades da ilha de Santo Aleixo (9º 30' S), outra nau carregada do mesmo produto.

No dia 2 de fevereiro, a caravela então comandada por Pêro Lopes abalroou e capturou, após renhido combate, uma terceira nau, igualmente provida de canhões, munições de guerra e grande carga de pau-brasil. Concluídas essas operações e efetuado o reagrupamento, a armada rumou para norte, com destino ao rio Igaraçu, onde, em meados de fevereiro, tomou conhecimento de que a feitoria régia tinha sido assaltada e saqueada, em dezembro de 1530, por um galeão francês, tendo o respectivo feitor, Diogo Dias, dirigido-se para a baía da Guanabara.

A 19 de fevereiro de 1531, Martim Afonso decidiu queimar uma das naus apreendidas e enviar outra a Lisboa, sob o comando de João de Sousa, com os prisioneiros franceses, 927 quintais de pau-brasil e relatórios dirigidos a D. João III.[5] O capitão-mor fracionou a esquadra em dois grupos e ordenou aos capitães das caravelas que efetuassem o reconhecimento do litoral até ao "rio de Maranham", enquanto os navios de maior porte explorariam o trecho de costa compreendido entre Pernambuco e o rio da Prata.

---

5   Cfr. FREITAS, Jordão de. "A Expedição de Martim Afonso de Sousa (1530-1533)": ibidem. p. 139-140.

A divisão de tarefas entre a frota régia permitiu que, no decurso desse ano, fosse explorado o litoral sul-americano, da foz do Gurupi (Pará) à bacia hidrográfica platina, incluindo o rio Paraná e alguns dos seus afluentes, conforme demonstra a carta atlântica elaborada por Gaspar Viegas em 1534.[6]

No mesmo mês em que partiu de Lisboa a armada lusitana, zarpou de Marselha *La Pèlerine* (antiga nau portuguesa *São Tomé*, pertencente ao armador portuense André Afonso, que fora capturada por corsários franceses)[7] com destino ao Brasil. Tratava-se de um navio armado por Bertrand d'Ornesan, barão de Saint-Blancard, comandante da esquadra francesa de galés no Mediterrâneo, que pretendia fundar uma feitoria e estabelecer um núcleo de colonos no Novo Mundo português. Já não eram apenas os homens de negócios da França atlântica, sobretudo da Normandia e da Bretanha, que se interessavam pela Província de Santa Cruz. Os lucros proporcionados pelo comércio dos produtos brasílicos começavam, então, a despertar o interesse de alguns círculos navais e mercantis da França mediterrânica, onde se localizavam os centros econômicos mais dinâmicos daquela monarquia, designadamente Lião e Marselha.[8]

A embarcação do almirante gaulês, equipada com 18 canhões e transportando 120 homens, atingiu o litoral pernambucano em março de 1531, momento em que os dois grupos de combate da esquadra portuguesa se encontravam a norte e a sul da região nordestina. Os expedicionários franceses, dirigidos por Jean Duperret, atacaram, saquearam e arrasaram a feitoria lusitana, que contava apenas com seis portugueses e com índios amigos (tabajaras), e construíram um novo entreposto fortificado na ilha de Santo Aleixo,[9] território dos seus aliados caetés, defendido por uma guarnição de 60 a 70 homens. Aquela nau, depois de ter sido carregada com 5.000 quintais de pau-brasil, 300 de algodão, 3.000 peles, 600 papagaios e grande número de macacos, levantou ferro de Pernambuco com destino ao porto de origem.[10]

---

6   MOTA, A. Teixeira da. "Prefácio": **Diário da Navegação de Pêro Lopes de Sousa (1530-1532)**, ed. de A. Teixeira da Mota e Jorge Morais Barbosa. Lisboa, 1968. p. 12-13.
7   Cfr. TRÍAS, Rolando A. Laguarda. "A Viagem de Martim Afonso de Sousa": **História Naval Brasileira**. Rio de Janeiro, 1975. v. I, t. 2, p. 389.
8   Cfr. JACQUART, Jean. **François Ier**. Paris, 1981. p. 259-260.
9   Cfr. PEREIRA, Moacir Soares. "A Ilha Brasileira do Planisfério da Casa d'Este": **Revista do Instituto Histórico e Geográfico Brasileiro**. (Rio de Janeiro), 309 (1975). p. 72-83.
10   Cfr. FREITAS, Jordão de. Op. cit. p. 150-154.

Na viagem de regresso ao reino, iniciada a 22 de maio de 1532, a flotilha de Pêro Lopes de Sousa, que compreendia a nau *Nossa Senhora das Candeias* – uma das três unidades apreendidas em 1531 – e o galeão *São Vicente*, detectou na ilha de Santo Aleixo, no início de agosto, dois navios gauleses, tendo afundado uma das naus e apresado a outra. O forte, dirigido pelo senhor de La Motte, foi atacado, tendo a guarnição se rendido, após dezoito dias de bombardeamento. Como represália por uma tentativa de assassinato do capitão português foram enforcados La Motte e vinte dos seus homens.

Depois de ordenar a destruição do estabelecimento gaulês, Pêro Lopes dirigiu a reconstrução da feitoria portuguesa, que foi fortificada, no sítio posteriormente designado dos Marcos, na margem direita do canal de Itamaracá, tendo designado Vicente Martins Ferreira e o bombardeiro Diogo Vaz para as funções, respectivamente, de comandante e condestável. Em outubro, chegou ao local uma caravela que transportava Paulo Nunes, investido por D. João III no cargo de capitão de Pernambuco.[11]

A esquadra, acrescida da nau entretanto aprisionada, zarpou do local a 4 de novembro, tendo aportado a Faro em janeiro de 1533. O monarca, após ter recebido Pêro Lopes em audiência, determinou que se encarcerassem os trinta franceses no Limoeiro, que os "quatro reys da terra do brasil" fossem bem tratados e vestidos de seda, que se anulassem as instruções transmitidas à armada de Duarte Coelho para destruir o forte gaulês em terras pernambucanas e, finalmente, que se procedesse à arrematação na praça lisboeta dos dois navios apresados.[12]

---

11   Cfr. Idem. Ibidem. p. 154-155.
12   Cfr. Idem. Ibidem. p. 156-157.

Mapa 6.
A expedição de Martim Afonso de Souza, 1530-32. (A partir de Américo Jacobina Lacombe. **História do Brasil**. São Paulo, 1979. p. 21).

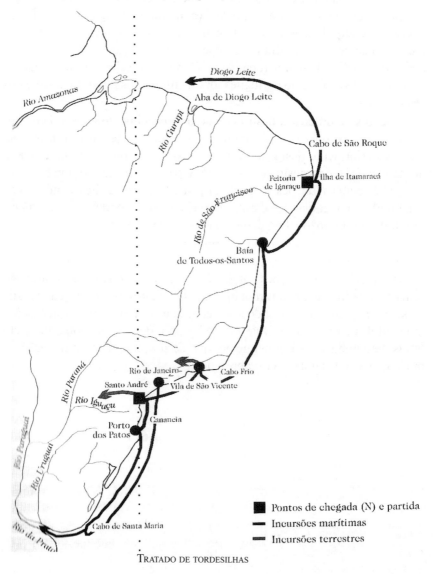

A nau marselhesa, que transportava uma carga de produtos brasílicos avaliada em 62.300 cruzados, não teve melhor sorte que a feitoria galo-pernambucana. Já se encontrava em águas mediterrânicas, depois de ter efetuado uma escala em Málaga, quando foi capturada, em agosto de 1532, pela armada do Estreito, capitaneada por António Correia, e levada para Lisboa. O empreendimento americano do barão de Saint-Blancard redundou, por conseguinte, num completo fracasso.

A busca de informações sobre a localização de metais preciosos constituía uma das missões atribuídas a Martim Afonso de Sousa. Este aproveitou a permanência da armada na baía da Guanabara (de 30 de abril a 1 de agosto de 1531) para enviar quatro homens ao sertão com fins exploratórios. Após palmilharem 115 léguas por montanhas e terras chãs, os batedores regressaram com um chefe indígena que presenteou o enviado do rei de Portugal com cristal e forneceu informações sobre a existência de abundantes quantidades de ouro e prata na região do Paraguai.[13]

A 17 de agosto, a armada encontrou na ilha da Cananeia o "língua" Francisco de Chaves, cinco ou seis castelhanos e um "lançado" – o bacharel – que ali se encontrava degredado há cerca de trinta anos. Como o intérprete se comprometesse a trazer do interior, em dez meses, 400 escravos carregados de ouro e prata, o capitão-mor colocou 40 besteiros e 40 espingardeiros sob o comando de Pêro Lobo Pinheiro, encarregando este de acompanhar e proteger Chaves no cumprimento de tão importante tarefa. A "bandeira" partiu a 1 de setembro de 1531, provavelmente com destino ao Império Inca, mas não chegou a alcançar o seu objetivo, pois todos os homens foram trucidados pelos carijós nas imediações do rio Iguaçu ("água grande").[14]

A afirmação da soberania lusitana na "Costa do Ouro e da Prata" constituía um dos objetivos vitais a atingir pela armada de 1530, dado o valor estratégico e econômico da área. De acordo com o testemunho de Pêro Lopes de Sousa, o "capitão-irmão" ordenou-lhe, em 6 de novembro de 1531, que colocasse padrões e tomasse posse do rio de Santa Maria, missão que o autor do Diário da Navegação cumpriu, a 12 de dezembro, ao implantar, "na boca do esteiro dos Carandins" situado no delta do rio Paraná, dois padrões com as armas "d'el-rei", promovendo, desse modo, a incorpora-

---

13 Cfr. SERRÃO, Joaquim Veríssimo. **O Rio de Janeiro no Século XVI. Estudo Histórico**. Lisboa, 1965. v. I, p. 41.
14 Cfr. SEGURO, Visconde de Porto. **História Geral do Brasil antes da sua separação e independência de Portugal**. 3. ed. Integral. São Paulo, s.d. v. I, p. 162.

ção simbólica daquela região na Coroa de Portugal.[15] A expedição tinha já procedido à colocação de um padrão na ilha do Cardoso, situada em frente à ilha da Cananeia.[16]

No decurso da sua permanência na ilha das Palmas (atual Gorriti ou Maldonado), no estuário do rio da Prata, o Governador da Terra do Brasil procedeu a meticulosas observações da "altura dos lugares", efetuadas por processos astronômicos.[17] Nos últimos dias do ano de 1531, Martim Afonso de Sousa deu por encerrada a missão da esquadra na bacia hidrográfica platina (veja-se o mapa 5) e rumou em direção a São Vicente. Os intensos temporais que se fazem sentir naquele local, devido ao fenômeno "refergas", golpes violentos de vento contínuo, à entrada de cujo estuário naufragara a nau-capitânia (junto ao rio dos Begoais, atual Solis Grande),[18] e que dificultaram enormemente as missões exploratórias da armada, terão constituído o elemento que mais influiu na decisão de iniciar a colonização numa área menos turbulenta. Já Diogo Garcia, em 1528, mandara o maior navio da sua armada para aquela ilha, a fim de o pôr a salvo das tempestades platinas.[19]

A 22 de janeiro de 1532, a armada arribou ao porto da ilha de São Vicente, tendo todos os seus membros considerado aquela terra tão boa que o chefe da expedição resolveu aí fundar a primeira povoação lusitana no Novo Mundo.[20] De fato, a região escolhida reunia, entre outras, as seguintes condições favoráveis à fixação do primeiro núcleo de povoadores portugueses: aquela ilha e a vizinha Santo Amaro (Guarujá) encontravam-se totalmente desabitadas, sendo utilizadas pelos ameríndios apenas para pescar e mariscar;[21] não possuía dimensão excessiva, o que facilitava a fortificação, proporcionando boas perspectivas de defesa em face de eventuais

---

15   Cfr. SOUSA, Pêro Lopes de. **Diário da Navegação (1530-1532)**, estudo crítico de Eugénio de Castro e prefácio de Capistrano de Abreu. 2. ed. Rio de Janeiro, 1940. v. I, p. 277-278 e 302.
16   Foi descoberto pelo coronel Afonso Botelho de Sampaio e Sousa, em 15 de Janeiro de 1767, quando dirigia os trabalhos destinados à construção de uma fortaleza. Cfr. DEUS, Frei Gaspar da Mader de. **Memórias para a História da Capitania de São Vicente**, prefácio de Mário Guimarães Ferri. Belo Horizonte-São Paulo, 1975. p. 57.
17   Cfr. NUNES, Pedro. "Tratado sobre certas duvidas da navegação...": **Obras**. Lisboa, l940 (1537). v. I, p. 159.
18   Cfr. **Diário da Navegação...** v. I, p. 277 e v. II, mapa 7.
19   Cfr. TRÍAS, Rolando A. Laguarda. "A Expedição de Sebastião Caboto... p. 327.
20   Cfr. **Diário da Navegação...** v. I, p. 349-352.
21   Cfr. DEUS, Frei Gaspar da Mader de. **Memórias para a História da Capitania de São Vicente**, prefácio de Mário Guimarães Ferri. Belo Horizonte-São Paulo, 1975. p. 44.

ataques; dispunha de um excelente ancoradouro para os navios e permitia um rápido e fácil acesso ao continente. A relativa proximidade da região platina, a amenidade do clima e boas indicações sobre a fertilidade do solo terão sido fatores que também pesaram na seleção daquele local.

Ao conjunto de variáveis acima referido acresce o fato de na região vicentina se encontrarem solidamente estabelecidos dois "lançados" que haviam criado importantes laços familiares no seio de grupos tupiniquins: João Ramalho[22] era genro do cacique Tibiriçá e António Rodrigues, do chefe Piquerobi. O primeiro desempenhou, aliás, um papel extremamente importante no estabelecimento de relações pacíficas entre os indígenas e os portugueses.

Martim Afonso de Sousa fora investido por D. João III nas funções de "Governador da Terra do Brasil", tendo-lhe o monarca conferido amplas competências para dirigir a colonização daquele território. No âmbito jurisdicional, atribuiu-lhe todo o poder e alçada, tanto no foro cível como no criminal, sobre todos os peões, índios ou escravos que habitavam ou viessem a habitar aquela possessão, incluindo a aplicação de pena de morte e talhamento de membro, sem que as suas sentenças fossem passíveis de recurso. No caso de processos que envolvessem "pessoas de maior qualidade", o governador limitar-se-ia a mandar prender os presumíveis culpados e a remetê-los para o reino, acompanhados dos respectivos autos de culpa, a fim de serem julgados nos competentes tribunais régios.

O Piedoso concedeu, também, a Martim Afonso carta de poderes para criar e prover tabeliães e oficiais de justiça. No campo administrativo, o delegado régio foi autorizado a nomear os oficiais necessários à "governança da terra". No âmbito econômico, foram-lhe dadas instruções no sentido de distribuir terras em regime de sesmaria, mas apenas com caráter vitalício e com a condição de os beneficiários as cultivarem no prazo máximo de seis anos.[23]

Utilizando os amplos poderes delegados pelo soberano, o enviado régio dirigiu a construção do forte, da casa da câmara, do pelourinho, da Igreja de Nossa Senhora da Assunção, da cadeia, de habitações para os moradores e de outros edifícios necessários à vida da nova comunidade. O Governador da Terra do Brasil fundou, junto da praia homônima, a vila

---

22   Cfr. FARIA, António Machado de. "Acerca do bandeirante João Ramalho": **Portugaliae Historica** (Lisboa), II (1974). p. 90-110.
23   Cartas régias a Martim Afonso de Sousa (Castro Verde, 20 de novembro de 1530), pub. in **HCPB**, v. III, p. 159-160.

de *São Vicente* – primeira povoação europeia na América a sul do Equador –, criou o conselho, nomeou o vigário e designou os oficiais judiciais e administrativos.

Martim Afonso procedeu, ainda, à atribuição de terras, em regime de sesmaria, aos homens que se estabeleceram na ilha – ao redor de uma centena[24] – entre os quais se contava um significativo número de nobres (Pêro e Luís de Góis, Domingos e Jerónimo Leitão, Antão Leme, Baltasar Borges, Rui e Francisco Pinto, António de Oliveira, Cristóvão de Aguiar de Altero, António Rodrigues de Almeida, Brás Cubas, Jorge Pires, Pêro Colaço) e alguns genoveses (José, Francisco e Paulo Adorno).[25] Entre as concessões efetuadas, salientam-se as que beneficiaram Pêro de Góis, Rui Pinto e José Adorno. Sobressai, também, a sesmaria de Jeribatiba, que incluía a ilha Pequena (Barnabé), doada a Henrique Montes, segundo escritura lavrada em Piratininga por Pêro Capico, a 10 de outubro de 1532, cuja titularidade foi, depois da sua morte, transferida, em setembro-outubro de 1536, para Brás Cubas.[26]

Uma das finalidades da expedição colonizadora consistia em averiguar quais as culturas que melhor se adaptariam aos solos brasílicos. Pêro Lopes de Sousa refere que o capitão-mor deixou, em março de 1531, dois homens na Bahia, à guarda de Diogo Álvares, o *Caramuru*,[27] com a incumbência de realizar experiências agronômicas. Em São Vicente foram, também, efetuados testes com sementes e plantas, tendo-se chegado rapidamente à conclusão de que a *cana-de-açúcar* – que os portugueses plantavam nas ilhas da Madeira e de São Tomé e, provavelmente, também, ao redor da feitoria de Pernambuco – era uma cultura adequada às características da terra vicentina. O governador incentivou, também, a criação de gado vacum, equino e ovino.[28]

Após ter transposto a serra de Paranapiacaba e visitado os campos de Piratininga, Martim Afonso decidiu fundar, em outubro de 1532, uma povoação naquele planalto situada a nove léguas do litoral: *Santo André da Borda do Campo*. O enviado régio confiou a João Ramalho a alcaidaria do novel aglomerado e nomeou-o guarda-mor do campo.

---

24   Cfr. **Diário da Navegação...** 1940. v. I, p. 506, nota 31.
25   Cfr. DEUS, Frei Gaspar da Mader de. Op. cit. p. 64-82.
26   Cfr. CORDEIRO, J. P. Leite. **Brás Cubas e a Capitania de São Vicente**. São Paulo, 1951. p. 29-34.
27   Cfr. PRADO, J. F. de Almeida. **Primeiros Povoadores do Brasil**. 4. ed. São Paulo, 1966. p. 102-108.
28   Cfr. Idem. Ibidem. p. 84.

Com a criação de um posto avançado no sertão, Sousa pretenderia fomentar as trocas comerciais com os habitantes do interior para assegurar o abastecimento de víveres (mandioca, frutas e vegetais) aos moradores de São Vicente, procurando, desse modo, que a economia de recoleção e a agricultura semi-itinerante praticada pelos ameríndios garantissem a subsistência dos povoadores de forma a que estes se pudessem dedicar essencialmente à agricultura de exportação (cana sacarina). Martim Afonso desejaria, ainda, estabelecer uma testa de ponte que facilitasse a penetração lusitana no interior, bem como utilizar essa base para, através do rio Tietê, penetrar no sistema hidrográfico platino (Paraná e Paraguai), o que facilitaria o acesso às regiões ricas em metais preciosos.

Um variado conjunto de fatores induziu o círculo governativo joanino, em que pontificava D. António de Ataíde, vedor da Fazenda e futuro conde da Castanheira, a repensar, em 1532, a estratégia lusitana de ocupação efetiva da Província de Santa Cruz: as crescentes exigências de patrulhamento naval no Atlântico e no Índico, as pressões militares dos xerifes do Sus sobre as praças portuguesas em Marrocos, as consequências econômicas do grande terramoto que atingiu Lisboa em 1531, a crise financeira de 1532, os elevados encargos para as debilitadas finanças régias resultantes do financiamento da expedição comandada por Martim Afonso e, finalmente, as informações provenientes de Ruão e de Sevilha dando conta de que franceses e espanhóis efetuavam preparativos destinados a firmar posições na América do Sul.

Já no princípio de 1532, o doutor Diogo de Gouveia, que então se encontrava em missão régia na capital da Normandia, além de informar o rei de que as vitórias obtidas pela esquadra de Martim Afonso tinham contribuído para agravar o clima de hostilidade para com os portugueses e que o senhor de Runhac obtivera autorização de Francisco I para organizar uma expedição colonizadora com destino ao Brasil, aconselhava vivamente D. João III a alterar a política régia relativamente ao continente americano.[29]

Na mesma missiva, o antigo reitor da Universidade de Paris insistia com o monarca para que cometesse a particulares a tarefa de colonizar o Novo Mundo, solução que permitiria alcançar simultaneamente os seguintes objetivos: libertar a Coroa dos pesados encargos financeiros resultantes de um tão vasto empreendimento; canalizar os recursos e a iniciativa dos súditos para um espaço potencialmente rico e praticamente desaproveita-

---

29 Carta de 29 de fevereiro-1 de março de 1532, pub. in **HCPB**. v. III, p. 94.

do; incentivar o cultivo da terra e a multiplicação dos vassalos, nomeadamente, através de casamentos entre naturais do reino e mulheres indígenas; fomentar a busca de "minas de metais" e promover a conversão dos índios ao catolicismo, fator que deveria constituir a preocupação prioritária do soberano.

O doutor Diogo de Gouveia criticava implicitamente o rei por não ter adotado, em 1529, a sua sugestão de delegar em Câmara e em Jaques a missão de colonizar a terra brasílica, pois já teriam nascido 4 a 6.000 crianças resultantes de uniões entre portugueses e ameríndias. Fundamentava, ainda, a sua opinião no exemplo de sucesso fornecido pela ilha de São Tomé, cujo povoamento fora dirigido, no reinado de D. João II, por um particular, Álvaro de Caminha. De acordo com a tese daquele humanista, bastaria a fundação de sete a oito povoações no litoral – teoria baseada na ocupação das mais importantes baías e estuários dos rios principais – para impedir a venda de pau-brasil aos franceses, desmotivando-os, desse modo, de organizar expedições comerciais àquelas paragens.[30]

3. A EXCLUSIVIDADE PARTICULAR

Importantes acontecimentos de natureza interna e internacional, ocorridos no início da década de trinta, levaram D. João III a concordar com a introdução de profundas alterações na definição da política oficial para a Província de Santa Cruz. Por carta de 28 de setembro de 1532, o rei comunicou ao encarregado da "governança da Terra do Brasil" que decidira demarcar o litoral sul-americano compreendido entre Pernambuco e o rio da Prata em capitanias de 50 léguas de costa cada, com o objetivo de ocupar toda aquela orla marítima, ficando os respectivos titulares obrigados a armar os navios, a proceder ao recrutamento da gente e a arcar com as restantes despesas. Apesar de alguns nobres já lhe terem requerido doações em terras brasílicas, o monarca ordenara que se separassem 100 léguas para Martim Afonso e 50 destinadas a seu irmão, Pêro Lopes, situadas nos melhores limites daquela província.[31]

As instruções régias foram entregues ao destinatário no início de 1533, tendo Sousa, no âmbito das opções que lhe eram sugeridas pelo monarca, resolvido retornar ao reino. Depois de investir o vigário Gonçalo

---

30   Cfr. Ibidem. p. 94.
31   Pub. por SEGURO, Visconde de Porto. Op. cit. v. I, p. 165-167.

Monteiro no governo da vila de São Vicente, iniciou a viagem de regresso, tendo chegado ao Tejo em agosto desse ano.

No início de 1534, a administração régia tomou conhecimento de que em França e Espanha se aprestavam armadas com destino à América. No porto de Saint-Malo, dois navios comandados por Jacques Cartier preparavam-se para partir para a Terra Nova.[32] De maior gravidade para Portugal revestiam-se, contudo, as notícias provenientes dos portos andaluzes que davam conta do aparelhamento de uma grande expedição destinada a promover a colonização espanhola da região do rio da Prata. De fato, Carlos V, alarmado com as notícias sobre as explorações efetuadas naquela zona pelos navios de D. João III e pela fundação de povoações portuguesas nas proximidades dos seus domínios, resolvera organizar uma poderosa armada de 13 navios, comandada por D. Pedro de Mendoza, que contava com 2.500 espanhóis e 150 alemães do Sul, flamengos e saxões,[33] para assegurar a posse efetiva dos territórios platinos. Estas circunstâncias terão alertado o monarca lusitano e os seus mais próximos conselheiros para a premente necessidade de pôr em prática o novo modelo de colonização gizado em 1532.

A condição fundamental para o rei conceder uma capitania-donataria no Novo Mundo lusitano residia na obrigatoriedade dos beneficiários assegurarem a totalidade do financiamento da empresa colonizadora. Desta forma, a Coroa canalizava a capacidade de iniciativa, os dotes organizativos e os recursos econômicos de particulares – alguns dos quais obtidos no Oriente como foram os casos de Duarte Coelho, de Francisco Pereira Coutinho e de Vasco Fernandes Coutinho – para a colonização do Brasil.

Apesar de o monarca ter dado a entender, em setembro de 1532, que já teria procedido à atribuição de capitanias-donatarias, o fato é que a concretização desse processo somente se iniciou bastante mais tarde. No período compreendido entre 10 de março de 1534 e 28 de janeiro de 1536, o Piedoso concedeu doze capitanias-donatarias, divididas em quinze lotes, a doze titulares (veja-se o mapa 6), que compreendiam um total de 735 léguas de costa,[34] abrangendo todo o sertão até a raia de Tordesilhas:

---

32 Cfr. CARTIER, Jacques. **Voyages au Canada**, ed. de Charles-André Julien, R. Herval e Th. Beauchesne. Paris, 1989. p. 111-113.
33 Cfr. SCHMÌDEL, Ulrich. **Relatos de la Conquista del Río de la Plata y Paraguay 1534-1554**, trad. Castelhana. Madrid, 1989 (1567). p. 26.
34 Cfr. ABREU, J. Capistrano de. **Capítulos de História Colonial (1500-1800)**. 2. ed. Rio de Janeiro, 1934. p. 43.

Tabela 3
Distribuição das donatarias

Lotes	Dimensão	Donatários	Doações
Pará (2º quinhão)	50 léguas	Aires da Cunha e João de Barros	18/06/1535 (antes de)
Maranhão	75 léguas	Fernão Álvares de Andrade	18/06/1535 (antes de)
Ceará	40 léguas	António Cardoso de Barros	19/11/1535
Rio Grande (1º quinhão)	100 léguas	Aires da Cunha e João de Barros	08/03/1535
Itamaracá	30 léguas	Pero Lopes de Sousa	01/09/1534
Pernambuco	60 léguas	Duarte Coelho	10/03/1534
Bahia	50 léguas	Francisco Pereira Coutinho	05/04/1534
Ilhéus	50 léguas	Jorge de Figueiredo Correia	26/07/1534
Porto Seguro	50 léguas	Pero do Campo Tourinho	27/05/1534
Espírito Santo	50 léguas	Vasco Fernandes Coutinho	01/06/1534
São Tomé	30 léguas	Pero de Góis	28/01/1536
Rio de Janeiro (2º quinhão)	55 léguas	Martim Afonso de Sousa	06/10/1534 (antes de)
Santo Amaro (1º quinhão)	10 léguas	Pero Lopes de Sousa	01/09/1534
São Vicente (1º quinhão)	45 léguas	Martim Afonso de Sousa	06/10/1534 (antes de)
Santana (2º quinhão)	40 léguas	Pero Lopes de Sousa	01/09/1534

Fontes: Paulo Merêa. "A solução tradicional da colonização do Brasil", in **HCPB**. Porto, 1926, III, p. 174, n. 20; *Documentos Históricos da Biblioteca Nacional*, XIII. Rio de Janeiro, 1929. p. 68-178; António Vasconcelos de Saldanha. **As Capitanias. O Regime Senhorial na Expansão Ultramarina Portuguesa**. Funchal, 1992. p. 301-5.

O compromisso assumido pelo monarca com Martim Afonso de Sousa foi cumprido e este foi contemplado com duas unidades: *Rio de Janeiro* (55 léguas) e *São Vicente* (45 léguas), perfazendo, assim, as prometidas 100 léguas de costa com a vantagem adicional em face dos restantes capitães-governadores das despesas inerentes ao desencadear do processo de colonização de São Vicente terem sido integralmente suportadas pela Coroa. Também Pêro Lopes de Sousa foi amplamente recompensado pelos serviços prestados na América do Sul, recebendo três lotes: *Santo Amaro* (10 léguas), *Santana* (40 léguas) e *Itamaracá* (30 léguas), sendo a última doação especialmente destinada a premiar o apresamento de navios franceses e a destruição da feitoria galo-pernambucana.

Mapa 7.
Distribuição das donatarias. (A partir de **História da Colonização Portuguesa do Brasil**. Porto, 1926. v. III, p. 222-23, com retificações).

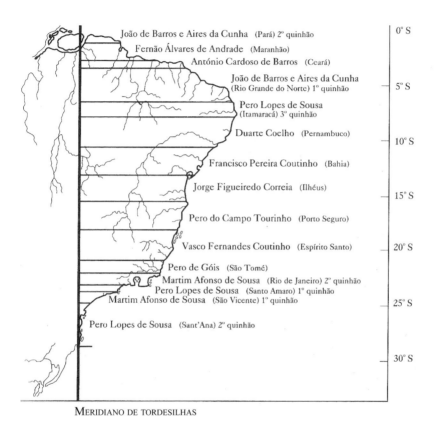

O primeiro agraciado com uma concessão na parte continental do Brasil foi Duarte Coelho, filho de Gonçalo Coelho, que se distinguira em missões diplomáticas na Tailândia e, sobretudo, no comando de esquadras no Pacífico, no Índico e no Atlântico,[35] vencendo os numerosos combates navais em que participou. A carta de doação de *Pernambuco* (60 léguas) e o foral datam, respectivamente, de 10 de março e de 24 de setembro de 1534.[36]

A discrepância essencial entre as régias intenções enunciadas em 1532 e as decisões tomadas em 1534-1536 diz respeito à área incluída na Província de Santa Cruz. Enquanto o projeto inicial abrangia o litoral compreendido entre Pernambuco e o rio da Prata, a versão definitiva — uma linha oblíqua que cortava o litoral – deslocou sensivelmente para norte o território colocado sob jurisdição portuguesa, estendendo-o ao Pará (perto de 1º S), mas, em contrapartida, fazia recuar a fronteira meridional para a Terra de Santa Ana (que talvez englobasse a Laguna) em 28º 30' S.[37] Esta opção traduzia-se, por conseguinte, na renúncia à bacia platina.

A determinação revelada por Carlos V em tomar posse da região em disputa, bem como os confrontos em que os portugueses se encontravam envolvidos, em teatros de operações tão distanciados como Marrocos e a Índia e com adversários tão diferenciados como os berberes, os otomanos e os franceses, terão dissuadido D. João III de abrir mais um foco de conflito, desta vez com o imperador – seu primo coirmão, cunhado e principal aliado – sobre a posse do ambicionado território.

A concessão de capitanias-donatarias no Brasil, apesar de ter tido em conta a experiência acumulada no povoamento dos arquipélagos atlânticos, adotou uma solução muito mais ampla de delegação de competências régias do que até então se havia verificado. Nem o infante D. Henrique nem os seus herdeiros e sucessores, sendo membros da família real, beneficiaram, na qualidade de grandes donatários dos arquipélagos da Madeira, dos Açores e de Cabo Verde, dos privilégios dispensados aos capitães-governadores do Brasil. A distância a que se encontrava a possessão americana, as duras lutas que se teriam de travar com franceses e grupos tribais hostis – a maioria dos quais praticava a antropofagia – conferiam à empresa colonizadora da terra brasílica um elevado grau de risco. A Coroa consi-

---

35 Cfr. MOTA, A. Teixeira da. **Duarte Coelho, Capitão-mor de Armadas no Atlântico (1531-1535)**. Lisboa, 1972.
36 Pub. in **HCPB**, v. III, p. 309-312.
37 Cfr. LEITE, Duarte. **História dos Descobrimentos. Colectânea de Esparsos**, org. de Vitorino Magalhães Godinho. Lisboa, 1959. v. I, p. 482.

derou, pois, necessário proporcionar condições de tal modo vantajosas que tornassem atrativo um empreendimento de resultados tão incertos.

As capitanias-donatarias eram hereditárias, inalienáveis e indivisíveis e estavam sujeitas a regras especiais de sucessão dentro da mesma família, incluindo a dispensa da Lei Mental, pelo que ficariam habilitados à sucessão, no caso de inexistência de filhos ou filhas legítimos, os bastardos masculinos ou femininos, os ascendentes e os colaterais. Os seus titulares tinham direito à designação de capitães e governadores, deveriam criar morgadio, perpetuar o nome da família e usar as respectivas armas.

No domínio da administração da justiça, o rei isentou as instituições brasílicas de correição e alçada, conferiu ao capitão-governador competência para nomear o ouvidor, o meirinho, os escrivães e os tabeliães, bem como a faculdade de vetar os juízes ordinários (de vara vermelha) eleitos pelos homens bons. Os juízes da terra, em número de dois por cada vila, julgariam em primeira instância as causas cíveis, podendo os réus recorrer para o ouvidor a partir da pena de multa de 100.000 reais.

O monarca delegou, também, nos capitães-governadores toda a jurisdição cível e criminal, incluindo a alta justiça (pena de morte e talhamento de membro), relacionada com os peões, índios e escravos. No caso daqueles que, em face das *Ordenações Manuelinas*, possuíam um estatuto privilegiado, a competência para a aplicação de penas ia até dez anos de degredo e 100 cruzados de multa. As exceções diziam respeito aos crimes de heresia, traição, sodomia e cunhagem de moeda falsa, situações em que aqueles titulares eram obrigados a aplicar a pena de morte.

D. João III reservou para a Coroa a nomeação dos oficiais ligados à arrecadação dos tributos devidos à Fazenda Real (almoxarife, provedor, contador e tabeliães), mas remeteu para o capitão-governador a decisão sobre a fundação de povoações e a criação de conselhos, sem quaisquer restrições, desde que se situassem no litoral ou junto de rios navegáveis; no caso de se localizarem no sertão, deveria existir uma distância mínima de seis léguas entre a sede de cada conselho, de forma a que os municípios do interior tivessem pelo menos três léguas de termo. O capitão-governador elaboraria as pautas dos homens bons, presidiria às eleições conselhiais e passaria as cartas de confirmação aos eleitos (dois juízes da terra, dois vereadores, o procurador, o almotacé e o alcaide-pequeno).

Ao donatário foi conferida a responsabilidade de organizar a defesa da sua área de jurisdição. Competia-lhe, designadamente, edificar estruturas defensivas em locais estratégicos, construir navios para patrulhar o litoral e os cursos dos rios, contratar bombardeiros e dirigir a formação das milícias.

Para assegurar o cumprimento dessas determinações régias, possuiria também a alcaidaria-mor de todas as suas povoações e ficaria isento do pagamento de impostos sobre as armas e munições que adquirisse.

A Coroa facultou aos capitães-governadores importantes competências destinadas a fomentar o desenvolvimento das atividades econômicas. O titular poderia conceder terras em regime de sesmaria a pessoas de todas as condições – exceto a si próprio, à mulher e ao presuntivo herdeiro – com a condição de os sesmeiros as cultivarem no prazo de cinco anos, findos os quais as receberiam forras e isentas, apenas com a obrigação de pagar o dízimo à Ordem de Cristo. Todavia, as propriedades fundiárias doadas somente poderiam ser alienadas decorrido o prazo de oito anos a contar da data de conclusão do respectivo arroteamento. As dadas de terras seriam obrigatoriamente feitas na presença do oficial régio mais categorizado – o almoxarife – que registraria todos os atos no livro dos próprios reais.

Na esfera da circulação, o soberano autorizava a prática do comércio entre os moradores das diversas capitanias-donatarias, concedia isenções aos produtos originários do Brasil, que apenas pagariam nas alfândegas do reino a sisa ordinária, e dispensava os colonos do pagamento de impostos sobre os produtos portugueses importados, desde que transportados em navios nacionais.

No âmbito fiscal, D. João III consignou à Coroa o dízimo do pescado, dos produtos exportados para fora do reino e das mercadorias importadas do estrangeiro; o quinto da pedraria e dos metais preciosos e não preciosos, bem como o monopólio do pau-brasil. O monarca optou por conceder aos capitães-governadores uma significativa parcela dos tributos, de modo a compensá-los do enorme investimento inicial e, também, de lhes proporcionar meios financeiros adequados à prossecução de tão vultoso empreendimento.

Os donatários foram dotados dos seguintes rendimentos: pensão anual de 500.000 reais a pagar por cada um dos tabeliães; vintena da dízima do pescado; redízima dos tributos devidos à Fazenda Real e à Ordem de Cristo; vintena dos direitos cobrados pela Coroa sobre a exportação do pau-brasil; proventos do emprazamento ou arrendamento das terras reservadas para o titular (dez a dezesseis léguas divididas em quatro ou cinco lotes, situados a uma distância de pelo menos duas léguas entre cada unidade); direitos banais (moendas de água, marinhas de sal e engenhos de açúcar); rendimentos das alcaidarias-mor; cobrança de direitos de passagem das barcas nos rios, cuja importância seria fixada pelas câmaras e, ainda, a pos-

Cap. V | Os Modelos de Colonização

Figura 1.
Administração colonial portuguesa. (A partir de Flávio Campos e Miriam Dolhnikoff. **Atlas de História do Brasil**. São Paulo, 1973. p. 7).

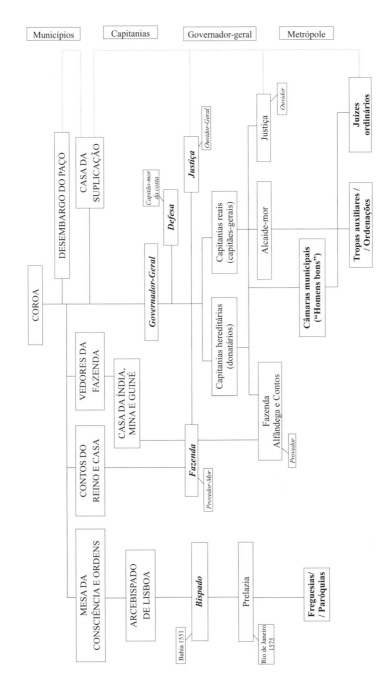

sibilidade de enviar anualmente para o reino um determinado número de escravos (entre 24 e 48) isentos do pagamento de quaisquer direitos.[38]

4. BALANÇO DO FUNCIONAMENTO DO MODELO DA EXCLUSIVIDADE PARTICULAR

Nos últimos anos da década de quarenta, o governo joanino procedeu a uma análise dos resultados alcançados na colonização da Província de Santa Cruz, ao mesmo tempo que ponderou a importância relativa da possessão americana no contexto do Império Português à luz das significativas alterações geopolíticas e económicas que estavam ocorrendo no final da primeira metade de Quinhentos.

A avaliação dos progressos efetuados na colonização do Brasil – efetuada em 1548 – revelou a existência de grandes assimetrias entre os quinze lotes. Relativamente ao *Ceará*, ao *Rio de Janeiro* e a *Santana*, os respectivos capitães-governadores não tomaram quaisquer medidas conducentes à sua efetiva ocupação. As iniciativas destinadas a procurar metais preciosos e a criar aglomerados populacionais na região setentrional, empreendidas conjuntamente pelos donatários do *Pará, Maranhão* e *Rio Grande do Norte*, redundaram em trágicos fracassos. Na empresa pereceram, além de Aires da Cunha, que comandava uma armada de 10 velas, muitos dos 900 homens que o acompanhavam, entre os quais se contavam 113 cavaleiros.[39]

Os tupinambás na *Bahia* e os goitacás em *São Tomé* (Paraíba do Sul) resistiram denodadamente à penetração lusitana e obrigaram os governadores e os respectivos colonos a procurar refúgio nas capitanias vizinhas. Em *Itamaracá*, o lugar-tenente Francisco de Braga limitou-se praticamente a explorar o pau-brasil. Após a sua partida, devido a conflitos com Duarte Coelho, D. Isabel de Gamboa designou João Gonçalves, antigo companheiro do falecido Pêro Lopes de Sousa nas guerras de Pernambuco, para dirigir a capitania, tendo este incrementado a ocupação do território e fundado a vila da *Conceição*.

Em *Ilhéus, Porto Seguro, Espírito Santo* e *Santo Amaro* o processo de colonização, apesar da resistência indígena, conseguiu obter alguns resultados, quer na plantação de canaviais e construção de engenhos, quer na fun-

---

38 Cfr. **Documentos Históricos**. Rio de Janeiro, 1929. v. XIII, p. 68-178.
39 Cfr. BARROS, João de. **Ásia. Primeira Década**. ed. de António Baião. Coimbra, 1932. p. 221.

dação de vilas, designadamente *São Jorge* (Ilhéus), *Porto Seguro* e *Santa Cruz* (Porto Seguro) e *Vitória* (ilha de Santo António, no Espírito Santo).

São Vicente sofreu, em 1534 ou 1535, um ataque de homiziados castelhanos fixados em Iguape, comandados por Rui Mosquera, aproveitando a ausência dos principais homens de armas vicentinos – que se encontravam em Piratininga a organizar uma expedição punitiva contra os carijós de Iguaçu, responsáveis pelo massacre da expedição de Pêro Lobo Pinheiro – para invadir e pilhar a vila.[40]

O desenvolvimento da cultura da cana-de-açúcar permitiu, numa primeira fase, a construção de três engenhos: o de *Enguaguaçu* (instalado em terras de Martim Afonso de Sousa, pelo que também era conhecido como o Engenho do Senhor Governador), o da *Madre de Deus* (de Pêro de Góis) e o de *São João* (de José Adorno), a que se seguiu, até 1548, a edificação de mais três unidades.

Um maremoto submergiu, em 1541-1542, a primitiva povoação de São Vicente, obrigando os moradores a reedificá-la em local mais seguro.[41] Devido ao gradual assoreamento do ancoradouro de Tumiaru, Brás Cubas, que atraíra o pai e os irmãos para o auxiliarem no aproveitamento das suas sesmarias, lançou os alicerces do povoado de *Santos* (1543), situado a norte da sede do conselho, junto à excelente baía de Enguaguaçu. O próprio fundador, depois de ter sido investido nas funções de lugar-tenente do donatário (1545-1549), concedeu-lhe o estatuto de vila (entre 14 de agosto de 1546 e 3 de janeiro de 1547).[42]

O donatário assumiu pessoalmente, em *Pernambuco*, a direção da empresa de colonização, tendo-se transferido com a mulher e um significativo número de familiares, designadamente seu cunhado Jerónimo de Albuquerque, e de nobres como Filipe e Pedro Bandeira de Melo, João Gomes de Melo, António Bezerra Felpa de Barbuda e Arnão de Holanda (filho do barão Henrique de Holanda e sobrinho do papa Adriano VI). Foi também acompanhado pelo feitor e almoxarife régio (Vasco Fernandes de Lucena), por um vigário (o padre Pedro Figueira) e quatro capelães. Recrutou, ainda, numerosos servidores e colonos para a sua capitania, onde almejava criar uma *Nova Lusitânia*.[43]

---

40   Cfr. CORDEIRO, J. P. Leite. Op. cit. p. 106.
41   Cfr. DEUS, Frei Gaspar da Mader de. Op. cit. p. 61.
42   Cfr. Idem. Ibidem. p. 117.
43   Cfr. COSTA, F. A. Pereira da. **Anais Pernambucanos**. 2. ed. Recife, 1983. v. I, p. 147-148.

A expedição colonizadora alcançou o rio Jussara – que passou a ser conhecido por Igaraçu ("canoa enorme"), designação dada pelos ameríndios aos navios portugueses que fundeavam na foz daquele curso de água – a 9 de março de 1535, tendo, de imediato, criado a povoação de *Santa Cruz*, mais tarde vulgarmente chamada dos *Cosmos*, junto à feitoria fundada por Jaques. Implantou, naquele local, os marcos divisórios entre as capitanias de Itamaracá e Pernambuco e lançou as bases para a construção da Igreja da invocação dos Santos Cosme e Damião (27 de setembro).

Duarte Coelho, passado algum tempo, confiou ao vianense Afonso Gonçalves a direção da povoação de Igaraçu, dirigindo-se, com o grosso dos seus acompanhantes, para sul do rio Doce, em busca de uma elevação estrategicamente situada junto a um bom porto. Penetrou no território dos caetés, instalou-se na colina de Marim, junto ao rio Beberibe, e fundou *Olinda* (1535), onde estabeleceu a capital da donataria. Concedeu-lhe carta de foral e, através de um documento subsequente datado de 12 de março de 1537, doava à Câmara terras totalmente isentas para a edificação de habitações, abastecimento de madeira e lenha e para apascentar o gado. O referido documento estabelecia, também, o local para rossio e a área destinada às atividades comerciais, bem como regulamentava as condições de fornecimento de água à vila.[44]

São Vicente e Pernambuco eram as únicas capitanias-donatarias onde, apesar das dificuldades, se verificavam notórios avanços no cultivo do solo e na fundação ou crescimento de núcleos populacionais, embora os seus moradores também fossem alvo de investidas por parte de alguns grupos tribais hostis.

Um bombardeiro alemão, que viveu alguns anos no Brasil, descreve a operação de socorro a Igaraçu, efetuada em fevereiro de 1548 pelos navios do capitão Penteado, com o objetivo de a libertar do longo cerco imposto pelos caetés.[45] Duarte Coelho encontrava-se impossibilitado de auxiliar os sitiados, uma vez que Olinda também corria o risco de ser atacada, além de que as comunicações terrestres entre as duas povoações se encontravam cortadas.[46] Essas dificuldades levaram o capitão-governador a recorrer à esquadra régia que tinha fundeado nas imediações da capital pernambucana em 28 de janeiro desse ano. O mesmo aventureiro testemunhou os

---

44 Cfr. LIMA, Oliveira. "A Nova Lusitânia": **HCPB**. v. III, p. 287-291.
45 Cfr. STADEN, Hans. **Viagem ao Brasil**. trad. port. Rio de Janeiro, 1988 (1557). p. 47-51.
46 Cfr. SALVADOR, Frei Vicente do. **História do Brasil 1500-1627**. ed. de Capistrano de Abreu, Rodolfo Garcia e Frei Venâncio Willeke. São Paulo, 1965 (Séc. XVII). p. 129-131.

ataques que os tamoios desferiam contra os portugueses e os seus aliados tupiniquins que residiam nas ilhas de São Vicente e Santo Amaro, apesar da proximidade do forte da Bertioga.[47]

Os capitães-governadores depararam, ainda, com grandes dificuldades no financiamento da dispendiosa e arriscada empresa a que resolveram meter ombros, em virtude de todas as despesas serem da sua responsabilidade. Vários foram os que se arruinaram no processo de colonização do Brasil. João de Barros ficou irremediavelmente empenhado para o resto da vida com o pagamento de pensões aos familiares das vítimas da fracassada expedição ao Maranhão.[48]

Pêro de Góis, que tentou colonizar São Tomé, "gastou toda a sua fazenda que tinha no reino e muitos mil cruzados de Martim Ferreira",[49] mas foi obrigado a desistir, regressando a Lisboa "muito desbaratado". Também Vasco Fernandes Coutinho foi compelido a abandonar a capitania do Espírito Santo por, entre outras razões, se encontrar totalmente endividado.[50] Mesmo Duarte Coelho, responsável pelo mais bem-sucedido caso de colonização particular da América Portuguesa, lastimava-se de já não conseguir encontrar na Metrópole quem estivesse disposto a emprestar-lhe dinheiro para aplicar no desenvolvimento da Nova Lusitânia.[51]

Outro dos graves problemas que afetou a colonização do Brasil neste período (1534-1548) relacionava-se com a administração da justiça. Nas cartas de doação, D. João III delegara vastíssimas competências para o julgamento das causas cíveis e criminais tanto nos capitães-governadores, que em muitos casos as transferiram para os seus lugares-tenentes, como nos respectivos ouvidores. A deficiente e, por vezes, arbitrária aplicação da justiça suscitou muitos reparos por parte dos moradores que frequentemente solicitavam a intervenção da Coroa. A 10 de maio de 1548, Afonso Gonçalves sugeria ao monarca que enviasse para a Província de Santa Cruz juízes régios, porque as terras novas não se povoariam se os moradores não

---

47 Cfr. STADEN, Hans. Op. cit. p. 69-74.
48 Cfr. GALVÃO, António. **Tratado dos Descobrimentos**. 4 ed. Porto, 1987 (1563). p. 144.
49 Cfr. SOUSA, Gabriel Soares de. **Notícia do Brasil**. ed. de Pirajá da Silva. São Paulo, s.d. (1587). v. I, p. 176.
50 Carta de Duarte de Lemos a D. João III (Porto Seguro, 14 de Julho de 1550), pub. in **HCPB**, v. III, p. 267.
51 Carta de Duarte Coelho a D. João III (Olinda, 14 de Abril de 1549), pub. in ibidem, v. III, p. 318-320.

tivessem garantias de que poderiam, em caso de necessidade, recorrer a instituições judiciais isentas.[52]

A continuada presença de navios franceses nas águas brasílicas constituía, também, um dos obstáculos que mais seriamente afetava o desenvolvimento da colonização lusitana. Em maio de 1548, o alcaide de Igaraçu informava D. João III da passagem pela costa pernambucana de numerosas embarcações gaulesas destinadas à região dos potiguaras (que se estendia da Paraíba ao Ceará) e relatava a ocorrência de recontros navais com os franceses.[53]

Luís de Góis, residente na vila de Santos, alertava o rei, também em maio de 1548, para o fato de a Coroa de Portugal correr o risco de perder o Brasil e os seus súditos as vidas e as fazendas, devido às devastações provocadas no litoral vicentino pelas armadas gaulesas – compostas por sete a oito navios cada – que, desde 1546, demandavam anualmente o Cabo Frio e o Rio de Janeiro. O antigo companheiro de Martim Afonso instava o monarca a fornecer apoio naval aos moradores de São Vicente (mais de 600 portugueses e de 3.000 escravos) para, antes que fosse tarde demais, expulsar os instrusos daquelas paragens.[54]

Apesar dos numerosos obstáculos que se deparavam ao avanço da colonização, o sistema das capitanias-donatarias permitiu ampliar significativamente a presença portuguesa no Brasil, que se estendeu de Itamaracá a São Vicente, embora com importantes espaços desocupados, nomeadamente a baía da Guanabara. A prática da agricultura contribuiu para criar profundas raízes à terra por parte dos colonos, a maioria dos quais, tendo vendido os bens que possuía no reino, defendia com todas as energias possíveis, em caso de ataques, as suas propriedades no Novo Mundo. Por outro lado, a falta de mulheres europeias incrementou as ligações de portugueses com ameríndias, circunstância que favoreceu a miscigenação, o estabelecimento de laços de sangue com famílias tupis e o aumento da população aculturada. A conjugação destes fatores, associada às diferenças entre o armamento e as técnicas de combate utilizados, inviabilizaram as tentativas para impedir a ocupação lusitana de algumas regiões, empreendidas por vários grupos tribais (potiguaras, caetés, tupinambás, tamoios e outros) que contavam com o estímulo e o apoio dos franceses.

---

52 Carta de Afonso Gonçalves a D. João III (Igaraçu, 10 de maio de 1548), pub. in ibidem. p. 317-318.
53 Ibidem.
54 Carta de Luís de Góis a D. João III (Santos, 12 de maio de 1548), pub. in ibidem. p. 259.

5. O MODELO MISTO

As significativas modificações geopolíticas e econômicas que se verificaram no decurso dos anos quarenta de Quinhentos tiveram profundas repercussões nas orientações estratégicas adotadas pelo governo joanino, designadamente em relação ao Brasil.

No domínio das relações internacionais, salientam-se os seguintes fatores que direta ou indiretamente se refletiram no Império Português e que influenciaram a tomada de decisões por parte de D. João III: os projetos expansionistas gauleses no hemisfério ocidental, o restabelecimento da paz entre Carlos V e Francisco I e a progressiva ocupação pela Espanha dos territórios que lhe competiam na América do Sul.

As tentativas francesas de criar colônias no Novo Mundo setentrional traduziram-se em rotundos fracassos. No decurso da sua terceira expedição (1541-1542), Jacques Cartier fundou o forte de Charlesbourg-Royal, nas imediações da embocadura do rio de São Lourenço, mas apenas conseguiu resistir dez meses, tendo iniciado a viagem de regresso à Europa em junho de 1542.

Francisco I nomeara, em 15 de janeiro de 1541, o protestante Jean François de La Rocque, senhor de Roberval, tenente-general do Canadá, Saguenay e Ochelaga. As dificuldades de financiamento e de recrutamento obrigaram o rei e o dirigente da empresa a alistar nas prisões grande parte do contingente de 150 homens e mulheres. A frota de Roberval partiu de La Rochelle em abril de 1542 e alcançou o seu destino em agosto seguinte. Os colonos franceses reocuparam o estabelecimento fundado por Cartier, rebatizado de France-Roy, mas não tiveram melhor sorte do que os seus antecessores, pois foram obrigados a retornar a França em setembro de 1543. A oposição dos iroqueses, a dureza das condições climatéricas e o escorbuto dizimaram a maioria dos membros das expedições e contribuíram para o seu insucesso.[55]

A assinatura, em 1544, do Tratado de Crépy-en-Lannois entre Francisco I e Carlos V pôs termo à quarta guerra franco-imperial pelo domínio da Itália. O soberano francês renunciou ao ducado de Milão, que foi integrado no Império Alemão, enquanto o reino de Nápoles foi incorporado na monarquia espanhola.

---

55 Cfr. LACOURSIÈRE, Jacques. "La Tentative de Colonisation – 1541/1543". **Le Monde de Jacques Cartier**, dir. de Fernand Braudel, Paris-Montréal, 1984. p. 273-284; TRIGGER, Bruce G. **Les Indiens, la Fourrure et les Blancs. Français et Amérindiens en Amérique du Nord**. trad. francesa, Montréal, 1990. p. 182-189.

Na década de quarenta de Quinhentos verificou-se um significativo reforço da presença espanhola na região sul-americana. Após a conquista do Império Inca (1530-1535), empreendida por Francisco Pizarro, o imperador criou, em 1544, o vice-reino do Peru com capital em Lima (fundada em 1535).[56] Passados alguns anos, deu-se a descoberta das minas de prata do Potosí (1545-1546), tão afanosamente procuradas por portugueses e espanhóis.

Como corolário dos progressos alcançados na ocupação do Novo Mundo a sul do Equador foram edificadas as cidades de Buenos Aires (1536), Assunção (1537) e Santiago do Chile (1541). Carlos V conseguiu, ainda, que Roma sancionasse um programa de criação de bispados: Cuzco (1537), Lima (1541) e Assunção (1547)[57] e instituísse o arcebispado de Lima (1547) com jurisdição sobre os territórios sul-americanos da Coroa espanhola.[58]

Na esfera das atividades econômicas, assistiu-se, entre 1545 e 1552, a uma profunda crise da economia internacional que afetou duramente o conjunto do Império Português e provocou uma viragem estrutural na economia lusitana.[59]

Em resposta às dificuldades provocadas pela penetração de piratas otomanos no Atlântico, pelos ataques dos xerifes do Sus às praças portuguesas do Magrebe – que levaram à perda de Santa Cruz do Cabo de Gué (1541) e ao abandono de Safim e Azamor (1542) – e pelas surtidas dos corsários franceses, o governo joanino tendeu a privilegiar cada vez mais acentuadamente a vertente marítima, assentando a sua estratégia no domínio do Atlântico, que era vital para o funcionamento da rota do Cabo. A opção pelo reforço do poder naval ganhou progressivamente terreno, conduzindo à secundarização do papel de Marrocos e à sobrevalorização dos arquipélagos atlânticos e do Brasil no contexto do Império Português.[60]

Uma análise da conjuntura internacional em 1548 revelava a existência de sérios riscos para a manutenção da soberania lusitana sobre a totalidade do território brasílico. O falhanço das tentativas francesas de fixação

---

56   Cfr. KIRKPATRICK, F. A. **The Spanish Conquistadores**. 3. ed. Londres, 1988. p. 153-174.
57   Cfr. SOLANO, Francisco de. "Contactos Hispano-portugueses en América a lo largo de la frontera brasileña (1500-1800). **Estudios (Nuevos e Viejos) sobre la Frontera**. Madrid, 1991. p. 191.
58   Cfr. DEL CASTILLO, Guillermo Céspedes. **América Hispánica (1492-1898)**. Barcelona, 1986. p. 501.
59   Cfr. GODINHO, Vitorino Magalhães. **Ensaios II. Sobre História de Portugal**. 2. ed. correcta e ampliada. Lisboa, 1978. p. 63.
60   Cfr. MACEDO, Jorge Borges de. **História Diplomática Portuguesa. Constantes e Linhas de Força. Estudo de Geopolítica**. Lisboa, 1987. v. I, p. 90.

no Canadá, bem como a cessação da guerra franco-espanhola, criaram condições favoráveis para que o novo rei de França, Henrique II (1547-1559), apoiasse os anseios expansionistas dos seus súditos normandos e bretões.

Apesar das negociações luso-francesas terem evoluído favoravelmente e permitido que o sucessor de Francisco I concordasse com o projeto de um duplo tribunal de arbitragem, que funcionaria simultaneamente em Paris e Lisboa, para dirimir os conflitos marítimos entre as duas Coroas,[61] D. João III não nutriria grandes ilusões sobre a política que adotaria o monarca gaulês relativamente ao Brasil logo que subjugasse a "revolta da gabela" (imposto sobre o sal) na Aquitânia e que terminasse a guerra com Eduardo VI de Inglaterra (1547-1553).

Os espanhóis, por seu turno, haviam erigido uma rede de povoações ao redor da Província de Santa Cruz, situação que se tornou ainda mais perigosa para Portugal após a descoberta das minas de Potosí, fato que reforçou enormemente o interesse de Carlos V pela região. No final da década de quarenta, a América Portuguesa encontrava-se ameaçada no litoral pelos franceses e na bacia platina e no interior pelo crescimento da colonização espanhola.

Aos condicionalismos de natureza externa adicionava-se a incapacidade das capitanias-donatarias para assegurar a completa ocupação e garantir a defesa eficaz do vastíssimo território brasílico. O absentismo de alguns capitães e a ruína ou morte de outros, a ausência de mecanismos que permitissem coordenar as forças terrestres e navais, as disputas entre titulares e representantes de outros governadores (caso de Pernambuco/Itamaracá) que não podiam ser dirimidas localmente, a inexistência de um delegado régio que pudesse arbitrar os conflitos entre os donatários e os respectivos colonos (casos da Bahia e de Porto Seguro), bem como os abusos praticados na administração da justiça levaram o círculo governativo joanino a ponderar, em 1548, a adoção de um modelo mais adequado aos desafios que a colonização da Província de Santa Cruz suscitava.

A alternativa encontrada pelos conselheiros de D. João III consistiu na criação de uma estrutura político-administrativa, judicial, fiscal e militar diretamente subordinada a Lisboa: o Governo-Geral. No entanto, constituindo o objetivo primordial garantir o controle efetivo do *espaço* brasílico, não foi adotado como paradigma o Estado da Índia, uma vez que este se

---

61   Cfr. SERRÃO, Joaquim Veríssimo. **A Embaixada em França de Brás de Alvide (1548-1554)**. Paris, 1969. p. 23-24.

caracterizava pela descontinuidade geográfica e pela heterogeneidade das suas instituições, por ser essencialmente uma *rede*, ou seja, um sistema de comunicação entre vários espaços.[62]

A 17 de dezembro de 1548, o rei assinou em Almeirim os regimentos do governador-geral, do provedor-mor, dos provedores da fazenda e, muito provavelmente, do ouvidor-geral. Ao governador-geral do Brasil foram cometidos amplos poderes. Competia-lhe efetuar visitas de inspeção às capitanias-donatarias, bem como socorrer as que se encontrassem em dificuldades.

Na esfera da defesa, o regimento fixava o armamento mínimo que deveria existir em cada capitania-donataria, engenho ou fazenda; obrigava todos os moradores que possuíssem casas, terras ou navios a ter, pelo menos, besta, espingarda, lança ou chuça; ordenava a fortificação de todas as vilas e povoações e impunha aos senhores de engenho ou fazenda a edificação de estruturas defensivas (torres ou casas-fortes) nas suas propriedades.

O governador-geral deveria tornar públicas as ordens régias em matéria de defesa, sendo incumbido de velar pelo seu cumprimento e devendo aplicar multas a todos aqueles que as não executassem no prazo de um ano. Ficava ainda autorizado a mandar construir, à custa da fazenda real, navios a remos dotados de artilharia. As instruções metropolitanas sublinhavam que uma das tarefas prioritárias do governador-geral consistia em combater eficazmente a presença de corsários nas costas brasileiras, aplicando-lhes punições tão severas que os dissuadissem de continuar a frequentar aquelas paragens.

Ao governador-geral foram concedidas importantes atribuições no domínio das relações com os indígenas: proibir que as aldeias de índios fossem salteadas por mar ou terra para evitar os abusos anteriormente praticados, que tinham originado a revolta de muitos grupos tribais; interditar a venda de todo o tipo de armas ofensivas e defensivas aos gentios (artilharia, arcabuzes, espingardas, pólvora e munições, bestas, lanças, espadas ou punhais); divulgar as determinações reais, bem como as sanções que seriam aplicadas a todos aqueles que as violassem (pena de morte e confisco dos bens); fomentar a conversão dos nativos ao catolicismo, impedir que se oprimissem os conversos e castigar os infratores; favorecer os aliados (tupiniquins) e punir os que resistiam à colonização portuguesa (tupinambás).

---

62 Cfr. THOMAZ, Luís Filipe Ferreira Reis. "Estrutura Política e Administrativa do Estado da Índia no século XVI". **II Seminário Internacional de História Indo-Portuguesa – Actas**. Lisboa, l985. p. 515-517.

Na área das atividades econômicas competia ao governador-geral ordenar a criação de feiras – pelo menos com uma frequência semanal – em todas as vilas e povoações destinadas a fomentar as trocas com os índios, bem como estabelecer a data para a sua realização; proibir os colonos de, sem licença, irem negociar às aldeias indígenas, excetuando os que habitavam nas fazendas e engenhos vizinhos, sob pena de açoites para os peões e de 20 cruzados de multa para as pessoas de "mor qualidade" e fixar, conjuntamente com os capitães e oficiais, preços justos para as mercadorias da terra e do reino.

O soberano delegou, ainda, competências de natureza tributária no governador-geral. Deveria proceder, conjuntamente com o provedor-mor da fazenda, ao levantamento das rendas e direitos da Coroa em cada capitania-donataria, averiguar quais as importâncias arrecadadas, bem como a forma como tinham sido despendidas. Poderia, também, mediante parecer do mesmo funcionário, nomear os provedores e demais oficiais da Fazenda Real.[63]

A administração da justiça foi significativamente alterada com a criação do cargo de ouvidor-geral. D. João III retirou substanciais poderes aos capitães-governadores e respectivos ouvidores, reduzindo-lhes a alçada para apenas 20.000 reais de multa. Nos processos do foro criminal, o monarca conferiu ao ouvidor-geral competência para aplicar sentenças até a pena de morte, inclusive, em peões e escravos, sem apelo nem agravo, com a condição de julgar o caso na mesma localidade onde estivesse o governador-geral e deste despachar favoravelmente a sentença. No caso de se verificarem pareceres divergentes entre os dois altos funcionários régios, o réu seria transferido para a alçada do corregedor da corte, acompanhado dos respectivos autos. Quanto aos privilegiados, o limite da alçada foi fixado em cinco anos de degredo. O regimento determinava, ainda, que o ouvidor-geral deveria encontrar-se sempre no local onde residisse o governador-geral, exceto quando este lhe ordenasse que partisse em missão.[64]

O regimento do provedor-mor da fazenda cometia ao titular desse cargo a superintendência sobre todos os assuntos ligados à Fazenda Real e colocava as alfândegas e as provedorias das capitanias-donatarias sob a sua jurisdição. A provedoria-mor funcionava como única instância de recurso para as causas tributárias que envolvessem importâncias superiores a 10.000 reais, as quais seriam despachadas pelo provedor-mor conjunta-

---

63 Cfr. "Regimento de Tomé de Sousa", pub. in **HCPB**, v. III, p. 345-350.
64 Cfr. "Carta do doutor Pêro Borges, ouvidor-geral do Brasil, a D. João III (Porto Seguro, 7 de fevereiro de 1550)", pub. in Ibidem. p. 267-269.

mente com dois letrados designados pelo governador-geral. No caso de se encontrar fora da sede do governo-geral, o provedor-mor poderia avocar todos os feitos da localidade onde estivesse; conhecer ações novas até 10.000 reais, desde que referentes a uma área circunscrita a cinco léguas em redor da povoação em que residisse temporariamente e, ainda, despachar processos com importâncias compreendidas entre 2 e 10.000 reais.

O provedor-mor foi incumbido pela Coroa de dirimir os conflitos que surgissem sobre águas e dadas de terras em todas as capitanias-donatarias, mesmo que os respectivos governadores ou seus representantes constituíssem uma das partes envolvidas no processo. O documento vedava categoricamente aos donatários, seus lugares-tenentes e outros funcionários a intromissão nos assuntos da Fazenda Real, sob pena de perda dos respectivos cargos.[65]

Os regimentos régios reduziram substancialmente os poderes conferidos pelo soberano aos capitães-governadores e criaram um novo quadro institucional que reservava à Coroa um papel muito mais interveniente no governo do Brasil. Até então aqueles titulares estavam diretamente subordinados à longínqua autoridade real, dispondo de poderes quase absolutos nos domínios militar, judicial, econômico e administrativo. Com a criação do governo-geral, ficaram sujeitos à atividade fiscalizadora do representante do rei, que passou a coordenar a defesa e as relações com os indígenas; perderam a maior parte das suas prerrogativas na administração da justiça, e os seus ouvidores, meirinhos, tabeliães e escrivães foram colocados sob a alçada do ouvidor-geral; na área econômica, a concessão de sesmarias e a exploração do pau-brasil ficaram subordinadas ao provedor-mor da fazenda, enquanto a cobrança dos direitos régios passou a constituir competência exclusiva das provedorias, colocadas sob a dependência direta daquele alto funcionário régio.

Em suma, o novo modelo mantinha as capitanias-donatarias, embora reduzindo substancialmente as suas atribuições iniciais, articulava-as com o funcionamento de órgãos da administração régia estabelecidos na Província de Santa Cruz e, em vários domínios (militar, judicial e fiscal), submetia-as à inspeção de representantes diretamente nomeados pelo rei instalados no próprio território.

---

65   Cfr. "Regimento de António Cardoso de Barros", pub. in ibidem. p. 350-353.

Desde 1514 que o Brasil dependia eclesiasticamente do bispado do Funchal. No prosseguimento da sua política de solicitar ao papado a criação de novas dioceses no espaço imperial português, D. João III obteve de Júlio III (1550-1555) a ereção da diocese de *São Salvador*, na Bahia, com jurisdição sobre todo o território brasílico, através da bula *Super specula militantis ecclesiae*, de 25 de fevereiro de 1551, tendo sido nomeado D. Pêro Fernandes Sardinha para seu primeiro titular. Concluiu-se, assim, a arquitetura institucional da Província de Santa Cruz no período joanino.[66]

---

66 Cfr. ALMEIDA, Fortunato de. **História da Igreja em Portugal**. ed. de Damião Peres. Porto, 1968. v. II, p. 23.

VI

A Consolidação da Conquista

1. A INSTALAÇÃO DO GOVERNO GERAL

O malogro da empresa colonizadora levada a cabo por Francisco Pereira Coutinho permitiu ao governo joanino incorporar – mediante o pagamento de uma indenização de 400.000 reais por ano ao herdeiro daquele capitão-governador – na Coroa a capitania-donataria da Bahia, transformá-la em capitania real e aí estabelecer a sede do governo geral.

Os motivos que terão levado D. João III a optar pela Bahia estariam relacionados com o abandono a que se encontrava votada devido à morte do seu titular e de muitos dos seus companheiros em combate com os tupinambás, com as excepcionais condições que proporcionava para a ancoragem de grandes frotas e, finalmente, com o posicionamento geográfico relativamente central que facilitava a inspeção e as operações de socorro às povoações do território então integrado na Província de Santa Cruz.

A instalação do governo geral do Brasil foi cuidadosamente planejada pela administração régia. A 19 de novembro de 1548, o monarca enviou, através do navio comandado por Gramatão Teles, uma mensagem a Diogo Álvares e a um dos seus genros, Paulo Dias Adorno, dando-lhes conhecimento das decisões tomadas, recomendando-lhes que efetuassem diligências junto dos indígenas para que a expedição fosse bem recebida e solicitando-lhes que organizassem o aprovisionamento de mantimentos.[1] Por Carta Régia de 7 de janeiro de 1549, Tomé de Sousa foi nomeado capitão da Bahia e governador-geral do Brasil, por um período de três anos com o ordenado anual de 400.000 reais.

A 1 de fevereiro de 1549 partiu de Lisboa a expedição colonizadora, comandada pelo representante de D. João III. A armada, constituída por 6 navios régios (3 naus, 2 caravelas e 1 bergantim) e dois particulares (de

---

1 Cfr. CARNEIRO, Edison. **A Cidade do Salvador, 1549: uma reconstituição histórica**. 2. ed. Rio de Janeiro, 1980. p. 25.

Fernão Álvares de Andrade), transportava o ouvidor-geral, doutor Pêro Borges, o provedor-mor da fazenda, António Cardoso de Barros, o capitão-mor da costa, Pêro de Góis, o mestre de obras, Luís Dias, o vigário, padre Manuel Lourenço, o primeiro grupo de missionários jesuítas, em número de seis, chefiado pelo padre Manuel da Nóbrega, um físico, um boticário, Duarte de Lemos, Garcia de Ávila, elevado número de artífices (pedreiros, canteiros, carpinteiros, calafates, marceneiros, tanoeiros, serradores, ferreiros, fundidores etc.),[2] cerca de 600 colonos e homens de armas (soldados, bombardeiros, besteiros e trombetas) e 400 degredados.[3]

À sua chegada à baía de Todos os Santos, verificada a 29 de março, os expedicionários, que iriam dar início a um novo ciclo no processo de colonização da Província de Santa Cruz, encontraram mais de 40 moradores, entre os quais se contavam o Caramuru e os seus genros Paulo Dias Adorno e Custódio Rodrigues Correia.[4]

Atendendo a que a única povoação então existente na capitania da Bahia – a *Vila do Pereira*, edificada em 1536 pelo donatário Pereira Coutinho – não se encontrava convenientemente situada, uma das primeiras tarefas de Tomé de Sousa consistiu em escolher um local adequado à fundação da sede do governo geral. Depois de escutar vários pareceres, optou por construir a cidade do *Salvador* no alto de uma colina sobranceira à enseada da Barra, a meio caminho entre Itapagipe e a doravante designada Vila Velha, devido ao posicionamento estratégico que garantia convenientes condições de defesa e à proximidade a que se encontrava do ancoradouro e de uma grande fonte de água potável (as Pedreiras). O delegado régio conferiu prioridade à edificação de uma cerca em taipa dotada de baluartes artilhados (São Jorge, Santa Cruz, São Tomé e Santiago).[5]

O traçado da nova urbe, concebido por mestre Luís Dias a partir de plantas – os "traços e amostras" – que foram fornecidos em Lisboa a Tomé de Sousa, foi condicionado por preocupações de natureza defensiva, mas continha já algumas inovações de cariz renascentista, designadamente a natureza geométrica das suas ruas e a criação de uma praça central em torno da qual se construíram os edifícios principais de planta retangular.

---

2   Cfr. Idem. Ibidem. p. 107-120.
3   Cfr. SOUSA, Gabriel Soares de. **Notícia do Brasil**. ed. de Pirajá da Silva. São Paulo, s.d. (1587). v. I, p. 245.
4   Cfr. "Carta ao padre Simão Rodrigues (Bahia, 10 de abril de 1549)", pub. in **Cartas do Brasil e mais Escritos do Padre Manuel da Nóbrega (Opera Omnia)**. introd. e notas históricas e críticas de Serafim Leite. Coimbra, 1955. p. 17-22.
5   Cfr. CARNEIRO, Edison. Op. cit. p. 55-95.

O governador-geral criou o conselho, a que atribuiu um termo com uma extensão de seis léguas, e, coadjuvado por Dias, dirigiu a construção das Casas do Governo, da Audiência, da Câmara, da Fazenda e da Alfândega, da capela de Nossa Senhora da Conceição, da cadeia, de casernas, dos armazéns, de ferrarias e de habitações para os colonos.[6] Paralelamente, Nóbrega superintendia a edificação da Igreja de Nossa Senhora da Ajuda, primeiro templo da Companhia de Jesus no continente americano.

Um texto da década de oitenta de Quinhentos descreve, da seguinte forma, o espaço nobre da primeira capital brasílica:

> "Está no meio desta cidade uma honesta praça em que se correm touros quando convém, em a qual estão na banda do sul umas nobres casas em que se agasalham os governadores e da banda do norte tem as casas do negócio da Fazenda, Alfândega e armazéns, da parte de leste tem a casa da Câmara, cadeia e outras casas de moradores com que fica esta praça em quadra e o pelourinho no meio dela, a qual da banda do poente está desabafada com grande vista sobre o mar, onde estão assestadas algumas peças de artilharia grossa..."[7]

2. A ATIVIDADE GOVERNATIVA DE TOMÉ DE SOUSA

O governador-geral procedeu, de acordo com o estipulado no respectivo regimento, à distribuição de terras em regime de sesmaria aos colonos, designadamente a Garcia de Ávila. Ordenou a abertura de caminhos que facilitassem o acesso ao Recôncavo Baiano e criou um estaleiro para a construção de pequenas e médias embarcações destinadas à navegação fluvial e costeira.

De acordo com o plano delineado em 1548, a Coroa enviou anualmente uma armada à Bahia com novos contingentes populacionais — incluindo moradores das ilhas dos Açores, particularmente da de São Miguel[8] – bem como o mais variado equipamento destinado ao prosseguimento das atividades de produção e construção. O comandante da esquadra de 1550 e 1555, Simão da Gama de Andrade, acabou por se fixar na terra com a mulher e filhos, o mesmo acontecendo ao da frota de 1551, António de Oliveira Carvalhal, que viria a desempenhar as funções de alcaide da Vila Velha.[9]

---

6   Cfr. Idem. Ibidem. p. 89-101.
7   SOUSA, Gabriel Soares de. Op. cit. v. I, p. 256.
8   Cfr. Carta de Simão da Gama de Andrade a D. João III (Cidade do Salvador, 12 de junho de 1555), pub. in **História da Colonização Portuguesa do Brasil** (doravante **HCPB**), dir. de Carlos Malheiro Dias. Porto, 1926. v. III, p. 380.
9   Cfr. CARNEIRO, Edison. Op. cit. p. 65.

Tomé de Sousa mandou construir, em novembro de 1550, uma galé, cujo comando confiou a Miguel Henriques, incumbindo-o de subir o rio de São Francisco até ao limite navegável com o objetivo de explorar o sertão e de descobrir jazidas de ouro e prata, uma vez que poucos anos antes os espanhóis haviam encontrado as minas do Potosí, no Alto Peru.

Em 1 de novembro de 1552, Tomé de Sousa iniciou uma viagem e inspeção às capitanias situadas a sul da Bahia (Ilhéus, Porto Seguro, Espírito Santo e São Vicente), acompanhado por altos funcionários régios e pelo padre Manuel da Nóbrega. No decurso dessa missão, dirigiu a fortificação das vilas e povoações visitadas, dotando-as de artilharia, ordenou a construção de Casas da Audiência e de cadeias e tomou algumas medidas disciplinadoras de caráter urbanístico. Em Ilhéus, destituiu o lugar-tenente do donatário e designou um substituto.

Na capitania de São Vicente, o governador-geral introduziu melhoramentos na fortaleza da Bertioga, que anteriormente mandara contruir por ordem régia, reuniu os moradores, que estavam dispersos pelos Campos de Piratininga, na povoação de *Santo André da Borda do Campo* – à qual concedeu o estatuto de vila (1553) – e fundou *Conceição* (*Itanhaém*), posteriormente elevada à idêntica categoria (1561).

Durante a sua permanência na região meridional, Tomé de Sousa mandou retirar os símbolos de soberania espanhóis implantados na costa até o rio da Prata, substituindo-os por padrões com as armas lusitanas. Procurou suspender as importantes relações econômicas existentes entre os vicentinos e os castelhanos, por considerar que a cidade de Assunção, no Paraguai, estaria edificada em território pertencente à monarquia portuguesa. De igual modo, não autorizou os jesuítas a penetrar no sertão para evitar que os colonos, devido às notícias que circulavam sobre a existência de metais preciosos no interior, os seguissem e, consequentemente, desguarnecessem as povoações do litoral (São Vicente, Santos e Itanhaém).

O governador-geral regressou à cidade do Salvador a 1 de maio de 1553, tendo, pouco depois, sugerido a D. João III a adoção, entre outras, das seguintes medidas destinadas a aperfeiçoar e intensificar a colonização do Brasil: compelir os donatários a fixar residência nas suas áreas de jurisdição ou, pelo menos, a designar lugares-tenentes capazes; fundar uma honrada povoação na baía da Guanabara, que era já o único ancoradouro importante onde os franceses se abasteciam de pau-brasil; introduzir a justiça régia na capitania de Pernambuco; nomear um capitão para o Salvador da Bahia; libertar o governador-geral da obrigatoriedade de residir naquela cidade de modo a ficar disponível para acorrer às regiões que estivessem mais necessitadas da sua presença e, finalmente, enviar até dez homens honrados para exercerem cargos de capitães e de oficiais da fazenda.[10]

Em cerimônia efetuada na capital do Brasil, o governador-geral armou cavaleiros, em 7 de julho de 1553, três filhos de Diogo Álvares e de Paraguaçu (Gaspar, Gabriel e Jorge Álvares) e um dos seus genros (João de Figueiredo) pelos serviços prestados à Coroa, decisão posteriormente confirmada por D. João III.

Tomé de Sousa foi substituído, a seu pedido, cessando funções a 13 de julho de 1553, data em que transmitiu ao seu sucessor, D. Duarte da Costa (1553-1557), o governo geral do Brasil.

3. A PENETRAÇÃO NO SERTÃO

As características geomorfológicas da região sul-oriental, designadamente a barreira de escarpas retilíneas da serra do Mar com altitudes da ordem dos 800 a 1.000 metros e recobertas por densas florestas pluviais, constituíram obstáculo de monta ao estabelecimento de ligações regulares entre o litoral e o sertão, dificultando a articulação entre as povoações costeiras e as do planalto.[11]

Martim Afonso de Sousa, pretendendo evitar que a penetração de portugueses nas terras dos aliados indígenas pudesse dar origem ao aparecimento de conflitos que colocassem em causa a segurança dos embrionários núcleos de colonização, vedou aos habitantes da ilha de São Vicente a possibilidade de se deslocarem livremente ao planalto. Essa proibição somente foi revogada pela mulher, D. Ana Pimentel, em 1546, quando o titular da capitania efetuava a viagem de regresso ao reino, após ter exercido o cargo de governador do Estado da Índia (1542-1545).[12]

Em 1553, o padre Manuel da Nóbrega, ao efetuar uma missão pastoral às capitanias do Sul, verificou que a vila de São Vicente se encontrava muito afastada das aldeias de índios, tendo decidido criar uma base que facilitasse o acesso ao Paraguai, já que projetava fundar um colégio na cidade de Assunção.

---

10 Cfr. Carta a D. João III (Cidade do Salvador, 1 de junho de 1553), pub. in **HCPB**, v. III. p. 364-366.
11 Cfr. AB'SÁBER, Aziz Nacib. "Fundamentos Geográficos da História Brasileira": **História Geral da Civilização Brasileira**. dir. de Sérgio Buarque de Holanda. 7. ed. São Paulo, 1985. v. I, p. 59-63.
12 Cfr. DIAS, C. Malheiro. "O Regímen Feudal das Donatarias": **HCPB**. v. III, p. 232.

Devido à oposição de Tomé de Sousa, o superior da Província do Brasil da Companhia de Jesus resolveu limitar a sua atuação missionária aos territórios pertencentes à Coroa de Portugal. Em finais de julho de 1553, Nóbrega escalou a serra de Paranapiacaba, alcançou o planalto de Piratininga e escolheu uma área localizada entre os rios Tamanduateí e Anhangabaú, "onde Martim Afonso primeiro povoou"[13] – para reunir os membros de três aldeias de silvícolas – as dos morubixabas Tibiriçá, Caiubi e Tamandiba – que tinham concordado em agrupar-se numa única comunidade de modo a facilitar o processo evangelizador. Esse local – distanciado cerca de dez léguas do litoral – tinha a vantagem de se situar nas margens do rio Tietê, um dos principais afluentes do Paraná, permitindo, por conseguinte, o acesso às populações do sertão, em especial os carijós (guaranis).[14]

O superior dos jesuítas fundou, a 29 de agosto de 1553, a aldeia de *Piratininga*, cuja chefia confiou a Martim Afonso Tibiriçá, iniciou a catequese dos aborígenes, criou uma Escola de Meninos, entregando a sua direção ao irmão António Rodrigues, e batizou solenemente, nessa ocasião, 50 catecúmenos, encarregando-os de construir uma igreja e um colégio. A 25 de janeiro de 1554, o padre Manuel de Paiva, superior do grupo de jesuítas enviado por Nóbrega em missão a Piratininga, celebrou a primeira missa no rudimentar templo de taipa do Colégio de São Paulo.

Em 1560, apesar da resistência do clã Ramalho, o governador-geral, Mem de Sá, determinou a transferência da população de Santo André para *São Paulo* – por insistência de Nóbrega, que a justificou como imprescindível para reforçar a segurança e sedimentar a ocupação do planalto –, concedeu aos novos moradores uma dada de terras em Gerebatiba para construção das respectivas habitações e atribuiu à povoação fundada pelos jesuítas o estatuto de vila.[15] Esta viria a transformar-se no bastião da penetração portuguesa no sertão, donde partiriam, no século seguinte, as "bandeiras paulistas".

---

13   Carta a D. João III (Capitania de São Vicente, Setembro-Outubro de 1553), pub. in **Cartas do Brasil...** p. 187-191.
14   Cfr. CORTESÃO, Jaime. **A Fundação de São Paulo, Capital Geográfica do Brasil**. Rio de Janeiro, 1955. p. 201-214.
15   Cfr. LEITE, Serafim. **Breve Itinerário para uma Biografia do Padre Manuel da Nóbrega, Fundador da Província do Brasil e da Cidade de São Paulo (1517-1570)**. Lisboa-Rio de Janeiro, 1955. p. 165-167.

4. A FRANÇA ANTÁRTICA

A gradual ocupação do litoral resultante da expansão da colonização portuguesa reduziu paulatinamente o número de enseadas acessíveis aos navios franceses na "Costa do Pau-Brasil". As crescentes dificuldades encontradas pelos armadores normandos e bretões para manter as linhas comerciais com a América do Sul levaram-nos a envidar esforços no sentido de aliciar Henrique II a adotar uma política oficial de apoio à penetração gaulesa nas paragens tropicais, até porque as várias tentativas de criação de estabelecimentos no hemisfério setentrional (Canadá), empreendidas pelo seu antecessor, haviam fracassado.

Os homens de negócios da França atlântica – em que se destacava João Ango, visconde de Dieppe – aproveitaram a ocasião propiciada pela entrada solene do novo rei e de Catarina de Médicis em Ruão, a 1 de outubro de 1550, para promover a realização de uma festa brasílica que recriava o ambiente de uma aldeia tupi com cerca, malocas, redes e animais emblemáticos (papagaios e saguins). A encenação contava com a participação de cinco dezenas de tamoios, que, com os seus ornamentos e armamento, efetuaram, nas margens do Sena, danças e evoluções guerreiras, bem como representaram cenas alusivas ao abate, transporte, carregamento e troca do pau-brasil por objetos metálicos.[16] Oficialmente destinados a celebrar a visita real à capital da Normandia, os festejos tinham a intenção de despertar o interesse dos soberanos para as potencialidades econômicas da terra brasílica.

O contato com os meios mercantis normandos, associado à intenção de fomentar as atividades do recém-concluído porto do Havre, bem como a política de desenvolvimento da marinha oceânica francesa com o objetivo último de disputar às Coroas ibéricas o monopólio do comércio ultramarino e o domínio da América, induziram Henrique II a enviar uma expedição destinada a sintetizar as informações existentes sobre o Brasil e a efetuar um levantamemto dos seus recursos.

O navio régio, no qual embarcaram o piloto e cartógrafo Guilherme Le Testu e o cosmógrafo André Thevet, percorreu, em 1551-1552, uma parcela do litoral sul-americano, tendo o primeiro elaborado numerosas cartas-portulano que destacavam a importância estratégica da baía da Guanabara e assinalavam as regiões onde se produziam ou comerciavam mer-

---

16 Cfr. DENIS, Ferdinand. **Uma Festa Brasileira**. trad. port. Rio de Janeiro, 1944. p. 3-27.

cadorias como madeiras para tinturaria, algodão ou prata,[17] dedicando-as a Gaspar de Coligny (1519-1572) que fora investido nas funções de almirante de França em 12 de janeiro de 1553.[18]

Em julho de 1553, Nicolau Durand de Villegagnon (1510-1572), cavaleiro da Ordem de Malta, foi, em recompensa pelos serviços prestados à Coroa nos assuntos escoceses, nomeado vice-almirante da Bretanha.[19] No exercício dessas funções estabeleceu contatos com os meios marítimos de Brest, tomando conhecimento da intensidade das relações mantidas com o Brasil, dos benefícios que lhes proporcionavam essas linhas comerciais e das virtualidades da terra brasílica. Por outro lado, as conversas com Le Testu e Thevet chamaram-lhe a atenção para a região da Guanabara ("baía semelhante a um mar") que, além de ser um ancoradouro de excelente qualidade, dispunha de importantes recursos econômicos, possuindo, ainda, as vantagens adicionais da inexistência, naquela área, de qualquer presença lusa e do grupo tribal que a habitava – os tamoios – ser aliado dos franceses e inimigo dos portugueses. Estes elementos levaram o cavaleiro de Malta a congeminar o estabelecimento de uma colônia francesa no Novo Mundo austral.

A identificação da personalidade que apresentou o plano a Henrique II e que conseguiu obter a sua aprovação é polêmica. Enquanto os biógrafos de Coligny lhe atribuem um papel decisivo na intervenção junto do monarca, chamando-lhe a atenção para as vantagens políticas e econômicas da empresa, em consequência da visita que efetuou à Normandia, no início de 1555, no decurso da qual terá prometido apoiar a iniciativa do vice-almirante da Bretanha,[20] outros autores sublinham ter sido o cavaleiro de Malta a expor diretamente ao soberano o seu projeto de criação da França Antártica, alcançando o beneplácito régio.[21] Para garantir o sucesso do empreendimento, Villegagnon adotou a estratégia de procurar garantir um alargado leque de patrocínios, tendo conseguido assegurar o empenhamento das mais influentes personalidades da corte, designadamente do duque de Guise e do cardeal da Lorena.

O incentivo real à expedição traduziu-se, nomeadamente, na concessão de um financiamento de 10.000 libras tornesas, decisão que, segundo

---

17 Cfr. BONNICHON, Philippe. "A França Antártica": **História Naval Brasileira**. Rio de Janeiro, 1975. v. I, t. 2, p. 420-423.
18 Cfr. CRÉTÉ, Liliane. **Coligny**. Paris, 1985. p. 65-68.
19 Cfr. PEILLARD, Leonce. **Villegagnon, Vice-amiral de Bretagne et Vice-roi du Brésil**. Paris, 1991. p. 88-89.
20 Cfr. CRÉTÉ, Liliane. Op. cit. p. 73-74.
21 Cfr. PEILLARD, Leonce. Op. cit. p. 100-102.

Cap. VI | A Consolidação da Conquista

algumas opiniões, consta já de uma ordem de pagamento datada de 26 de março de 1554,[22] enquanto outras, por seu turno, somente mencionam uma instrução datada de 26 de março do ano seguinte.[23] Em qualquer dos casos, o desejo de evitar o surgimento de complicações diplomáticas com a corte de Lisboa esteve na origem da precaução de não declarar expressamente em documentos reais qual a finalidade da missão, limitando-se a referir que se destinava a "certa empresa".[24]

A organização da expedição foi rodeada das maiores cautelas, tendo sido divulgadas informações de que a mesma se destinaria à Guiné de forma a induzir a erro os espiões de D. João III e de Carlos V. Em virtude de Villegagnon ter deparado com dificuldades em alistar os homens que considerava necessários, foi autorizado a recrutar condenados nas prisões de Ruão e Paris.[25]

O vice-almirante conseguiu aliciar vários escoceses que pertenceram à sua guarda pessoal, o seu sobrinho Paris Le Gendre, senhor de Bois-le-Comte, o franciscano André Thevet, o piloto Nicolau Barré e alguns protestantes, nomeadamente La Chapelle e Thoret, ascendendo o heterogêneo contingente colonizador a cerca de 600 homens.

A ambiguidade das opções religiosas de Villegagnon permitiu-lhe congregar simultaneamente o apoio de reformados e de católicos. Além da Coroa, que forneceu dinheiro e duas embarcações de grande porte, também armadores normandos e bretões participaram no financiamento do projeto que lhes interessava profundamente, em virtude de proporcionar um local seguro para os seus navios se abastecerem de mercadorias brasílicas.[26]

A 12 de julho de 1555 zarparam do Havre três navios que, devido a tempestades, foram obrigados a refugiar-se em Inglaterra, dirigindo-se seguidamente para Dieppe a fim de efetuar reparações, fato que provocou a deserção de muitos expedicionários.[27] A frota partiu novamente a 14 de agosto, alcançou o litoral brasílico, por alturas de Macaé, no início de novembro, atingindo, a 10 desse mês, a baía da Guanabara, único ancoradou-

---

22 Cfr. Idem. Ibidem.
23 Cfr. CLOULAS, Ivan. **Henri II**. Paris, 1985. p. 456.
24 Cfr. BNP, **Ms. fr. 5128**, fl. 457, cit. por LESTRINGANT, FranK. **Le Huguenot et le Sauvage. L'Ámérique et la controverse coloniale, en France, au temps des Guerres de Religion (1555-1589)**. Paris, 1990. p. 287.
25 Cfr. PEILLARD, Leonce. Op. cit. p. 102-105.
26 Cfr. BONNICHON, Philippe. Op. cit. p. 428-429.
27 Cfr. LESTRINGANT, Frank. Op. cit. p. 287.

ro de grande valor estratégico no trecho de costa compreendido entre Itamaracá e a Cananeia, onde, nessa data, não existia presença portuguesa.

Por razões de ordem defensiva, Villegagnon decidiu estabelecer-se na pequena ilha de Serigipe (Vilaganhão) – que reunia boas condições de defesa, nomeadamente o relevo alcantilado, mas não dispunha de água potável –, onde dirigiu a edificação do forte Coligny,[28] instalou um posto de observação na ilha Ratier (Laje) e enviou expedições, que se malograram, destinadas a criar bases em Macaé, Cabo Frio e no rio da Prata. O local selecionado para a fixação dos franceses, bem como o seu confinamento à ilha, tornaram-nos dependentes dos suprimentos de água e mantimentos oriundos do continente, que eram fornecidos pelos tamoios, circunstância que reduzia a sua margem de manobra nas relações com os "brasis" e debilitava a capacidade de resistência da guarnição em caso de cerco prolongado.

Por considerar o número de homens insuficiente, Villegagnon encarregou, no início do ano seguinte, o sobrinho de angariar reforços em França e em Genebra. Bois-le-Comte levava instruções para recrutar mais colonos, especialmente nos meios protestantes. A possibilidade de instalar uma florescente comunidade reformada no Novo Mundo agradou a João Calvino (1509-1564), que acedeu aos pedidos de Villegagnon, de quem havia sido condiscípulo na Universidade de Paris, enviando uma delegação de catorze membros, chefiada por Filipe de Corguillerait, senhor Du Pont, nobre da confiança de Coligny, constituída pelos ministros genebrinos Pedro Richer e Guilherme Chartier e por refugiados franceses, entre os quais se contava o borgonhês João de Léry.[29]

O representante de Villegagnon obteve apoio suplementar da Coroa, que forneceu três navios, aparelhados a expensas do tesouro régio, conseguindo aliciar novos expedicionários sobretudo na Normandia, mas também em Paris e noutras regiões francesas. A frota de reforço – que transportava 290 indivíduos, incluindo cinco jovens casadoiras dirigidas por uma matrona e seis crianças destinadas a aprender a língua tupi – partiu de Honfleur a 19 de novembro de 1556, tendo atingido o seu objetivo a 7 de março de 1557.[30]

---

28 Cfr. ANDRÉ THEVET. **As Singularidades da França Antártica**. trad. port. Belo Horizonte-São Paulo, 1978 (1557). p. 93-94.
29 Cfr. CLOULAS, Ivan. Op. cit. p. 456-458.
30 Cfr. LÉRY, Jean de. **Viagem à Terra do Brasil**. trad. de Sérgio Milliet, notas tupinológicas de Plínio Ayrosa. 3. ed. São Paulo, 1960 (1578). p. 55-78.

Cap. VI | A Consolidação da Conquista

O cavaleiro de Malta, imbuído de ideais reformadores e ascéticos, aspirava dirigir uma comunidade que constituísse um modelo de rigoroso cumprimento dos preceitos evangélicos, impondo rígidas normas de conduta moral aos seus homens. Com o objetivo de combater o pecado da luxúria, proibiu as ligações entre franceses e mulheres aborígenes, procurando mantê-los na fortaleza e impedir os contatos com o continente.

As imposições do dirigente da França Antártica não foram bem recebidas pelos intérpretes normandos que há longos anos se encontravam estabelecidos na região e tinham adotado muitos dos hábitos dos tamoios. Aqueles estavam, ainda, agravados pelo aparecimento de uma autoridade superior que lhes retirava a autonomia e lhes minava o prestígio junto das comunidades autóctones, que tratavam respeitosamente o vice-almirante por "Pay Cola", ou seja, "senhor Nicolau".[31]

Apoiado pelos escoceses e pelos calvinistas – partidários da adoção de padrões éticos muito exigentes –, Villegagnon conseguiu fazer prevalecer a sua orientação. Todavia, as condições de sobrevivência na ilha – o clima tropical, a dureza dos trabalhos de construção das estruturas defensivas e a alimentação baseada nos produtos da terra fornecidos pelos ameríndios – associadas a regras de comportamento espartanas estiveram na origem de um levantamento, ocorrido em fevereiro de 1556, dirigido por um "língua". O motim foi dominado, mas provocou a morte e execução de vários homens e a deserção de outros, que procuraram refúgio nas tabas dos aborígenes.[32]

A chegada de reforços consolidou as posições de Villegagnon, que acolheu os recém-chegados, em especial os calvinistas, com particular simpatia, criando todas as condições para a celebração do culto reformado, no qual participava pessoalmente. Contudo, a concórdia entre o senhor do forte Coligny e os ministros genebrinos não perdurou muito. Passado pouco tempo, surgiram divergências motivadas por diferentes interpretações de aspectos ligados à comunhão – a questão da ceia – que conduziram Villegagnon a enviar Chartier a Genebra com a missão de solicitar ao fundador do calvinismo o seu parecer sobre o assunto.

As querelas teológicas agravaram-se, contribuindo para afastar do fundador da França Antártica uma parcela dos seus mais dedicados adeptos. A recusa dos seguidores da Igreja de Genebra em aceitar as intromissões de

---

31 Cfr. GAFFAREL, Paul. **Histoire du Brésil Français au XVIème siècle**. Paris, 1878. p. 183.
32 Cfr. BONNICHON, Philippe. Op. cit. p. 429-430.

Villegagnon em matéria doutrinal provocou a sua hostilidade, tendo este, depois da celebração da ceia do Pentecostes, declarado Calvino "herege transviado da fé" e passado a perseguir os seus discípulos. Segundo a versão de um dos membros do grupo calvinista, esta mudança de atitude ter-se-ia também ficado a dever à recepção de cartas do cardeal da Lorena, chefe do partido católico, e de outras influentes personalidades da corte de Paris, que lhe censurariam a heterodoxia do seu comportamento religioso.[33]

As desavenças no interior da fortaleza tornaram-se de tal modo penosas que os recalcitrantes reformados foram expulsos, após oito meses de permanência no local, sendo compelidos a abrigarem-se entre os tamoios, junto do local onde estava instalada uma pequena olaria, enquanto aguardavam a vinda de um navio que lhes permitisse regressar à Europa.

Os quinze calvinistas, depois de atribulada viagem iniciada em janeiro de 1558, desembarcaram na Bretanha em finais de maio. O conhecimento da ruptura com Villegagnon fez abortar o projeto da Igreja Reformada, em fase de preparação, de enviar 700 a 800 membros para a França Antártica.[34] Em suma, as tensões religiosas dividiram a comunidade gaulesa em dois blocos profundamente antagônicos, prenúncio das prolongadas guerras de religião que ensanguentariam a França ao longo dos decênios seguintes.

Em finais de 1558, Villegagnon entregou o comando da praça-forte ao sobrinho e partiu para França em busca de reforços, agora junto do partido católico, tendo desenvolvido diligências para captar apoios entre os Guise e os jesuítas franceses, solicitando, designadamente, ao padre Nicolau Liétard o envio de uma dúzia ou mais de missionários, ao mesmo tempo que fretava navios no Havre para preparar uma nova expedição.[35]

O acidente que vitimou Henrique II (julho de 1559), as perseguições aos reformados, a eclosão da conjura de Amboise (março de 1560), o falecimento de Francisco II (1559-1560), a ascensão ao trono do jovem Carlos IX (1560-1574) e a luta pela consolidação da regência da rainha mãe, Catarina de Médicis,[36] relegaram para segundo plano as preocupações oficiais com a colonização da América, inviabilizando o projeto do cavaleiro de Malta de retornar à França Antártica com uma poderosa armada.[37]

---

33   Cfr. LÉRY, Jean de. Op. cit. p. 86-94.
34   Cfr. Idem. Ibidem. p. 225-246.
35   Cfr. BONNICHON, Philippe. Op. cit. p. 431.
36   Cfr. CLOULAS, Ivan. **Catherine de Médicis**. Paris, 1979. p. 119-156.
37   Cfr. PEILLARD, Leonce. Op. cit. p. 191-195.

5. A REAÇÃO PORTUGUESA

O segundo governador-geral do Brasil, embrenhado em conflitos com uma parte das autoridades civis e eclesiásticas, não reagiu à criação da França Antártica em terras brasílicas.[38] A inactividade de D. Duarte da Costa em face dos gauleses e a contestação da Câmara do Salvador à sua atividade governativa levaram D. João III a tomar a decisão de o substituir por Mem de Sá (1506?-1572), desembargador da Casa da Suplicação, nomeado por Carta Régia de 23 de julho de 1556. Partiu de Lisboa a 30 de abril de 1557, alcançando a Bahia a 28 de dezembro desse ano.[39]

Mem de Sá atribuiu prioridade à resolução de problemas internos, nomeadamente ao restabelecimento de um clima de normalidade institucional na cidade do Salvador e à realização de campanhas de subjugação dos silvícolas nas capitanias do Espírito Santo, Ilhéus e Bahia. Chamou, contudo, a atenção do governo de Lisboa para os riscos que adviriam da consolidação e desenvolvimento da colônia francesa, designadamente o fracionamento do Brasil.[40] Por seu turno, os jesuítas, alarmados com a presença de "luteros e calvinos" no Novo Mundo, alertaram para a ameaça que a manutenção da França Antártica representava para a integridade territorial e a unidade religiosa da Província de Santa Cruz, bem como para a propagação da heresia à América.

O falecimento do Piedoso, verificado a 11 de junho de 1557, e a menoridade (1557-1568) do seu neto e sucessor, D. Sebastião, tornaram necessária a nomeação de um regente, tendo a escolha recaído na rainha viúva, D. Catarina de Áustria (1557-1562).[41] Estes acontecimentos retardaram a tomada de decisões sobre a condução dos negócios do Império.

Em 1559, o agravamento das relações com a França, provocado pela intensificação dos ataques à navegação portuguesa e pela manutenção da presença gaulesa na baía da Guanabara, conduziu ao pedido expresso para

---

38 Cfr. Carta de Francisco Portocarrero a D. João III (Cidade do Salvador, 11 de agosto de 1556), pub. por SERRÃO, Joaquim Veríssimo. **O Rio de Janeiro no século XVI. Documentos dos Arquivos Portugueses.** Lisboa, 1965. v. II, p. 32-33.

39 Cfr. WETZEL, Herbert Ewaldo. **Mem de Sá Terceiro-Governador-Geral (1557-1572).** Rio de Janeiro, 1972. p. 34.

40 Cfr. Carta de 1 de junho de 1558, pub. in **Pauliceae Lusitana Monumenta Historica**, org. de Jaime Cortesão. Lisboa, 1956. v. I, p. 283-284.

41 Cfr. AZEVEDO CRUZ, Maria do Rosário de Sampaio Themudo Barata de. **As Regências na Menoridade de D. Sebastião. Elementos para uma história estrutural.** Lisboa, 2 vols. 1992.

a saída de Lisboa do embaixador Miguel de Seure (1557-1559). Por essa altura, o governo da regente, em que pontificava o secretário de Estado Pêro de Alcáçova Carneiro, concluiu pela inutilidade das diligências desenvolvidas por João Pereira Dantas, representante de Portugal em Paris, junto de Henrique II e de Francisco II no sentido de alcançar, por via diplomática, a cessação da atividade dos corsários, a demolição do forte Coligny e a evacuação da sua guarnição.[42]

A nítida percepção do potencial perigo que o enclave francês constituía para a manutenção do domínio português do Atlântico Sul, para a unidade territorial e religiosa da Província de Santa Cruz e, ainda, a intensificação da concorrência no mercado europeu, através do pau-brasil comercializado pelos normandos e bretões, induziram o Conselho Régio a analisar detalhadamente a situação, tendo deliberado, na sessão de 3 de setembro de 1560, enviar os reforços solicitados pelo terceiro governador-geral destinados a expulsar os gauleses do Brasil.

No outono de 1560, partiu de Lisboa uma flotilha (duas naus), sob o comando do capitão-mor Bartolomeu de Vasconcelos da Cunha, que ancorou na Bahia a 30 de novembro. Foi adotada a estratégia de atacar prioritariamente o Rio de Janeiro, deixando o patrulhamento da costa para uma fase subsequente, uma vez que, perdida a base de apoio, as embarcações intrusas teriam mais dificuldades em continuar a frequentar o litoral brasileiro.[43]

Mem de Sá recrutou homens de armas e índios amigos na Bahia e aparelhou cerca de oito a dez caravelões que se reuniram aos navios idos do reino. A esquadra levantou ferro da Bahia a 16 de janeiro de 1560, recebeu reforços em Ilhéus, Porto Seguro e Espírito Santo, chegando à entrada da Guanabara a 21 de fevereiro. Os comandantes da expedição utilizaram as informações fornecidas por João Cointa, senhor de Boulez (mais conhecido por João de Bolés), que se havia incompatibilizado com Villegagnon e por essa razão procurara abrigo junto dos portugueses, para elaborar o plano de ataque que previa um desembarque noturno, mas o guia conduziu os navios para um local afastado do ponto escolhido, pelo que a frota foi detectada pelas sentinelas. Logo no início da operação foi capturada uma nau que se encontrava surta na baía, tendo-se refugiado os seus tripulantes na fortaleza.

---

42 Cfr. Matos, Luís de. **Les Portugais en France au XVIe siècle. Études et Documents**. Coimbra, 1952. p. 79-82 e 303-304.
43 Cfr. SERRÃO, Joaquim Veríssimo. **O Rio de Janeiro no século XVI. Estudo Histórico**. Lisboa, 1965. v. I, p. 70-75.

Cap. VI | A Consolidação da Conquista

A perda do efeito de surpresa e a qualidade das estruturas defensivas levaram Mem de Sá a cercar a ilha de Serigipe e a expedir um emissário à capitania de São Vicente, solicitando reforços com vista a iniciar a ação ofensiva. No entanto, os vicentinos (da capital, de Santos e de São Paulo) e os seus aliados tupiniquins – duramente afetados pelos ataques às suas posições efetuados por franceses e tamoios –, tendo sabido da partida da armada da Bahia, já se encontravam a caminho do Rio de Janeiro. Depois de ter procedido ao agrupamento das forças, Mem de Sá enviou um ultimato a Bois-le-Comte para entregar a fortaleza, ao que este se recusou com altivez.

A 15 de março, a esquadra, que contava com um efetivo da ordem de 120 portugueses e 140 índios, iniciou o ataque de artilharia à praça-forte, onde se encontravam à volta de 114 franceses (74 homens da guarnição e 40 tripulantes do navio apresado) e cerca de 800 tamoios. Após dois dias de ininterrupto bombardeamento e da ocupação do paiol da pólvora por um grupo de sitiantes, os defensores do forte Coligny abandonaram-no, refugiando-se na terra firme.

Depois de ter desmontado a artilharia e mandado arrasar a fortaleza, por não dispor de homens para a ocupar, Mem de Sá atacou uma das aldeias de aborígenes que haviam combatido ao lado dos gauleses, partindo seguidamente para São Vicente com o objetivo de reparar a frota e resolver assuntos pendentes relacionados com aquela capitania, daí enviando Estácio de Sá (c.1520-1567) ao reino, no navio apresado aos franceses, com a notícia do sucesso à regente.[44] O governador-geral regressou à capital do Brasil no final de agosto, sendo recebido com grandes festas, que incluíram, pela primeira vez, a realização de corridas de touros.[45]

A queda do bastião francês na América suscitou profundas reações de hostilidade na Metrópole. A corte de Paris decretou a concessão de novas cartas de marca e enviou a Lisboa um plenipotenciário, João Ebrard, senhor de Saint-Sulpice, com a missão de apresentar um veemente protesto pelo ataque ao forte Coligny e de exigir a sua restituição. Esta diligência não obteve qualquer sucesso, uma vez que D. Catarina de Áustria reafirmou a pertença do Rio de Janeiro a Portugal, considerou a iniciativa de Villegagnon uma violação dos direitos de soberania da Coroa do neto, manifestando, todavia, disposição para libertar os franceses que eventualmente houvessem sido capturados.

---

44 Cfr. SALVADOR, Frei Vicente do. **História do Brasil 1500-1627**. ed. Capistrano de Abreu, Rodolfo Garcia e Frei Venâncio Willeke. São Paulo, 1965 (Séc. XVII). p. 175-176.
45 Cfr. WETZEL, Herbert Ewaldo. Op. cit. p. 93.

A recusa lusitana em satisfazer as pretensões gaulesas conduziu praticamente a uma ruptura nas relações entre os governos dos dois reinos, tendo o embaixador João Nicot (1559-1561) recebido instruções para encerrar a representação diplomática e abandonar o país, fato que se concretizou em julho de 1561.[46]

A agudização dos conflitos internos em França, a captura da regente e do soberano pelo triunvirato Montmorency-Guise-Saint-André (27 de março de 1562), bem como o desencadear, a 8 de abril desse ano, da primeira Guerra de Religião,[47] tornaram secundárias as questões da liberdade dos mares e dos domínios ultramarinos, uma vez que os governantes franceses estavam prioritariamente empenhados em resolver os confrontos políticos e religiosos em que se encontravam envolvidos. Paralelamente, verificou-se a eclosão de um importante surto de calvinismo na Normandia – que contou com a ativa adesão de muitos armadores e mercadores –, provocando a reação do partido católico que pôs cerco a Ruão (6 de outubro de 1562).[48] Este fato criou problemas adicionais àqueles homens de negócios que viram as suas disponibilidades navais e financeiras significativamente afetadas pelas contendas religiosas.

O fracasso do modelo francês de fixação no Brasil ficou a dever-se a um conjunto de fatores, alguns de natureza estrutural e outros de âmbito conjuntural. Entre os primeiros contam-se o papel secundário das atividades marítimas em face do peso do mundo rural gaulês, a marginalização da França – plena de pesadas consequências – das grandes rotas comerciais de finais do século XIII até o século XVII, a inexistência de uma duradoura política naval régia e a prioridade conferida pela monarquia gaulesa, no século XVI, à Itália e ao Mediterrâneo, quando o futuro marítimo da Europa se desenhava no Atlântico.[49]

Entre os aspectos da implantação francesa no Brasil que contribuíram para o seu insucesso, salientam-se a forma como Villegagnon encarou os índios, ou seja, apenas como parceiros comerciais necessários ao trato do pau-brasil, mantendo a sua alteridade, interferindo o mínimo possível no seu modo de vida e não desenvolvendo quaisquer diligências no sentido de os converter ao cristianismo.

---

46 Cfr. FALGAIROLLE, Edmond. **Jean Nicot – Sa Correspondance Diplomatique**. Paris, 1897. p. 66.
47 Cfr. MIQUEL, Pierre. **Les Guerres de Religion**. Paris, 1980. p. 524.
48 Cfr. Idem. Ibidem.
49 Cfr. MAURO, Frédéric. "Voyages de Découvertes et Premières Colonisations: comportements français et portugais comparés": **Mare Liberum** (Lisboa), 3 (1991). p. 217-223.

O cavaleiro de Malta considerava os tamoios como seres sem nenhum conhecimento de honestidade ou de virtude, não merecendo o benefício da eleição divina, julgando-os, em suma, "bestas com figura humana", concepção que era também perfilhada pelo pastor calvinista Richer. Esta atitude contrastava visivelmente com o proselitismo ativo dos jesuítas portugueses, que enquadravam e aculturavam os aborígenes. Assim, Villegagnon tomou apenas o controle econômico e militar da região fluminense, preferindo, numa lógica reticular, o ponto à superfície e o descontínuo ao contínuo.[50]

A oposição de Villegagnon à miscigenação impediu a criação de laços de sangue com os ameríndios e não aproveitou a contribuição indígena para o crescimento de uma população integrada no projeto colonizador gaulês, opção que tornou o aumento demográfico e do contingente militar, bem como as possibilidades de expansão da França Antártica exclusivamente dependentes da Metrópole, sujeitando-os, assim, à contingência das flutuações da política régia ou à capacidade de recrutamento de facções religiosas e de armadores. Acresce que os franceses não se dedicaram a atividades agrícolas, não tendo, por conseguinte, criado uma estreita ligação à terra que os levasse a defender a permanência no Brasil até o limite das suas forças. Finalmente, as divergências religiosas criaram profundas divisões que afetaram irremediavelmente os laços de solidariedade e disciplina entre a guarnição do forte Coligny.

6. A FUNDAÇÃO DE SÃO SEBASTIÃO DO RIO DE JANEIRO

A destruição da fortaleza francesa constituía uma solução transitória, porquanto não garantia o domínio da baía da Guanabara. O governo de D. Catarina apercebeu-se rapidamente da situação, censurando Mem de Sá por se ter limitado a demolir o forte em vez de o dotar de uma guarnição que aguardasse a chegada de reforços de Lisboa.[51]

Em missiva redigida poucos meses após a conclusão das operações militares, o padre Manuel da Nóbrega advogava o povoamento da região e a edificação de uma cidade no Rio de Janeiro, à semelhança do que se havia feito na Bahia. Considerava que essas medidas contribuiriam, nomeadamente, para assegurar a sua posse efetiva, reforçar a debilitada seguran-

---

50   Cfr. LESTRINGANT, Frank. "Les Stratégies Coloniales de la France au Brésil aux XVIe siècle et leur échec": **État et Colonisation au Moyen Age et à la Renaissance**, dir. de Michel Balard. Lião, 1989. p. 463-476.
51   Cfr. WETZEL, Herbert Ewaldo. Op. cit. p. 86.

ça das capitanias vizinhas (Espírito Santo e São Vicente), impedir o acesso dos franceses ao litoral e retirar-lhes a possibilidade de manter contatos com os tamoios. Acrescentava, ainda, que a chave do sucesso da empresa residia fundamentalmente no envio de povoadores que aí se fixassem – criando indissolúveis laços de sangue com os silvícolas e de apego ao território – e não de soldados, uma vez que mais facilmente se derribaria uma fortaleza, como exemplificava claramente a conquista do forte Coligny, do que se expulsariam os moradores profundamente vinculados à terra.[52] Mem de Sá, através de carta de 16 de junho de 1560, aconselhou idêntico procedimento à regente. O estabelecimento de um núcleo de povoadores no Rio de Janeiro – necessário para garantir a segurança do Brasil a sul do Cabo Frio – foi também impetrado à Coroa, em 25 de abril de 1562, pelo provedor da capitania de São Vicente, Brás Cubas.[53]

Depois da partida da esquadra de Mem de Sá, um certo número de franceses regressou à Europa, enquanto outros, que permaneceram no Brasil, edificaram, conjuntamente com os tamoios, redutos fortificados em Urucu-Mirim (Morro da Glória) e em Paranapuã, a maior ilha da baía da Guanabara,[54] onde abasteciam de mercadorias os navios normandos e bretões que continuavam a frequentar aquela região, forneciam armamento aos nativos e organizavam ataques de surpresa a povoações portuguesas.

A resolução do problema da segurança do sul do Brasil implicava a tomada de medidas que, por um lado, garantissem o afastamento definitivo dos gauleses da região fluminense e, por outro, sujeitassem os grupos tribais hostis. O segundo objetivo deveria ser atingido por métodos não violentos, preferencialmente através da missionação, em virtude da população autóctone constituir um precioso instrumento de colonização e essa solução, no caso de ser viável, apresentar menores inconvenientes do ponto de vista dos recursos demográficos e financeiros.

Consciente de que sem a sujeição dos tupiniquins rebelados e o apaziguamento dos tamoios, a segurança e o crescimento das capitanias do sul e, em especial, da sua vila de São Paulo, não seriam possíveis, o fundador da Província do Brasil da Companhia de Jesus planeou, em conjunto com

---

52 Cfr. Carta ao cardeal infante D. Henrique (São Vicente, 1 de junho de 1560), pub. in **Cartas do Brasil...** p. 360-370.
53 Cfr. SERRÃO, Joaquim Veríssimo. Op. cit. v. I, p. 78-79 e 87-88.
54 Cfr. FERREZ, Gilberto. "A Expulsão dos Invasores": **História Naval Brasileira**. v. I, t. 2, p. 459.

os vicentinos, efetuar diligências junto do último grupo tribal no sentido de lhe propor uma aliança.

A 23 de abril de 1563, zarparam da Bertioga dois navios artilhados que transportavam Nóbrega, acompanhado do irmão José de Anchieta (1534-1597),[55] para uma missão em Iperuí. Nessa aldeia marítima, os jesuítas, após prévia troca de reféns, entabularam conversações com os principais tamoios, em especial com Pindobuçu, apresentando-lhes condições de paz entre as quais se contava a obrigação de se tornarem aliados dos tupiniquins cristãos e de guerrearem o grupo revoltoso do Anhembi que atacava São Paulo. Em virtude de se pretender que o acordo abrangesse todas as aldeias daquele grupo tribal, foram enviadas mensagens aos morubixabas do Rio de Janeiro para que se deslocassem àquele local a fim de participarem na conferência com os emissários portugueses. As negociações arrastaram-se por alguns meses, mas o resultado final foi nulo, uma vez que os guerreiros da Guanabara desferiram, no decurso da trégua acordada, inesperados ataques à Bertioga e a São Vicente.[56] Falhadas as tentativas de solução pacífica, restava, apenas, o recurso à intervenção militar.

A insegurança na zona meridional do território brasílico agravou-se devido à persistência da confederação dos tamoios da Guanabara, sob a direção de Cunhambebe. Este, depois da derrota de Bois-le-Comte, encabeçou a resistência à conquista portuguesa, efetuando rápidas e constantes surtidas no litoral do Espírito Santo a São Vicente e, através do sertão, no planalto de Piratininga. Paralelamente, a permanência de núcleos de gauleses, entre os quais se contavam alguns calvinistas, que asseguravam a manutenção do trato comercial com a França, foi também sublinhada na correspondência remetida à corte por Mem de Sá, Manuel da Nóbrega e Brás Cubas.

Alertado pelos relatórios provenientes da Província de Santa Cruz, o novo regente do reino, cardeal infante D. Henrique (1562-1568) – que acumulava essas funções com as de inquisidor-geral (1539-1579), sendo, por essa razão, extremamente sensível aos avisos dos jesuítas, em particular de Nóbrega, sobre os riscos da propagação das "heresias luterana e calvina" na América Portuguesa – decidiu enviar, em fevereiro de 1563,

---

55 Sobre a sua biografia, veja-se DOMINIAN, Helen G. **Apostle of Brazil. The Biography of Padre José de Anchieta, S. J. (1534-1597)**. Nova Iorque, 1958.
56 Cfr. ANCHIETA, José de. Carta ao Geral Diogo Lainez (São Vicente, janeiro de 1565), pub. in **Cartas, Informações, Fragmentos Históricos e Sermões (1554-1594)**. Belo Horizonte-São Paulo, 1988. p. 206-246.

uma nova armada, constituída por dois galeões com soldados e munições, comandada por Estácio de Sá, destinada a fundar uma povoação no Rio de Janeiro, assegurando, desse modo, o controle militar, econômico e religioso daquela região.

O capitão-mor, após ter conferenciado com o governador-geral que lhe forneceu homens e embarcações (a nau-capitânia, uma galeota, um caravelão e outros navios menores), partiu da Bahia, acompanhado pelo ouvidor-geral, Brás Fragoso, em direção ao Espírito Santo com o objetivo de obter a participação na campanha dos temiminós ou maracajás ("gatos bravos"), designados nas fontes portuguesas por "gentio do gato".

O referido grupo tribal – que dominara uma parte da baía da Guanabara, designadamente a ilha de Paranapuã ou do Gato (Governador) – foi alvo de intensa ação predatória por parte dos tamoios, que os dizimaram em larga escala.[57] Um aventureiro alemão refere a existência de uns quinze crânios de maracajás espetados em estacas na aldeia do chefe Cunhambebe,[58] enquanto um calvinista francês testemunhou a realização de um ataque de surpresa a uma aldeia de temiminós submetidos que habitavam naquela ilha, de que resultou uma grande carnificina depois da qual "só se viam homens e mulheres espostejados nos moquéns e até crianças de peito assadas inteiras".[59]

A situação dos inimigos dos tamoios na principal ilha da baía da Guanabara tornou-se de tal modo insustentável que, no princípio de 1555, o chefe Maracajá-Guaçu ("gato bravo grande"), atendendo aos laços de amizade estabelecidos com os portugueses – realçados pelo artilheiro germânico[60] – se viu forçado, em última instância, a mandar um filho ao Espírito Santo para solicitar a Vasco Fernandes Coutinho refúgio naquela capitania. Após regressar à sua capital, o donatário enviou em socorro dos índios amigos, a instâncias dos jesuítas e dos moradores, quatro navios artilhados que encontraram as tabas já incendiadas, tendo podido proceder somente ao embarque dos sobreviventes.

Os refugiados maracajás fixaram-se nas imediações de Vitória, onde edificaram várias aldeias, sendo as principais a de Nossa Senhora da Con-

---

57 Cfr. IPANEMA, Cibele de. **História da Ilha do Governador**. Rio de Janeiro, 1991. p. 43-50.
58 Cfr. STADEN, Hans. Op. cit. p. 94.
59 LÉRY, Jean de. Op. cit. p. 181.
60 Cfr. STADEN, Hans. Op. cit. p. 140-141.

ceição, dirigida pelo morubixaba Vasco Fernandes Maracajá-Guaçu, e a de São João, chefiada pelo seu filho Martim Afonso de Sousa Araribóia.[61]

Naturalmente conhecedor do profundo ódio votado pelos temiminós aos seus figadais inimigos, o governador-geral instruiu Estácio de Sá para convencer Araribóia ("cobra feroz") a participar no empreendimento militar destinado a desalojar os tamoios e os seus aliados franceses da baía da Guanabara. Após conversações que contaram com a colaboração do jesuíta Brás Lourenço, o filho do último chefe da ilha do Gato comunicou, depois de ouvir o conselho da aldeia, a decisão de combater os seus inimigos tradicionais.

A expedição – reforçada pelos temiminós e pelos moradores do Espírito Santo, comandados pelo provedor Melchior de Azevedo – atingiu o Rio de Janeiro a 6 de fevereiro de 1564, aprisou uma nau francesa, instalou-se na ilha de Serigipe e efetuou missões de reconhecimento e reabastecimento no decurso das quais travou escaramuças com aborígenes. O conselho da esquadra, no qual participou Nóbrega, considerou insuficiente o contingente de que dispunha para conquistar as barreiras defensivas erguidas pelos franceses e pelos tamoios, bem como o número de navios a remos disponível para efetuar as operações de assalto às praias em poder do inimigo, pelo que decidiu rumar para São Vicente com o objetivo de obter mais tropas e embarcações ligeiras.

Depois de recrutar, com a preciosa intervenção de Nóbrega, uma força constituída por vicentinos e tupiniquins de Piratininga e obter provisões e barcos adicionais, a armada de Estácio de Sá zarpou para a Guanabara. No decurso da viagem encontrou uma esquadrilha de três unidades com mantimentos e munições, comandada por João de Andrade, enviada da Bahia pelo governador-geral.[62]

A expedição colonizadora desembarcou na península de São João a 1 de março de 1565, estabeleceu um acampamento militar, protegido por uma cerca de taipa, e fundou, numa língua de terra situada entre os morros Cara de Cão (atual São João) e Pão de Açúcar (a que os franceses chamavam Pote de Manteiga) na Urca, junto à Praia Vermelha, a cidade de **São Sebastião do Rio de Janeiro**, designação correspondente ao santo

---

61 Cfr. Carta do padre Luís da Grã (Espírito Santo, 24 de abril de 1555), pub. in **Novas Cartas Jesuíticas (De Nóbrega a Vieira)**, ed. de Serafim Leite. São Paulo, 1940. p. 79-181.
62 Cfr. LEITE, Serafim. Op. cit. p. 185-188.

homónimo do jovem rei de Portugal que o fundador do burgo fluminense pretendeu homenagear.[63]

Estácio de Sá dirigiu a criação de roças de mantimentos junto à cerca, designou os titulares dos cargos judiciais, militares e administrativos (juiz, alcaide, almoxarife, tabelião, escrivão e outros), instituiu a câmara, atribuiu brasão de armas à cidade e concedeu sesmarias a cerca de 50 povoadores, bem como ao município para rossios e pastos de gado e à Companhia de Jesus para a fundação de um colégio, a pedido do padre Gonçalo de Oliveira, que aí fez construir a ermida da invocação do padroeiro.[64]

Durante longos meses – no decurso dos quais foram edificadas fortificações, designadamente um baluarte em taipa guarnecido de artilharia, guaritas de madeira recobertas de telha e postos de observação – travaram-se constantes combates entre, por um lado, portugueses e maracajás e, por outro, franceses e tamoios, em que ressaltam a derrota das hostes do morubixaba Aimbiré – personagem principal de **A Confederação dos Tamoios** (1856), poema épico do romântico e nacionalista Gonçalves de Magalhães – e a fuga das forças dirigidas pelo chefe Guaxará, de Cabo Frio, transportadas em cerca de 180 canoas (9 de julho de 1566).[65]

7. A CONSOLIDAÇÃO DO DOMÍNIO LUSITANO NA GUANABARA

Com o objetivo de expulsar definitivamente os inimigos da baía da Guanabara, o regente enviou, em maio de 1566, uma nova esquadra, sob o comando de Cristóvão de Barros, com ordens para que o governador-geral dirigisse pessoalmente a expedição ao Rio de Janeiro.[66] Aos três galeões idos do reino, Mem de Sá agregou seis caravelas e outros navios auxiliares, que transportavam, além das respectivas tripulações, homens de armas, 100 dos quais foram enviados pela capitania de Pernambuco, o bispo, o visitador jesuíta Inácio de Azevedo, Luís da Grã (1560-1571), segundo provincial dos inacianos no Brasil, Anchieta, entretanto ordenado sacerdote no Colégio do Salvador, e outros membros da Companhia de Jesus.[67]

---

63   Cfr. SERRÃO, Joaquim Veríssimo. Op. cit. v. I, p. 108-109.
64   Cfr. NORTON, Luís. **A Dinastia dos Sás no Brasil. A Fundação do Rio de Janeiro e a Restauração de Angola**. 2. ed. Lisboa, 1965. p. 11-16.
65   Cfr. WETZEL, Herbert Ewaldo. Op. cit. p. 116-121.
66   Cfr. "Instrumento dos serviços prestados por Mem de Sá, governador do Brasil (Salvador, setembro-dezembro de 1570"," pub. por SERRÃO, Joaquim Veríssimo. Op. cit. v. II, p. 67-68.
67   Cfr. WETZEL, Herbert Ewaldo. Op. cit. p. 123-125.

A armada alcançou São Sebastião a 19 de janeiro de 1567 e, no dia seguinte, data em que se celebrava a festa do padroeiro da cidade, iniciaram-se as operações militares que iriam conduzir à conquista definitiva da região. O primeiro combate travou-se com as hostes do chefe Biraoaçu-Mirim acantonadas em estruturas defensivas edificadas no morro de Urucu-Mirim (Glória), terminando com a sua conquista e com a captura de nove ou dez franceses que foram executados. Decorridos alguns dias, as forças do governador-geral atacaram o reduto fortificado de Paranapucuí, na ilha do Gato, que se rendeu após três dias de intensa refrega. No decurso da luta em Urucu-Mirim, Estácio de Sá foi atingido na face por uma seta envenenada, falecendo um mês depois. Morreu, tal como o mártir que escolheu para patrono da cidade, vítima de flechas e espancamento.[68]

Os habitantes das restantes aldeias, atemorizados com as sucessivas derrotas e as grandes perdas humanas, refugiaram-se nas mais recônditas regiões do sertão ou renderam-se, tendo-se reagrupado os franceses sobreviventes em Cabo Frio. Passado algum tempo, vários chefes tamoios reabriram as hostilidades, voltando a combater os portugueses e os seus aliados temiminós, pelo que Mem de Sá decidiu retaliar, tendo infligido severas punições às tabas rebeldes.[69]

Consolidada a vitória, o governador-geral, após ouvir os pareceres do bispo, dos capitães e dos moradores honrados, transferiu a cidade da localização inicial para a elevação que melhor dominava a baía e o continente, escolha ditada por evidentes razões de natureza estratégica. O novo logradouro, instalado no cimo do morro de São Januário (posteriormente designado do Castelo), situava-se em frente à ilha de Vilaganhão, tendo Mem de Sá ordenado a construção, nesse local, de estruturas militares, da igreja da Companhia de Jesus, da Câmara e da cadeia, da casa da Fazenda, dos armazéns e de outras instalações,[70] símbolos perenes do domínio da Coroa lusa e da Igreja Católica.

---

68 Cfr. LISBOA, Baltasar da Silva. **Anais do Rio de Janeiro...** 2. ed. Rio de Janeiro, 1941. p. 27-28.
69 Cfr. "Instrumento dos serviços... p. 69-70.
70 Cfr. SERRÃO, Joaquim Veríssimo. Op. cit. v. I, p. 120-123.

Mapa 8.
A baía da Guanabara, baluarte da França Antártida. (A partir do *Roteiro de Todos os Sinais na Costa do Brasil*).

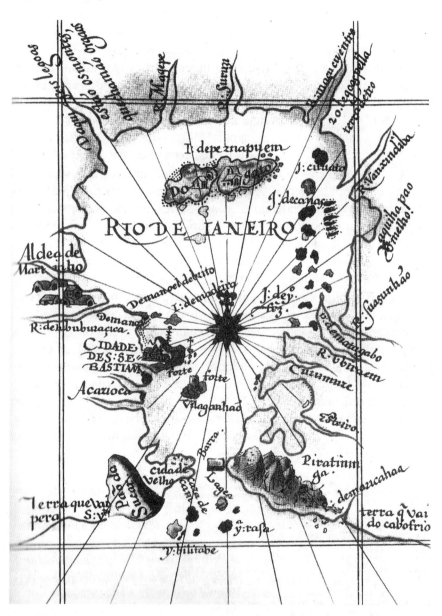

No início da década de oitenta de Quinhentos, um jesuíta português refere-se, do seguinte modo, ao novel burgo carioca:

> "A cidade está situada em um monte de boa vista para o mar e dentro da barra tem uma baía que bem parece que a pintou o supremo pintor e arquitecto do mundo, Deus Nosso Senhor, e assim é coisa formosíssima e a mais aprazível que há em todo o Brasil, nem lhe chega a vista do Mondego e Tejo...".[71]

O governador-geral ratificou as nomeações efetuadas por Estácio de Sá e proveu os cargos que ainda se encontravam vagos. Confirmou as anteriores concessões de sesmarias e procedeu à atribuição de numerosas novas doações de forma a promover a ocupação do território e o cultivo da terra. Em setembro de 1567, concedeu a Salvador Correia de Sá e a Rui Gonçalves, posteriormente nomeado almoxarife régio, a ilha do Gato. O primeiro estabeleceu-se no local e fundou um engenho onde foi produzido o primeiro açúcar do Rio de Janeiro. Em virtude de Correia de Sá, por duas vezes, ter dirigido a capitania, a ilha acabou por ganhar a denominação "do Governador".

Merecem particular destaque as sesmarias especialmente destinadas a recompensar a participação dos temiminós na conquista da Guanabara, designadamente a situada entre o rio Iguaçu e Inhaúma, onde Araribóia fundou a taba de Geribiracica (ou do Martinho, referência ao nome de batismo do seu chefe), tendo providenciado o regresso daqueles que – sobretudo velhos, mulheres e crianças – ainda se encontravam na aldeia de São João (Espírito Santo).

A 16 de março de 1568, os maracajás receberam, a pedido do seu morubixaba, na "Banda de Além", ou seja, na margem da baía da Guanabara correspondente a Niterói, uma sesmaria de uma légua de litoral (3.000 braças) e duas de sertão, para onde se transferiram, dando origem à aldeia de São Lourenço. A solene tomada de posse da terra somente se concretizou a 22 de novembro de 1573.[72] A 19 de março de 1579, cinco principais daquela taba obtiveram uma sesmaria de quatro léguas além do

---

71 CARDIM, Fernão. **Tratados da Terra e Gente do Brasil**. introdução e notas de Baptista Caetano, Capistrano de Abreu e Rodolfo Garcia. 3. ed. São Paulo, 1978 (1585). p. 210.

72 Cfr. BELCHIOR, Elísio de Oliveira. **Conquistadores e Povoadores do Rio de Janeiro**. Rio de Janeiro, 1965. p. 55-59.

rio Macacu e para o interior até a serra dos Órgãos, aí edificando a povoação de São Barnabé.

Mem de Sá investiu, em 4 de maio de 1568, Salvador Correia de Sá no cargo de capitão-mor do Rio de Janeiro (1568-1572), partindo em seguida para o Espírito Santo onde a situação militar requeria a sua presença. Em meados desse ano, os tamoios de Cabo Frio, apoiados por quatro naus francesas, tentaram destruir a aldeia de Arariboía, tendo, no entanto, sido repelidos com importantes perdas. Numa operação conjunta dirigida pelo governador e por aquele morubixaba, foi posteriormente capturado em Cabo Frio um dos navios que participou na surtida. Em recompensa pelos serviços prestados à Coroa, D. Sebastião agraciou o principal dos maracajás com o hábito de cavaleiro da Ordem de Cristo e uma tença anual de 12.000 reais.

A fundação de São Sebastião pretendeu atingir diversos objetivos, nomeadamente vedar o acesso dos franceses a um ancoradouro de grande valor estratégico, impor definitivamente o domínio lusitano na região, submetendo os grupos aborígenes que se recusavam a aceitá-lo, bem como inviabilizar a manutenção de contatos entre tamoios e os gauleses.

Os franceses, depois da derrota e expulsão da baía da Guanabara, haviam-se reagrupado nas imediações do Cabo Frio, fornecendo armas e munições, bem como apoio naval às incursões dos seus aliados silvícolas, o que punha em risco a segurança dos recém-criados núcleos populacionais, tendo construído, além disso, um entreposto que abastecia as naus francesas de produtos brasílicos. Nestas condições, os governadores fluminenses concluíram que a eliminação definitiva daquelas ameaças implicava, por um lado, a destruição de todas as aldeias inimigas situadas ao longo do litoral até o Cabo Frio, de modo a impedir as possibilidades de contato dos grupos hostis com navios franceses, e, por outro, o aniquilamento das últimas posições gaulesas naquela região.

Cristóvão de Barros (1572-1575) prosseguiu as operações conducentes a subjugar os tamoios e expulsar os franceses de Cabo Frio que foram concluídas sob a direção do governador da Banda do Sul, doutor António de Salema (1574-1577). Este, no segundo semestre de 1575, à cabeça de uma expedição de 400 moradores e 700 índios amigos, após se terem revelado infrutíferas as diligências destinadas a obter a submissão voluntária dos autóctones, comandou o cerco e a conquista das aldeias existentes na região, de que resultou a morte de um grande número de indígenas e de todos os europeus que aí se encontravam, a captura de mais de 4.000 prisioneiros, o êxodo dos sobreviventes para o sertão e a expulsão definitiva daquele grupo tribal da orla costeira da capitania do Rio de Janeiro.[73] Nessa ocasião, foi também tomada a "casa de pedra" que os gauleses mantinham naquele local, último ponto de apoio de que dispunham, constituindo este episódio o epílogo da França Antártica.[74]

Privados do contato com os indígenas, que lhes forneciam as mercadorias imprescindíveis ao financiamento das viagens à América austral, os franceses abandonaram definitivamente o sudeste do Brasil e deslocaram-se para regiões onde havia pau-brasil, mas não existiam povoações portuguesas nas proximidades, privilegiando, até finais de Quinhentos, as costas da Paraíba e do Rio Grande – do Norte –, donde foram sucessivamente expulsos.

8. A RESISTÊNCIA INDÍGENA

O processo de colonização do Brasil introduziu profundas modificações no quadro das relações entre tupis e portugueses, o qual garantira, até então, a manutenção da autonomia dos grupos tribais. A paulatina fixação dos europeus, com caráter permanente, em diversos pontos da costa brasílica pôs em causa o equilíbrio existente, provocando dois tipos de reações distintas por parte das comunidades aborígenes: aceitação pacífica ou resistência armada. Entre aqueles que, numa primeira fase, permitiram o estabelecimento de núcleos lusos no seu território contaram-se os tupiniquins de São Vicente, de Ilhéus, de Porto Seguro, do Espírito Santo e de Piratininga, os potiguaras de Itamaracá, bem como os tupinambás da Bahia; contrariamente, os caetés de Pernambuco e os tamoios da Guanabara opuseram-se denodadamente, desde o início, à penetração portuguesa nas suas áreas de influência.

A forma como os grupos tribais reagiram ao desencadear do processo colonizador modelou as alianças que se vieram a estabelecer entre europeus e aborígenes. Assim, para utilizar o exemplo mais antigo, refira-se que o estabelecimento pacífico dos portugueses em São Vicente possibilitou a criação de relações cordiais entre lusos e tupiniquins, permitindo, por um lado, que estes últimos tivessem solicitado a participação dos novos

---
73   Cfr. SERRÃO, Joaquim Veríssimo. Op. cit. v. I, p. 140-142.
74   Cfr. LESTRINGANT, Frank. Op. cit. p. 464.

aliados no combate aos seus inimigos tradicionais, mas implicando, por outro lado, que os tamoios, ao verificarem que os portugueses ("peró") apoiavam o seu grupo rival, começassem a hostilizá-los, uma vez que se tinham tornado amigos dos seus inimigos.

Em resposta à nova correlação de forças favorável aos tupiniquins, os tamoios procuraram inverter a situação estabelecendo uma aliança preferencial com os franceses ("mair"). Por seu turno, os temiminós – que mantinham acesa disputa com os tamoios para garantir a sua permanência em algumas ilhas da baía da Guanabara – criaram estreitos laços de amizade com os lusitanos, tornando-se figadais inimigos dos franceses. Assim, tendo-se apercebido das rivalidades existentes entre os europeus, os diversos grupos ameríndios procuraram utilizá-las em seu benefício, estabelecendo redes de alianças que lhes permitissem vencer os seus tradicionais opositores.[75] Portugueses e franceses, por seu lado, inseriram-se no contexto das lutas entre os tupis, gerindo a intervenção nessas disputas de acordo com os seus objetivos.

As tarefas da colonização como o desbravamento de terras, construção de fortificações e dos mais variados tipos de edifícios, as acrescidas exigências de fornecimento de mantimentos para a subsistência dos novos habitantes (roças, caça e pesca), bem como a cultura da cana-de-açúcar, implicavam a existência de um elevado número de braços, fato que, atendendo à insuficiência dos recursos demográficos lusitanos no século XVI, tornou imprescindível a utilização da mão de obra indígena.

Inicialmente, os portugueses e, também, os franceses obtinham escravos através do resgate dos chamados "índios de corda", aborígenes capturados pelos seus aliados "brasis" no contexto dos confrontos entre grupos rivais e que tradicionalmente se destinavam a ser sacrificados em terreiro. Contudo, quando esta forma de angariação de braços se tornou insuficiente, os colonos desenvolveram esforços no sentido de aliciar – através do sistema do escambo – os silvícolas das aldeias vizinhas para o trabalho estável na agricultura,[76] tendo a receptividade a essas tentativas sido efêmera.

---

75   Cfr. ALENCASTRO, Luís Filipe de. "A Interacção Europeia com as Sociedades Brasileiras entre os Séculos XVI e XVIII": **Nas Vésperas do Mundo Moderno. Brasil.** Lisboa, 1991. p. 98.

76   Cfr. MARCHANT, Alexander. **Do Escambo à Escravidão. As Relações Econômicas de Portugueses e Índios na Colonização do Brasil (1500-1580).** 2. ed. São Paulo, trad. port., 1980. p. 63-64.

Na generalidade das sociedades indígenas da floresta tropical imperava, conforme se explicitou no capítulo II, a divisão sexual do trabalho, competindo às mulheres as tarefas ligadas ao cultivo da terra. Daí que os índios tivessem resistido denodamente à sua utilização como mão de obra livre ou cativa na agricultura, uma vez que essa situação significava um aviltamento dos seus padrões sociais e culturais. Apesar de se verificar a existência de escravatura em larga escala para fins produtivos em comunidades ameríndias sul-americanas – designadamente nos cacicados amazônicos,[77] atingindo grande expressão entre os tapajós[78] – tal prática era desconhecida entre os grupos tribais tupi-guaranis.

As crescentes exigências de uma numerosa mão de obra permanente, resultantes do progressivo aumento da superfície arroteada destinada ao cultivo da cana-de-açúcar – atividade econômica vital para viabilizar a consolidação da América Portuguesa –, e do número de engenhos em funcionamento implicaram um significativo incremento da angariação de homens através dos "saltos". Esta prática consistia na armação de navios que percorriam a orla marítima com o objetivo de saltear aldeias para capturar nativos que eram posteriormente vendidos como escravos. A arbitrária atuação das embarcações que se dedicavam a esta atividade – não respeitando sequer os grupos tribais aliados – provocou uma enérgica reação por parte dos autóctones, que destruíram fazendas e engenhos e atacaram navios e povoações.

A gradual ocupação das terras férteis pelos colonos, as tentativas de impor a generalização do trabalho compulsivo, bem como a pregação dos jesuítas contra a antropofagia, o papel dos pajés, a poligamia e a semi-itinerância criaram sérios obstáculos à manutenção da autonomia dos grupos tribais e à reprodução das suas relações sociais, gerando surtos de resistência armada que afetaram a generalidade das capitanias brasílicas. Um exemplo desta situação é fornecido pelos tupiniquins da aldeia de Maniçoba, no planalto de Piratininga, que expulsaram, em 1554, o padre Gregório Serrão devido à pregação contra os seus valores tradicionais.[79]

---

77 Cfr. ROOSEVELT, Anna Curtenius. "Arqueologia Amazônica": **História dos Índios no Brasil**, org. de Manuela Carneiro da Cunha. São Paulo, 1992. p. 71.
78 Cfr. PROUS, André. **Arqueologia Brasileira**. Brasília, 1992. p. 458.
79 Cfr. MONTEIRO, John Manuel. "Brasil Indígena no século XVI: dinâmica histórica Tupi e as origens da sociedade colonial": **Ler História** (Lisboa), 19 (1990). p. 100.

As profundas repercussões que a colonização provocou na organização social e cultural das populações indígenas podem, também, ser ilustradas pelo comportamento dos tupinambás que, desesperados pela falta de prisioneiros para sacrificar ritualmente em terreiro, adotaram a solução de recurso de esventrar as sepulturas dos inimigos para lhes esfacelar o crânio e assim ganhar nomes.[80]

As características geográficas (densa florestação, abundância de cursos de água e, em algumas regiões, a existência de escarpas montanhosas nas proximidades da costa) e o modelo de organização sociopolítico dos tupis do litoral (semissedentarização e fragmentação em unidades dispersas) impediram que se tivessem travado, à semelhança do que aconteceu na América Espanhola, batalhas decisivas, findas as quais os vencedores dominavam os estados conquistados, impondo a sua lei às populações derrotadas. No Brasil, pelo contrário, travou-se, fundamentalmente, uma longa luta de guerrilhas em que foram submetidos, um por um, os diversos grupos hostis ou rebelados.[81]

A táctica adotada pela generalidade dos grupos indígenas, baseada na mobilidade das suas hostes terrestres e dos meios navais, consistia na realização de rápidas surtidas, incluindo incursões noturnas, destinadas a atacar roças, fazendas e caminhos para capturar colonos ou seus escravos. Esta forma de atuação destinava-se a infundir o terror e espalhar a insegurança nos campos de forma a provocar o seu abandono.

Quando julgavam possuir os efetivos suficientes, os aborígenes tomavam a iniciativa de cercar as povoações habitadas por portugueses e índios seus aliados, procurando desalojar os defensores através da utilização de setas incendiárias e de nuvens tóxicas de pimenta. No entanto, a gradual substituição das construções de madeira por edifícios em pedra com cobertura de telha, a edificação de estruturas defensivas dotadas de artilharia e a entrada em serviço de navios ligeiros (caravelões, bergantins e outros) armados com canhões impediram que os ameríndios tivessem conquistado uma única vila, apesar das diversas tentativas efetuadas.

O regimento de Almeirim continha disposições delegando ao governador-geral a condução da política indígena, que se deveria balizar por

---

80 Cfr. ANCHIETA, José de. Op. cit. p. 236-237.
81 Cfr. LOCKHART, James e SCHWARTZ, Stuart B.: **Early Latin America. A History of Colonial Spanish America and Brazil**. Cambridge, 1983. p. 53.

três grandes parâmetros: conversão ao cristianismo, proteção aos aliados e punição dos inimigos. Entre as medidas previstas para castigar duramente os grupos tribais que atacassem ou se sublevassem contra os portugueses, incluíam-se a destruição pelo fogo de aldeias, a transferência forçada para o sertão dos núcleos hostis que habitavam o litoral e o enforcamento nas próprias tabas dos chefes beligerantes ou dos culpados por crimes de morte praticados individualmente. Previa-se, ainda, a concessão de perdão àqueles que pedissem a paz, desde que reconhecessem a soberania lusa e prestassem vassalagem, nomeadamente através do fornecimento anual de alguns mantimentos aos moradores das vilas.

Em finais de maio de 1555 estalou uma rebelião dos tupinambás da margem direita do rio Paraguaçu, no Recôncavo Baiano, pretendendo reaver as terras que haviam sido usurpadas por um fazendeiro. Os autóctones atacaram engenhos, fazendas e povoações, ferindo, matando e aprisionando alguns colonos e seus escravos.

O governador, ouvido o conselho, incumbiu o filho de conduzir uma expedição punitiva. Os 6 cavaleiros e 70 peões, depois de terem ultrapassado algumas armadilhas dispostas ao longo do caminho, conquistaram a taba de onde tinha partido a iniciativa, capturaram o respectivo morubixaba e queimaram duas aldeias vizinhas que tinham prestado apoio aos insurretos.

Passado pouco tempo, rebelaram-se outras seis aldeias cujos guerreiros puseram cerco ao engenho de António Cardoso de Barros. Novamente foi D. Álvaro da Costa encarregado de dirigir as operações militares à testa de cerca de 200 homens a pé e a cavalo. A hoste, comandada pelo jovem capitão, travou uma violenta batalha com cerca de 1.000 tupinambás, terminando com a derrota dos aborígenes, que sofreram pesadas baixas e viram as suas povoações queimadas. A persistência de focos de rebelião levou o governador a ordenar ao filho que destruísse todas as aldeias onde se efetuassem preparativos bélicos, designadamente a construção de cercas. Após estas últimas medidas, os tupinambás submeteram-se, consolidando-se o domínio lusitano da região em disputa.[82]

---

82   Cfr. Carta de D. Duarte da Costa a D. João III (Salvador, 10 de junho de 1555), pub. in **HCPB**, v. III, p. 377-379.

Um dos mais urgentes assuntos com que se deparou Mem de Sá no início da sua ação governativa dizia respeito à insegurança reinante nas capitanias a sul da Bahia. A situação de maior gravidade ocorria no Espírito Santo, onde o não pagamento pelos colonos do resgate de "índios de corda" provocou um levantamento de tal gravidade que pôs em risco a sobrevivência da respectiva capital.

A pedido de Vasco Fernandes Coutinho, o governador-geral organizou, no início de 1558, uma expedição de socorro de seis navios com cerca de 200 combatentes, cujo comando confiou a Fernão de Sá. Depois de ter procedido à junção das suas hostes com as do Espírito Santo, a armada dirigiu-se para o rio Cricaré (São Mateus), em cujas margens se concentravam os tupiniquins, tendo-se travado combate no decurso do qual o capitão-mor perdeu a vida. Seguidamente, a intervenção das forças provenientes da Bahia obrigou os ameríndios a levantar o cerco a Vitória, refugiando-se numa aldeia fortificada que foi tomada sob a direção de Baltasar de Sá, operação militar que forçou os revoltosos a renderem-se, permitindo restabelecer a paz na capitania.

Quando Mem de Sá fez escala no Espírito Santo, em junho de 1560, encontrou os aborígenes novamente em pé de guerra, tendo desenvolvido diligências – coroadas de êxito – destinadas a alcançar uma solução que garantisse um duradouro relacionamento pacífico entre portugueses e tupiniquins.[83]

A progressiva perda dos territórios mais férteis – gradualmente transformados em terras de cultivo pelos colonos – associada à promulgação, em 1558, pelo governador-geral, a pedido de Nóbrega, de disposições que reprimiam duramente a prática da antropofagia e a intervenção dos pajés, combatiam a poligamia e promoviam a concentração dos "brasis" em aldeamentos dirigidos por jesuítas estiveram na origem, no ano seguinte, de rebeliões indígenas ocorridas em diversas capitanias.

A morte, por acidente, de um índio em Ilhéus constituiu o pretexto para os tupiniquins procurarem expulsar os colonos dos campos, pelo que queimaram e saquearam as fazendas e engenhos, tendo-se os habitantes refugiado na vila donde pediram socorro ao governador-geral. Em junho desse ano, Mem de Sá, à frente de um reduzido contingente de brancos e tupinambás das aldeias dos jesuítas, efetuou ataques às tabas sublevadas, que foram destruídas. Após cerca de um mês de campanha, os principais

---

83   Cfr. WETZEL, Herbert Ewaldo. Op. cit. p. 39-45.

das restantes aldeias solicitaram um armistício que lhes foi concedido com a condição de se tornarem vassalos da Coroa, pagarem tributo, reconstruírem os engenhos, abandonarem a antropofagia, repudiarem os pajés e aceitarem os missionários, sendo lavrado auto público do acordo celebrado.[84]

Os tupinambás do Recôncavo Baiano procuraram, ao longo dos anos de 1558-1559, resistir à aplicação das disposições aprovadas pelo governador-geral, bem como criar dificuldades ao prosseguimento da ocupação e aproveitamento econômico daquelas terras – fundamentalmente através do cultivo da cana e da criação de gado –, dando guarida aos escravos fugitivos. Depois de se terem recusado a cumprir instruções de Mem de Sá no sentido de os devolver aos respectivos senhores, os ameríndios iniciaram surtidas para apresar os barcos que navegavam no Paraguaçu, matando quatro pescadores. Em face dos sintomas de uma nova rebelião, o governador-geral enviou, em agosto de 1559, um ultimato, exigindo a entrega dos responsáveis pelas mortes, que não foi atendido pelos aborígenes.

Mem de Sá decidiu, ouvido o conselho, organizar e comandar pessoalmente uma expedição punitiva ao sertão. A hoste, constituída por 300 portugueses e 4.000 tupinambás dos aldeamentos dos jesuítas, concentrou a sua ação na margem esquerda do Paraguaçu, aniquilando, em setembro desse ano, entre 130 e 160 tabas, sendo a primeira a do morubixaba Tarajó, o mais prestigiado dos chefes revoltosos. No local em que a mesma se encontrava situada, o governador-geral resolveu criar a vila de Nossa Senhora da Vitória, assinalando simbolicamente o final triunfante da "Guerra do Paraguaçu". Derrotados, os tupinambás devolveram os cativos, entregaram os matadores e submeteram-se às disposições de 1558, perdendo, definitivamente, o domínio do Recôncavo Baiano.[85]

No planalto de Piratininga, uma parte dos tupiniquins reagiu à persistente pregação dos inacianos contra a guerra, as atividades dos pajés, a poligamia e a antropofagia, fundamentos da sua organização social e cultural, bem como à transferência dos moradores de Santo André para as margens do Anhangabaú. Na sequência de um clima de descontentamento que se verificava desde 1560, estalou, em julho de 1562, uma rebelião no Anhembi, dirigida por Piquerobi e Jaguanharo, respectivamente, irmão e sobrinho do morubixaba Martim Afonso Tibiriçá, o qual mantinha uma política de aliança com os portugueses. Os revoltosos puseram cerco à vila de São Paulo, tendo os seus defensores, comandados por João Ramalho,

---

84 Cfr. Idem. Ibidem. p. 47-57.
85 Cfr. Idem. Ibidem. p. 59-68.

capitão para a guerra, e por Tibiriçá, resistido vitoriosamente ao assédio e desferido um contra-ataque que obrigou os atacantes a aceitar duras condições de paz.[86]

Além da luta armada, os indígenas adotaram diversos padrões de resistência à ocupação do território, à escravização, à miscigenação e à missionação, bem como a outras modalidades de aculturação, revestindo formas tão diversificadas como as migrações, os surtos de profetismo, as fugas individuais ou o suicídio.

As campanhas contra os tupinambás do Paraguaçu, os tamoios da Guanabara, os caetés de Pernambuco e outros grupos tribais provocaram significativos movimentos migratórios em direção ao sertão ou ao litoral maranhense e paraense, onde os refugiados expulsaram os seus habitantes, estabelecendo-se, designadamente, na atual ilha de São Luís, em Tapuitapera e Cumá (Maranhão), e na ilha de Tupinambarana, na foz do Amazonas.[87]

A intervenção portuguesa no território brasílico radicalizou o fenômeno do profetismo tupi-guarani e a crença na Terra sem Mal. A título de exemplo refira-se que, em 1539, um caraíba conduziu cerca de 12.000 tupis, tendo somente 300 sobreviventes da longa marcha logrado alcançar o Peru dez anos mais tarde.[88] Outros tipos de comportamentos passivos de oposição, como a fuga ou a prática da geofagia (tradicional hábito de provocar o suicídio através da ingestão de terra), foram também utilizados.[89]

9. AS DISPUTAS PELA FIXAÇÃO DOS LIMITES DO BRASIL

A Coroa de Portugal nunca desistiu de ampliar os limites meridionais da América Portuguesa até, pelo menos, à margem direita do rio da Prata. D. João III incumbiu, em novembro-dezembro de 1553, o seu representante junto da corte de Carlos V de efetuar diligências junto do sobrinho e genro – o príncipe herdeiro de Castela (futuro Filipe II) – no sentido de impedir a saída de uma expedição espanhola, que se aprestava para partir de Sevilha

---

86 Cfr. ANCHIETA, José de. Op. cit. p. 191-205.
87 Cfr. FERNANDES, Florestan. **A Organização Social dos Tupinambá**. 2. ed. São Paulo-Brasília, 1989. p. 39-53.
88 Cfr. CLASTRES, Hélène. **La Terre sans Mal. Le Prophétisme Tupi-guarani**. Paris, 1975. p. 64 e 81.
89 Cfr. CARVALHO, Filipe Manuel Nunes de. **Aculturação e Resistências nos Primórdios do Brasil**, dissertação de mestrado apresentada à Faculdade de Ciências Sociais e Humanas da Universidade Nova de Lisboa, 1991. p. 464.

com destino ao rio da Prata, uma vez que aquela região sul-americana "é da minha conquista e cai debaixo da minha demarcação".[90]

A recepção do mito ameríndio da "Ilha Brasil" – que encontra claro acolhimento na cartografia lusa a partir de meados de Quinhentos – insere-se na estratégia portuguesa de desenvolver a teoria de que a Província de Santa Cruz seria uma "ilha" "rodeada pelo Oceano e por dois grandes rios – o Amazonas e o Prata –, unidos por um lago".[91]

Tratava-se de utilizar um argumento de natureza geográfica – uma vez que o Brasil constituiria uma entidade territorial distinta, separada da América Espanhola por "fronteiras naturais", ou seja, pelas duas principais bacias hidrográficas sul-americanas comunicantes através de um grande lago central, a "Lagoa Eupana", localizado no interior – que justificaria a inclusão de uma hipótese não prevista no articulado do Tratado de Tordesilhas. Esta solução surgia como a única fórmula suscetível de conferir legitimidade às ambições lusitanas de estender as fronteiras da América Portuguesa tão desmesuradamente para sul da linha divisória.

Esta concepção teve importantes repercussões nas cartas-portulano, verificando-se que aquela visão fabulosa da geografia sul-americana se difundiu lentamente na Europa a partir de protótipos portugueses da segunda metade de Quinhentos – em que o mapa de Bartolomeu Velho (1561) assumiu uma função paradigmática –, logrando alcançar grande aceitação nas escolas cartográficas flamengas, francesas e italianas, sobretudo no século XVII.[92]

As pretensões portuguesas de ampliar significativamente a extensão da Província de Santa Cruz estão bem patentes, mesmo no período da Monarquia Dual (1580-1640), numa obra de cariz náutico da autoria de Luís Teixeira, elaborada por volta de 1586, que incluía a foz do rio da Prata no hemisfério português,[93] bem como numa importante descrição do Brasil que, em 1587, defendia que os limites da demarcação da Coroa de Portu-

---

90 "Minutas das cartas dirigidas ao Príncipe de Castela, a João Rodrigues Correia e a Rui Gomes da Silva", pub. in **Pauliceae Lusitana Monumenta Historica**. v. I, p. 275-277.
91 CORTESÃO, Jaime. **História do Brasil nos Velhos Mapas**. Rio de Janeiro, 1965. v. I, p. 344.
92 Cfr. MARQUES, Alfredo Pinheiro. **A Cartografia do Brasil no Século XVI**. Lisboa, 1988. p. 17.
93 Cfr. **Roteiro de todos os sinais, conhecimentos, fundos, baixos, alturas, e derrotas que há na costa do Brasil desde o cabo de Santo Agostinho até ao estreito de Fernão de Magalhães**. ed. fac-similada. Lisboa, 1988, fls. 20v.-21v. e, sobretudo, a Carta Geral do Brasil, fl. 33v.

gal na América do Sul se estendiam à ponta do Marco, bastante a sul do estuário platino.[94]

Um jesuíta seiscentista português sintetizou admiravelmente, da seguinte forma, o projeto luso de construção de um grande Brasil:

> "Estes dois rios, o das Amazonas e o da Prata, princípio e fim desta costa, são dois portentos da natureza... São como duas chaves de prata, ou de ouro, que fecham a terra do Brasil. Ou são como duas colunas de líquido cristal que a demarcam entre nós e Castela, não só por parte do marítimo, mas também do terreno".[95]

Ainda em finais do século XVIII afirmava um incansável pesquisador da etnologia, da fauna e da flora amazônicas que "pelo Brasil entendo aquela parte da América, compreendida entre os rios Amazonas e da Prata",[96] o que revela as marcas indeléveis que este projeto deixou no imaginário luso-brasileiro.

10. ALTERAÇÕES NAS CAPITANIAS

Até a criação da Monarquia Dual (1580), verificou-se, para além da aquisição da capitania da Bahia por D. João III (1549), a incorporação do Rio de Janeiro (1565) no patrimônio régio, uma vez que, tendo-a o respectivo donatário perdido para os franceses, foram as esquadras reais, com a colaboração dos moradores, que a recuperaram e reintegraram na Província de Santa Cruz, a partir de então com caráter efetivo. No final do período estudado, existiam, por conseguinte, duas capitanias reais.

Registrou-se, após 1534-1536, a criação de duas novas unidades, ambas em territórios desanexados da Bahia. Por Carta de Doação de 10 de novembro de 1556, D. João III, a partir do morgadio instituído por D. Violante de Távora a favor do filho, D. António de Ataíde, conde da Castanheira, e formado pelas ilhas de Itaparica e de Itamarandiba (nome primitivo da ilha de Santo Amaro, situada por detrás da ilha de Itaparica), criou a capitania de *Itaparica*, doando-a, com direitos e deveres idênticos aos restantes donatários brasílicos, àquele nobre que foi, durante décadas, um dos seus

---

94   Cfr. SOUSA, Gabriel Soares de. Op. cit. v. I, p. 238.
95   VASCONCELOS, Simão de. **Chronica da Companhia de Jesus do Estado do Brasil...** 2. ed. Lisboa, 1865 (1663), § 21, v. I, p. XXXVIII.
96   FERREIRA, Alexandre Rodrigues. **Viagem Filosófica pelas Capitanias do Grão-Pará, Rio Negro, Mato Grosso e Cuiabá. Memórias. Zoologia. Botânica.** Rio de Janeiro, 1972. p. 107.

mais próximos colaboradores, designadamente nas questões relacionadas com a colonização do Brasil.[97]

O segundo governador-geral atribuiu, por carta de 16 de janeiro de 1557, a D. Álvaro da Costa, em recompensa pelos serviços prestados nas guerras do Recôncavo, uma sesmaria constituída por terras que se estendiam ao longo de cerca de quatro léguas de costa e idêntico número no sertão desde a barra do rio Paraguaçu até à barra do rio Jaguaripe. Através da Carta Régia de 20 de novembro de 1565, o regente do reino, cardeal-infante D. Henrique, concedeu àquela propriedade o estatuto de capitania, criando, desse modo, mais uma unidade em terras baianas, a de *Paraguaçu*.[98]

Além da criação de novas capitanias, ocorreram ainda algumas modificações na titularidade de outras. Pêro do Campo Tourinho, donatário de *Porto Seguro*, teve graves desavenças com alguns dos seus clérigos e moradores que urdiram uma trama para o afastar, acusando-o de várias infrações de natureza religiosa (heresias e blasfêmias). Preso, em novembro de 1546, foi transferido para Lisboa, tendo sido submetido a processo no Tribunal da Inquisição.[99] Em 1559, a herdeira foi autorizada pela Coroa a transferir a posse da capitania para o duque de Aveiro – com a cláusula de que, depois da sua morte, passaria para o filho segundo, em forma de morgadio – contra o pagamento de 600$000 reais, um padrão de juro de 12$500 reais e dois moios de trigo anuais enquanto vivesse.

Jerónimo de Alarcão de Figueiredo, 3º donatário, devido ao fato de o rendimento enviado pelos feitores não o compensar dos grandes investimentos efetuados pela família, vendeu, em 1560, a capitania de *Ilhéus* a Lucas Giraldes, rico mercador e banqueiro florentino "estante em Lisboa", por 4.825 cruzados, tendo a confirmação régia sido concedida a 20 de fevereiro de 1561.[100]

11. O GOVERNO DUAL (1572-1577)

Após longos anos de permanência no Brasil, Mem de Sá solicitou ao rei a sua substituição no cargo. Atendendo ao pedido daquele veterano governante, D. Sebastião nomeou, em 6 de fevereiro de 1570, D. Luís Fernandes

---

97 Cfr. **Documentos Históricos**. Rio de Janeiro, 1929. v. XIII, p. 192-202.
98 Cfr. Ibidem. p. 224-248.
99 Pub. in **HCPB**. v. III, p. 271-283.
100 Cfr. SEGURO, Visconde de Porto. **História Geral do Brasil antes da sua separação e independência de Portugal**. 3. ed. Integral. São Paulo, s.d.. v. I, p. 388; WETZEL, Herbert Ewaldo. Op. cit. p. 47.

de Vasconcelos para seu sucessor, ao mesmo tempo que incumbia o doutor António Salema de efetuar diligências na capitania de Pernambuco.[101]

A armada (7 naus e 1 caravela) do 4º governador-geral da Província de Santa Cruz zarpou do Tejo, a 5 de junho de 1570, transportando numerosos colonos, órfãs e mais de uma centena de outras pessoas destinadas aos colégios e às missões dos jesuítas (70 religiosos, 16 mestres seculares de artes e ofícios, mais de 20 aspirantes à vida religiosa e trabalhadores com suas famílias).[102] Por alturas do cabo de Santo Agostinho, várias tempestades dispersaram a frota e atiraram alguns dos navios sucessivamente para as Antilhas e os Açores. Quando reiniciava a viagem em direção ao Brasil, a nau em que seguia Vasconcelos foi atacada ao largo das Canárias, a 12 de setembro de 1571, por uma armada (4 velas) de corsários huguenotes comandada por João Capdeville, tendo o novo governador-geral perdido a vida no decurso do combate que se seguiu, depois do qual foram mortos muitos dos inacianos que nela viajavam.[103]

O objetivo de incrementar a presença portuguesa no Novo Mundo, cuja extensão territorial era imensa, conduziu o governo de D. Sebastião (1568-1578), após a morte de Mem de Sá, a adotar a solução de dividir o Brasil em duas unidades autônomas, medida que visava a tornar mais eficaz o governo de uma enorme Província que se encontrava em franco florescimento.

Por Carta Régia de 16 de dezembro de 1572 foram nomeados governadores Luís de Brito e Almeida e o doutor António de Salema, respectivamente, da Banda do Norte, com capital na cidade do Salvador da Bahia, englobando os territórios situados até o extremo meridional da capitania de Ilhéus, e da Banda do Sul, com sede na cidade de São Sebastião do Rio de Janeiro, que abrangia o espaço compreendido entre a capitania de Porto Seguro, inclusive, e o limite meridional do Brasil.[104]

O governador da Banda do Sul empenhou-se em consolidar o domínio da faixa costeira até São Vicente, com particular destaque para a região do Cabo Frio, enquanto o seu homólogo da Banda do Norte organizou uma expedição para sujeitar os índios da região do rio Real, onde fundou a vila

---

101 Cfr. SERRÃO, Joaquim Veríssimo. **O Rio de Janeiro no século XVI. Estudo Histórico.** Lisboa, 1965. v. I, p. 135-136.
102 Cfr. COSTA, M. Gonçalves da. **Inácio de Azevedo. O Homem e a sua Época 1526-1570.** 2. ed. Braga, 1957. p. 382-383.
103 Cfr. Idem. Ibidem. p. 436-440.
104 Cfr. SERRÃO, Joaquim Veríssimo. Op. cit. v. I, p. 140.

de Santa Luzia, e empreendeu, em 1574, as primeiras tentativas para expandir o território da Província de Santa Cruz em direção ao litoral situado a norte de Itamaracá, desencadeando o processo de conquista da Paraíba que somente viria a ser concluído em 1585.[105]

A Coroa apercebeu-se rapidamente de que a perda de unidade na direção do combate aos inimigos externos e internos, o aumento das despesas resultante da duplicação das estruturas governativas, bem como a divisão que se estava a gerar entre as capitanias do Norte e do Sul, constituíam sérios inconvenientes, pelo que decidiu, através de Carta Régia de 12 de abril de 1577, reunificar o governo do Brasil, nomeando Lourenço da Veiga (1577-1581) governador-geral, retornando-se, por conseguinte, à situação anterior a 1572, tendo o rei aproveitado a oportunidade para renovar os quadros dirigentes. Para o efeito, designou Cosme Rangel para o cargo de ouvidor-geral, investiu, por Alvará de 10 de setembro de 1577, Salvador Correia de Sá (1578-1598) nas funções de capitão-mor do Rio de Janeiro e, por Alvará de 25 de outubro do mesmo ano, colocou Cristóvão de Barros à frente da provedoria-mor da Fazenda.[106]

---

105 Cfr. PRADO, J. F. de Almeida. **A Conquista da Paraíba (Séculos XVI a XVIII)**. São Paulo, 1964. p. 69-73.
106 Cfr. SERRÃO, Joaquim Veríssimo. Op. cit. v. I, p. 148-151.

VII

A Organização Econômica e Social

1. A POPULAÇÃO

O tratamento da questão demográfica no Brasil quinhentista reveste-se de grande dificuldade devido às escassas referências constantes das fontes coevas, às contradições aí detectadas, bem como ao caráter pouco rigoroso dos métodos utilizados na recolha dos dados.

De entre os documentos disponíveis, selecionaram-se fundamentalmente tratados descritivos de natureza propangadística destinados a fomentar a ida de colonos para a Província de Santa Cruz ou informações gerais da autoria de jesuítas devido à sua estrutura mais sistemática e a conterem estimativas referentes à generalidade das capitanias.

As fontes utilizadas apresentam geralmente os cômputos demográficos relativos aos portugueses em termos de "vizinhos". A conversão desta unidade em número de habitantes foi efetuada com base num índice de 5,5, dimensão média adotada a partir do cálculo apresentado por Anchieta que estabelece a equivalência aproximada de vizinhos a indivíduos: "... terá em toda sua comarca (Bahia) quase 2.000 vizinhos de portugueses, dos quais haverá 10 ou 12.000 pessoas..."[1]

Impõe-se fazer uma ressalva à categoria "portugueses", utilizada na generalidade das fontes para referir os vizinhos, distinguindo-os dos índios e africanos. Sendo conhecido que muitas famílias resultaram de uniões entre portugueses e índias ou mamelucas, esse grupo inclui, assim, uma significativa percentagem de "não europeus", impossível de contabilizar e, nessa medida, de analisar separadamente.

---

1 ANCHIETA, José de. **Cartas, Informações, Fragmentos Históricos e Sermões (1554-1594)**. Belo Horizonte-São Paulo, 1988. p. 420-421.

Será de notar ainda que os valores respeitantes à população ameríndia apenas englobam os aborígenes aculturados – escravos que trabalhavam nas fazendas ou roças, e livres organizados em aldeias aliadas ou em aldeamentos dirigidos pelos jesuítas – que se situavam na área de influência da colonização portuguesa, não abrangendo, por conseguinte, as restantes populações nativas cuja estimativa e distribuição regional, reportadas a 1500, se abordam no capítulo II.

Cap. VII | A Organização Econômica e Social   305

Tabela 4.
Evolução da população do Brasil no século XVI, por capitanias.

	C. 1546			C. 1570			1585			1590		
	portugueses	índios	africanos	portugueses	índios	africanos	portugueses	índios	africanos	portugueses	índios	africanos
Paraíba							275			825	400	1225
Itamaracá				550			275		275	495	200	745
Pernambuco	3025	500	3525	5500			8000	2000	10000	20000	11000	2000	18000	31000
Bahia	1100	260	1360	6050			11000	8000	3000	22000	8250	3600	18000	29850
Ilhéus	330	80	410	1100			825		825	1650	2000	400	4050
Porto Seguro				1210			550		550	1595	3000	3000	7595
Espírito Santo	1650	300	1950	1100			825	4500	5325	2200	9000	700	11900
Rio de Janeiro				770			825	3000	3825	1540	3000	700	5240
São Vicente/ Santo Amaro	3300ᵃ	500ᵃ	3800ᵃ	2750			1650		1650	3300	6000	800	10100
	9405	1640	11045	19030			23950	17500	13000	54450	30885	28600	42250	101705

a Dado reportado a 1548 e referido por Luís de Góis.

Fontes: 1548: Jaime Cortesão. **A Colonização do Brasil**. Lisboa, 1969. p. 161-62; 1570: Pero de Magalhães de Gândavo. **Tratado da Província do Brasil**. Rio de Janeiro, 1965. p. 67-123; 1585: José de Anchieta. **Cartas, Informações, Fragmentos Históricos e Sermões (1554-1594)**. Belo Horizonte – São Paulo, 1988. p. 418-31; Francisco Soares. **Coisas mais Notórias do Brasil e de alguns Costumes dos Índios**. Rio de Janeiro, 1960. p. 11.

Globalmente, ter-se-á de considerar os números indicados como estimativas grosseiras de caráter meramente indicativo, as quais, encaradas, embora, com uma certa tolerância, permitem efetuar uma análise aproximativa do que terá sido a evolução demográfica da Província de Santa Cruz ao longo de Quinhentos.

Os elementos reportados a 1546 são extraídos de um documento existente no Arquivo das Índias, elaborado por um agente secreto espanhol, sobre a situação do Brasil e enviado a Carlos V. Esse informador, junto das referências a cada povoação, anota os totais de cristãos e de escravos por capitanias. Estes dados apontam para cerca de 9.000 portugueses e de 1.600 índios, cuja presença se registra em apenas cinco capitanias.[2]

Passados aproximadamente vinte anos verifica-se que a população identificada como portuguesa duplica, crescendo para cerca de 19.000 habitantes, distribuídos então pela totalidade das capitanias em processo de colonização, não se contabilizando, na fonte disponível para essa época, os índios e africanos.

Gráfico 1
Evolução da população do Brasil no século XVI, segundo os grupos étnicos.

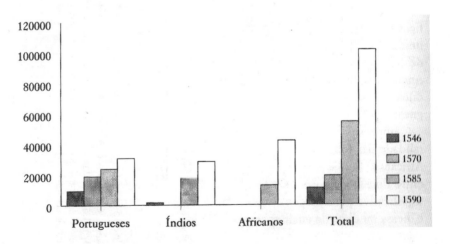

[2] Cfr. CORTESÃO, Jaime. **A Colonização do Brasil**. Lisboa, 1969. p. 161-162.

Em 1585, pelo contrário, mencionam-se os valores referentes a esses grupos, permitindo aperceber a expressão significativa que os mesmos já assumiam na composição da população aculturada do Brasil quinhentista – 1.500 índios e 13.000 africanos, constituindo, assim, 32 e 24%, respectivamente, do total – e dando conta, ainda, da tendência sempre crescente do quantitativo de portugueses, situado à volta de 24.000 (44%). Deve-se notar que os dados referentes aos negros apenas dizem respeito às capitanias de Pernambuco e Bahia.

Relativamente ao final da década de oitenta do século XVI, as estimativas apontam para cerca de 31.000 portugueses, o que se traduz em um acréscimo, em cinco anos, de 29%. Pela primeira vez se indicam os valores relativos à capitania da Paraíba – cuja conquista se concluiu em 1585 – a qual, entre brancos e africanos, atingia um total de 1.225 habitantes.

É de realçar que, nos finais de Quinhentos, a presença de africanos (42%) já se estendia a todas as capitanias, ultrapassando, no conjunto, qualquer um dos outros grupos – portugueses (30%) e índios (28%) – e apresentando um crescimento espetacular nas capitanias de Pernambuco e Bahia, esta última sextuplicando os seus habitantes negros.

As diferenças tão acentuadas que se verificam entre os números apresentados por Anchieta (1585) e Soares (1590) não decorrem apenas do aumento dos diversos segmentos populacionais em cinco anos, uma vez que apresentam taxas de crescimento demasiado elevadas para um tão curto espaço de tempo. Provavelmente ficar-se-ão a dever, sobretudo, à circunstância de Anchieta se ter restringido, certamente, às povoações e fazendas do litoral, enquanto Soares abrangeu um universo mais amplo, resultando a sua memória dos elementos recolhidos durante os quatro anos em que exerceu atividades evangelizadoras entre os índios, tendo percorrido "todas as cidades e vilas e lugares que há de São Vicente até Pernambuco que são os fins, e muito mais léguas adiante junto do rio da Prata".[3]

Impõe-se, ainda, tecer algumas considerações acerca dos quantitativos adiantados para a população africana em 1590. Atendendo ao número de cativos etiópicos entrados anualmente no Brasil no período final de Quinhentos (entre 10 a 15.000)[4] e levando em linha de conta a elevada taxa de mortalidade entre os escravos e o seu saldo fisiológico negativo, é muito

---

3   SOARES, Francisco. **De Algumas Cousas mais Notáveis do Brasil e de alguns Costumes dos Índios**. Coimbra, s.d.,1590. p. 1.
4   Cfr. SCHWARTZ, Stuart B. **Segredos Internos: Engenhos e Escravos na Sociedade Colonial, 1550-1835**. São Paulo, trad. port., 1988. p. 281.

provável que o total de negros calculado pelo jesuíta Francisco Soares se aproxime seriamente da realidade.

Um autor francês estima que existiriam, em 1600, em todo o território brasílico, de 13 a 15.000 africanos,[5] enquanto um historiador português situa esse total ao redor de 60.000.[6] Considerando os dados disponíveis, poder-se-á concluir que os cálculos de Mauro pecam por defeito, enquanto os de Magalhães Godinho apresentam um elevado grau de verossimilhança.

Gráfico 2
Evolução comparada: Pernambuco, Bahia e restantes capitanias.

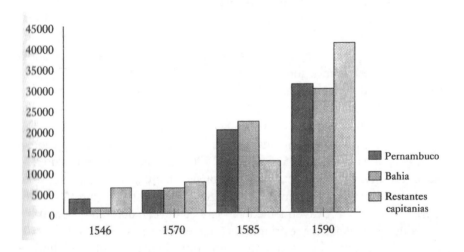

Será ainda interessante observar o processo de povoamento do território brasílico ao longo de Quinhentos na perspectiva da sua distribuição regional, ou seja, em relação ao peso demográfico relativo de cada capitania.

Saliente-se, desde já, o caso de Pernambuco, cujo poder de atração desenhou, ao longos desses anos, uma evolução de sentido fortemente ascendente, destacando-se em valores sempre iguais ou superiores a 29% do conjunto.

---

5   Cfr. MAURO, Frédéric. **Portugal, o Brasil e o Atlântico (1570-1670)**. Lisboa, trad. port., 1989. v. I, p. 239.
6   Cfr. GODINHO, Vitorino Magalhães. **Os Descobrimentos e a Economia Mundial**. 2. ed. correcta e ampliada. Lisboa, 1987. v. IV, p. 172.

A capitania da Bahia, partindo de uma importância bastante modesta em 1546 (12%), dispara nos anos de 1570 e 1585 passando para valores de, respectivamente, 32 e 40% do total, ultrapassando, em qualquer dos casos, o peso da população de Pernambuco. O fato de se encontrarem instalados na cidade do Salvador o governo geral e a sede do bispado conduziu a uma significativa concentração de indivíduos ligados a funções judiciais, religiosas e administrativas, o que explica que, apesar do menor dinamismo econômico, a Bahia suplantasse demograficamente a capitania pernambucana.

De sentido contrário foi o quadro evolutivo das capitanias de São Vicente/Santo Amaro, sublinhando-se a expressão inicial muito significativa – 34% – e a gradual perda de peso relativo, acentuada de 1570 para 1585. As capitanias de Itamaracá, Ilhéus, Porto Seguro e Espírito Santo registram, ao longo do século XVI, tendências contraditórias, ora no sentido da alta, ora no sentido da baixa, oscilações que se devem fundamentalmente a dois fatores: ataques de grupos tribais hostis, que provocaram o abandono das atividades produtivas no sertão e a consequente transferência de moradores para regiões mais seguras, e diminuição da produtividade dos solos. O Rio de Janeiro, por seu turno, revela um crescimento sustentado desde o início do seu processo de colonização.

No final da década de oitenta, Pernambuco e Bahia equivaliam-se em termos de importância populacional na globalidade das capitanias, situando-se, qualquer uma delas, à volta dos 30%. Verifica-se, assim, uma forte concentração demográfica em apenas duas capitanias – que conjuntamente detinham 60% da população –, enquanto das restantes oito somente a do Espírito Santo ultrapassava os 10%, o que mostra, por conseguinte, uma grande distorção na distribuição geográfica dos habitantes do Brasil quinhentista.

Quanto às origens dos colonos, destaca-se uma forte presença de minhotos – particularmente de vianenses, que dominavam a vida econômica e social na capitania de Pernambuco[7] –, embora tivessem participado no processo colonizador, ao longo de Quinhentos, povoadores oriundos de todas as regiões portuguesas, inclusive dos arquipélagos da Madeira e dos Açores, bem como alguns estrangeiros, sobretudo franceses, italianos e flamengos.

---

7 Cfr. CARDIM, Fernão. **Tratados da Terra e Gente do Brasil**. introdução e notas de Baptista Caetano, Capistrano de Abreu e Rodolfo Garcia. 3. ed. São Paulo, 1978 (1585). p. 202.

Um dos temas emblemáticos da documentação quinhentista referente ao Brasil diz respeito aos lamentos sobre a permamente falta de mulheres europeias. Decorridos apenas alguns meses após a sua chegada à Bahia, o primeiro superior dos jesuítas do Brasil solicitava o seu envio para terras brasílicas, a fim de permitir aos colonos constituir legalmente família.[8] No ano seguinte, sublinhava que se: "... El-Rei determina povoar mais esta terra é necessário que venham muitas mulheres órfãs e de toda a qualidade, até meretrizes, porque há aqui várias qualidades de homens; e os bons e ricos casarão com as órfãs e deste modo se evitarão pecados e aumentará a população ao serviço de Deus..."[9] Mais tarde, Nóbrega reiterava ao soberano o pedido para que mandasse "... muitas órfãs e, se não houver muitas, venham de mistura delas, e quaisquer porque são tão desejadas as mulheres brancas cá..."[10]

A Coroa procurou, dentro das suas possibilidades, corresponder às solicitações que lhe eram feitas, enviando vários grupos de mulheres e meninas, bem como incrementando a ida de casais, designadamente açorianos, para a Província de Santa Cruz. A título de exemplo, refira-se que a armada de 1551 transportou para a Bahia as primeiras órfãs: as irmãs Catarina, Joana e Mécia Lobo, filhas de Baltasar Lobo de Sousa, morto na Carreira da Índia.[11] Em 1570, a nau do mercador João Fernandes foi popularmente batizada "das Órfãs", em virtude de levar para o Brasil muitas jovens que tinham perdido os pais na peste de Lisboa.[12]

2. A FASE DO ESCAMBO

A principal atividade econômica da Terra de Santa Cruz foi, durante a primeira metade de Quinhentos, a exportação de pau-brasil (*Caesalpinia echinata*), designação que abrangia diversas variedades como a ibirapitanga-pitangueira, a ibirapitanga-tamarino, a ibirapitanga-araçá, a

---

8 Cfr. "Carta ao padre Simão Rodrigues, Bahia, 9 de Agosto de 1549", pub. in **Cartas do Brasil e mais Escritos do Padre Manuel da Nóbrega (Opera Omnia)**, introd. e notas históricas e críticas de Serafim Leite. Coimbra, 1955. p. 30.
9 "Carta ao padre Simão Rodrigues, Porto Seguro, 6 de Janeiro de 1550", pub. in ibidem. p. 79-80.
10 "Carta a D. João III, Bahia, princípios de Julho de 1552", pub. in ibidem. p. 114.
11 Cfr. GARCIA, Rodolfo. **As Órfãs**. Rio de Janeiro, 1946. p. 9.
12 Cfr. COSTA, M. Gonçalves da. **Inácio de Azevedo. O Homem e a sua Época 1526-1570**. 2. ed. Braga, 1957. p. 380.

ibirapitanga-douradinho e a ibirapitanga-mirim, sendo as duas últimas as mais apreciadas comercialmente devido à qualidade da sua tinta.[13]

A grande procura desta espécie tintureira, mais litorânea que sertaneja, ficou a dever-se ao fato do cerne – a parte interior e mais dura do lenho da árvore –, depois de triturado, misturado com água e fermentado, fornecer um corante de diversas tonalidades (vermelho, castanho, rosa ou púrpura), utilizado na produção têxtil europeia.[14]

Os primeiros armadores verificaram rapidamente que a grande rijeza dos troncos do pau-de-tingir tornava extremamente moroso o aparelhamento dos toros com vista ao seu embarque, encarecendo-o significativamente. A forma mais expedita que se lhes afigurou de reduzir os custos consistiu em aliciar os ameríndios – através do fornecimento de objetos diversos – para efetuar aquele trabalho que a inexistência de animais de carga ou de tração dificultava sobremaneira.[15]

Os indígenas, munidos de instrumentos metálicos entregues pelos europeus, incumbiam-se de cortar as árvores, desbastá-las, retirar-lhes a casca, serrar os troncos (de 10 a 15 metros) em dois ou três segmentos e carregar os toros aos ombros para as feitorias ou navios situados, por vezes, a distâncias da ordem das 15 a 20 léguas. Dois baixos-relevos quinhentistas existentes em Ruão ilustram o processo, realizado por aborígenes, de abate, preparação, transporte e embarque de pau-brasil para navios franceses.[16] Um documento português de 1511 permite calcular a média diária de embarque de toros que se cifrava à volta de 333, ou seja, um valor pouco superior a oito toneladas.[17]

Em 1506 foram descarregadas no porto de Lisboa por volta de 20.000 quintais (cerca de 500 toneladas) de ibirapitanga, que chegava à capital do reino a meio ducado o quintal, vendendo-se na Flandres entre 2,5 a 3 cruzados, tendo o estanco dessa matéria-prima – que nesse ano se encontrava

---

13 Cfr. SOUSA, Bernardino José de. **O Pau-brasil na História Nacional.** São Paulo, 1939. p. 33-48.
14 Cfr. MARCHANT, Alexander. **Do Escambo à Escravidão. As Relações Econômicas de Portugueses e Índios na Colonização do Brasil (1500-1580).** 2. ed. São Paulo, trad. port., 1980. p. 19.
15 Cfr. ABREU, J. Capistrano de. **Capítulos de História Colonial (1500-1800).** 2. ed. Rio de Janeiro, 1934. p. 11.
16 Cfr. **Portugal-Brazil. The Age of Atlantic Discoveries.** ed. de Max Justo Guedes e Gerald Lombardi, Lisboa-Milão-Nova Iorque, 1990. p. 214-215 e 230.
17 Cfr. MARCHANT, Alexander. Op. cit. p. 22-23.

concedido a Fernão de Loronha – rendido à Coroa 4.000 cruzados.[18] Somente na capitania de Pernambuco foram carregados, no triênio de 1544-1546, seis a sete navios de pau-brasil, o que terá correspondido a uma média anual superior a 10.000 quintais.[19]

Segundo a relação de Cà Masser, a madeira corante proveniente do Novo Mundo era de qualidade inferior à variedade oriental, tradicionalmente comercializada pela república italiana do Adriático. Apesar das desvantagens qualitativas atribuídas às árvores tintureiras brasílicas, o agente veneziano reconhecia que Lisboa as remetia em grande quantidade para a feitoria da Flandres, centro distribuidor para o mercado do norte da Europa.[20]

A circunstância de dispor de abundantes recursos de ibirapitanga nos seus domínios americanos não proporcionou a Portugal o exclusivo do fornecimento dessa matéria-prima às praças europeias. Continuava a funcionar, embora debilitada, a rota do Levante, através da qual os venezianos colocavam no mercado a espécie asiática conhecida na Europa desde o tempo de Marco Polo. Por outro lado, os castelhanos exportavam, também, pau-brasil das Índias Ocidentais, designadamente as variedades *C. bijuga* e *C. christa*. Todavia, a maior competição proveio fundamentalmente dos franceses que se abasteciam dessa mercadoria na própria costa da Província de Santa Cruz.

Em face da agudização da concorrência, D. Manuel I decidiu, em 1516, substituir o regime de concessão a particulares pela exploração régia através da feitoria de Igaraçu. Em 1522, Fernão de Loronha, Jorge Lopes Bixorda e seus parceiros ainda não tinham procedido à liquidação na Casa da Índia da importância de 7.500.344 reais referentes aos contratos de pau-brasil.[21] A partir da década de trinta, o regime comercial de exploração da madeira de tingir adotado pela Coroa assentou alternadamente em duas modalidades: a atribuição de licenças a particulares, ou a concessão do monopólio do tráfico a contratadores, soluções que estiveram na origem de numerosos conflitos com os donatários, designadamente o de Pernambuco.[22]

A Província de Santa Cruz fornecia, também, canafístula, leguminosa-cesalpinácea cujas vagens tinham aplicações medicinais, sendo a casca, rica em tanino, utilizada nos curtumes e na tinturaria. Antes de os portu-

---

18 Cfr. BAIÃO, António. "O Comércio do Pau-brasil": **História da Colonização Portuguesa do Brasil** (doravante **HCPB**), dir. de Carlos Malheiro Dias. Porto, 1923. v. II, p. 324.
19 Cfr. MARCHANT, Alexander. Op. cit. p. 57.
20 Pub. in **HCPB**. v. II, p. 278.
21 Cfr. GODINHO, Vitorino Magalhães. Op. cit. v. III, p. 197.
22 Cfr. MARCHANT, Alexander. Op. cit. p. 57-59.

gueses comercializarem a variedade brasílica (*Cassia ferruginea*), os venezianos já distribuíam a espécie asiática (*C. fistula*). As naus carregavam, ainda, no Brasil alguns escravos e uma significativa quantidade de animais exóticos – sobretudo aves ornamentais –, que tinham grande procura no mercado europeu.

Em um auto notarial redigido em Lisboa a 20 de maio de 1503, o impressor Valentim Fernandes sublinhava que as mercadorias que os navios lusos traziam da Terra de Santa Cruz eram as seguintes: "pau-brasil, *cassia linea* e outras *cassias fistulas*, bem como papagaios de diversas espécies".[23]

O regimento da nau *Bretoa*, embarcação armada conjuntamente por mercadores lusitanos (Fernão de Loronha e Francisco Martins) e florentinos radicados em Portugal (Bartolomeu Marchioni e Benedito Morelli), permite-nos conhecer o tipo de carga que um navio transportava do Brasil para a Europa até o início do processo de colonização. O barco – que em 1511 efetuou uma viagem comercial à feitoria de Cabo Frio – carregou 5.008 toros de ibirapitanga (cerca de 125 toneladas), 35 escravos (mais uma moça encomendada por um escrivão de Francisco Martins) e 72 animais exóticos: 15 papagaios, 22 toins (espécie de periquito), 19 saguins (pequenos símios) e 16 gatos-maracajá. As duas últimas classes de mercadorias foram avaliadas, respectivamente, em 173.000 e 24.220 reais.[24]

A *Nova Gazeta da Terra do Brasil* – documento da autoria de um agente comercial alemão que se encontrava estabelecido na ilha da Madeira ao serviço de uma casa de Antuérpia – informa que a 12 de outubro de 1514 fundeou no porto do Funchal, devido à falta de mantimentos, uma nau oriunda das paragens austrais (bacia platina) com destino a Lisboa. O navio, enviado por D. Nuno Manuel, Cristóvão de Haro e outros armadores, tinha, segundo o testemunho do feitor alemão, os porões atulhados de pau-brasil e trazia a coberta repleta de escravos. A expedição, da qual fazia parte outra embarcação que regressou diretamente ao Tejo, encontrara ainda peles de boa qualidade, assinalara a presença de canafístula, mel e cera e obtivera informações sobre a existência de abundantes quantidades de prata e ouro no interior montanhoso daquela região.[25]

---

23   Pub. in ANDRADE, António Alberto de. "O auto notarial de Valentim Fernandes (1503) e o seu significado como fonte histórica": **Arquivos do Centro Cultural Português** (Paris), V (1972). p. 544.
24   Pub. in **HCPB**. v. II, p. 343-347.
25   Pub. in ibidem. v. II, p. 385-386.

Até o decênio de trinta de Quinhentos, o pau-brasil terá representado cerca de 90% do total das exportações de produtos brasílicos. Com o crescimento sustentado da produção sacarina, foi gradualmente perdendo peso relativo até ser, a partir de meados de Quinhentos, definitivamente ultrapassado pelo açúcar.

A primeira fase do aproveitamento econômico da Província de Santa Cruz assentou no regime de escambo, ou seja, nas trocas voluntariamente efetuadas, entre ameríndios e europeus, de trabalho e produtos da terra por mercadorias. No caso português, estas eram entregues pelos indígenas nas feitorias – com existência comprovada em Cabo Frio e Igaraçu e, muito provavelmente, também em São Vicente – já preparadas para embarcar, sendo conservadas em armazéns onde aguardavam a chegada dos navios que as transportariam para a Europa. Os franceses, para evitar os ataques dos seus inimigos lusos, optaram por não edificar estabelecimentos fixos – exceto nos casos já referidos – cometendo aos intérpretes as funções de negociar com os aborígenes o fornecimento dos produtos que desejavam.[26]

Os termos de troca vigentes entre ameríndios e portugueses até o início do processo colonizador assentavam na permuta de pau-brasil, canafístula, alguns escravos e animais exóticos por enxadas, machados, foices, anzóis, facas, tesouras, espelhos e pentes.[27] Os franceses, por seu turno, adquiriam pau-brasil, algodão, pimenta, animais exóticos e enfeites de penas, fornecendo produtos idênticos aos portugueses, bem como armas (espadas, arcabuzes e pólvora).[28]

3. A CULTURA DA CANA SACARINA

A expedição de Martim Afonso de Sousa marcou a fase de arranque da cultura da cana-de-açúcar no Brasil, longamente experimentada pelos portugueses nos campos do Mondego, no Algarve e nas ilhas da Madeira, Açores, Cabo Verde e São Tomé – embora com sucesso apenas no primeiro e último dos arquipélagos atlânticos – que serviram, de acordo com a sugestiva síntese de Vitorino Magalhães Godinho, de "verdadeiros laboratórios insulares" da colonização do Novo Mundo.

---

26 Cfr. MARCHANT, Alexander. Op. cit. p. 27-33.
27 Cfr. SALVADOR, Frei Vicente do. **História do Brasil 1500-1627**. ed. Capistrano de Abreu, Rodolfo Garcia e Frei Venâncio Willeke. São Paulo, 1965 (Séc. XVII). p. 87.
28 Cfr. STADEN, Hans. **Viagem ao Brasil**. Rio de Janeiro, trad. port., 1988 (1557). p. 89.

Em março de 1531 foram deixados dois homens na Bahia para realizar testes com plantas e sementes, seguindo-se, pouco depois, as experiências agronômicas efetuadas em São Vicente, a partir do início de 1532, que confirmaram a viabilidade dessa produção agrícola em terras vicentinas, possibilitando, numa primeira fase, a construção de três engenhos, a que se adicionaram mais três até 1548.[29]

A lavoura canavieira ganhou um significativo incremento, a partir de 1535, com a implantação do sistema das capitanias-donatarias que contribuiu para a sua introdução em Pernambuco, Bahia, Porto Seguro, Ilhéus, Espírito Santo e São Tomé (Paraíba do Sul), verificando-se, na década de quarenta, a passagem para a fase da transformação da matéria-prima em produto acabado, com a entrada em funcionamento de diversos engenhos, alguns dos quais foram, até os anos cinquenta, abandonados ou destruídos devido aos ataques dos indígenas.[30]

O Nordeste possuía ótimas condições naturais para a cultura da cana sacarina, designadamente tipos de solos adequados em que se destaca o massapé (terra negra), argiloso, escuro, de grande plasticidade, rico em húmus, existente na Zona da Mata pernambucana[31] e no Recôncavo Baiano (principalmente na região norte, entre São Francisco do Conde e Santo Amaro) e o *salão* (terra vermelha), variedade arenosa menos fértil, geralmente recoberto de camadas lateríticas. As *areíscas*, compostas de areia e terra vermelha, eram destinadas à produção de mandioca e legumes.[32]

A qualidade dos solos, o clima quente e úmido, a vasta rede hidrográfica, os abundantes recursos florestais, a maior proximidade da Metrópole e o regime de ventos favorável à navegação permitiram aos colonos, inicialmente de Pernambuco e, posteriormente, da Bahia, suplantar os núcleos do Centro e Sul, transformando aquelas capitanias nos dois mais importantes centros açucareiros do Império Português.

---

29 Carta de Luís de Góis a D. João III (Santos, 12 de maio de 1548), pub. in **HCPB**, v. III, Porto, 1926. p. 259.
30 Cfr. GODINHO, Vitorino Magalhães. Op. cit. v. IV, p. 103.
31 Cfr. FREIRE, Gilberto. **Nordeste. Aspectos da Influencia da Canna sobre a Vida e a Paizagem do Nordeste do Brasil**. Rio de Janeiro, 1937. p. 23-27.
32 Cfr. ANTONIL, André João. **Cultura e Opulência do Brasil por suas Drogas e Minas**, comentário crítico e trad. francesa de Andrée Mansuy, Paris, 1968. p. 148. O nome do autor é o pseudônimo, em acróstico quase perfeito, do jesuíta italiano João António Andreoni (1649-1716) que publicou a edição princeps desta obra em 1711.

A propriedade foi distribuída, conforme já se referiu no capítulo V, em regime de sesmarias, tendo-se conferido prioridade à concessão das terras situadas junto dos rios a quem dispusesse ou pudesse reunir capitais para instalar engenhos hidráulicos, ou seja, em primeira linha, aos nobres que muitas vezes se associaram a armadores ou mercadores "de grossos cabedais", como o exemplificam os casos de Martim Afonso de Sousa ou de Pêro de Góis.

Os senhores de engenho ficavam obrigados a moer a cana dos lavradores independentes – os "parceiros" – que não possuíssem moenda própria. Estas disposições visavam a garantir o aproveitamento da terra e a fixação de moradores que a criação de um engenho sempre incentivava – objetivo estratégico essencial para garantir o domínio do território –, procurando, também, estimular a produção para o mercado internacional, o que permitia aumentar os rendimentos fiscais da Coroa.

Foram adotadas diversas modalidades no cultivo das terras do engenho: exploração direta ou arrendamento parcial ou total a cultivadores. A propriedade, normalmente um latifúndio, era dividida em partidos, assumindo os arrendatários o compromisso de entregar a cana que produzissem, pelo que eram designados por "lavradores obrigados". O senhor recebia uma percentagem variável da safra – entre 50 e 66% –, sendo este último valor referente às parcelas arrendadas em "regime de terço" o mais desfavorável para os lavradores.[33]

A produção de um partido era avaliada em *tarefas*, correspondendo cada uma à quantidade de cana moída por um engenho em 24 horas (cerca de 40 carros de cana) ou a uma área cultivada de 30 braças em quadro (4.356 m^2). Um lavrador que plantasse 40 tarefas de cana sacarina deveria dispor aproximadamente de 20 escravos munidos de enxadas, machados e foices e 4 a 8 carros de bois com 12 a 14 animais.[34]

A cana-de-açúcar – no Brasil quinhentista utilizava-se a variedade "crioula" – é uma planta perene que proporciona várias colheitas, mas cujo rendimento se vai, todavia, reduzindo gradualmente, tendo a fertilidade dos solos em diversas regiões permitido que muitas terras fossem cultivadas ininterruptamente durante vários decênios.

---

33 Cfr. FERLINI, Vera Lúcia Amaral. **Terra, Trabalho e Poder. O Mundo dos Engenhos no Nordeste Colonial**. São Paulo, 1988. p. 170-176.
34 Cfr. Idem. **A Civilização do Açúcar (Séculos XVI a XVIII)**. 6. ed. São Paulo, s.d. p. 33.

Após a preparação da terra, geralmente pelo método ameríndio da *coivara*, procedia-se ao plantio que começava na época das primeiras chuvas (finais de fevereiro ou inícios de março), prolongando-se até o fim de maio. Durante o longo período de maturação dos canaviais, era imprescindível efetuar cuidadosas operações de limpeza destinadas a eliminar o capim e as ervas daninhas, tornando-se, contudo, desnecessária a irrigação.

A colheita iniciava-se entre cerca de 12 a 18 meses depois da plantação, sendo aconselhável escolher o momento ideal de modo a proporcionar a maior quantidade de sumo possível. Esta operação era efetuada por grupos de escravos organizados em pares: o homem cortava a cana e a mulher atava-a em feixes (de 12 canas) – cada par deveria cortar e atar diariamente 350 feixes – que eram, em seguida, transportados, em barca ou em carro de bois, para o engenho. O corte e o transporte até a barca estavam a cargo do lavrador, sendo também da sua responsabilidade, no caso de se situar em terras não servidas por rios, o transporte por via terrestre até o engenho.[35]

4. A PRODUÇÃO DE AÇÚCAR

A produção açucareira constituiu a atividade econômica mais importante desenvolvida na Província de Santa Cruz de meados de Quinhentos até meados do século XIX – mesmo no apogeu da época aurífera – mantendo sempre, no decurso desse longo período, a primazia na pauta de exportação. A plantação de canaviais e o fabrico de açúcar desempenharam um papel determinante na colonização do Brasil até finais do século XVII, época em que o surto extrativo (ouro e, posteriormente, diamantes) gerou um novo impulso expansionista, quer em termos econômicos, quer em termos geográficos, na América Portuguesa, embora nunca suplantando o "ouro branco".

---

35 Cfr. MAURO, Frédéric. Op. cit. v. I, p. 266-268.

Tabela 5
Evolução do número de engenhos no Brasil quinhentista, por capitanias.

	1546	1570	1585	1590
Paraíba (do Norte)				2
Itamaracá		1		2
Pernambuco	5	23	66	70
Bahia	1	18	46	50
Ilhéus	2	8	6	6
Porto Seguro	2	5		5
Espírito Santo	3	1	6	6
São Tomé (Paraíba do Sul)	2			
Rio de Janeiro			3	3
São Vicente/ Santo Amaro	6[a]	4	4	6
	21	60	131	150

a Dados fornecido por Luís de Góis (1548).

Fontes: 1546: Jaime Cortesão. **A Colonização do Brasil**. Lisboa, 1969. p. 161-62; 1570: Pero de Magalhães de Gândavo. **Tratado da Província do Brasil**. Rio de Janeiro, 1965. p. 67-123; 1585: José de Anchieta. **Cartas, Informações, Fragmentos Históricos e Sermões (1554-1594)**. Belo Horizonte – São Paulo, 1988. p. 418-31; 1590: Francisco Soares, **De algumas Coisas mais Notórias do Brasil e de alguns Costumes dos Índios**. Coimbra, s. d. p. 11.

No século passado foi divulgada a existência de registros que comprovariam a recepção nos armazéns da Casa da Índia, em 1526, de açúcar proveniente de Pernambuco.[36] Existe a possibilidade de este produto ser oriundo de um pequeno engenho eventualmente fundado por Pêro Capico, a partir de 1516, nas imediações da feitoria de Igaraçu.[37]

Após o pioneiro surto vicentino – em que se destacou o "Engenho do Governador", assim designado por ter sido edificado em terras de Martim Afonso de Sousa, tendo sido, mais tarde, adquirido pelo flamengo Erasmo Schetz, pelo que foi rebatizado de "Engenho dos Erasmos"[38] – sucedeu-se,

---

36 Cfr. LIMA, Oliveira M. de. **Pernambuco. Seu Desenvolvimento Histórico**. 2. ed. Recife, 1975. p. 3-4.
37 Cfr. SIMONSEN, Roberto C. **História Econômica do Brasil (1500/1820)**. 8. ed. São Paulo, 1978. p. 96.
38 Cfr. GODINHO, Vitorino Magalhães. Op. cit. v. IV, p. 102-103.

posteriormente à criação do sistema das capitanias-donatarias, a edificação de engenhos nas diversas regiões, com especial relevo para Pernambuco.

Jerónimo de Albuquerque empreendeu a construção da primeira unidade pernambucana. O Engenho de Nossa Senhora da Ajuda – "mui grande e perfeito" – situava-se nas proximidades de Olinda,[39] encontrando-se, em abril de 1542, quase concluído. Nessa data, o donatário informava o rei de que estava prestes a iniciar-se a instalação de mais unidades.[40] Numa carta dirigida a D. João III, datada de 14 de novembro de 1550, Duarte Coelho referia a existência na Nova Lusitânia de cinco engenhos que estavam "de todo moentes e correntes".[41]

Em 1546 encontravam-se em laboração 21 engenhos na Província de Santa Cruz, situando-se, em primeiro lugar, São Vicente (6), seguido de Pernambuco (5) e Espírito Santo (3), enquanto as restantes capitanias apresentavam quantitativos mais modestos: Ilhéus, Porto Seguro e São Tomé apenas 2 cada e a Bahia somente 1. Segundo um relatório de Miguel de Seure, embaixador de França em Lisboa, existiam no Brasil, em 1559, 22 engenhos em atividade.[42]

---

39 Cfr. GUERRA, Flávio. **História de Pernambuco**. 2. ed. Recife, 1975. p. 21.
40 Cfr. Carta de Duarte Coelho a D. João III (27 de Abril de 1542), pub. in **HCPB**. v. III, p. 313.
41 Pub. in **HCPB**. v. III, p. 320-321.
42 Pub. in MATOS, Luís de. **Les Portugais en France au XVIe siècle. Études et Documents**. Coimbra, 1952. p. 293.

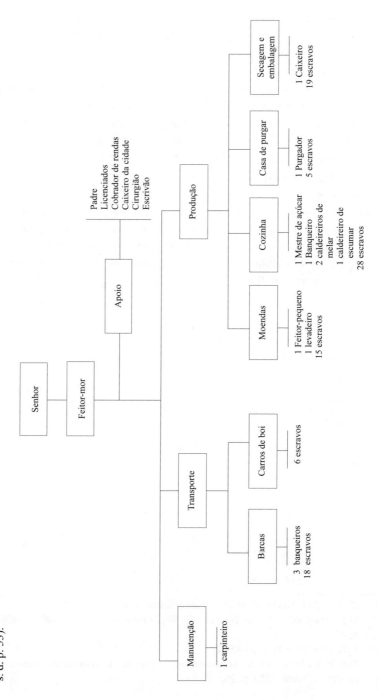

Figura 4.
Organograma de um engenho de açúcar. (A partir de Vera Lúcia Ferlini. **A Civilização do Açúcar (séculos XVI a XVIII)**. 6. ed. São Paulo, s. d. p. 53).

Apesar das dificuldades resultantes da resistência indígena, dos problemas relacionados com a mão de obra e do elevado montante de capital necessário para construir um engenho, o seu número subiu, ao redor de 1570, para 60 unidades, havendo outras que estavam em fase de construção. Quarenta e um dos engenhos em funcionamento, ou seja, mais de 2/3 do total (68%), situavam-se em Pernambuco (38%) e na Bahia (30%), enquanto os restantes 19 se distribuíam por Ilhéus, Porto Seguro, São Vicente/Santo Amaro, Itamaracá e Espírito Santo. De salientar o grande crescimento registrado, pelas razões já aludidas, nas duas primeiras capitanias onde, em cerca de vinte anos, o número de engenhos subiu de 5 para 23 e de 1 para 18, respectivamente. O decréscimo nas capitanias de São Vicente/Santo Amaro e do Espírito Santo, bem como o desaparecimento dos de São Tomé justifica-se fundamentalmente pelos fortes ataques de que foram alvo por parte, no primeiro caso, dos tamoios e, nos outros, dos aimorés. Globalmente, o número de engenhos triplicou entre 1546 e 1570, a uma média anual de 4,5%.

No meio do decênio de setenta, um autor afirmava que na capitania de Pernambuco estavam já feitos perto de 30 engenhos, mas, todavia, salientava o grande surto de produção açucareira que entretanto se verificara no Recôncavo Baiano, onde existiam já quase tantos engenhos como na Nova Lusitânia.[43]

No relato de uma missão pastoral efetuada em Pernambuco, um sacerdote jesuíta, que viria a ser Provincial do Brasil, fornece as seguintes informações sobre a situação, em meados da década de oitenta de Quinhentos, da principal capitania açucareira:

> "A terra é toda muito chã; o serviço das fazendas é por terra e em carros; a fertilidade dos canaviais não se pode contar; tem 66 engenhos, que cada um é uma boa povoação; lavram-se alguns anos 200 mil arrobas de açúcar, e os engenhos não podem esgotar a cana, porque em um ano se faz de vez para moer, e por esta causa a não podem vencer, pelo que moe cana de três, quatro annos; e com virem cada ano quarenta navios ou mais a Pernambuco, não podem levar todo o açúcar...".[44]

---

43   Cfr. GÂNDAVO, Pêro de Magalhães de. **História da Província de Santa Cruz a que vulgarmente Chamamos Brasil**. ed. fac-similada, Lisboa, 1984 (1576), fl. 18v.
44   CARDIM, Fernão. Op. cit. p. 201.

A gradual submissão ou expulsão dos diversos grupos ameríndios que ocupavam o litoral compreendido entre Itamaracá e São Vicente, associada à importação de mão de obra escrava de origem africana, possibilitaram, a partir dos anos setenta, um grande aumento da área dedicada à lavoura da cana e a subida em flecha do número de engenhos (de 60 para 131). A taxa de crescimento verificada no período compreendido entre 1570 e 1585 cifrou-se em 118%, a uma média anual de 5,3%, destacando-se, novamente, a subida do número de engenhos baianos (de 18 para 46) e pernambucanos (de 23 para 66), tendo estes últimos quase triplicado. De salientar a recuperação da atividade econômica no Espírito Santo e a entrada do Rio de Janeiro no grupo das capitanias açucareiras.

A tendência para o rápido aumento das unidades produtoras de açúcar registrou um abrandamento no final da década de oitenta. No curto espaço de tempo situado entre 1585 e 1590, o seu número subiu de 131 para 150, com uma taxa de crescimento de 14,5% (2,7% ao ano), o que representa uma significativa quebra em face do ritmo anual médio superior a 4% verificado nas quatro décadas anteriores (1546-1585).

Estes elementos sobre a geografia açucareira do Brasil quinhentista permitem concluir que em Pernambuco e na Bahia se concentravam, em 1590, 80% do número de moendas de açúcar, cabendo à Nova Lusitânia quase metade do total (47%). Os contemporâneos tinham uma nítida percepção da dimensão do peso relativo que as duas capitanias detinham no conjunto da Província de Santa Cruz. Na legenda da Carta Geral do Brasil (c. 1586), da autoria de Luís Teixeira, afirmava-se que "as melhores e mais ricas destas capitanias são a de Sua Majestade (Bahia) e a de Jorge de Albuquerque (Pernambuco). Estas são as que mais engenhos tem de açúcar e assim têm mais trato de mercadores".[45]

Uma taxa de crescimento tão elevada ficou a dever-se à expansão da economia europeia na segunda metade de Quinhentos, ao fato do mercado europeu mostrar uma grande apetência pelo consumo de açúcar – que no princípio do século ainda era uma iguaria, também usada como remédio, de elevado custo, somente acessível aos privilegiados –, bem como à circunstância dos lucros obtidos remunerarem compensadoramente os capitais investidos.

---

45 **Roteiro de todos os sinais, conhecimentos, fundos, baixos, alturas, e derrotas que há na costa do Brasil desde o cabo de Santo Agostinho até ao estreito de Fernão de Magalhães**. ed. fac-similada, Lisboa, 1988, fl. 33v.

A Coroa estimulou o surto açucareiro através da concessão de diversos incentivos fiscais. A Carta Régia de 18 de junho de 1541 atribuiu privilégios à refinação do açúcar; o Alvará de 20 de julho de 1551 isentou os engenhos recém-construídos do pagamento de impostos por um período de dez anos, medida que foi sucessivamente renovada; os Alvarás de 13 de julho de 1555 e de 16 de março de 1560 concederam benefícios tributários ao açúcar e, finalmente, o Alvará de 29 de março de 1559 reduziu o pagamento das taxas sobre a importação de escravos africanos destinados aos engenhos. De salientar, ainda, a autorização para o uso da mão de obra indígena, bem como franquias no transporte e flexibilidade na fixação dos preços.[46]

Os engenhos situavam-se preferencialmente junto dos rios, tanto para aproveitar a força motriz da água como para utilizar barcas no transporte das matérias-primas e das caixas de açúcar para os navios. Nas terras que se encontravam afastadas da rede hidrográfica era necessário recorrer a juntas de bois para efetuar essas funções, fator que encarecia os custos de produção, reduzindo, consequentemente, a rentabilidade do empreendimento.

As unidades de grande porte eram apelidadas de "engenhos reais" – devido ao lugar destacado que ocupavam em termos de volume de produção – e as movidas à tração animal (bois ou cavalos) eram designadas por trapiches, molinetes ou almanjarras. Em um trapiche faziam-se, em 24 horas, entre 20 e 30 formas de açúcar, enquanto nos engenhos hidráulicos esse número atingia, pelo menos, o dobro.[47]

O complexo açucareiro era constituído por duas componentes essenciais: os partidos de cana e o engenho. A unidade manufatureira – o "coração da produção" – era um conjunto de edificações interligadas composto pela casa de alvenaria que abrigava os picadeiros de pedra e cal onde se depositava a cana, pela casa da moenda, pela casa das caldeiras, pela casa de purgar e pelo telhal, além de dispor de instalações de apoio, nomeadamente carpintaria, olaria e currais.[48]

O processo de fabrico do açúcar começava pela limpeza e preparação da cana, encaminhada, após a conclusão da fase preliminar, para as moendas – que iniciavam a laboração em agosto, prolongando-se até finais de abril ou inícios de maio – a fim de ser prensada. O caldo era mudado do lagar para as caldeiras, assentes em fornalhas alimentadas à lenha, onde se procedia à sua fervura a temperaturas muito elevadas – fase que eliminava

---

46 Cfr. FERLINI, Vera Lúcia Amaral. **Terra, Trabalho e Poder...**. p. 61 e 95-96.
47 Cfr. Idem. **A Civilização do Açúcar...** p. 35.
48 Cfr. Idem. **Terra, Trabalho e Poder...** p. 103.

o grosso das imundícies da cana, daí resultando um primeiro subproduto, a garapa, que era utilizada na alimentação do gado e, por vezes, consumida – seguindo-se as tarefas de purificar (com água e cinza das caldeiras) e coar o melado.

A etapa imediata no fabrico do "ouro branco" consistia em passar o melado para as tachas (grandes recipientes de cobre) onde se procedia à cozedura até atingir o ponto ideal para ser batido. A substância era, então, depositada em formas de cerâmica (com capacidade para cerca de 32 litros), colocada a arrefecer no tendal, sendo depois transferida para a grande casa de purgar (com cerca de 1.000 m²), onde se processava a purificação com a adição de barro e água durante cerca de quarenta dias. No decurso desse período de tempo, o açúcar separava-se do melaço, efetuando-se, por último, a secagem dos pães de açúcar e o seu acondicionamento em grandes caixas de madeira de jequitibá (com capacidade para cerca de 14 arrobas). Os setores da moagem e cozimento laboravam ininterruptamente em dois turnos, enquanto os da purga, secagem e encaixotamento funcionavam apenas um período.[49]

O produto nobre, o "açúcar macho", dividia-se em duas categorias: branco e mascavado (a porção que se encontrava no fundo das formas, pelo que adquiria uma tonalidade acastanhada), enquanto o subproduto destilado das formas – "os meles" – podia ser utilizado para fabricar aguardente (cachaça) ou ser reprocessado, dando origem a um tipo de açúcar de qualidade inferior: o "batido".[50]

A construção de um complexo açucareiro exigia um investimento muito alto, elevando-se, em 1590, de acordo com o testemunho de um jesuíta minhoto, a "vinte mil cruzados pelo menos".[51] Segundo cálculos efetuados para a primeira metade do século XVII, o custo da montagem de um engenho com capacidade para laborar anualmente 200 tarefas de cana (que produziam cerca de 10.000 arrobas de açúcar) ascendia a 50.000 cruzados, sendo 20.000 (40%) para bois (15 a 20 juntas), carros e barcas; 10.000 (20%) para moendas, cobres e ferramentas; 10.000 (20%) o capital necessário para o início da exploração e 8.000 (16%) para a aquisição de 80 escravos de ambos os sexos, deixando 2.000 (4%) para margem de erro e despesas diversas.[52]

---

49 Cfr. Idem. **A Civilização do Açúcar...** p. 40-41.
50 Cfr. ANTONIL, André João. Op. cit. p. 264-266.
51 SOARES, Francisco. Op. cit. p. 11.
52 Cfr. MAURO, Frédéric. Op. cit. v. I, p. 285.

Cap. VII | A Organização Econômica e Social

O ciclo produtivo açucareiro – em que os dias de trabalho em dez meses se reduziam a cerca de 203 devido, em grande parte, ao calendário religioso – exigia o recurso a uma mão de obra abundante. As funções especializadas, designadamente mestre de açúcar, ajudante do mestre de açúcar (banqueiro), purgador, caldeireiro, caixeiro, ferreiro, carpinteiro, agente, escrivão e feitor eram, na generalidade dos casos, asseguradas por homens livres que auferiam elevadas remunerações. Para as restantes operações recorria-se a trabalho escravo.

De acordo com estimativas efetuadas, um engenho brasílico produziria, em meados do século XVI, por volta de 2.000 arrobas, o que equivaleria a uma produção global anual situada entre 70 e 100.000 arrobas.[53] Segundo outro cálculo, os cinco engenhos mencionados por Duarte Coelho em 1550 dariam cerca de 5.000 arrobas cada, o que elevaria a média anual da produção pernambucana a um valor da ordem das 25.000 arrobas.[54]

Numa obra redigida no final da década de sessenta de Quinhentos afirma-se que a capitania de Pernambuco tinha 23 engenhos de açúcar, posto que três ou quatro se encontrassem ainda em construção. Cada um destes engenhos produzia uma média de 3.000 arrobas por ano. Também se sublinhava que aquela capitania, uma das mais ricas do Brasil, produzia mais açúcar do que as outras, chegando a haver anos em que o rendimento dos engenhos pernambucanos ultrapassava as 50.000 arrobas. Ao seu porto – o Recife – afluíam mais navios do reino do que a nenhum outro.[55]

Um alto funcionário régio, que visitou a capitania de Pernambuco em 1591, calculou que os 63 engenhos em laboração produziriam anualmente 378.000 arrobas, numa média de 6.000 arrobas por unidade.[56] O eixo Pernambuco-Bahia surgia, assim, claramente destacado, funcionando como motor de arranque no contexto do Brasil quinhentista.

---

53 Cfr. GODINHO, Vitorino Magalhães. Op. cit. v. IV, p. 104-105.
54 Cfr. FONSECA, Célia Freire A. **A Economia Européia e a Colonização do Brasil (A experiência de Duarte Coelho)**. Rio de Janeiro, 1978. p. 275.
55 Cfr. GÂNDAVO, Pêro de Magalhães de. **Tratado da Província do Brasil**. Rio de Janeiro, ed. de Emanuel Pereira Filho, 1965. p. 68-73.
56 Cfr. ABREU E BRITO, Domingos de. **Um Inquérito à Vida Administrativa e Económica de Angola e do Brasil em fins do século XVI...** Coimbra, ed. de Alfredo de Albuquerque Felner, 1931. p. 57.

Tabela 6
Estimativa da produção anual de açúcar

	Quantidade (em arrobas)	Acréscimo anual relativo (%)
C. 1570	180 000	
1583-84	350 000	6,3
1590	502 500	6,2

Fonte: Vitorino Magalhães Godinho. **Ensaios II: Sobre História de Portugal**. 2. ed. correta e ampliada. Lisboa, 1978. p. 272.

Estes dados revelam o surgimento, por volta de 1570, de um impulso de grande vigor na produção açucareira brasílica, verificando-se, a partir de então, uma taxa de crescimento anual superior a 6%, que quase permitiu duplicar, em 1583-1584, a quantidade laborada, que se repartia normalmente, de acordo com os cálculos efetuados, em dois terços de açúcar branco e um terço de mascavado. Do ponto de vista da distribuição regional destacam-se claramente Pernambuco, seguido da Bahia, que, conjuntamente, asseguravam uma percentagem superior a 2/3 da produção total.

Os engenhos desempenharam uma função decisiva na modelação demográfica, econômica, social e cultural da região nordestina em geral e pernambucana em particular. A "máquina e fábrica incrível" – como o apelidava Vieira – constituía o centro em torno do qual se estruturava a economia, se agrupavam os homens e se organizavam as funções religiosas, militares e administrativas.

A *casa-grande*, térrea ou assobradada, era a cabeça do vasto complexo açucareiro, aí se centralizando as atividades de direção e administração do engenho, das oficinas, das plantações, dos meios de transporte e da mão de obra. A *senzala* alojava os escravos pertencentes à unidade manufatureira. A *capela* assegurava a cristianização dos cativos recém-chegados e o culto religioso. Nela se reunia a comunidade aos domingos e dias santificados e se celebravam os atos mais importantes da vida religiosa e social, como os casamentos e batizados.

Alguns engenhos quinhentistas, devido ao papel de relevo que ocuparam na região em que se inseriam, ganharam uma dimensão simbólica, destacando-se, entre estes, o do Governador ou dos Erasmos, em São Vicente; o de Sergipe (Bahia) e o de Santana (Ilhéus), instituídos por Mem de Sá,[57] e o da Madre de Deus, depois chamado Velho, nas margens do

---

57 Cfr. ANTONIL, André João. Op. cit. p. 78-79; SCHWARTZ, Stuart B. Op. cit. p. 393-399.

rio Pirapama, em terras do cabo de Santo Agostinho – o primeiro dos oito engenhos e trapiches fundados em Pernambuco por João Pais –, que deu origem ao morgadio do Cabo.[58]

5. PREÇOS E COMERCIALIZAÇÃO

A conjuntura econômica internacional serviu de poderoso estímulo ao incremento da produção açucareira brasílica, uma vez que se verificou uma tendência de longa duração de crescimento econômico e de subida dos preços ao longo de Quinhentos, pontuada embora por cinco fases depressivas: 1521-1524, 1531-1535, 1545-1552, 1571-1578 e 1595-1600.[59]

Figura 5.
Evolução dos preços do açúcar branco pagos aos engenhos baianos na segunda metade do século XVI.

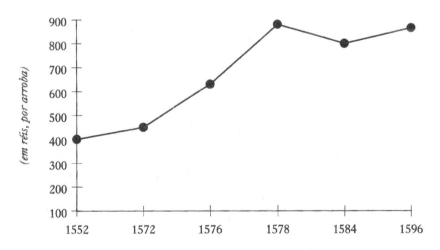

Fonte: Stuart B. Schwartz. **Segredos Internos: engenhos e escravos na sociedade colonial, 1550-1835**. trad. port., São Paulo, 1988. p. 400.

Apesar das ressalvas que o autor da série enumera quanto à natureza atípica da fonte utilizada (as contas do Engenho Sergipe), estes preços de-

---

58 Cfr. ANDRADE, Gilberto Osório de e LINS, Raquel Caldas. **João Pais, do Cabo: o Patriarca, seus filhos, seus Engenhos**. Recife, 1982. p. 51-53.
59 Cfr. GODINHO, Vitorino Magalhães. **Ensaios II. Sobre História de Portugal**. 2. ed. correcta e ampliada. Lisboa, 1978. p. 258.

monstram uma forte tendência globalmente ascendente – bastante acima da média geral –, verificando-se a sua duplicação num período de quarenta anos. Mesmo no decurso da fase crítica de 1571-1578 registrou-se uma subida constante: de 450 réis (1572), para 630 (1576) e, finalmente, 880 (1578), somente tendo havido uma ligeira descida (80 réis) em 1584, o que significa que a cotação desta mercadoria não foi afetada pela depressão conjuntural. Em Lisboa, o preço do açúcar era entre 40 e 60% mais alto do que no Brasil.[60]

Utilizavam-se normalmente dois métodos para proceder à comercialização do açúcar: vender a produção a negociantes que se encarregavam do seu encaminhamento para a Metrópole ou enviá-la à consignação, solução que somente estava ao alcance dos grandes senhores de engenho. Esta opção proporcionava maiores margens de lucro – devido ao diferencial existente entre o preço pago nos portos de embarque e a cotação no mercado lisboeta –, mas continha um potencial de risco mais elevado devido à possibilidade de naufrágio ou apresamento do navio transportador.

O grande porto de destino do açúcar era Lisboa, seguindo-se o Porto e, ainda, alguns portos secundários como Viana do Castelo – cujos armadores tinham uma frota de 70 navios destinada ao comércio com o Brasil[61] – ou a Póvoa de Varzim. Os principais mercados internacionais, no final do século XVI, situavam-se em Londres, Hamburgo e Amsterdã, que substituiu Antuérpia nessa posição, a partir de 1577, devido a problemas de natureza militar. Os portos bálticos (Dantzig), hanseáticos e italianos (Veneza e Ragusa) foram, também, ativos importadores.[62]

Além do comércio legal, desenvolveu-se paralelamente uma componente de contrabando que procurava esquivar-se ao pagamento de tributos: o dízimo no Brasil e a sisa em Portugal, cifrando-se esta, em 1590, em doze vinténs por arroba.[63]

A "dinâmica do açúcar" – na feliz expressão de Braudel – conduziu à estruturação da economia brasílica em função do espaço atlântico, assente fundamentalmente nas ligações triangulares entre a Província de Santa Cruz, a Metrópole e a costa ocidental de África, conforme realçou

---

60   Cfr. SCHWARTZ, Stuart B. Op. cit. p. 151-155.
61   Cfr. GONÇALVES DE MELLO. José António, "O Comércio Inglês em Pernambuco no Século XVI: três exemplos": **Estudos Universitários** (Recife), 12 (2), 1972. p. 29.
62   Cfr. SCHWARTZ, Stuart B. Op. cit. p. 145.
63   Cfr. SOARES, Francisco. Op. cit. p. 11.

Magalhães Godinho, contribuindo de modo significativo para a expansão marítima e comercial de Quinhentos e a criação do mercado mundial.

A importância que o Brasil gradualmente assumiu no contexto do Império Português é ilustrada, nas décadas de sessenta-setenta do século XVI, pelo fato de o padre Fernando Oliveira na dedicatória de uma das suas obras náuticas a D. Sebastião acrescentar ao título de rei de "Portugal e dos Algarves, de Aquém e de Além-Mar em África, senhor da Guiné e da conquista, navegação e comércio da Etiópia, da Arábia, da Pérsia e da Índia" o de senhor da "Província Santa Cruz".[64]

6. OUTRAS ATIVIDADES PRODUTIVAS

Além do pau-brasil e do açúcar, existiam outras importantes atividades econômicas no Brasil quinhentista destinadas, nesse século, essencialmente ao consumo interno, designadamente as culturas de algodão, tabaco e mandioca, bem como a criação de gado. Somente nas centúrias seguintes o tabaco, o algodão e os couros ganhariam um crescente peso na pauta de exportação, tendo o primeiro, a par da aguardente, assumido, a partir de 1620, um importante papel como meio de pagamento na aquisição de escravos em África, constituindo "os comércios ancilares do produto principal".[65]

A produção indígena de algodão na Bahia era tão significativa que, logo em agosto de 1549, o fundador da Província do Brasil da Companhia de Jesus sublinhava a sua abundância.[66] Nos primeiros decênios, o grosso da produção destinava-se fundamentalmente à confecção de tecidos para os índios catecúmenos, uma vez que a erradicação da nudez, pelo menos parcial, constituía uma das regras que os jesuítas pretendiam implantar nos aldeamentos por eles dirigidos.

Na década de cinquenta, os tupinambás forneciam algodão aos franceses,[67] sendo provável que o carregamento regular deste produto para Portugal se tenha iniciado em 1565 a partir de Pernambuco.[68] No final dos anos sessenta de Quinhentos, um humanista bracarense colocava o algodão

---

64   Cfr. **Livro da Fábrica das Naus**. Lisboa, ed. fac-simile, 1991, folha colada à p. 132.
65   FRANCO, Afonso Arinos de Melo. **Síntese da História Económica do Brasil**. Rio de Janeiro, 1938.
66   Cfr. **Cartas do Brasil...** p. 38.
67   Cfr. STADEN, Hans. Op. cit. p. 89.
68   Cfr. MARCHANT, Alexander. Op. cit. p. 50.

em segundo lugar na escala das atividades econômicas mais rentáveis da Província de Santa Cruz, a seguir ao açúcar e antes do pau-brasil.[69]

Embora seja impossível quantificar produções e preços, uma vez que se destinavam ao consumo local e não à exportação, a produção de víveres – com particular destaque para a mandioca – assumiu uma importância fundamental para a subsistência das populações. Os moradores integraram rapidamente a farinha de mandioca na sua dieta alimentar, tendo-se especializado muitos pequenos lavradores, que não dispunham do capital suficiente para investir na cultura da cana, na criação de roças de mantimentos para abastecer os mercados regionais. Também aldeias de índios e senhores de engenho se dedicavam a esta produção, quer para garantir a alimentação própria ou dos dependentes, quer para vender os excedentes. Alguns grandes proprietários adotaram o sistema de conceder aos seus escravos pequenas parcelas de terra, de forma a que os próprios as cultivassem, produzindo, assim, os seus víveres.

A expedição comandada por Tomé de Sousa, que desembarcou na Bahia, teve de recorrer à importação de alimentos de outras capitanias enquanto as terras baianas não se encontraram em condições de assegurar o sustento dos novos moradores. Entre 1549 e 1553, 18 navios, provenientes sobretudo de Pernambuco e de Tatuapara (aldeia litorânea situada doze léguas a norte do Salvador), descarregaram 4.543 alqueires de farinha de mandioca para o abastecimento dos cerca de 1.000 habitantes da nascente cidade do Salvador, a uma média anual da ordem dos 900 alqueires.[70] Um autor assinalava, no final dos anos sessenta do século XVI, que "quantos moradores há na terra têm roças de mantimentos e vendem muitas farinhas de pau uns aos outros de que também tiram muito proveito".[71]

A fácil adoção pelos colonos do hábito ameríndio de fumar permitiu uma rápida difusão da cultura do tabaco, cuja área de distribuição coincidia com o complexo da mandioca. Em janeiro de 1550, o fundador da Província do Brasil da Companhia de Jesus considerava-o como uma erva-santa – tendo sido o primeiro a atribuir-lhe virtudes terapêuticas –, cujo fumo ajudava "muito a digestão e outros males corporais e a purgar a fleugma do estômago".[72]

---

69   Cfr. GÂNDAVO, Pêro de Magalhães de. Op. cit. p. 125.
70   Cfr. MARCHANT, Alexander. Op. cit. p. 74-76.
71   GÂNDAVO, Pêro de Magalhães de. Op. cit. p. 127.
72   HOEHNE, F. C. **Botânica e Agricultura no Brasil no Século XVI (Pesquisas e Contribuições)**. São Paulo, 1937. p. 92-93.

Na maior parte do século XVI, o petume – vocábulo tupi adotado pelos portugueses quinhentistas – foi encarado como uma planta de jardim, tendo os colonos da Bahia, à semelhança dos ameríndios, procedido ao seu cultivo nas hortas e quintais.[73] Somente no final de Quinhentos, a cultura do tabaco adquiriu importância econômica e foi-se gradualmente expandindo, tendo encontrado um hábitat ideal nos solos arenosos do Recôncavo Baiano, onde era feita em tabuleiros.

A criação de gado foi iniciada na Província de Santa Cruz por Martim Afonso de Sousa, que promoveu a introdução de bovinos, equídeos e ovinos. Por seu turno, Tomé de Sousa, logo no início do seu governo, importou animais de Cabo Verde – que já se encontravam adaptados a regiões de elevadas temperaturas –, em troca de madeira brasílica. Em 1550, a caravela *Galega*, proveniente daquele arquipélago, desembarcou na Bahia grande quantidade de bois, vacas, cavalos e éguas que procriaram rapidamente nas paragens baianas.[74]

O primeiro grande criador de gado conhecido no Brasil foi Garcia de Ávila, criado de Tomé de Sousa, que em 1552 recebeu uma sesmaria com cerca de duas léguas de costa em Itapoã, aí estabelecendo uma fazenda, a qual, pouco depois, tinha já perto de 200 cabeças de gado bovino, além de éguas, porcos e cabras. Mais tarde recebeu em enfiteuse a sesmaria de seis léguas, pertencente ao conde da Castanheira, que englobava a enseada de Tatuapara, em cujas imediações fez construir uma casa-forte de alvenaria – a Torre de Garcia de Ávila – sede da poderosa Casa da Torre que se especializou em atividades pecuárias, expandindo-se, posteriormente, em direção ao vale médio do rio de São Francisco e, pelo sertão, até o Piauí.[75]

Diversas fontes atestam, ao longo da década de cinquenta, a regular chegada à Bahia, por ordem régia, de caravelas carregadas de gado oriundo de Cabo Verde.[76] Após a conquista da baía da Guanabara, Mem de Sá aplicou na capitania do Rio de Janeiro medidas idênticas às adotadas por Tomé

---

73 Cfr. SOUSA, Gabriel Soares de. **Notícia do Brasil**. São Paulo: ed. de Pirajá da Silva, s.d. (1587). v. II, p. 43.
74 Cfr. MARCHANT, Alexander. Op. cit. p. 38.
75 Cfr. CALMON, Pedro. **História da Casa da Tôrre. Uma Dinastia de Pioneiros**. 2. ed. Rio de Janeiro, 1958.
76 Cfr. **Cartas do Brasil...** p. 252.

de Sousa na Bahia, importando animais para a introdução da pecuária na região fluminense.[77]

A criação de gado – destinado à tração (ao serviço das fazendas e engenhos) ou à alimentação – progrediu tão rapidamente que, na década de oitenta, um jesuíta pôde testemunhar a grande abundância de bovinos em todo o Brasil, havendo currais onde se encontravam 500 a 1.000 cabeças, com particular destaque para os campos de Piratininga, devido à qualidade dos pastos. Por outro lado, sublinhava a importância da criação de cavalos em grande quantidade e qualidade, que já se começavam a vender para Angola. Além destas espécies de grande porte, o inaciano realçava o crescente desenvolvimento da criação de animais levados de Portugal, como ovelhas, porcos e galinhas, bem como de uma espécie de origem americana: o peru.[78]

As terras pernambucanas que não reuniam condições favoráveis à cultura da cana – normalmente as zonas do agreste e do sertão – foram aproveitadas para a instalação de grande número de fazendas de gado. De acordo com a informação de um alto funcionário régio, os preços dos animais em Pernambuco, em 1591, eram os seguintes:

Tabela 7.
Preços dos animais em Pernambuco (1591), por espécies.

	Preço (em cruzados)
Bois (Junta de)	30 000
Vaca	10 a 12 000
Porco	15
Carneiro	3 a 4
Peru	1
Galinha	6 a 7 tostões

Fonte: Domingues de Abreu e Brito. **Um Inquérito à Vida Administrativa e Económica de Angola e do Brasil em, fins do século XVI...** ed. De Alfredo de Albuquerque Feiner. Coimbra, 1931. p. 58-59.

---

77 Cfr. WETZEL, Herbert Ewaldo. **Mem de Sá Terceiro-Governador-Geral (1557-1572)**. Rio de Janeiro, 1972. p. 133 e 141.
78 Cfr. CARDIM, Fernão. Op. cit. p. 66-67.

7. A ESCRAVIDÃO INDÍGENA

No início do processo de colonização, a mão de obra indígena assumiu uma importância fundamental no processo produtivo, sobretudo em duas áreas: na obtenção de mantimentos (roças de mandioca, pesca e caça) e na cultura da cana sacarina.

Nas regiões onde se estabeleceram sólidas relações entre os portugueses e os ameríndios nelas fixados, a angariação de braços para as atividades econômicas provinha dos prisioneiros de guerra capturados pelos aliados ou de surtidas ("saltos") efetuadas em embarcações que penetravam em território de grupos tribais inimigos. A título de exemplo refira-se que, em 1547, alguns navios saltearam a costa ocupada pelos carijós (guaranis), inimigos dos tupiniquins, apresando-os em grande número e levando-os para São Vicente.[79] Na vila homônima, os índios escravos, muito provavelmente carijós, eram numerosos em 1554.[80] Por essa altura, um aventureiro alemão refere a existência numa aldeia de tamoios de um carijó, escravo dos portugueses, capturado em terras vicentinas.[81]

Em algumas capitanias, as modalidades iniciais de apropriação do trabalho indígena (escambo ou compra de cativos) deixaram, a breve trecho, de satisfazer as prementes necessidades de braços para o desenvolvimento da lavoura canavieira, pelo que os colonos acabaram por recorrer à escravização dos índios, sobretudo daqueles que já se encontravam aculturados, atuação que deu origem à eclosão de numerosas revoltas.[82]

Após a implantação do governo geral, que concidiu com a chegada ao Brasil dos primeiros inacianos, a intensa ação desenvolvida pelos jesuítas junto da Coroa, do governador-geral, de outras autoridades civis e religiosas no reino e na Província de Santa Cruz, bem como dos colonos no sentido de defender as populações ameríndias, sobretudo as cristianizadas, de ações violentas, limitaram gradualmente a margem de manobra dos caçadores de nativos.

A partir do final da década de cinquenta, a utilização compulsiva de mão de obra indígena foi sendo gradualmente restringida àqueles que ti-

---

79   Cfr. **Cartas do Brasil...** p. 33.
80   Cfr. MARCHANT, Alexander. Op. cit. p. 66.
81   Cfr. STADEN, Hans. Op. cit. p. 115-116.
82   Cfr. MARCHANT, Alexander. Op. cit. p. 81.

vessem sido capturados no decurso de *guerra justa*[83] declarada pelo governador-geral ou por ele autorizada. Nos casos em que a "sujeição pelo amor" não desse resultados positivos, considerava-se legítimo recorrer à utilização da força para combater os silvícolas que matassem e comessem cristãos, que capturassem escravos e não os devolvessem ou que reiteradamente se opusessem às tentativas de evangelização desenvolvidas pelos missionários.

Em 1555, depois da morte de Duarte Coelho, estalou a revolta dos caetés na capitania de Pernambuco, então dirigida por D. Beatriz de Albuquerque e por seu irmão Jerónimo de Albuquerque, devido à ausência no reino do herdeiro, Duarte de Albuquerque Coelho, novo donatário. Em meados do ano seguinte, naufragou nas costas pernambucanas a nau *Nossa Senhora da Ajuda* que transportava mais de uma centena de tripulantes e passageiros, entre os quais se contavam o bispo e o provedor-mor da fazenda, que foram mortos e devorados por aquele grupo tribal.

Na sequência deste episódio, o Provincial do Brasil da Companhia de Jesus entendeu que se justificava a punição dos caetés, em virtude de terem tirado a vida a um tão elevado número de cristãos, incluindo o primeiro prelado brasílico.[84] Passados alguns anos, Mem de Sá, após ter expulsado os franceses da Guanabara e submetido os revoltosos do Espírito Santo, Ilhéus e Bahia, publicou, em 1562, uma sentença de "guerra justa" contra os caetés pelos crimes cometidos sobre os náufragos, tendo sido mortos ou reduzidos à escravidão grande número de membros desse grupo tribal.[85]

À mortandade provocada pelas expedições punitivas contra os caetés, somaram-se dois grandes surtos epidêmicos de varíola na Bahia, em 1562-1563, que vitimaram à volta de 30.000 índios no curto espaço de dois a três meses, situação que impossibilitou a continuação do cultivo das roças, originando uma grave crise de subsistência que levou muitos aborígenes, em situação de desespero, a oferecerem-se como escravos em troca de um prato de farinha.[86]

---

83 A análise e desenvolvimento do conceito de *guerra justa* foi alvo das preocupações da Escola de Salamanca, onde Francisco de Vitoria, Luís de Molina e Francisco Suarez elaboraram as noções de direitos dos povos em que assenta o direito internacional moderno. Sobre o assunto veja-se Francisco Castilla Urbano. **El Pensamiento de Francisco de Vitoria. Filosofía Política e Índio Americano**. Barcelona, 1992. p. 155-187.
84 Cfr. **Cartas do Brasil...** p. 281.
85 Cfr. ANCHIETA, José de. Op. cit. p. 363-364.
86 Cfr. Idem. Ibidem. p. 364-365; MARCHANT, Alexander. Op. cit. p. 102-104.

Os graves acontecimentos do início da década de sessenta provocaram o despovoamento da maioria dos aldeamentos dirigidos pelos jesuítas, tendo o problema da política a adotar relativamente aos indígenas sido analisado numa assembleia em que participaram o governador-geral, o bispo e o ouvidor-geral.

A Junta decretou, a 30 de julho de 1566, diversas medidas destinadas a: garantir a segurança dos nativos que viviam nas tabas dirigidas pelos inacianos; colocar sob a alçada do ouvidor-geral a resolução dos conflitos entre os missionários e os colonos sobre os fugitivos que procuravam refúgio em aldeias da Companhia; promover a libertação daqueles que haviam sido ilegalmente cativados; criar o cargo de procurador dos índios, assegurado por um funcionário régio, com a função de zelar pela sua defesa e instituir um meirinho indígena em cada aldeia. Em contrapartida, asseguravam aos colonos o recurso, sob a fiscalização dos jesuítas, ao trabalho temporário dos índios nas suas plantações contra o pagamento de salário.[87]

As discussões morais e jurídicas em torno da questão indígena, bem como as respectivas implicações estratégicas e econômicas, levaram a Coroa a debruçar-se sobre o assunto, optando por uma solução de compromisso que atendia simultaneamente às diversas correntes e interesses em jogo.

Por Carta Régia de 20 de março de 1570, D. Sebastião decretou normas inspiradas nos pareceres dos jesuítas e nas deliberações da Junta de 1566. O diploma régio proibia taxativamente a escravização dos índios convertidos; estipulava que somente podiam ser cativados os prisioneiros resultantes de guerra justa decretada pelo soberano ou pelo governador-geral, em virtude de combaterem ou devorarem portugueses, índios aliados ou escravos, situação em que foram, desde logo, explicitamente colocados os aimorés; determinava a libertação de todos os cativos cujos proprietários não possuíssem título regular e, finalmente, proibia a aquisição dos "índios de corda".

A promulgação das medidas régias suscitou grande preocupação entre os colonos que enviaram representações ao rei em que solicitavam, sobretudo, a revogação da última cláusula, permitindo o restabeleciemnto da prática do resgate dos prisioneiros destinados aos sacrifícios antropofágicos, sob pena de a escassez de mão de obra conduzir à ruína dos seus engenhos e fazendas.

---

87 Cfr. THOMAS, Georg. **Política Indigenista dos Portugueses no Brasil 1500-1640**. São Paulo, trad. port., 1981. p. 95-99.

O monarca foi sensível aos argumentos apresentados pelos seus vassalos do Brasil, delegando nos governadores das Bandas do Norte e do Sul o reexame da questão indígena. Na Junta de 6 de janeiro de 1574, realizada na Bahia, em que participaram os dois representantes régios, o ouvidor-geral e o provincial dos jesuítas – assinale-se a substituição do bispo por este religioso –, foi deliberado manter a interdição de reduzir à escravatura todos os ameríndios que vivessem em aldeias aliadas ou nos aldeamentos dos missionários.

A resolução governamental previa três possibilidades de aquisição lícita de escravos: guerra justa nos termos previstos na Carta Régia de 1570, cuja aplicação foi minuciosamente regulamentada; compra de prisioneiros pertencentes a grupos hostis capturados por aliados, norma que restabelecia o método do resgate anteriormente proibido e, finalmente, através da autoalienação de um indíviduo desde que maior de vinte e um anos. Para prevenir a prática de abusos no cumprimento das novas regras, a Junta aprovou diversas formalidades, nomeadamente o registro dos novos escravos, no prazo de dois meses, nas provedorias da Fazenda, para que os oficiais régios validassem os respectivos títulos.[88]

As medidas tomadas revelam a preocupação da Coroa e dos seus representantes na Província – patente nas sucessivas correções introduzidas nos regimentos aprovados – em procurar encontrar uma solução que compatibilizasse posições antagônicas, respondendo quer às pretensões dos jesuítas de garantir a proteção dos seus neófitos, quer às agudas necessidades de mão de obra dos senhores de engenho e lavradores, sem a satisfação das quais não existiriam atividades produtivas e comércio, o que equivaleria a aceitar a perda do Brasil.

Um dos obstáculos ao florescimento da colonização da Província de Santa Cruz, apontado por um contemporâneo no final da década de sessenta de Quinhentos, residia no fato de os índios se revoltarem e fugirem constantemente aos trabalhos agrícolas. Afirmava que se não fossem tão "fugitivos e mudáveis" a riqueza do Brasil seria incomparavelmente maior.[89]

Os elementos referentes aos engenhos de Sergipe e Santana fornecem importantes informações sobre a origem étnica dos seus trabalhadores no século XVI, mostrando a predominância de tupinambás e a presença dos vizinhos caetés, de tapuias (do interior do Nordeste) ou, ainda, de escravos pertencentes a grupos tão distantes como os tamoios ou os carijós.

---

88   Cfr. Idem. Ibidem. p. 104-109.
89   Cfr. GÂNDAVO, Pêro de Magalhães de. Op. cit. p. 125.

Em 1572, 93% da mão de obra do engenho de Sergipe era constituída por índios (260) e somente 7% por africanos (20), percentagem que se foi gradualmente invertendo até o desaparecimento da parcela aborígene no século seguinte. Em suma, os ameríndios constituíram, na maior parte de Quinhentos, o elemento fundamental da força de trabalho.[90]

Os engenhos baianos e, muito provavelmente, também os de outras capitanias recorreram a diversas modalidades para obter mão de obra indígena: trabalho forçado, trabalho temporário ou a tempo parcial de índios aldeados, escambo e contratação de indivíduos livres, utilizando-os, a partir da década de setenta, preferencialmente nas funções em que demonstravam maior rendimento, ou seja, como caçadores, pescadores, barqueiros, lenhadores ou construtores de currais. A predominância e a importância relativa de cada uma das formas de apropriação do trabalho nativo "variou conforme o local e a época, embora a tendência geral tenha sido a passagem da escravidão para tipos de trabalho voluntário remunerado".[91]

8. A ESCRAVIDÃO AFRICANA

A resistência e a inadaptação cultural dos índios aos trabalhos agrícolas – situação que provocava, em numerosos casos, tentativas de fuga, suicídios ou rendimentos muito baixos – bem como a preparação mais adequada por parte dos africanos, nomeadamente o domínio das técnicas ligadas à criação de gado ou à metalurgia, levaram, desde muito cedo, alguns capitães-governadores mais atentos a procurar substituí-los por africanos. Já em 1539 e, depois, em abril de 1542, Duarte Coelho solicitara autorização ao monarca para adquirir diretamente na costa de África alguns escravos da Guiné com isenção de sisa.[92] Em agosto de 1545, Pêro de Góis requereu ao seu sócio, Martim Ferreira, a remessa de pelo menos 60 negros para a capitania de São Tomé (Paraíba do Sul), sendo 50 destinados aos engenhos hidráulicos e 10 aos trapiches.[93]

Após a instalação do governo geral, Tomé de Sousa estimulou a importação de africanos para trabalhar na capitania da Bahia. Em setembro de 1551, o superior dos jesuítas pediu ao monarca que doasse alguns escravos da Guiné ao Colégio da Bahia para que fizessem roças de mantimentos e

---

90   Cfr. SCHWARTZ, Stuart B. Op. cit. p. 60-69.
91   Idem. Ibidem. p. 59-60.
92   Pub. in **HCPB**. v. III, p. 314.
93   Pub. in ibidem. v. III, p. 262.

algodoais que proporcionassem alimentação e vestuário aos religiosos, aos meninos órfãos e aos neófitos.[94]

Em julho de 1552, Nóbrega, em carta dirigida ao Provincial de Portugal, informava que havia adquirido a crédito três escravos negros "dos quais um morreu logo, como morrerão outros muitos que vinham já doentes do mar". Como não se encontrasse em condições de satisfazer os compromissos assumidos, solicitou a intervenção do padre Simão Rodrigues junto de D. João III no sentido de conseguir que a fazenda real procedesse ao seu pagamento. Os pedidos de Nóbrega foram atendidos pela Coroa que, através de provisões datadas, respectivamente, de 25 de outubro de 1552 e de 17 de abril de 1553, "mandou fazer esmola aos Padres da Companhia de Jesus que residem na cidade do Salvador da Bahia de Todos os Santos" de três escravos de São Tomé.[95]

Uma testemunha atesta que, em 1557, aportou à Bahia uma caravela oriunda de São Tomé, carregada de escravos.[96] No ano seguinte, o Provincial do Brasil informava o padre Miguel de Torres, Provincial de Portugal, que a melhor ajuda que a Coroa poderia prestar ao Colégio da Bahia seria a doação de duas dúzias de escravos negros para fazer mantimentos e pescar, adiantando que o governo régio mandava "muitas vezes... navios carregados deles".[97]

Por Alvará de 29 de março de 1559, dirigido ao capitão da ilha de São Tomé, a regente D. Catarina de Áustria autorizou cada senhor de engenho do Brasil, mediante certidão passada pelo governador-geral, a importar até 120 escravos do Congo, pagando apenas um terço dos direitos.[98]

Todas estas referências confirmam uma significativa apetência para a gradual substituição, a partir da década de cinquenta, da mão de obra indígena pela africana. Calcula-se que à roda de 1570 alguns milhares de negros se encontrariam já integrados em atividades produtivas no Brasil. Segundo as informações pontuais existentes, seriam provenientes, numa primeira etapa, de São Tomé, o que significa que se trataria não só de escra-

---

94 Cfr. **Cartas do Brasil...** p. 101.
95 Cfr. ibidem. p. 122.
96 Cfr. "Carta que o Irmão Antonio Blasquez escreveu da Bahia do Salvador, das partes do Brasil, o anno de 1558, a nosso Padre Geral", pub. in **Cartas Jesuíticas II. Cartas Avulsas 1550-1568**. Rio de Janeiro, 1931. p. 188.
97 **Cartas do Brasil...** p. 288.
98 Cfr. GOULART, Maurício, **Escravidão Africana no Brasil (Das Origens à Extinção do Tráfico)**. 2. ed. São Paulo, 1950. p. 99.

vos aculturados, mas também – atendendo a que aquela ilha era, além de um ativo entreposto de tráfico negreiro, um importante centro açucareiro – já especializados no cultivo da cana e no exercício de funções técnicas no fabrico do açúcar (tacheiro, escumeiro, prensador etc.).

Uma mão de obra numerosa, permanente e disciplinada era uma exigência vital para a expansão da lavoura da cana sacarina, bem como para o incremento da produção açucareira. A inadequação cultural dos índios ao trabalho contínuo na terra, o seu reduzido grau de preparação técnica, as constantes fugas que empreendiam, o crescente sucesso das diligências efetuadas pelos jesuítas junto das autoridades brasílicas no sentido de garantir a liberdade dos aborígenes, as medidas protetoras decretadas pela Coroa e os graves surtos epidêmicos dos anos sessenta que provocaram o desaparecimento de uma significativa parcela dos braços indígenas levaram os senhores de engenho e lavradores de cana a optar decididamente, a partir da década seguinte, pela compra de escravos em África.

A mão de obra etiópica, embora bastante mais dispendiosa, revelava possuir um forte índice de adaptação ao clima e às doenças, bem como uma elevada capacidade de trabalho, proporcionando uma produtividade muito superior. Os africanos apresentavam, ainda, na fase inicial, uma vantagem não despicienda – conforme sublinhou um autor quinhentista – em face dos índios da terra: "Eram mais seguros porque nunca fugiam nem tinham para onde".[99]

As estimativas sobre o número de escravos negros entrados anualmente no Brasil, no período de 1570-1600, bem como a avaliação do quantitativo da população africana existente em território brasílico nos finais do século XVI, apresentam significativas disparidades, consoante as fontes ou os autores consultados.

Segundo um historiador francês, teriam desembarcado na Província de Santa Cruz, nos últimos três decênios de Quinhentos, cerca de 50.000 negros, ou seja, uma média anual da ordem das 1.667 unidades.[100] Por seu turno, um reputado historiador da economia quinhentista, a partir do cálculo da participação do Brasil no número total de cativos saídos de África em idêntica época, conclui que, no período em apreço, o Brasil teria recebido por volta de 52.000 indivíduos da Guiné e idêntica soma de Angola, o que

---

99　GÂNDAVO, Pêro de Magalhães de. Op. cit. p. 131-132.
100　Cfr. MAURO, Frédéric. Op. cit. v. I, p. 239-241.

totalizaria 104.000, a uma média anual da ordem dos 3.467.[101] Um historiador norte-americano, por seu lado, aponta para uma importação anual, nas últimas décadas do século XVI, da ordem dos 10 a 15.000 cativos etiópicos.[102]

Quanto à proveniência geográfica dos cativos africanos entrados no Brasil, na segunda metade do século XVI, sabe-se que os mesmos eram sobretudo oriundos da costa da Guiné, designação genérica que abrangia, então, o litoral situado entre o cabo Verde e o golfo da Guiné. Os escravos originários dessa zona da África Ocidental, frequentemente islamizados e vulgarmente designados por sudaneses, pertenciam às etnias jalofa, mandinga, balanta, fula, mossi ou haussa.[103] A partir de 1575, começaram a afluir ao Brasil, particularmente com destino a Pernambuco, bantos do Congo, de Angola e de Benguela.[104]

Os negros importados destinavam-se fundamentalmente a trabalhar nos engenhos, bem como nas fazendas dedicadas às culturas de exportação (cana sacarina e, posteriormente, tabaco) muito exigentes em trabalho intensivo. De acordo com cálculos efetuados, uma área de três léguas destinada à criação de gado necessitava de 10 a 12 indivíduos, enquanto a mesma superfície cultivada com cana precisaria de 800 a 1.000 trabalhadores.[105] Nota-se a permanência dos índios nas roças de mantimentos, uma vez que dominavam a técnica do cultivo da mandioca, que requeria, também, uma quantidade de trabalho infinitamente menor.

Os senhores de engenho e os lavradores concentravam o investimento em mão de obra – que podia atingir 25% do total – nos segmentos fundamentais da produção em que o trabalho contínuo justificava o capital fixo que a aquisição de cativos representava, embora mantivessem uma elevada proporção de escravos semiprodutivos ou improdutivos.[106]

Os cativos eram classificados, de acordo com o sexo e a idade, nas seguintes categorias ordenadas por ordem decrescente de valor: a *peça* (indivíduo do sexo masculino entre os 15 e os 25 anos), o *barbado* (entre os 25 e os 35 anos); o *velho* (com idade superior a 35 anos), o *molecão* ou a

---

101 Cfr. GODINHO, Vitorino Magalhães; **Os Descobrimentos e a Economia...** v. IV, p. 172-173.
102 Cfr. SCHWARTZ, Stuart B. Op. cit. p. 281.
103 Cfr. MAURO, Frédéric. Op. cit. v. I, p. 207-209.
104 Cfr. GODINHO, Vitorino Magalhães. **Ensaios II...** p. 273.
105 Cfr. THOMAS, Georg. Op. cit. p. 45.
106 Cfr. SCHWARTZ, Stuart B. Op. cit. p. 60-63.

molecona (com idades compreendidas entre os 8 e os 15 anos) e o *moleque* ou a *moleca* (com idades inferiores a 8 anos), sendo as crianças de peito incluídas no preço das mães.

A cotação dos escravos variava conforme o sexo, a categoria etária, a origem étnica, as aptidões reveladas e o tempo de permanência no Brasil, sendo mais valorizados, pela seguinte ordem, os *crioulos* (já nascidos em terras brasílicas), os *ladinos* (já aculturados) e os *boçais* (recém-chegados). Os velhos e os moleques valiam 1/2 peça, enquanto para os molecões eram necessários três para perfazerem duas peças. A tabela de preços oscilava aproximadamente entre os 22.000 réis para a peça e os 12.000 para o moleque ou a moleca.[107]

Na Bahia, grande porto de entrada de cativos africanos no Brasil, a regular importação de mão de obra escrava negra gerou o aparecimento de negociantes especializados no tráfico escravagista que era, por si só, uma atividade rentável.

9. OS GRUPOS SOCIAIS

As categorias da estrutura social na Província de Santa Cruz assentaram, em grande parte, na natureza da empresa agrícola caracterizada, sobretudo, nas principais capitanias açucareiras, pelo latifúndio e pelo escravagismo.[108]

Entre os diversos grupos sociais existentes no Brasil quinhentista, avultavam os grandes proprietários fundiários – normalmente *senhores de engenho* – que tinham origens sociais metropolitanas diferentes. Exceutando alguns membros da alta nobreza absentista que possuíam extensos domínios ou engenhos reais (duque de Aveiro, conde da Castanheira, conde de Linhares, D. Álvaro da Costa), uma parte dos senhores de engenho quinhentista era oriunda da média ou pequena nobreza, geralmente secundogénitos que, devido à crescente expansão das instituições vinculares (com particular destaque para o *morgadio*), se viam privados de herança familiar, procurando constituir patrimônio fundiário próprio nas terras novas.

A partir da análise de uma lista de senhores de engenho do Recôncavo Baiano, em 1587, pode-se verificar a presença de uma forte componente de membros de origem nobre, entre os quais se destacam Simão da Gama de Andrade, Diogo da Rocha de Sá, Cristóvão de Aguiar de Altero, António

---

107 Cfr. MAURO, Frédéric. Op. cit. v. I, p. 232-233.
108 Cfr. SCHWARTZ, Stuart B. Op. cit. p. 58.

de Oliveira Carvalhal, Francisco Rodrigues Lobato, Cristóvão de Barros, André Fernandes Margalho, João de Brito de Almeida, Fernão Cabral de Ataíde e Diogo Correia de Sande.[109]

Os primeiros senhores de engenho de São Vicente (Martim Afonso de Sousa e Pêro de Góis), de Pernambuco (Jerónimo de Albuquerque) e do Rio de Janeiro (Salvador Correia de Sá) pertenciam igualmente à nobreza. Se a estes adicionarmos Garcia de Ávila, Duarte de Lemos e Brás Cubas, senhores de grandes latifúndios, chegaremos à conclusão de que a "primeira classe do reino" forneceu um significativo contributo para a formação do grupo social dominante no Brasil.

Também homens de origem popular, nomeadamente lavradores e comerciantes, que conseguiram obter o capital necessário, se tornaram senhores de engenho, bem como alguns estrangeiros, designadamente José Adorno e Erasmo Schetz.

Segundo um testemunho contemporâneo, haveria em Pernambuco, na década de oitenta, homens com 40 a 80.000 cruzados de bens,[110] enquanto, em 1590, outro autor afirma existirem portugueses com fortunas superiores a 200.000 cruzados.[111] Estes grandes proprietários, senhores de engenhos, de fazendas de gado e de escravos, criaram um tipo aristocrático de família rural,[112] dominaram as atividades econômicas e sociais e, através da sua presença nas instituições municipais, detiveram um papel político fundamental.

Outro grupo socialmente influente era constituído pelos *lavradores* (de cana e, posteriormente, de tabaco), bem como pelos criadores de gado, sendo geralmente proprietários médios com disponibilidades financeiras para investir na aquisição de escravos. A primeira designação foi extensiva, depois da distribuição das terras disponíveis, aos rendeiros.

Os *mercadores*, muitos dos quais eram cristãos-novos, particularmente em Pernambuco, obtinham geralmente "grossos cabedais" com as atividades de exportação (açúcar e pau-brasil) e importação (escravos, bens alimentares e produtos manufaturados). Desempenhavam, conjuntamente com os lavradores e criadores de gado, um papel intermédio entre os senhores de engenho e as camadas inferiores da população.

---

109   Cfr. SOUSA, Gabriel Soares de. Op. cit. v. II, p. 339.
110   Cfr. CARDIM, Fernão. Op. cit. p. 201.
111   Cfr. SOARES, Francisco. Op. cit. p. 11.
112   Cfr. FREIRE, Gilberto. **Casa Grande & Senzala. Formação da Família Brasileira sob o Regime de Economia Patriarcal.** 4. ed. Definitiva. Rio de Janeiro, 1943. v. II, p. 606.

No seio dos *artesãos* livres estabeleciam-se importantes diferenças entre os altamente especializados nas funções ligadas à produção do açúcar (mestre de açúcar, purgador, feitor, caixeiro) e os outros que se dedicavam a diferentes tipos de atividades como pedreiro, carpinteiro, ferreiro, serralheiro, fundidor, oleiro, pintor, alfaiate, tecelão, sapateiro, marceneiro, carvoeiro, calafate, barbeiro etc. No último grau da escala social encontravam-se, naturalmente, os *escravos*.

Esta estrutura social não era estanque, caracterizando-se, antes, pela existência de um importante grau de mobilidade. Os escravos alforriados podiam tornar-se artesãos ou, até, comerciantes, enquanto os lavradores, mercadores e artesãos especializados mais bem-sucedidos tinham a possibilidade de ascender econômica e socialmente, ingressando no grupo dos senhores de engenho.

VIII

A Aculturação

1. A MISCIGENAÇÃO

A sociedade brasileira resulta de um profundo processo de miscigenação biológica e cultural que remonta aos primórdios do contato luso-ameríndio no Brasil, tendo-se revestido, numa primeira fase, de um cárater exclusivamente euro-americano, a que se juntou, a partir da segunda metade de Quinhentos, a componente africana.

Os contatos dos portugueses com ameríndios foram estabelecidos com grupos tribais e bandos que se localizavam na vertente atlântica da América do Sul.[1] Mesmo antes de a Coroa desencadear o processo de colonização do Brasil já se tinha iniciado, de maneira informal, a miscigenação entre homens lusos e mulheres tupis. Os precursores desse movimento – que teria profundas repercussões na configuração étnica, demográfica e cultural do Brasil – foram os "lançados", náufragos, desertores ou degredados, primitivos habitantes europeus da Terra de Santa Cruz.

Vários relatos das primeiras décadas do século XVI aludem frequentemente a um degredado – o *Bacharel* – que há longos anos se encontrava na Cananeia. Diogo Garcia, piloto português ao serviço de Carlos V, escreveu, em 1530, uma *Relación y derrotero* de uma viagem que efetuou, em 1527, ao rio da Prata, na qual testemunha que encontrou na região vicentina um bacharel com os seus genros que aí vivia "há bem uns trinta anos".[2] O bacharel aproveitou o seu degredo em terras brasílicas para constituir ou reconstituir família com uma ou mais indígenas de quem teve várias filhas que se casaram com náufragos europeus, sendo um deles Gonçalo da Costa.[3]

---

1 Cfr. ALBUQUERQUE, Marcos. "O Processo Interétnico em uma feitoria quinhentista no Brasil": **Revista de Arqueologia** (São Paulo), 7 (1993). p. 101-102.
2 Cfr. CORTESÃO, Jaime. **História dos Descobrimentos Portugueses**. Lisboa, 1979. v. II, p. 187.
3 Cfr. TRÍAS, Rolando A. Laguarda. "A Expedição de Sebastião Caboto": **História Naval Brasileira**. Rio de Janeiro, 1975. v. I, t. 1, p. 327-331.

João Ramalho e António Rodrigues foram os pioneiros da miscigenação no planalto de Piratininga. O primeiro casou com Bartira, filha do morubixaba Tibiriçá, e o segundo com uma filha do chefe Piquerobi. Mais tarde, outra descendente de Tibiriçá, Terebé, casou com Pêro Dias, um antigo irmão jesuíta que obteve, para o efeito, a necessária dispensa dos votos concedida por Inácio de Loiola. Estas ligações entre portugueses e índias encontram-se na origem de alguns dos mais importantes troncos paulistas.

Outro exemplo paradigmático é fornecido por Diogo Álvares, o Caramuru, que teve uma larga prole da sua relação com a índia Paraguaçu – que, após o batismo, se passou a chamar Catarina Álvares –, tendo todas as suas filhas casado com europeus de posição, designadamente Paulo Dias Adorno, Custódio Rodrigues Correia e João de Figueiredo, enquanto três dos seus filhos (Gaspar, Gabriel e Jorge Álvares) foram armados cavaleiros por Tomé de Sousa. As primeiras famílias baianas resultam, tal como as paulistas, da miscigenação entre portugueses e índias.

Na capitania de Pernambuco, o exemplo foi dado por Jerónimo de Albuquerque, cunhado do donatário, que se relacionou com a filha do chefe Arcoverde, depois do batismo Maria do Espírito Santo Arcoverde, bem como com outras indígenas de quem teve larga descendência, fato que lhe valeu o epíteto de Adão pernambucano. Uma das suas filhas, Catarina de Albuquerque, casou com o florentino Filipe Cavalcanti, tronco da família pernambucana homónima.[4]

Na Nova Lusitânia, a miscigenação progrediu tão rapidamente que, em 1551, o fundador da Província do Brasil da Companhia de Jesus informava o rei de que a prioridade no envio de órfãs devia ter por objeto as restantes capitanias, uma vez que em Pernambuco "não são necessárias por agora por haver muitas filhas de homens brancos e de índias da terra, as quais todas agora casarão com a ajuda do Senhor".[5]

Também na década de cinquenta se verificava a existência de forte miscigenação na capitania de São Vicente. Um aventureiro alemão refere a captura pelos tamoios de vários mamelucos; os irmãos Diogo e Domingos

---

4   Cfr. SEGURO, Visconde de Porto. **História Geral do Brasil antes da sua Separação e Independência de Portugal**. 3. ed. Integral. São Paulo, s.d. v. I, p. 374.
5   Carta a D. João III (Olinda, 14 de setembro de 1551), pub. in **Cartas do Brasil e mais Escritos do Padre Manuel da Nóbrega (Opera Omnia)**, introd. e notas históricas e críticas de Serafim Leite. Coimbra, 1955. p. 102.

de Braga, o seu primo Jerónimo de Braga, bem como um filho do capitão Jorge Ferreira.[6]

Os descendentes de portugueses e índias eram designados por *mamelucos*, termo que se ficou a dever ao fato do tom acobreado da pele se assemelhar ao dos mamelucos do Egito, sendo os filhos de índios com mamelucas, ou seja, mestiços de segunda geração, conhecidos por *curiboca*. Após a chegada dos africanos surgiram quatro novas categorias étnicas: o *mulato*, mestiço de branco e negra; o *pardo*, filho de mãe mulata e pai branco; o *cafuso*, filho de negro e índia, e o *cabra*, filho de negro e mulata. Os descendentes de pai e mãe europeus eram apelidados de *mazombos* e os nascidos no Brasil de pai e mãe negros, de *crioulos*.[7]

A miscigenação assegurou, através do cruzamento do patrimônio hereditário, "proteção genética" aos descendentes de índias que, por essa via, ganharam imunidades inexistentes nas populações indígenas a diversas enfermidades e epidemias.[8]

2. OS PRIMÓRDIOS DA MISSIONAÇÃO

Logo a 1º de maio de 1500, o autor da Carta do Achamento recomendava vivamente a D. Manuel I que enviasse religiosos para a Terra de Santa Cruz, a fim de promover a conversão dos aborígenes, o que constituiria "a principal semente que Vossa Alteza em ela deve lançar".[9]

As primeiras tentativas de evangelização dos índios, designadamente dos carijós, foram empreendidas por frades franciscanos que, no entanto, devido ao seu caráter episódico, acabaram por se revelar pouco frutuosas.[10]

Ao mesmo tempo que criou o governo geral do Brasil, D. João III aproveitou a oportunidade para solicitar aos jesuítas o envio de missio-

---

6 Cfr. STADEN, Hans. **Viagem ao Brasil**. Rio de Janeiro, trad. port., 1988 (1557). p. 125-126.
7 Cfr. FERREIRA, Alexandre Rodrigues. **Viagem Filosófica pelas Capitanias do Grão Pará, Rio Negro, Mato Grosso e Cuiabá. Memórias. Zoologia. Botânica**. Rio de Janeiro, 1972. p. 133.
8 Cfr. SOURNIA, Jean-Charles e RUFFIE, Jacques. **As Epidemias na História do Homem**. Lisboa, trad. port., 1985. p. 160.
9 CAMINHA, Pêro Vaz de. **Carta a El-Rei Dom Manuel sobre o Achamento do Brasil**. Lisboa, ed. de M. Viegas Guerreiro e Eduardo Nunes, 1974. p. 83.
10 **Cartas do Brasil...** p. 61, nota 3; ANCHIETA, José de. **Cartas, Informações, Fragmentos Históricos e Sermões (1554-1594)**. Belo Horizonte-São Paulo, 1988. p. 320.

nários para a Província de Santa Cruz, à semelhança do que já acontecia, desde 1541, com o Estado da Índia.

O padre Simão Rodrigues, Provincial de Portugal e cofundador da Companhia de Jesus com Inácio de Loiola, Francisco Xavier e outros companheiros, decidiu inicialmente dirigir ele próprio a missão ao Brasil, mas, devido ao falecimento do seu presuntivo sucessor e às reticências do primeiro Geral, acabou por designar o padre Manuel da Nóbrega, bacharel em Cânones pela Universidade de Coimbra, para chefiar o primeiro grupo de inacianos destinado à América. Os seis religiosos, quatro padres (Nóbrega, Leonardo Nunes, António Pires e João de Azpilcueta Navarro) e dois irmãos (Vicente Rodrigues e Diogo Jácome), partiram de Lisboa na armada de Tomé de Sousa, tendo viajado na nau comandada pelo provedor-mor, António Cardoso de Barros.

Quando os primeiros jesuítas desembarcaram, a 29 de março de 1549, na Bahia, foram confrontados com a existência de escravos, sobretudo índios. Em missiva redigida em Porto Seguro, a 6 de janeiro de 1550, o padre Manuel da Nóbrega informava o Provincial de Portugal que no Brasil "a maior parte dos homens tinha a consciência pesada por causa dos escravos que possuía contra a razão", motivo pelo qual muito poucos podiam ser absolvidos por não estarem dispostos a renunciar aos escravos ilegitimamente adquiridos. O problema tornava-se ainda mais grave pelo fato do povo e dos sacerdotes seculares se oporem às suas tentativas para obter a libertação dos índios injustamente escravizados. Nóbrega solicitava a intervenção régia no sentido de enviar inquisidores e comissários com o objetivo de "fazer libertar os escravos, ao menos os que são salteados".[11]

As primeiras preocupações dos discípulos de Inácio de Loiola centraram-se na imposição de normas de conduta aos colonos, nomeadamente através da persuasão individual e de críticas do púlpito às situações de poligamia em que incorriam muitos dos moradores da Vila do Pereira (Velha). Outra das suas prioridades consistiu em instruir alguns missionários na língua falada pelos índios, pelo que incumbiu o padre João de Azpilcueta de a aprender. Por outro lado, encarregou o irmão Vicente Rodrigues de ministrar a doutrina cristã aos filhos dos indígenas e de assegurar o funcionamento de uma "escola de ler e escrever" destinada tanto aos filhos dos colonos como aos dos aborígenes. Enquanto não dominavam o tupi, os ina-

---

11 Cfr. LEITE, Serafim. **Breve Itinerário para uma Biografia do Padre Manuel da Nóbrega, Fundador da Província do Brasil e da Cidade de São Paulo (1517-1570)**. Lisboa-Rio de Janeiro, 1955. p. 110-111.

cianos pregavam, doutrinavam e confessavam com recurso a intérpretes, utilizando, designadamente, os serviços de Diogo Álvares, o Caramuru.

Em 1550, Nóbrega enviou Leonardo Nunes e Diogo Jácome em missão às capitanias de Ilhéus e Porto Seguro. Tomou, ainda, a iniciativa de solicitar ao Provincial de Portugal que mandasse mais jesuítas para o Brasil e que desenvolvesse diligências junto de D. João III no sentido de ser nomeado um bispo ou, pelo menos, um vigário-geral para a cidade do Salvador, de modo a disciplinar o comportamento do clero secular, pouco conforme com as normas da moral cristã e com o espírito da Contrarreforma, e a impulsionar a obra de cristianização dos indígenas.

O Superior do Brasil efetuou, entre julho de 1551 e janeiro de 1552, uma missão pastoral à capitania de Pernambuco, onde foi favoravelmente acolhido pelo respectivo capitão-governador, Duarte Coelho, e pela generalidade da população, tanto europeia como indígena.

A 22 de junho de 1552 aportou à Bahia a esquadra que transportava o primeiro bispo do Salvador. A chegada de D. Pêro Fernandes Sardinha (1552-1556) e de alguns membros do cabido libertou Nóbrega de muitas das funções pastorais que até então desempenhava informalmente, pelo que ficou mais disponível para se dedicar ao seu objetivo principal: a *conversão do gentio*.

Aproveitando a circunstância de Tomé de Sousa pretender inspecionar as capitanias situadas a sul da Bahia, Nóbrega embarcou na armada do governador-geral e visitou Ilhéus, Porto Seguro, Espírito Santo e São Vicente, pregando, criando aldeias de índios cristianizados e aprovando a fundação de casas da Companhia de Jesus nessas regiões.

Em Roma e Lisboa tinham, entretanto, sido tomadas algumas decisões importantes referentes à missão da Companhia de Jesus em terras americanas. Assim, anteriormente a 6 de abril de 1553, Inácio de Loiola elevou a Missão do Brasil à categoria de Província e, por carta-patente de 9 de julho seguinte, nomeou o padre Manuel da Nóbrega "Provincial dos Índios do Brasil".[12]

Nóbrega regressou ao Salvador em 1556, dedicando-se primordialmente à missionação e à fundação de aldeias de índios cristianizados no Recôncavo Baiano. Um dos seus últimos atos na Capitania Real da Bahia

---

12 Cfr. Idem. **Suma Histórica da Companhia de Jesus no Brasil (Assistência de Portugal) 1549-1760**. Lisboa, 1965. p. 177.

consistiu em batizar, numa cerimônia realizada a 12 de novembro de 1559, 436 nativos na aldeia do Espírito Santo (Abrantes).

Por essa altura, abriu, por ordem superior, a primeira via de sucessão no governo da Província do Brasil, transmitindo o cargo de Provincial ao padre Luís da Grã. Nóbrega permaneceu nos Colégios de São Vicente e São Paulo cerca de sete anos (1560-1567). Em 1567, foi nomeado Superior das Capitanias do Sul e partiu para a Guanabara com a missão de fundar o Colégio do Rio de Janeiro.

No reinado de D. Sebastião, a Coroa efetuou diversas concessões monetárias à Província do Brasil da Companhia de Jesus. Em 1564, foi atribuída uma dotação régia para 60 religiosos no valor de 20$000 réis anuais por cada um, sendo a importância atribuída ao Colégio da Bahia, cabeça da Província. Em 1568, o Colégio do Rio de Janeiro recebeu idêntica dotação para 50 regulares e, finalmente, em 1575, o de Pernambuco (Olinda) para 20. No final do reinado sebástico, a Fazenda Real contribuía anualmente com a soma de 2 600$000 réis para o sustento de 130 religiosos, pagos pelos arrematantes locais dos dízimos, fato que deu origem a algumas controvérsias.[13]

3. AS ESTRATÉGIAS DE ACULTURAÇÃO E EVANGELIZAÇÃO DOS ÍNDIOS

Uma das primeiras questões que se colocou aos jesuítas dizia respeito à concepção, muito corrente entre os colonos, de que os índios não possuíam natureza humana. A prática da antropofagia levou muitos europeus a considerar que os nativos, ao matarem e comerem os seus semelhantes, excediam em crueza "os brutos animais", pelo que as comunidades indígenas se encontrariam mais próximas de "todos os outros animais que não participam da razão"[14] do que das sociedades humanas.

Esta interpretação já havia sido defendida na América Espanhola, o que levou Roma, a pedido dos religiosos castelhanos, a pronunciar-se sobre o assunto. Através do breve *Pastorale officium*, de 29 de maio de 1537, seguido da Bula *Sublimis Deus*, de 2 de junho do mesmo ano, o papa Paulo III (1534-1549) confirmou solenemente que os ameríndios eram "verdadeiros homens capazes de receber a doutrina da nossa Fé".[15]

---

13 GÂNDAVO, Pêro de Magalhães de. **História da Província Santa Cruz a que vulgarmente Chamamos Brasil**. edição fac-similada. Lisboa, 1984 (1576), fl. 36.
14 Pub. in NÓBREGA, Manuel da. **Diálogo sobre a Conversão do Gentio**. ed. de Serafim Leite. Lisboa, 1954. p. 105-107.
15 Idem. Ibidem. p. 88.

O primeiro Provincial dos jesuítas no continente americano esforçou-se por divulgar no Brasil a doutrina pontifícia sobre os índios. Considerava-os como "papel branco" em que se poderia gravar a mensagem cristã; defendia que deveriam ser tratados como "próximo", uma vez que todo homem tinha a mesma natureza, podendo, por conseguinte, conhecer a Deus e salvar a alma, e afirmava que, apesar das suas bestialidades, possuíam alma, porque todos os homens haviam sido feitos à imagem e semelhança de Deus, sendo, nessa medida, suscetíveis de se converter ao cristianismo, concluindo que "... tanto vale diante de Deus por natureza a alma do Papa como a alma do vosso escravo Papaná".[16] A "experimentação antropológica" conduzira, assim, do lado europeu, Nóbrega – seguido por Montaigne – a sublinhar a natureza humana dos índios.[17]

Após uma fase inicial de grande entusiasmo pela facilidade com que vários grupos tribais ameríndios aceitaram a mensagem cristã, alguns missionários esmoreceram porque, como observava Nóbrega numa obra provavelmente redigida em 1557, "vinham cuidando de converter a todo brasil (no sentido de homem e não de terra) em uma hora, e veem-se que não podem converter um em um ano, por sua rudeza e bestialidade".[18]

Ao fim de algum tempo, os jesuítas aperceberam-se de que a tarefa mais difícil não era a de operar a adesão dos aborígenes à religião cristã, mas a de convencê-los a abandonar o seu modelo de organização social e cultural que colidia frontalmente com os princípios do Evangelho (antropofagia, poligamia e existência de feiticeiros).

Depois de alguns anos de infrutíferas tentativas para alcançar aqueles objetivos exclusivamente pela via da persuasão – a "sujeição pelo amor" – os inacianos acabaram por concluir que a eficácia da ação missionária dependeria da colaboração das autoridades régias.

Nos **Apontamentos de Cousas do Brasil**, concluídos a 8 de maio de 1558, o primeiro Provincial do Brasil propôs que fosse promulgada uma lei aplicável aos índios que contivesse as seguintes normas: proibição de comer carne humana, de guerrear sem licença do governador e de terem mais do que uma mulher; obrigatoriedade da utilização de vestuário, pelo menos para os que fossem cristãos; eliminação dos feiticeiros (pajés) e aplicação

---

16 Cfr. ALENCASTRO, Luís Filipe de. "A Interacção Europeia com as Sociedades Brasileiras entre os Séculos XVI e XVIII": **Nas Vésperas do Mundo Moderno. Brasil**. Lisboa, 1991. p. 98.
17 NÓBREGA, Manuel da. **Diálogo sobre a Conversão...** p. 75.
18 Cfr. **Cartas do Brasil...** p. 277-292.

da justiça régia tanto no interior das comunidades indígenas como nas relações destas com os colonos. Finalmente, dever-se-ia fixá-los em aldeamentos, conceder-lhes terras para cultivo e vedar-lhes o nomadismo, ou seja, sedentarizá-los.[19]

Tratava-se de dotar os agrupamentos indígenas de uma nova organização social e de lhes aplicar o "método da sujeição" – "o suave jugo de Cristo" – sem os quais todas as tentativas de cristianização seriam efêmeras. As recomendações do fundador da Província do Brasil da Companhia de Jesus tiveram acolhimento na corte e junto de Mem de Sá, que adotou a estratégia preconizada pelo jesuíta, a fim de promover a conversão do gentio.[20]

Com o objetivo de conferir eficácia à sua atuação junto das populações indígenas e, simultaneamente, de as proteger das investidas dos colonos em busca de mão de obra, os discípulos de Inácio de Loiola optaram por reunir os índios em aldeamentos, localizados nos arredores das povoações portuguesas, onde não era permitida a presença de europeus. Aos aborígenes aldeados, chefiados por morubixabas, estavam vedadas as práticas tradicionais que se mostrassem contrárias à moral cristã. Para garantir a subsistência das comunidades ameríndias, os inacianos solicitaram aos governadores e à Coroa a concessão de sesmarias.

Os aldeamentos – onde normalmente residiam um padre e um irmão designados pelos indígenas por *abaré* ("homem diferente"), expressão que pretendia traduzir as peculiaridades dos religiosos (uso de roupeta, celibato etc.), mas também a diferença de comportamento em face da generalidade dos colonos – destinavam-se a promover a aculturação e a evangelização dos nativos, incluindo, nomeadamente, a difusão da concepção cristã do trabalho considerada como uma via de salvação espiritual, sendo, pelo contrário, a ociosidade apresentada como a "... origem de todos os males...",[21] geradora de condições que potenciavam a prática de atividades pecaminosas, designadamente de natureza sexual.

A visão ocidental do trabalho de que naturalmente se encontravam imbuídos os membros da Companhia de Jesus levava-os a condenar persistentemente o ócio e a procurar incutir nos aborígenes cristianizados a prá-

---

19 Cfr. Carta a Tomé de Sousa (Bahia, 5 de julho de 1559), pub. in ibidem. p. 333-334.
20 **Regras da Companhia de Iesu**. Lisboa, por António Ribeiro, 1582, fl. 14 v.
21 LEITE, Serafim. **História da Companhia de Jesus no Brasil**. Lisboa-Rio de Janeiro, 1938. v. II, p. 59.

tica do trabalho como valor em si mesmo e não exclusivamente destinado a assegurar a mera subsistência.

De acordo com um historiador da missionação jesuíta, a formação dos aldeamentos quinhentistas conheceu "quatro fases: a de 1556, mais a título de ensaio, a de 1560-1561, intensiva, mas sem condições estáveis; e a reconstituição definitiva depois da epidemia e fome de 1563-1564".[22]

Entre 1557 e 1562, os inacianos formaram, na capitania da Bahia, onze aldeias que, no último ano, tinham uma população da ordem dos 34.000 índios.

Tabela 8.
Aldeamentos dos jesuítas na Bahia (1557-1562)

		Local	*Índios*
1557	São Sebastião	perto desta cidade	
	Nossa Senhora	Rio Vermelho (1-1/2 léguas da Bahia)	
1557	São Paulo (ex-N. Senhora)	1 légua da Bahia	2000
	Santiago (ex-São Sebastião)	Pirajá (3 léguas da Bahia)	4000
	São João	1 légua de Santiago (4 léguas da Bahia)	despovoado
	Espírito Santo	Rio de Joane (5 léguas da Bahia)	4000
1560	Santo António	Rembé (9 léguas da Bahia)	> 2000
1561	São João (reestab.)	6 léguas da Bahia	4000
	Santa Cruz	ilha de Itaparica (3 léguas da Bahia)	
		Total *(Quaresma de 1561)*	16000
1561	Bom Jesus	Tutuapara (12 léguas da Bahia)	4000
	São Pedro	10 léguas além de Bom Jesus	8000
	Santo André	10 léguas além de São Pedro	
		(30 léguas da Bahia)	8000
	São Miguel	Taperaguá	2000
	Nossa Senhora da Assunção	Tapepitanga	4000
1562	11 aldeamentos		34000

Fonte: Alexander Marchand. **Do Escambo à Escravidão. As Relações Económicas de Portugueses e Índios na Colonização do Brasil (1500-1580)**, trad. port., 2. ed. São Paulo, 1980. p. 95.

---

22   Pub. in **Cartas do Brasil...** p. 397-429.

A atuação evangelizadora dos jesuítas centrou-se na catequese geral, no batismo dos curumins e sua educação cristã, na conversão dos principais e no batismo dos moribundos. Os inacianos compreenderam rapidamente que a doutrinação dos tupi-guaranis somente teria um caráter perdurável se concentrassem os seus esforços na educação das crianças. Daí o seu empenhamento na fundação de "Colégios de Meninos" onde os filhos dos nativos fossem instruídos nos valores e crenças católicos.

Ao aperceberem-se de que os índios ficavam fascinados com a música e os cantos litúrgicos, os missionários passaram a utilizá-los frequentemente nas cerimônias religiosas e nas tarefas pastorais. Para tirar partido dessa via de atração dos indígenas ao Cristianismo, pediram o envio de "meninos dos Colégios do Reino" para ensinarem cânticos aos curumins. Os inacianos adotaram, ainda, a tática de, nas visitas às aldeias de não crentes, serem precedidos por crianças que tocavam instrumentos e entoavam canções religiosas.

Entre os jesuítas surgiram diferentes interpretações sobre a questão indígena. No Caso de Consciência (1567), o primeiro Provincial do Brasil rebateu o parecer demasiado permissivo do padre Quirício Caxa, professor de Teologia Moral do Colégio da Bahia, relativamente às situações em que os índios poderiam ser legalmente reduzidos à escravidão.

Nóbrega combateu a tese de que os ameríndios, por serem descendentes de Cam, deveriam ser perpetuamente escravos de outros povos; declarou a "escravatura contra a natureza"; pronunciou-se contra a possibilidade do pai poder vender o filho em caso de grande aflição, somente o considerando possível em situação de "extrema necessidade", e deu parecer negativo à possibilidade de um indígena se vender a si próprio, porque o homem só poderia alienar a liberdade para salvar a alma e não por qualquer preço.[23]

No seu afã de "salvar almas", o padre Nóbrega adotou uma estratégia de missionação que continha inovações – algumas bastante polêmicas – e que incorporava vários elementos da cultura tupi, o que esteve na origem das suas divergências com o primeiro bispo do Salvador, que reprovava, nomeadamente, a utilização de intérpretes na confissão, os métodos de catequização dos curumins e os enterramentos dos indígenas cristianizados na tradicional posição fetal. O jesuíta atribuía essas diferenças de ponto de vista ao fato do prelado – que era "mui zeloso da reformação dos costumes dos cristãos" – "... quanto ao gentio e sua salvação se dava pouco, porque

---

23   Carta a Tomé de Sousa (Bahia, 5 de julho de 1559)", pub. in ibidem. p. 319-320.

não se tinha por seu bispo, e eles lhe pareciam incapazes de toda a doutrina por sua bruteza e bestialidade, nem as tinha por ovelhas do seu curral..."[24]

Com a colaboração da Companhia de Jesus foram levadas a efeito, a partir de meados de Quinhentos, intensas ações destinadas a promover a aculturação dos indígenas, visando a transformá-los em fiéis cristãos, em súditos válidos do rei e, finalmente, em elementos úteis que participassem, através da sua força de trabalho, no processo produtivo. Os jesuítas, com o apoio da Coroa, realizaram esforços destinados, por um lado, a defender os "brasis" de atuações isoladas, violentas e imediatistas por parte dos colonos ou de angariadores de mão de obra e, por outro, a integrá-los na sociedade colonial.

Os inacianos desenvolveram um grande trabalho no domínio educativo e cultural, assegurando o funcionamento de escolas nos seus estabelecimentos destinadas à formação dos seus quadros e aos indígenas, mas que eram também abertas aos filhos dos colonos. Elaboraram os primeiros vocabulários, gramáticas, catecismos e sermões em línguas indígenas, produziram um conjunto de obras literárias (poesia e prosa), historiográficas, etnológicas, geográficas, zoológicas e botânicas, sem esquecer as intervenções no domínio artístico (arquitetura, pintura, escultura e música).

4. A QUESTÃO DO FINANCIAMENTO DAS ATIVIDADES MISSIONÁRIAS

No decurso do período inicial de permanência dos jesuítas em terras brasílicas, o custeamento das suas atividades foi garantido pela Província de Portugal, pela Coroa, que consignava a verba mensal de um cruzado para o sustento de cada missionário, fornecia víveres (mandioca e arroz) e apoiava a construção de templos, residências e colégios, pelo apoio oficial e particular do governador-geral e pela generosidade de alguns colonos. Todavia, essa fórmula de financiamento desagradava a Nóbrega porque, por um lado, tornava a Companhia demasiadamente dependente da vontade e das disponibilidades das autoridades régias e, por outro, não fornecia os recursos necessários a uma rápida expansão das atividades evangelizadoras que constituíam o cerne das suas preocupações.

A solução encontrada para obter as enormes somas necessárias para construir e apetrechar igrejas, colégios e residências, sustentar os meninos órfãos e prover as aldeias de índios cristianizados de vestuário, artigos metálicos (machados, enxadas, facas e tesouras) e de outros bens, consistiu

---

24 Pub. in **Cartas do Brasil...** p. 207-215.

em aceitar terras cedidas pela Coroa, responsabilizando-se os padres da Companhia pelo seu arroteamento e, com a venda dos produtos excedentes, designadamente mandioca e gado, obter, desse modo, recursos adicionais para financiar as suas atividades religiosas, educativas e culturais.

Foi com o objetivo de pôr em prática essa forma de apoio aos missionários jesuítas que Tomé de Sousa concedeu, por instrumento jurídico datado de 21 de outubro de 1550, uma propriedade ao Colégio da Bahia, que ficou conhecida por sesmaria da *Água dos Meninos*, doação confirmada pelo terceiro governador-geral, Mem de Sá, a 30 de setembro de 1569.

A posse de terras por parte da Companhia de Jesus colocava um importante problema de mão de obra. Como os padres e irmãos eram em número reduzido não se podiam dedicar pessoalmente aos trabalhos agrícolas e pecuários; por outro lado, não existiam homens livres que pudessem ser contratados para executar esses trabalhos. Restava o recurso ao trabalho de escravos negros, solução que levantava escrúpulos de natureza moral, mas que o Provincial do Brasil decidiu ultrapassar, considerando que essa era a única forma de obter os fundos necessários à evangelização do gentio.

A 13 de julho de 1553 aportou à Bahia a esquadra do segundo governador-geral que transportava a terceira expedição de jesuítas (três padres e quatro irmãos), entre os quais se contavam o padre Luís da Grã e o irmão José de Anchieta. O padre Luís da Grã (1523-1609), antigo reitor do Colégio de Coimbra (1547-1550), foi nomeado, logo em 1553, adjunto do Provincial. Perfilhava pontos de vista bastante diferentes e, em alguns casos, antagônicos aos do seu superior hierárquico: não considerava útil a existência de colégios de meninos órfãos; reprovava o fato de a Companhia possuir bens de raiz, dedicar-se a atividades agrícolas e utilizar mão de obra escrava, não sendo, também, adepto de um ritmo demasiado rápido de evangelização e batismo dos índios. Professava, em suma, ideais de rigor, ascetismo e pobreza. A sua chegada ao Brasil refletiu-se na estratégia de missionação e expansão adotada pela Companhia de Jesus, verificando-se uma inflexão nos métodos até então adotados. Nóbrega acolheu, durante um certo período de tempo, as observações e as reflexões de ordem ética, moral e espiritual suscitadas pelo seu colateral.

De acordo com a nova orientação e para evitar a aquisição de escravos destinados a cultivar as terras que eram doadas à Companhia de Jesus, o primeiro provincial do Brasil pediu, através de carta datada de maio de 1556, ao padre doutor Miguel de Torres, provincial de Portugal e confessor da rainha D. Catarina de Áustria, que intercedesse junto de D. João III no sentido de que o apoio da Coroa às atividades dos inacianos nas paragens americanas fosse facultado em dízimos e não através da concessão de terras, cujo aproveitamento implicava o recurso a mão de obra escrava.[25] Esta posição do padre Manuel da Nóbrega resultou de pressões exercidas pelo padre Luís da Grã para que os jesuítas não aceitassem do rei terras nem escravos para granjearia. No entanto, as dificuldades financeiras da Coroa não permitiram que se adotassem outras fórmulas de auxílio além das já concedidas.

Os padres da Companhia no Brasil tiveram de optar entre expandir o ritmo da atividade missionária, o que implicava a aceitação de propriedades e a utilização de escravos, ou recusar essa via e, por conseguinte, abdicar dos objetivos de alargamento do seu âmbito de atuação. A maioria dos jesuítas pronunciou-se a favor da primeira alternativa, defendida por Nóbrega e combatida por Luís da Grã.

O apoio de muitos companheiros às teses de Nóbrega levou-o a comunicar ao Provincial de Portugal, em 2 de setembro de 1557, que, com o parecer favorável dos padres do Colégio da Bahia, tinha decidido aceitar todas as doações feitas à Companhia, "até palhas". Pedia, em seguida, uma "boa dada de terras" e escravos da Guiné, uma vez que não era conveniente ter cativos "brasis". Os negros cultivariam as terras, criariam gado, pescariam, colheriam vegetais e frutos e obteriam água e lenha para abastecer os colégios, libertando os irmãos dessas tarefas e tornando-os disponíveis para outras atividades mais diretamente relacionadas com a missionação.[26]

As diferenças de opinião levaram à formação de duas correntes no seio dos jesuítas da Província do Brasil. Uma, encabeçada pelo padre Manuel da Nóbrega, adotava uma atitude pragmática e considerava que a expansão da Companhia implicava a posse de bens e a utilização de escravos; outra, cuja figura mais representativa era o padre Luís da Grã, privilegiava a pobreza e o ascetismo, recusando, assim, a possibilidade da Companhia aceitar bens de raiz e recorrer à utilização de escravos. Somente admitia que, em caso de grande necessidade, se contratassem trabalhadores e nunca que se comprassem escravos.[27]

Em meados de 1559, o padre Manuel da Nóbrega, de acordo com as instruções recebidas de Lisboa, abriu a primeira via de sucessão para o cargo de Provincial. A nomeação recaiu no padre Luís da Grã, seu colateral e antigo reitor do Colégio de Olinda. Nos primeiros dias de janeiro do ano seguinte, Nóbrega entregou o governo da Província do Brasil ao

---

25 Pub. in ibidem. p. 260-276.
26 Cfr. LEITE, Serafim. Op. cit. v. II, p. 348.
27 Cfr. Idem. Ibidem. p. 470.

seu sucessor e partiu na armada de Mem de Sá que se destinava à baía da Guanabara.[28]

Como seria de prever, a orientação imprimida pelo segundo provincial (1560-1571) divergia substancialmente daquela que até então tinha sido delineada pelo fundador da Província do Brasil. Em carta datada de 12 de junho de 1561, redigida na vila de São Vicente, Nóbrega expunha ao padre Diogo Laínez, segundo Geral da Companhia (1558-1565), as suas diferenças de opinião com o novo provincial, relacionadas sobretudo com a posse de bens de raiz e com o uso de cativos.[29]

Em resposta à exposição de Nóbrega, o Geral aprovou as suas medidas e reconheceu a utilidade de a Companhia possuir bens de raiz e desenvolver atividades econômicas, designadamente a criação de gado, como forma de assegurar o sustento dos meninos índios e mamelucos dos colégios, além dos padres, irmãos e trabalhadores.[30]

Relativamente à questão de os Colégios possuírem escravos, em face das discordâncias existentes, o Geral da Companhia, através de carta datada de 25 de março de 1563 e subscrita pelo padre João de Polanco, delegou no Provincial de Portugal, padre Gonçalo Vaz de Melo (1561-1563), a resolução do assunto, devendo comunicar aos padres Nóbrega e Grã a posição adotada.[31] Apesar desta iniciativa, a disputa permaneceu sem solução.

A decisão tomada pelo Geral Laínez foi posta em causa pelo seu sucessor, Francisco de Borja (1565-1572), que, em cartas datadas de 30 de junho e 22 de setembro de 1567, dirigidas ao visitador da Província do Brasil, padre Inácio de Azevedo (1566-1568), determinou "... que vissem no Brasil se era possível passar sem tais encargos..."[32]

As dificuldades que a aplicação das orientações preconizadas pelo novo Geral criariam à manutenção e expansão das atividades missionárias e educativas desenvolvidas pela Companhia de Jesus na Província de Santa Cruz levaram à convocação de uma Congregação Provincial em 1568. O conclave elaborou um postulado em que se reafirmava a necessidade vital de os colégios possuírem fazendas para a criação de gado como forma de

---

28 Pub. in **Cartas do Brasil...** p. 391-394.
29 Cfr. LEITE, Serafim. Op. cit. v. I, p. 176.
30 Veja-se a carta do "P. Juan de Polanco por comissão do P. Geral Diego Laynes ao P. Gonçalo Vaz de Melo, Provincial de Portugal", pub. in **Monumenta Brasiliae**, dir. por Serafim Leite, v. III (1558-1563), Roma, 1958. p. 543.
31 Cfr. LEITE, Serafim. Op. cit. v. I, p. 176.
32 Idem. Ibidem.

garantir a prossecução das tarefas evangelizadoras em terras brasílicas. A assembleia provincial deliberou, ainda, autorizar os superiores dos seus estabelecimentos a adquirir os escravos necessários, caso não houvesse outro meio de garantir o funcionamento das suas atividades.

A Província do Brasil incumbiu o visitador Inácio de Azevedo de expor os seus pontos de vista ao Geral da Companhia, fazendo-lhe notar os inconvenientes que resultariam da aplicação estrita das suas decisões. Pressionado pelos seus companheiros da Terra de Santa Cruz e pelo parecer de Azevedo, Francisco de Borja acabou por ceder e dar o seu assentimento para que os colégios brasílicos pudessem ter o gado que fosse necessário para o seu sustento. Segundo a opinião do padre José de Anchieta, que desempenhou o cargo de Provincial do Brasil entre 1577 e 1587, sem terras, sem criação de gado e, consequentemente, sem escravos, seria impossível assegurar a subsistência dos padres da Companhia.[33]

Após um longo debate que envolveu Nóbrega, Luís da Grã, Diogo Laínez, Francisco de Borja, Luís de Molina e outros, a Companhia de Jesus optou por se integrar no sistema produtivo, aceitando bens de raiz, adquirindo mão de obra escrava, sobretudo negra, e produzindo para o mercado com a finalidade de obter recursos destinados a financiar as atividades missionárias, o funcionamento dos estabelecimentos de ensino e das obras assistenciais, bem como a construção e embelezamento de igrejas, colégios e residências.

5. A COMPANHIA DE JESUS E A QUESTÃO DA ESCRAVATURA DOS NEGROS

A aquisição de escravos pela Companhia colocava o problema de se saber se a privação da liberdade resultara de guerra justa. Ora, no caso dos negros, essa averiguação era impraticável. Foi, pois, decidido seguir o parecer da Junta de Burgos que, em 1511, para facilitar e legitimar a entrada de cativos etiópicos na América Espanhola, adotou o pressuposto de que "todos os africanos traficados já eram escravos em seus países de origem".[34] Ao serem transportados para outro continente apenas mudavam de senhores.

---

33 Cfr. ibidem.
34 MORAIS, Evaristo de. **A Escravidão africana no Brasil (das origens à extinção)**. 2. ed. Brasília, 1986. p. 18.

Opinião frontalmente contrária perfilhava o jesuíta Miguel Garcia. Para este sacerdote, nenhum escravo oriundo de África ou da América era justamente cativo, pelo que se recusava a confessar todos os possuidores de escravos, incluindo alguns padres do Colégio da Bahia. Em carta datada de 26 de janeiro de 1583, Miguel Garcia comunicava ao quinto Geral, Cláudio Aquaviva (1581-1615), que a Companhia possuía uma multidão de escravos na Província do Brasil – particularmente no Colégio da Bahia – circunstância que ele de forma alguma podia aceitar, por não estar profundamente convencido de que tinham sido licitamente capturados. Acrescentava, ainda, que aquele colégio tinha 70 pessoas oriundas da Guiné e um grande número de escravos da terra, entre certos e duvidosos, fato que lhe provocava muitos escrúpulos.[35]

Outro jesuíta que contestou a escravatura foi o padre Gonçalo Leite, primeiro professor de Artes no Brasil. As suas tomadas de posição em face dos colonos e dos seus próprios companheiros originaram o aparecimento de hostilidades para com a Companhia, bem como a inquietação no interior das comunidades de jesuítas. A solução encontrada foi idêntica à adotada no caso do padre Garcia, ou seja, a ordem para regressar à Metrópole por inadaptação.[36]

O melindre desta questão, devido aos casos de consciência que levantava, justificou que sobre ela se debruçassem os teólogos e jurisconsultos jesuítas. Nos finais de Quinhentos, Luís de Molina (1535-1600), antigo professor das Universidades de Coimbra e de Évora e uma das glórias intelectuais da Companhia, publicou o primeiro tomo do seu tratado, em seis volumes, **De Iustitia et iure** (Veneza, 1594). Nesta obra, o pensador jesuíta ocupa-se, entre outros problemas, da questão da escravatura. Na Disputa trinta e dois do Tratado 2º analisa a legitimidade da instituição, concluindo que a escravidão seria lícita e justa se os títulos fossem legítimos, o que era manifesto pela opinião comum dos Doutores, pelo Direito Civil e Canónico e também pela Sagrada Escritura. Nas Disputas trinta e quatro e trinta e cinco, pronuncia-se sobre a origem dos escravos (da guerra ou do comércio), bem como sobre a natureza das várias guerras, considerando algumas justas e, por conseguinte, legítimos os prisioneiros delas resultantes, pelo

---

35 Cfr. LEITE, Serafim. Op. cit. v. II, p. 227-228.
36 Cfr. Idem. Ibidem.

que os mercadores e compradores não tinham obrigação de consciência de se informarem sobre os respectivos títulos.[37]

A longa convivência da Igreja com a escravatura, cuja legitimidade – em certas condições – acabou por ser teorizada pelos seus doutores;[38] a percepção de que a resistência à introdução de escravos negros no Brasil contribuiria para intensificar as operações de escravização dos índios; a consciência de que a importação de mão de obra escrava constituía uma necessidade vital para o funcionamento da economia da colônia e o entendimento de que a sobrevivência das atividades de missionação dependia do recurso a trabalho de cativos acabaram por convencer definitivamente a esmagadora maioria dos inacianos a aceitar a utilização de cativos, sobretudo negros, nas suas casas e unidades produtivas, consagrando, por conseguinte, a vitória dos defensores da corrente pragmática em face dos puristas da corrente ascética.[39]

Esclarecidas as questões doutrinárias relacionadas com a legitimidade da aquisição de escravos pela Companhia, os jesuítas orientaram a sua ação relativamente aos cativos em vários sentidos. Desenvolveram esforços conducentes a promover a aculturação e catequização dos negros, designadamente através da criação de Escolas de Doutrina Cristã em línguas africanas; procuraram criar normas de comportamento para que os senhores suavizassem a situação dos cativos e pugnaram pela defesa dos seus direitos espirituais.

Os inacianos defendiam nos púlpitos que os proprietários de escravos tinham a obrigação de facultar aos seus servidores a aprendizagem da doutrina cristã e o cumprimento dos seus deveres religiosos, não os obrigando a trabalhar aos domingos e dias santificados, de forma a permitir-lhes alcançar a libertação do maior e mais pesado cativeiro que era o das almas. Além das obrigações espirituais, os senhores tinham, igualmente, o dever de assegurar o sustento material dos seus dependentes.

---

37 Cfr. Idem. "A Companhia de Jesus e os Pretos do Brasil": **Brotéria** (Lisboa), 68 (1959). p. 134-135.

38 Cfr. CRISTÓVÃO, Fernando. **A Abolição da Escravatura e a obra precursora do Pe. Manuel Ribeiro Rocha**, comunicação apresentada à Academia das Ciências de Lisboa em 14 de maio de 1992 (no prelo).

39 Cfr. COUTO, Jorge. **O Colégio dos Jesuítas do Recife e o destino do seu património (1759-1777)**, dissertação de mestrado apresentada à Faculdade de Letras da Universidade de Lisboa. Lisboa, 1990. v. I, p. 217-225.

A estratégia adotada pelos religiosos relativamente aos africanos visava, por um lado, a tentar eliminar os aspectos mais brutais do sistema escravagista, procurando convencer os senhores a adotar um padrão de conduta mais humano, e, por outro, conformar os cativos com a sua vida terrena, incentivando-os a lutar pela conquista da salvação eterna.

A evangelização dos escravos constituiu um foco endêmico de conflitos entre a Companhia de Jesus e os senhores de escravos, devido às críticas dos religiosos ao reduzido número de batismos e casamentos de negros. Estes encontravam grandes resistências por parte dos seus proprietários, sendo minoritário o número daqueles que aprovava a união dos seus trabalhadores de acordo com os ritos católicos. Segundo um historiador norte-americano, o fato de a maioria dos cativos baianos não se casar cristãmente resultava da "relutância dos africanos em participar de uniões nos moldes católicos" e no "desejo dos senhores de evitar a interferência externa na administração da escravaria". Em suma, os proprietários mostravam-se geralmente adversos a "instruir os escravos, batizá-los ou permitir que casassem na Igreja".[40]

6. INTERCÂMBIOS CIVILIZACIONAIS

A miscigenação, o escambo, a atividade missionária e o engenho desempenharam um papel fundamental no processo de aculturação entre índios, portugueses e africanos nos primórdios da construção do Brasil.

Um dos elementos fundamentais do contato interétnico foi a *mulher indígena*, representante das funções domésticas e principal força produtora no sustento do grupo tribal. Ela constituiu, através da gradual e crescente ligação com o europeu, um instrumento para a desorganização social e consequente transferência da propriedade dos meios de produção das sociedades nativas para a emergente sociedade colonial.[41] Além desse aspecto fundamental, os laços matrimoniais entre portugueses e mulheres índias contribuíram para que os primeiros adotassem muitos hábitos tupis (na alimentação, no mobiliário doméstico, nas formas de sociabilidade etc), provocando, assim, informalmente, a aculturação dos colonos.[42]

---

40   SCHWARTZ, Stuart B. **Segredos Internos: Engenhos e Escravos na Sociedade Colonial, 1550-1835**. São Paulo, trad. port., 1988. p. 317.
41   Cfr. NEME, Salete e BELTRÃO, Maria da Conceição. "Tupinambá, Franceses e Portugueses no Rio de Janeiro no Século XVI": **Revista de Arqueologia** (São Paulo), 7 (1993). p. 143.
42   Cfr. CORTESÃO, Jaime. **Introdução à História das Bandeiras**. Lisboa, 1964. v. II, p. 131.

Os mestiços desempenharam um papel decisivo como agentes de aculturação, sintetizando, numa primeira fase, os elementos das culturas europeia e ameríndia, transmitindo-os a grupos tribais que nunca tinham entrado em contato com os portugueses. A partir da segunda metade de Quinhentos, o processo de aculturação foi enriquecido com o elemento africano, iniciando-se, então, a gradual simbiose entre as componentes americano-euro-africana que viria a moldar biológica e culturalmente a formação da sociedade brasileira.

A *língua Tupi* constituiu um veículo privilegiado de contato entre europeus e indígenas, estendendo-se a áreas de outras formações linguísticas ameríndias. Funcionou, na prática, como uma verdadeira língua geral, designação que, contudo, somente começou a ser utilizada na segunda metade do século XVII. Até então era referida por "língua do Brasil", "língua da terra" e, sobretudo, "Língua Brasílica".[43]

Os primeiros jesuítas dedicaram particular atenção à língua tupi, estudando-a e elaborando, ainda em Quinhentos, algumas obras sobre o tema. O primeiro **Vocabulário na Língua Brasílica** foi composto pelo padre Leonardo do Vale (c. 1538-1591) que viveu quase quarenta anos entre os índios da Bahia, Porto Seguro e São Paulo, tendo sido, no início da década de setenta, nomeado lente de Língua Brasílica no Colégio da Bahia. Elaborou ainda uma **Doutrina Geral na Língua do Brasil** (1574), bem como sermões e avisos para a educação e instrução dos índios na Língua do Brasil.[44]

O padre José de Anchieta redigiu a primeira **Arte de Grammatica da Lingoa mais usada na costa do Brasil**, que circulou manuscrita largo tempo, tendo merecido honras de impressão em Coimbra, em 1595, na oficina de António de Mariz. Esta obra, de cariz fortemente comparatista, designadamente com o Latim, "representa uma nova estratégia de abordagem das línguas exóticas que entram no colóquio universalizante do mundo descoberto".[45] Compôs, ainda, um **Diálogo da doctrina Christã**, um **Confessionário Brasílico**, sermões, poesias, cantigas e outras obras em língua tupi.

---

43 Cfr. RODRIGUES, Aryon Dall'igna. **Línguas Brasileiras. Para o conhecimento das línguas indígenas**. São Paulo, 1987. p. 99-101.

44 Cfr. LEITE, Serafim. "Leonardo do Vale, autor do primeiro 'Vocabulário na Língua Brasílica'", in **Verbum** (Rio de Janeiro), I (1944). p. 18-28.

45 BUESCU, Maria Leonor Carvalhão. **A Galáxia das Línguas na Época da Expansão**. Lisboa, 1992. p. 150-153.

Dos contatos luso-ameríndios resultaram, nomeadamente, contributos linguísticos que se traduziram pela incorporação na língua portuguesa de vocábulos de origem tupi-guarani, sobretudo ligados a espécies botânicas, designadamente abacaxi, aipim, amendoim (da raiz tupi mindoim, menduí ou outras variantes, influenciadas pelo vocábulo amêndoa), ananás (do guarani naná), araçá, caju, capim, cipó, jenipapo, mandioca, mangaba, maracujá e piaçaba, ou zoológicas, como arara, cutia, jararaca, jiboia, maracanã, paca, piranha, saguim, surucucu, tamanduá, tatu, toim, tucano e urubu, além de outros relacionados com a gastronomia, nomeadamente beiju, carimã, mingau, pipoca ou tapioca.[46]

Verificou-se a rápida adoção pelos indígenas da tecnologia europeia nos mais variados domínios, da agricultura e pesca à construção de habitações e à guerra. Saliente-se que a introdução de utensílios metálicos aumentou o rendimento das atividades indígenas: na agricultura, através da utilização de machados no abate de árvores, de enxadas no cultivo da terra e de facas para cortar as ramas da mandioca; na pesca, mediante o uso do anzol de metal – o pindaré ("anzol diferente") – e de pontas de ferro nos arpões e, ainda, na confecção de alimentos, pela introdução da chapa de ferro perfurada no ralador, em substituição das pedras aguçadas, dentes ou espinhos.[47]

O conhecimento do cão – utilizado pelos índios para perseguir os animais e forçá-los a abandonar os esconderijos – associado ao uso de armas de fogo facilitaram o esforço de caça.[48] A utilização de armas europeias, incluindo as de fogo, aumentou a eficácia das expedições e alterou os padrões guerreiros, mas o incremento do clima de conflito provocou uma mudança nas estruturas dos assentamentos indígenas, generalizando-se a construção de paliçadas.[49] Alguns autores suspeitam que a utilização de barro nas construções indígenas se ficou, também, a dever à influência lusitana.[50]

---

46 Cfr. CUNHA, António Geraldo da. **Dicionário Histórico das Palavras Portuguesas de Origem Tupi**. 3. ed. São Paulo, 1989.
47 Cfr. VELTHEM, Lúcia Hussak Van. "Equipamento Doméstico e de Trabalho": **Suma Etnológica Brasileira 2. Tecnologia Indígena**, coord. de Berta G. Ribeiro. 2. ed. Petrópolis, 1987. p. 99-100.
48 Cfr. MELATT, Julio Cezarl. **Índios do Brasil**. 6. ed. São Paulo, 1989. p. 48-49.
49 Cfr. MARTÍN, Gabriela. "A Pré-História do Brasil no Século do Descobrimento. Apresentação e Proposta": **Revista de Arqueologia** (São Paulo), 7 (1993). p. 6.
50 Cfr. SCATAMACCHIA, Maria Cristina Mineiro e MOSCOSO, Francisco. "Análise do Padrão de Estabelecimentos Tupi-Guarani: Fontes Etno-históricas e Arqueológicas": **Revista de Antropologia** (São Paulo), 30/31/32 (1989). p. 43.

Tendo-se revestido o processo de aculturação em terras brasílicas de um caráter recíproco, também os portugueses assimilaram produtos, objetos, estilos de vida e, até, táticas guerreiras aborígenes, designadamente a das emboscadas.

Um dos hábitos ameríndios que mais arraigadamente se entranhou nos costumes dos colonos foi o do consumo de tabaco, largamente utilizado nas sociedades indígenas com finalidades mágico-religiosas e medicinais, mas que era também fumado e mascado conforme o comprova a descoberta arqueológica de cachimbos.[51] Esta prática divulgou-se de tal forma que o primeiro bispo do Brasil condenou publicamente o donatário do Espírito Santo, Vasco Fernandes Coutinho, por praticar o rito gentílico de "beber fumo" como os homens baixos.[52] No decênio de oitenta, um jesuíta censurava grande parte dos portugueses que viviam no Brasil por "beberem este fumo, e o têm por vício, ou por preguiça, e imitando os índios gastam nisso dias e noites".[53]

O hábito de fumar terá sido introduzido em Portugal por Luís de Góis, um dos companheiros de Martim Afonso de Sousa na fundação de São Vicente e que veio, posteriormente, a ingressar na Companhia de Jesus. O embaixador gaulês Nicot conheceu o tabaco em Portugal, remeteu amostras a Catarina de Médicis com recomendações sobre as suas virtualidades medicinais, tendo-se divulgado, inicialmente, em França com a designação de "erva da rainha" e, depois, em homenagem àquele diplomata, passado a chamar-se "nicotina".[54]

A colonização do Brasil provocou um dos mais amplos processos de cruzamento intercontinental de espécies vegetais. Do reino e das ilhas, os colonos portugueses levaram, além da cana-de-açúcar e da videira, árvores de frutos (figueiras, romanzeiras, laranjeiras, limoeiros, cidreiras) e hortaliças (couves, alfaces, nabos, rabanetes, pepinos, coentros, funcho, salsa,

---

51 Cfr. COOPER, John M., "Estimulantes e Narcóticos": **Suma Etnológica Brasileira 1. Etnobiologia**, coord. de Berta G. Ribeiro. 2. ed. Petrópolis, 1987. p. 101-106.
52 Cfr. Carta de D. Duarte da Costa a D. João III (Salvador, 20 de maio de 1555), pub. in **História da Colonização Portuguesa do Brasil** (doravante **HCPB**), dir. de Carlos Malheiro Dias. Porto, 1926. v. III, p. 375.
53 CARDIM, Fernão. **Tratados da Terra e Gente do Brasil**. introdução e notas de Baptista Caetano, Capistrano de Abreu e Rodolfo Garcia. 3. ed. São Paulo, 1978 (1585). p. 108.
54 Cfr. FRANÇA, Carlos. "Os Portugueses do seculo XVI e a historia Natural do Brasil": **Revista de História** (Lisboa), XV (57-60), 1926. p. 81-84.

hortelã, alhos, beringelas, poejo, agrião, cenouras, espinafres etc.) que já se encontravam, com abundância, em 1587, na Bahia.[55]

Ao longo de Quinhentos, os portugueses introduziram, também, na América do Sul, diversas árvores e plantas de origem asiática e africana. Em meados do século XVI, difundiram em terras brasílicas espécies orientais (o coqueiro, uma variedade de arroz (*Oryza sativa*) e o melão) e africanas (melancia, malagueta, inhame, tamareira, feijão-congo e quiabo).[56]

Os botânicos acreditam que a bananeira de São Tomé foi transplantada pelos portugueses no início do século XVI, apesar de Léry e de Gabriel Soares de Sousa afirmarem que as bananas ("pacovas" ou "pacobas" em tupi) eram naturais da terra.[57] No entanto, ambos chegaram ao Brasil apenas na segunda metade de Quinhentos, sendo perfeitamente possível que a sua difusão tenha ficado a dever-se aos membros das guarnições das feitoriais de Cabo Frio e Igaraçu ou aos primeiros colonos. Os lusitanos plantaram ainda espécies americanas inexistentes na Província de Santa Cruz, designadamente, entre 1578 e 1586, a papaeira, originária dos Andes.[58]

Relativamente às espécies animais, salientam-se, pela sua importância econômica, a introdução no Brasil de bois, vacas, cavalos, éguas, burros, porcos, carneiros, ovelhas, cabras, galinhas, patos e perus, bem como do cão.

No domínio da alimentação, os portugueses integraram na sua dieta muitos dos produtos indígenas, com particular destaque para a mandioca, mas também a abóbora, o comandá (feijão), o amendoim, a pimenta da terra, a caça, os peixes e os frutos.

As mulheres portuguesas preparavam diversas especialidades culinárias com base nos derivados da mandioca, nomeadamente os beijus, bolos semelhantes a filhós, feitos com farinha e condimentados com leite de coco, açúcar e bordados de canela, e, a partir da tapioca (fécula alimentícia

---

55   Cfr. SOUSA, Gabriel Soares de. **Notícia do Brasil**. ed. de Pirajá da Silva, São Paulo, s.d. (1587). v. I, p. 304-315.
56   Cfr. FERRÃO, J. E. Mendes. "Difusão das Plantas no Mundo através dos Descobrimentos": **Mare Liberum** (Lisboa), 1 (1990). p. 131-142.
57   Cfr. SAUER, Carl O. "As Plantas Cultivadas na América do Sul Tropical": **Suma Etnológica Brasileira 1. Etnobiologia**, coord. de Berta G. Ribeiro. 2. ed. Petrópolis, 1987. p. 77-78.
58   Cfr. FERRÃO, José E. Mendes. **A Aventura das Plantas e os Descobrimentos Portugueses**. Lisboa, 1992. p. 122.

da mandioca), a "tapioca-molhada" ou "tapioca-de-coco".[59] Com a carimã (farinha seca fina) aquecida faziam "muito bom pão, e bolos amassados com leite e gema de ovos" e outras "mil invenções"[60] que eram sobremaneira apreciadas.

De acordo com uma obra redigida, em 1587, por um senhor de engenho do Recôncavo Baiano, as mulheres portuguesas confeccionavam com amendoim "todas as coisas doces, que fazem das amêndoas, e cortados os fazem de açúcar de mistura como os confeitos. E também os curam em peças delgadas e compridas, de que fazem pinhoadas".[61] Várias frutas, além de consumidas frescas, eram também utilizadas para fazer conservas (ananás) e marmeladas (ibá, camuci e araçá) que, já em 1561, eram enviadas para Portugal para tratar os enfermos.[62]

Os contatos luso-ameríndios provocaram, também, permutas de doenças, tendo, todavia, sido os segundos aqueles que foram violentamente atingidos por um "choque microbiano".[63] Durante milênios, os ameríndios estiveram isolados da restante humanidade, vivendo, como afirma Pierre Chaunu, em um "universo encravado", no decurso dos quais perderam um "certo número de genes neutros ou inúteis".[64]

Doenças correntes entre os europeus e que geralmente não causavam a morte como a gripe, o sarampo, a papeira ou a difteria provocaram verdadeiras hecatombes nas populações indígenas que não possuíam defesas imunológicas para resistir às novidades patológicas. Por seu turno, a varíola esteve na origem dos surtos epidêmicos que mais fortemente contribuíram para dizimar a população aborígene, fato que pode ser ilustrado pelos efeitos que surtiu, por exemplo, nos aldeamentos dos jesuítas no Recôncavo Baiano, em 1562-1563, vitimando cerca de 30.000 índios no curto espaço de dois a três meses. A introdução de escravos negros no Brasil originou, também, a propagação do vírus da febre-amarela e do paludismo.[65]

A difusão das enfermidades não teve um sentido unívoco, antes se verificou, tal como aconteceu com as espécies vegetais e animais, uma

---

59 Cfr. CASCUDO, Luís da Câmara. **História da Alimentação no Brasil**. São Paulo, 1967. v. I, p. 101.
60 SOUSA, Gabriel Soares de. Op. cit. v. I, p. 319-326.
61 Idem. Ibidem. p. 335.
62 Carta ao padre Francisco Henriques (São Vicente, 12 de junho de 1561)", pub. in **Cartas do Brasil....** p. 377-378.
63 ALENCASTRO, Luís Filipe de. Op. cit. p. 99.
64 SOURNIA, Jean-Charles e RUFFIE, Jacques. Op. cit. p. 151.
65 Cfr. Idem. Ibidem. p. 152-162.

troca entre as duas margens do Atlântico. Do contato com os ameríndios resultou a introdução na Europa da sífilis e da doença mais comum entre os indígenas, a piã (bouba),[66] uma treponematose não venérea que provoca lesões cutâneas e ósseas.

No Brasil quinhentista foram, sobretudo, os grupos tupi-guaranis que mais sofreram os efeitos do contato, uma vez que se encontravam estabelecidos ao longo da costa, tendo as populações que ocupavam o sertão escapado ao choque biológico inicial.

---

66   Cfr. PROUS, André. **Arqueologia Brasileira**. Brasília, 1992. p. 421.

Considerações Finais

Ao longo de milênios, os primitivos habitantes do território brasílico ocuparam progressivamente o vasto espaço sul-americano, desenvolveram um determinado modelo de aproveitamento do ecossistema, construíram um certo tipo de civilização e combateram ferozmente pela conquista dos nichos ecológicos mais favoráveis.

Independentemente de uma parcela da costa setentrional do Brasil – que somente no século XVII viria a ser incorporada na Coroa de Portugal – ter sido reconhecida anteriormente à ancoragem da segunda armada da Índia em Porto Seguro e da polêmica em torno da sua intencionalidade ou casualidade, o certo é que somente a partir dos contatos estabelecidos pelos homens da esquadra cabralina com a terra e a gente brasílicas, em abril de 1500, se divulgaram em Portugal e, em seguida, nos outros estados europeus, notícias sobre o "achamento" na região ocidental do Atlântico Sul de uma terra firme habitada por gentes desconhecidas, daí resultando, na feliz expressão do historiador brasileiro Capistrano de Abreu, o "descobrimento sociológico do Brasil".

Com a chegada das primeiras expedições portuguesas iniciou-se uma nova etapa na história daquela região. O surto de expansão quatrocentista lusitano que, entre outras consequências, contribuiu decisivamente para o estabelecimento de ligações marítimas entre os vários continentes e para modificar a concepção da Terra teve, também, profundas repercussões na América do Sul.

Numa primeira fase (1500-1530), o relacionamento entre portugueses e indígenas limitou-se à prática do escambo, à criação de feitorias, à fixação de um escasso número de "lançados" no Brasil e às pouco frutuosas tentativas de missionação empreendidas por franciscanos.

A partir dos finais da década de vinte de Quinhentos, D. João III decidiu iniciar a colonização do Brasil, tendo adotado, ao longo do período compreendido entre 1530 e 1548, três modelos diferentes para garantir o sucesso da empresa, pretendendo responder à tenaz resistência oposta por vários grupos tribais ameríndios à fixação de portugueses no seu território e às alterações verificadas nas vertentes geopolítica e econômica mundiais.

Através do primeiro modelo (1530-1533), a Coroa procurou assegurar exclusivamente com os seus próprios meios tão ambiciosa tarefa. No entanto, a breve trecho, concluiu que tal empresa exigia avultados recursos financeiros e demográficos de que não dispunha, devido ao seu empenhamento em outras zonas geográficas do globo então consideradas prioritárias.

O governo régio optou, a partir de 1534, por recorrer a particulares para os quais transferiu na quase totalidade a iniciativa da colonização da Província de Santa Cruz. Este segundo modelo (1534-1548) revelou-se, contudo, insuficiente para atingir os objetivos pretendidos devido à desproporção existente entre as elevadas exigências materiais e humanas que a sua concretização implicava e as disponibilidades dos capitães-governadores e, também, aos abusos a que dava ocasião a total ausência de fiscalização régia.

Nos finais de 1548, D. João III resolveu experimentar uma terceira solução que articulava um forte empenhamento militar, econômico e judicial da Coroa com a manutenção das capitanias-donatarias, embora expropriando os seus titulares de muitas das competências inicialmente concedidas. Adotou, por conseguinte, um modelo misto que, conjugando recursos régios e particulares, consolidava a presença lusitana no Brasil, defendendo-a, simultaneamente, de ataques internos e externos. Esta solução permitiu alcançar progressos significativos na ocupação da terra brasílica, resistir vitoriosamente às investidas francesas, fomentar o crescimento econômico e aperfeiçoar o funcionamento das instituições.

Pode-se afirmar que as características geográficas de várias regiões, com especial incidência no Sudeste, dificultaram significativamente a penetração portuguesa no sertão, condicionando a forma de ocupação do território brasílico nos séculos XVI e XVII.

O isolamento do litoral, devido às dificuldades em transpor as barreiras topográficas, constitui um importante elemento para a interpretação do processo quinhentista de colonização do Brasil. A estreita faixa costeira, separada do planalto por linhas de escarpas abruptas com alturas superiores a 800 metros, localizadas a curta distância das terras baixas, representaram um sério obstáculo para as ligações entre os sítios portuários da costa e os compartimentos do planalto de clima tropical de altitude. Esta situação era agravada pela existência de um reduzido número de vales importantes entre os rios Doce (a Norte) e Jacuí (a Sul).

Considerações Finais

Além dos condicionalismos de ordem geográfica, fatores de natureza socioeconômica e geopolítica encontram-se na origem da "colonização pontual", ou seja, a ocupação apenas dos pontos estratégicos da orla costeira. Dispondo Portugal de reduzidos recursos demográficos no século XVI, o governo régio optou por concentrá-los na costa, já que, em primeiro lugar, urgia enfrentar a ameaça francesa, ocupando todas as baías e embocaduras de rios suscetíveis de permitir a ancoragem de navios gauleses e, em segundo lugar, as condições ideais para a cultura da cana sacarina e o fabrico de açúcar – essenciais para viabilizar a empresa colonizadora – se conjugarem nas proximidades da faixa marítima.

O "modelo insular" de fixação no território brasílico foi sagazmente apreendido por Frei Vicente do Salvador, que escreveu, em 1625, contentarem-se os portugueses em arranhar a costa como os caranguejos, nela não penetrando decididamente como o tinham feito os espanhóis.

A estratégia lusitana de consolidação e ampliação da América Portuguesa assentou, do ponto de vista geopolítico, num tripé: na escolha da Bahia – região central na época quinhentista – para sede do governo geral, funcionando, segundo as palavras de um franciscano seiscentista, como o "coração no meio do corpo, donde todas se socorressem e fossem governadas"; na fundação de São Paulo, base estabelecida no planalto de Piratininga que constituía uma cunha para a penetração na região platina, e, finalmente, na criação do Rio de Janeiro, cidade que assegurava o domínio efetivo da baía da Guanabara, essencial, por um lado, para manter a ligação entre as capitanias do Norte e do Sul e, por outro, através do sertão, com São Paulo, reforçando, desse modo, a segurança de ambas as povoações.

Em meados de Quinhentos, a fase da economia de escambo foi superada, consolidando-se a economia de produção em que a cultura da cana e o fabrico do açúcar – complementados por roças de mantimentos e criação de gado – assumiram um papel primordial. A opção pela agricultura de exportação, única que permitia integrar o Brasil na economia-mundo, originou uma estrutura fundiária caracterizada pela grande propriedade e pelo recurso intensivo à mão de obra escrava, primeiramente formada por indígenas que foram sendo, a partir de meados do século XVI, gradualmente substituídos por cativos africanos, daí resultando a criação de um eixo triangular: Metrópole-Brasil-África.

Este tipo de estrutura econômica gerou uma formação social dominada por um restrito número de membros (os senhores de engenho) em que a massa da população era constituída por escravos, verificando-se a existência de um setor intermédio pouco numeroso (lavradores, mercadores e artesãos). Apesar desta configuração, a sociedade colonial possuía um apreciável grau de mobilidade.

O impacto da colonização quinhentista nas sociedades indígenas teve graves consequências, provocando, nomeadamente, a morte, a escravização, a migração e a perda de identidade de numerosos grupos tribais, sobretudo tupi-guaranis.

Os cruzamentos étnicos de portugueses com ameríndias e negras, bem como entre as diversas variantes possíveis, contribuíram para criar uma sociedade fortemente miscigenada, do ponto de vista biológico, na qual os intercâmbios linguísticos, religiosos, técnicos, botânicos e zoológicos geraram uma cultura portadora de uma profunda originalidade.

Anexos

Anexo A

As investigações de Haffer (1969) e Vanzolini (1970) sobre os padrões de distribuição da fauna na Amazônia, bem como de Journaux (1975) e Meggers (1976) sobre a flora, deram origem ao modelo dos refúgios. De acordo com a interpretação destes cientistas, as bordas dos planaltos das Guianas e Brasileiro e as encostas dos Andes serviram de refúgios às florestas e aos animais a ela adaptados durante as fases secas. Os vários retornos à tropicalidade possibilitaram o seu regresso à região amazônica, explicando, deste modo, a grande variedade de espécies botânicas e zoológicas que a povoam. Cfr. VANZOLINI, P. E. **Zoologia Sistemática, Geografia e a Origem das Espécies**. São Paulo, 1970; JOURNAUX, A. "Géomorphologie des bordures de l'Amazonie brésilienne: de modelé des versants; essai d'évolution páleo-climatique": **Bulletin de l'Association des Géographes Français** (Paris), 52 (422-423), 1975. p. 5-19; MEGGERS, B. J. "Vegetacional fluctuation and prehistory cultural adaptation in Amazonia: some tentative correlations": **World Archaeology** (Londres), 8 (3), 1977. p. 287-303; HAFFER, J. "Ciclos de Tempo e Indicadores de Tempos na História da Amazônia": **Estudos Avançados-USP** (São Paulo), 6 (15), 1992. p. 7-39; AB'SÁBER, A. N. "The Paleoclimate and Paleoecology of Brazilian Amazonia": **Biological Diversification in the Tropics**. Nova Iorque, ed. de G. T. Prance, 1982. p. 41-59; MEGGERS, B. J. "Archeological and Ethnographic Evidence Compatible with the Model of Forest Fragmentation": Ibidem. p. 483-496; AB'SÁBER, A. N. "O Pantanal Mato-Grossense e a Teoria dos Refúgios": **Revista Brasileira de Geografia** (Rio de Janeiro), 50 (n° especial), 1988. t. 2, p. 9-57; VANZOLINI, P. E. "Paleoclimas e especiação em animais na América do Sul tropical": **Estudos Avançados-USP** (São Paulo), 6 (15), 1992. p. 41-65.

Anexo B

Na segunda metade de Quinhentos, a Coroa espanhola atribuía tanta importância às obras geográficas portuguesas (cartas de marear, relações de viagens, roteiros etc.), designadamente ao Esmeraldo, que Filipe II encarregou Giovanni Bautista Gesio, estrategicamente colocado como auxiliar de D. João de Borja, embaixador em Lisboa, de adquirir cópias das espécies mais importantes que eram necessárias para a definição das suas posições nas negociações com Portugal sobre a delimitação de fronteiras no Novo Mundo e no Oriente. O espião filipino cumpriu com êxito a missão que lhe foi confiada, tendo remetido para Espanha, em 1573, um significativo número de obras entre as quais figurava o **Livro de Cosmografia e Marinha** da autoria de Duarte Pacheco, cujo rigor e mérito são sublinhados pelo cosmógrafo italiano. Cfr. GREGÓRIO ANDRES, O. S. A., "Juan Baustista Gesio, cosmógrafo de Felipe II y portador de documentos geograficos desde Lisboa para la Biblioteca de El Escorial en 1573": **Publicaciones de la Real Sociedad Geografica**, Serie B, 478, Madrid, 1967.

Anexo C

O papel desempenhado por Bartolomeu Dias na exploração oceânica e o fato de ter sido assinalada, em diversas ocasiões, a presença da sua caravela – tipo de navio que sempre comandou – em águas equatoriais entre 1497 e 1499 levou alguns autores – o primeiro dos quais foi Gago Coutinho (Veja-se a sua obra **Descobrimento do Brasil**, Rio de Janeiro, 1955, p. 7-31) – a aventar a hipótese de D. Manuel ter incumbido aquele navegador de efetuar missões exploratórias no quadrante sudoeste do Atlântico, no decurso das quais "terá arribado à costa brasileira". FONSECA, Luís Adão da. **O Essencial sobre Bartolomeu Dias**. Lisboa, 1987. p. 52.

O testamento de Álvaro de Caminha, donatário de São Tomé, datado de 24 de abril de 1499, confirma, por um lado, que Bartolomeu Dias esteve naquela ilha nos finais de 1498, tendo-se recusado a embarcar dois colonos que desejavam regressar ao reino; por outro lado, revela a existência de um *Bacharel*, muito provavelmente degredado, que servira algum tempo como ouvidor, dando ordem para vender os seus bens e remeter o produto para São Jorge da Mina, onde ficaria à disposição dos seus herdeiros, uma vez que, naquela data, se depreende que o mesmo, apesar de vivo, se tinha ausentado definitivamente daquele arquipélago. Cfr. CORTESÃO, Jaime. **História dos Descobrimentos Portugueses**. Lisboa, 1979. v. II, p. 187-189.

Vários relatos das primeiras décadas de Quinhentos aludem frequentemente a um degredado – o Bacharel – que há longos anos se encontrava na Cananeia, ponto do litoral brasílico por onde passa, a sul, o meridiano de Tordesilhas. Diogo Garcia, piloto português ao serviço da Coroa espanhola, escreveu, em 1530, uma **Relación y Derrotero** de uma viagem que efetuou, em 1527, ao rio da Prata, na qual testemunha que encontrara na região vicentina um bacharel com os seus genros, que aí vivia "há bem uns trinta anos". Pêro Lopes de Sousa, por seu turno, registou, a 17 de agosto de 1531, o encontro, na Cananeia, com o bacharel que "há bem 30 anos estava degredado" naquela terra. Cfr. CORTESÃO, Jaime. Op. cit. v. II, p. 187.

A partir da análise comparativa destas fontes, Jaime Cortesão chega à conclusão de que o *Bacharel de São Tomé* e o *Bacharel da Cananeia* são a mesma pessoa. Após o regresso de Bartolomeu Dias da viagem de acompanhamento de Vasco da Gama até o início da volta do golfão e de ida à Mina, D. Manuel I tê-lo-ia encarregado, em 1498, de determinar a região por onde passava, no sul, a linha de demarcação prevista no Tratado de Tordesilhas. No final desse ano, o navegador encontrava-se em São Tomé – fato que encontra comprovação não só no referido testamento, como também numa carta enviada ao monarca por Pedro Álvares de Caminha, primo e herdeiro do anterior, datada de 30 de junho de 1499 – onde terá embarcado o bacharel, iniciando, então, a partir daquela ilha, que se localiza no

Equador, a missão régia que o teria levado, no início de 1499, à Cananeia (25° 03' S), local por onde passava o meridiano português, aí deixando aquele bacharel que terá preferido cumprir a pena de degredo nas amenas paragens brasílicas, em substituição da aspereza das condições de vida na região equatorial. Cfr. CORTESÂO, Jaime. Op. cit. v. II, p. 187-192.

A série de indícios e de persuasivas provas indiretas, embora não totalmente concludentes, que se encontram na base desta "hipótese – tão sugestiva como difícil de demonstrar" –, levou o mais autorizado biógrafo do descobridor do cabo da Boa Esperança a escrever que se "isso corresponder à verdade – o que de modo nenhum repugna, antes pelo contrário – está então perfeitamente explicado por que Bartolomeu Dias está ausente da viagem de Vasco da Gama (para além do percurso inicial) e por que razão vai estar presente na armada de Pedro Álvares Cabral". FONSECA, Luís Adão da. Op. cit. p. 51-53.

O assunto foi objeto, recentemente, de uma abordagem de cariz náutico, de que ressalta a seguinte proposta de reconstituição da viagem conjetural de 1498-1499 ao litoral brasílico: "Bartolomeu Dias sabia que São Tomé era a base ideal para explorações do sudoeste do Atlântico e do Brasil. Numa só bordada com amuras a EB e os alísios de sueste pela alheta ou pelo través, de força 3 ou 4 (8 a 16 nós) e a corrente equatorial sul a favor, uma caravela poderia deslocar-se em relação ao fundo à volta de 6 nós e cobrir as cerca de 2.500 milhas de São Tomé ao Brasil em 15 ou 20 dias, numa navegação fácil, cômoda e segura. O mar é de um azul intenso devido à sua grande transparência, a ondulação raramente chega a um metro e meio, a visibilidade é sempre excelente e o céu mantém-se sem nuvens até à aproximação da costa do Brasil e, o que era muito importante, sem os problemas de atravessar a área das calmas equatoriais" CARDOSO, António. **Bartolomeu Dias e o Descobrimento do Brasil**. Lisboa, no prelo, p. 11.

Bibliografia Essencial

A presente obra encontra-se fundamentada numa extensa bibliografia acerca da qual é possível obter referências completas consultando as notas de pé de página. Não sendo viável indicar detalhadamente todos os títulos utilizados, quer se trate de livros ou artigos, selecionaram-se apenas os estudos essenciais, de acordo com o plano geral da coleção em que este trabalho se insere.

Relativamente aos assuntos de âmbito geográfico, a obra de conjunto mais significativa é o **Brasil. A Terra e o Homem**, dir. de Aroldo de Azevedo, v. I, São Paulo, 1964, complementada pelo capítulo de Aziz Nacib Ab'Sáber, "Fundamentos Geográficos da História Brasileira", in **História Geral da Civilização Brasileira**, dir. de Sérgio Buarque de Holanda. 7. ed. São Paulo, 1985, v. I.

As obras de base sobre as origens e a evolução das sociedades tupi-guaranis são Alfred Métraux, **La Civilisation Matérielle des Tribus Tupi-Guarani**. Paris, 1928; Idem, **A Religião dos Tupinambás e suas Relações com a das demais Tribos Tupi-Guaranis**, pref., trad. e notas de Estêvão Pinto e apresentação de Egon Schaden. 2. ed. São Paulo, 1979; Florestan Fernandes. **A Função Social da Guerra na Sociedade Tupinambá**. 2. ed. São Paulo, 1970; Idem, **A Organização Social dos Tupinambá**. 2. ed. São Paulo-Brasília, 1989; Hélène Clastres. **La Terre sans Mal. Le Prophétisme Tupi-Guarani**. Paris, 1975; **Suma Etnológica Brasileira**, coord. de Berta G. Ribeiro. 2. ed., Petrópolis, 1987, v. I-II; Aryon Dall'Igna Rodrigues. **Línguas Brasileiras. Para o Conhecimento das Línguas Indígenas**. São Paulo, 1987; André Prous. **Arqueologia Brasileira**. Brasília, 1992 e **História dos Índios no Brasil**, org. de Manuela Carneiro da Cunha. São Paulo, 1992.

Para os aspectos ligados com o tratamento da questão do descobrimento e primeiras viagens de exploração do litoral do Brasil, as obras clássicas são Duarte Leite. **História dos Descobrimentos. Colectânea de Esparsos**, org. de Vitorino Magalhães Godinho. Lisboa, 1959-1962, 2 vols.; Jaime Cortesão. **A Carta de Pêro Vaz de Caminha**. Rio de Janeiro, 1943; Idem, **História do Brasil nos Velhos Mapas**. Rio de Janeiro, 1965, v. I; Idem, **A Expedição de Pedro Álvares Cabral e o Descobrimento do Brasil**. 2. ed. Lisboa, 1967; Idem, **História dos Descobrimentos Portugueses**, Lisboa, 1979, v. II; Damião Peres. **O Descobrimento do Brasil por Pedro Álvares Cabral. Antecedentes e Intencionalidade**. Porto-Rio de Janeiro, 1949 e T. O. Marcondes de Sousa. **O Descobrimento do Brasil. De acordo com a documentação histórico-cartográfica e a náutica...** 2. ed. São Paulo, 1956. Os trabalhos mais atualizados sobre o tema foram publicados na **História Naval Brasileira**, dir. de Max Justo Guedes. Rio de Janeiro, 1975, v. I, t. 1.

Sobre a colonização lusitana do Brasil, as obras de caráter geral que se torna indispensável consultar são Visconde de Porto Seguro. **História Geral do Brasil antes da sua** separação e independência de Portugal. 3. ed. Integral. São Paulo, s.d. , v. I; **História da Colonização Portuguesa do Brasil**, dir. de Carlos Malheiro Dias. Porto, 1921-1926, 3 v..; **História Geral da Civilização Brasileira**, dir. de Sérgio Buarque de Holanda. 7. Ed. São Paulo, 1985, v. I, bem como **O Império Luso-Brasileiro (1500-1620)**, coord. de Harold Johnson e Maria Beatriz Nizza da Silva, v. VI da "Nova História da Expansão Portuguesa", dir. de Joel Serrão e A. H. de Oliveira Marques, Lisboa, 1992, editado já depois da presente obra se encontrar em fase de conclusão.

Para o tratamento das questões de natureza geopolítica, militar e estratégica é essencial a consulta de Jaime Cortesão, **A Fundação de São Paulo, Capital Geográfica do Brasil**, Rio de Janeiro, 1955; Joaquim Veríssimo Serrão, **O Rio de Janeiro no Século XVI**, 2 vols., Lisboa, 1965 e Jorge Borges de Macedo, **História Diplomática Portuguesa. Constantes e Linhas de Força. Estudo de Geopolítica**, v. I, Lisboa, 1987.

São fundamentais para aprofundar os aspectos econômicos e sociais as obras de Gilberto Freire, **Casa Grande & Senzala. Formação da Família Brasileira sob o Regime de Economia Patriarcal**. 4. ed. definitiva, 2 vols., Rio de Janeiro, 1943; Vitorino Magalhães Godinho, **Os Descobrimentos e a Economia Mundial**. 2. ed. correta e ampliada, Lisboa, 1987, v. IV; Frédéric Mauro, **Portugal, o Brasil e o Atlântico (1570-1670)**, trad. port., 2 vols., Lisboa, 1989; Stuart B. Schwartz, **Segredos Internos: Engenhos e Escravos na Sociedade Colonial, 1550-1835**, trad. port., São Paulo, 1988 e Vera Lúcia Amaral Ferlini, **Terra, Trabalho e Poder. O Mundo dos Engenhos no Nordeste Colonial**, São Paulo, 1988.

Para as questões relacionadas com a missionação, a obra fundamental continua a ser Serafim Leite, **História da Companhia de Jesus no Brasil**, 10 vols., Lisboa-Rio de Janeiro, 1938-1950.

Índice

Nessa 3ª edição adaptamos o português para a língua falada no Brasil. Retiramos o índice anomástico e mantivemos o índice geográfico. Na entrada *Brasil* constam itens gerais de que o remissivo geográfico dá a forma toponímica precisa (capitanias-donatarias, engenhos de açúcar, aldeias e colégios jesuítas, fortificações, por exemplo). São ainda assinalados a cartografia, as tábuas astronômicas, os astrolábios, os tratados e as bulas papais relacionadas com a Expansão.

Dada a extensão territorial e a riqueza hidrográfica e geomorfológica do Brasil, no Índice Geográfico optou-se por um duplo sistema de indexação, no qual entradas específicas, subordenadas alfabeticamente a partir das designações atuais, agrupam as formas do povoamento e da colonização (tabas ameríndias; aldeias e vilas coloniais; feitorias; engenhos; cidades coloniais; estados), do litoral (baías e enseadas; cabos e pontas; ilhas e penedos; lagoas, canais e margens; recifes e restingas), do relevo (chapadas; planaltos; serras, montanhas e outros; depressões e declives) e da hidrografia (rios; grandes bacias hidrográficas). São também considerados os ventos, as correntes marítimas, as monções, além dos diferentes modos da vegetação (caatinga, florestas e metas). [V.M.R.]

Índice Geográfico

A

Açores, Açorianos – 123, 130, 131, 136, 144, 158, 227, 228, 242, 263, 298, 309, 310, 314
Acre – 9
Adriático, mar – 312
África, Africanos – 4, 124, 126, 127, 130, 131, 133, 135, 136, 139, 141, 150, 153, 154, 155, 159, 160, 163, 167, 176, 181, 187, 189, 191, 195, 201, 204, 207, 219, 220, 328, 329, 337, 339, 340, 362, 375
Agreste –332
Agulhas, cabo das – 153
Alagoas – 12, 51
Alasca – 33
Alcácer do Sal – 200
aldeias ameríndias, cfr. *tabas*
aldeias, lugares e vilas coloniais:
– Abrantes – 352
– Conceição, cfr. *Itanhaém*
– Cosmos – 248
– Espírito Santo, do, cfr. *Abrantes*
– Iguape – 247
– Igaraçu – 248, 250
– Itamaracá – 270, 309
– Itanhaém – 264
– Jeribatiba – 236
– Marcos, dos, l. – 231
– Nossa Senhora da Conceição – 263
– Nossa Senhora da Vitória – 293
– Olinda – 248, 319, 352
– Pereira, do, cfr. *Vila Velha*
– Piratininga – 236, 247, 264, 266, 279, 281, 287
– Porto Seguro – 180, 185, 199, 204, 205, 208, 212, 246, 274, 321, 365
– Recife – 325
– Santa Cruz, cfr. *dos Cosmos*
– Santa Luzia – 298
– Santo André da Borda do Campo – 236, 264, 266, 293
– Santos – 247, 250, 264, 275
– São Barnabé – 286
– São Francisco do Conde – 315
– São João – 281, 285
– São Lourenço – 285
– São Paulo, *v.* – 278, 293
– São Vicente, de – 229, 235, 239, 265, 360
– Vila Velha – 262, 263, 350
– Vitória – 247, 280, 292
Algarve – 314
Almeirim – 254, 290
Amapá – 9
Amazônia – 18, 20, 21, 22, 25, 38, 41, 46, 65, 68, 85, 164
América Central – 56
América do Norte – 16, 32, 33, 56, 59
América do Sul – 35, 36, 38, 59, 60, 66, 71, 166, 168, 212, 217, 227, 237, 240, 251, 267, 296, 347
Andes, cordilheira dos – 11, 56, 59, 60, 64, 67, 73, 85, 87, 218, 368, 379
Antártica – 35, 268, 271, 272, 273, 277, 287

Antilhas – 59, 67, 127, 298
Apa, rio – 86
Arábia – 170, 207, 219, 329
Ártico – 34, 37, 130
Ásia, Tb. Cítia – 34, 36, 127, 151, 155, 189
Atlântico, oceano, dito *mar Oceano* – 12, 13, 26, 34, 42, 123, 124, 125, 126, 128, 129, 130, 132, 133, 135, 137, 219, 237, 242, 276, 370, 383, 384

B

Bahamas – 127
Bahia – 12, 13, 69, 97, 217
baías e enseadas – 71, 99, 238, 375
 – Angra dos Reis – 53, 205
 – Cabrália – 177, 179, 181, 186, 191
 – Enguaguaçu, de – 247
 – Guanabara, da – 14, 16, 52, 87, 216, 217, 229, 233, 250, 264, 267, 268, 269, 273, 274, 277, 278, 279, 280, 281, 282, 285, 286, 287, 288, 294, 331, 334, 352, 360, 375
 – Itapoã, de – 331
 – Maracanã, do – 152
 – Maranhão, do – 213
 – Paranaguá – 16
 – Parati – 69
 – São Francisco do Sul, de – 16
 – São José, de – 16
 – São Marcos, de – 16
 – São Vicente, de – 16
 – Tatuapara, e. – 330
 – Todos os Santos, de – 15, 16, 175, 205, 210, 262, 338
Báltico, mar – 328
Barcelona – 146, 157
Beríngia – 33, 34
Bertioga, forte da, cfr. B. (*lagoas, canais e mangues*)
Boa Esperança, cabo da – 124, 134, 154, 166, 179, 181, 183, 190, 384
Bojador – 123, 124, 125, 136, 137, 149, 207
Buenos Aires – 252

C

caatingas – 21, 38, 40
cabos, pontas e penínsulas:
 – Boa Vista, *po.* – 229
 – Branco – 9, 229
 – Calcanhar – 175
 – Corumbau, *po.* – 184
 – Frio – 205, 210, 217, 250, 270, 278, 282, 283, 286, 298
 – Grossa, *po.* – 163
 – Norte – 15
 – Percaauri, de, cfr. *Pontal da Boa Vista*
 – Santa Cruz – 205
 – Santo Agostinho, de – 144, 182, 199, 200, 205, 298, 327
 – São João, *pe.* – 277
 – São Jorge – 199
 – São Roque, de – 15, 144, 154, 175, 182, 205, 212
 – São Tomé, de – 52
 – Seixas, do, *po.* – 9
 – Tijoca, *po.* – 15, 163
Cabo Verde, arquipélago de –123, 130, 131, 136, 140, 144, 151, 154, 165, 167, 174, 188, 210, 242, 314, 331, 340
Cairo – 134
Canais, cfr. *lagoas, canais e mangues*
Cananor – 135
Canárias, ilhas – 123, 124, 125, 128, 130, 136, 140, 145, 148, 149, 174, 298
capitanias-donatarias, *cfr. tabela 3 e mapa 7*
 – Bahia – 217, 222, 236, 246, 253, 257, 261, 263, 264, 273, 274, 275, 277, 280, 281, 287, 292, 296, 303, 309, 310, 315, 319, 321, 322, 326, 329, 330, 331, 332, 334, 336, 338, 341, 350, 351, 358, 365, 368, 375
 – Ceará – 246, 250
 – Espírito Santo – 246, 247, 264, 273, 274, 278, 279, 280, 281, 285, 286, 287, 292, 309, 322, 334, 351

– Ilhéus – 246, 247, 264, 273, 274, 287, 292, 297, 298, 309, 315, 319, 321, 326, 334, 351
– Itamaracá – 240, 246, 248, 250, 253, 270, 287, 299, 309, 321
– Itaparica – 296
– Maranhão – 246
– Pará – 242
– Paraguaçu – 265
– Paraíba – 229, 299
– Pernambuco – 246, 247, 248, 249, 253, 261, 262, 264, 275, 278, 282, 287, 296, 298, 309, 312, 321
– Porto Seguro – 246, 247, 253, 264, 274, 287, 297, 309, 315, 319, 321, 350, 351, 365
– Rio Grande do Norte – 246, 285
– Rio de Janeiro – 240, 246, 250, 274, 275, 277, 278, 279, 280, 281, 282, 285, 296, 299, 309, 322
– Santana – 240, 246
– Santo Amaro – 240, 247, 293
– São Tomé – 246, 248, 315
– São Vicente – 217, 229, 230, 231, 234, 236, 237, 240, 247, 248, 249, 250, 251, 264, 265, 266, 275, 278, 279, 285, 348
Carandins, esteiro dos (bacia platina) – 233
Caravelas – 16
Ceará – 12, 47, 49, 51
cerrados – 38, 40, 46, 57, 74, 78
Chaco, deserto do – 59
Chapadas e chapadões:
– Apodi, do – 12
– Borborema, da, 12
– Diamantina, 13
– Espigão Mestre, do – 12
– Ibiapaba, de – 12, 51
– Parecis, dos – 12, 48
– Veadeiros, dos – 12
Charlesbourg-Royal, depois France-Roy, forte francês no Canadá – 251
Chuí, arroio – 9, 16

cidades coloniais:
– Salvador da Bahia, capital do Governo-Geral – 51, 257, 262, 264, 273, 285, 286, 298, 299, 309
– bispado – 257, 309
– Câmara – 273, 282, 283
– Colégio dos Jesuítas – 44, 262, 266, 272, 277, 279, 310, 363
– Pedreiras – 262
– ermida de São Sebastião – 282
Coligny, forte, bastião da França Antártica – 270, 271, 274, 275, 277, 278
Coquibacoa – 212
correntes marítimas – 15, 183, 390
– efeito de arrastamento para oeste – 175, 182
– equatorial sul – 165, 175, 182, 183, 384
– brasileira – 182
– das guianas – 165, 175
Corrientes, rio – 86
Costa da Malagueta – 219
Costa do Pau-Brasil – 229, 267
Costa do Ouro e da Prata – 229, 233

D

depressões e declives:
– Botucatu, do – 13
– Pirara – 12

E

Egito – 219
engenhos de açúcar:
– Enguaguaçu – 247
– Erasmos, dos – 318, 326
– Madre de Deus, da – 247, 326
– Nossa Senhora da Ajuda – 319
– São João, de – 247
– Santana, de – 326
– Sergipe, de – 326
Equador, linha equinocial – 10, 55, 124, 148, 150, 154, 158, 165, 167, 175, 215, 236, 252, 384

Espírito Santo – 12, 14, 16, 52, 70
Etiópia – 170

F

feitorias:
– Cabo Frio, de – 210, 218, 219, 313, 314, 368
– Igaraçu – 312, 314, 318, 368
– Pernambuco, de –211, 218, 221, 236, 240, 248
– Vila Velha, de – 312
Finisterra, promontório de – 159
florestas – 10, 20, 21, 40, 46, 77, 265, 379, 390

G

Gabão, rio – 162
Ganges, rio – 172
Gerebatiba – 266
Gibraltar, estreito de – 136
Goa – 135
Goiás – 12, 13
Golfo da Guiné – 183
Golfo de Adém – 135
Golfo de Pária – 172, 209
– golfo fremosso – 167
Golfo Pérsico – 135
Gorriti, ou Maldonado, ilha de – 234
Granada – 199
grandes bacias hidrográficas – 57
– Amazonas – 12, 15, 17, 18, 21, 44, 45, 46, 48, 56, 67, 77, 80, 163, 164, 165, 169, 213, 215, 229, 294, 295
– Paraguai – 14, 45, 47, 48
– Paraná – 10, 12, 13, 47, 48
– São Francisco – 10, 12, 45, 51, 175, 205, 222, 264, 315
Gronelândia – 159
Guadalupe – 135

H

Hileia – 22, 56, 77
Hispaniola, ilha – 127, 137, 156, 212
Horn, cabo – 35

I

Iguape – 43, 53
Ilha Brasil – 149, 276
Ilha Santa – 148
ilhas e penedos:
– Abrolhos, dos – 16
– Ascensão, cfr. *da Trindade*
– Bailique – 15
– Cananeia – 43, 87, 152, 206, 213, 215, 217, 270, 347, 383, 384
– Cardoso, do – 234
– Caviana – 15
– Comprida – 53
– Fernando de Noronha – 16, 175, 208, 209
– Gato, do, cfr. *do Governador*
– Governador, do – 52, 280, 281, 283, 285
– Guarujá, cfr. de *Santo Amaro*
– Itamaracá, de – 218, 231
– Itamarandiba – 296
– Itaparica, de – 51, 296
– Laje – 270
– Maracá, de – 15
– Marajó, de – 47, 51, 164, 213
– Martim Vaz, de – 14
– *novas* – 15
– Paranapuã, de, cfr. *do Governador*
– Quaresma, cfr. *de Fernando de Noronha*
– Ratier, cfr. *Laje*
– Santa Catarina, de – 216
– Santo Aleixo, de – 230
– Santo Amaro, de – 69, 99, 103, 234, 249
– Santo António, de – 247
– São João, cfr. *de Fernando de Noronha*

Índice Geográfico

– São Lourenço, cfr. *de Fernando de Noronha*
– São Luís, de – 294
– São Pedro e São Paulo, de, *p.* – 17, 212
– São Vicente, de – 43, 205, 217, 229, 231, 234, 236, 249
– Serigipe, cfr. *Vilaganhão*
– Tinharé – 51
– Trindade, de – 17, 210
– Tupinambarana, de – 294
– Vilaganhão – 270, 275, 281, 283
Ilhéus – 51, 70
Índico, oceano – 125, 135, 141, 145, 151, 155, 171, 173, 176, 184, 186, 187, 190, 192, 193, 194, 195, 204, 207, 224, 237, 242
Itamaracá – 51
Itanhaém – 43

J

Jamaica, ilha de – 135
Jerusalém – 219

L

Lagoas, canais e mangues – 15, 16, 42, 68, 73, 74, 80
– Bertioga – 69, 99, 249, 264, 279
– Itamaracá – 231
– Mirim – 16
– Patos, dos – 16, 49, 53, 218
– Santa Cruz – 207
Lagoa Eupana, criação mitológica ameríndica – 295
Lagoa Santa – 39, 40
Laguna – 16
Laurentida – 34
Lisboa – 154, 155, 157, 160, 166, 167, 170, 174, 180, 181, 187, 188, 191, 192, 194, 199, 201, 202, 203, 204, 205, 206, 208, 210, 211, 212, 213, 215, 218, 220, 229, 233, 249, 253, 269, 273, 297, 310, 319, 328

litoral – 13, 14, 15, 16, 18, 20, 24, 42, 48, 49, 51, 52, 53, 56, 57, 60, 70, 80, 86, 87, 88, 101, 119, 163, 164, 169, 180, 184, 205, 207, 212, 217, 228, 242, 250, 253, 265, 285
– ancoradouros – 176, 181, 186, 210, 235, 247, 262, 264, 268, 269, 286
– povoamento indígena – 44, 49, 63, 68, 71, 74, 75, 76, 78, 79, 80, 81, 86, 88, 89, 94, 120, 176, 177
– colonização europeia – 219, 228, 234, 239, 240, 246, 253, 254, 262, 265, 267, 272, 278, 304
Lopo Gonçalves, cabo de – 162, 163

M

Madagáscar, ilha de – 135
Madeira, arquipélago da – 123, 130, 136, 145, 156, 228, 236, 242, 309, 313, 314
Manicongo, rio de – 205
Maranhão – 12, 15, 16, 45, 51, 55, 58, 169, 213, 246, 249
Maranõn, rio, cfr. *Amazonas* (*grandes bacias hidrográficas*)
Mar Vermelho – 207
Mata, zona da – 21, 315
matas – 40, 42, 53, 60, 73, 74, 75, 77, 78, 87
Mato Grosso – 12, 13
Mato Grosso do Sul – 10, 13, 47
Meça – 136
Medina del Campo – 135
Mediterrâneo, mar – 132, 133, 201, 230, 276
Mesoamérica, cfr. *América Central*
México – 54, 59
Minas Gerais – 12, 13, 39, 40
Miranda, rio – 14
Molucas, ilhas – 219, 221, 224
monções – 165, 175, 176, 182, 185, 186
Mondego, rio – 285, 314
Mongólia – 32
Montemor-o-Novo – 153

Montevidéu – 53
Morros, cfr. *serras*...

N

Não, cabo – 137, 149
Niterói – 285
Nordeste – 21, 67, 183, 209, 211, 315, 336
Nossa Senhora da Assunção, igreja de – 235, 355
Nossa Senhora da Conceição, capela de – 263

O

Oceania – 32
Ochelaga – 251
Ouro, rio do –137, 149

P

Pacífico, oceano – 34, 35, 36, 216, 219, 224, 242
Palmas, i,hás das, cfr. *Gorriti*
pampas – 13, 59
Panamá, estreito do – 35, 136
pantanal – 14, 22
Pará – 51, 58, 85, 152, 169
Paraíba – 12, 17, 51, 229, 299
Paraná – 10, 12, 13
Parceis, cfr. *recifes, restingas*
Patagônia – 36
Peabiru, grande via ameríndia entre o litoral e o sertão – 86
Península Ibérica – 65, 139, 207
Pernambuco – 12, 229, 230, 231, 236, 238, 247, 253
Pérsia – 170, 329
Piauí – 12, 15, 36, 37, 45, 51, 331
picos, cfr. *serras*...
Pikimachay de Ayacucho – 36
planaltos – 42, 64, 86, 266, 375, 376
 – Atlântico – 12, 13

– Brasileiro – 10, 12, 13, 44, 379
– Cruzeiro, pico do – 14
– Central – 12, 21, 42, 45
– Guianas, das – 11, 12, 13, 378
– Meio-Norte, do – 10
– Meridional – 12, 13
– Nordestino – 12
– Perizes, de – 10
– Piratininga – 86, 266, 279, 289, 293, 348, 375
– Uruguaio-Sul-rio-grandense – 10, 13
Ponta do Marco – 296
Porto Alegre – 42
Porto Rico, ilha de – 135, 212
Porto Seguro – 52
Potosí, minas de prata do – 252, 253, 264
pradarias – 40
Prata, rio da, dito de Santa Maria e de Solis – 211, 213, 215, 216, 227, 229, 233, 234, 238, 239, 242, 264, 270, 294, 295, 307, 347, 383
Punta del Este, cabo – 213

R

restingas – 16, 42, 184
 – Abrolhos, dos – 184
 – Coroa Vermelha – 177, 179, 192
 – Paredes, das – 184
 – Timbebas, das – 184
Recôncavo Baiano – 52, 291, 293, 315, 321, 331, 341, 351, 369
Restingas, cfr. *recifes*
rios – 42, 47, 48, 57, 68, 69, 70, 73, 74, 80, 86, 87, 88, 213, 266, 323
 – Acarajú – 51
 – Açú – 51
 – Ailã – 230
 – Anhangabaú – 266
 – Apodi – 51
 – Araguaia – 45
 – Aripuanã – 46

Índice Geográfico

– Belmonte – 16
– Buranhém – 177, 191
– Camamu – 51, 52
– Camocim – 51
– Contas – 16
– Cricaré, cfr. *São Mateus*
– Doce – 16, 374
– Frade, do – 176
– Guaporé – 48
– Gurupi – 10, 51, 230
– Igaraçu – 229
– Iguaçu – 18, 247
– Inhaúma – 285
– Ivinheima – 86
– Jacuí – 47, 374
– Jaguaribe – 18, 164
– Jequitinhonha – 16
– Jiparaná – 46
– Jussara, cfr. *Igaraçu*
– Macacu – 286
– Madeira – 48, 86
– Moa – 9
– Mucuri – 16
– Mucuripe – 51
– Mutari – 179, 181, 192
– Oiapoque – 15, 51, 163
– Orenoco – 62, 77
– Pará – 15, 152, 169, 213, 230
– Paraguaçu – 265, 293, 297
– Paraguai – 237, 264
– Paraíba – 51
– Paraná – 86, 218, 227, 230, 233
– Paranapanema – 86
– Parati – 69
– Paratiji – 69
– Pardo – 16
– Parnaíba – 15, 17
– Pirapama – 327
– Real – 51
– São Lourenço – 14, 251
– São Mateus – 16, 52, 292
– Tamanduateí – 266
– Tapajós – 48, 169
– Taquari – 14
– Tibagi – 86
– Tietê – 48, 86, 237, 266
– Tocantins – 12, 15, 45
– Turiaçu – 166
– Uaupés – 63
– Xingu – 45, 48
Rio Claro – 39
Rio de Janeiro – 12, 13, 42, 64, 69
Rio Grande do Norte – 12, 205
Rio Grande do Sul – 9, 13, 14, 16, 22, 24, 39, 42, 47, 49, 87
Rochosas, montanhas norte-americanas – 34
Rondônia – 12
Roraima – 9
Rota do Cabo – 125, 134, 150, 151, 170, 189, 190, 192, 195, 252

S

Saguenay – 251
Santa Catarina – 10, 13, 16, 24, 69, 215, 217
Santa Catarina, cabo africano de –124
Santa Maria, cabo de, cfr. *Punta del Este*
Santa Maria, rio, cfr. *rio da Prata*
Santarém (Pará) – 21, 85
Santiago do Chile – 252
Sancti Spiritu, forte espanhol na embocadura do rio Paraná – 227
Santos – 16, 42, 43, 69
São Brás, angra de – 181, 186
São Domingos – 212
São João, ilha portoriquenha de – 212
São Paulo – 12, 13, 39, 49, 87
São Raimundo Nonato – 37
São Tomé e Príncipe, ilhas de – 123, 236, 238, 314, 338
Saragoça – 157

Sergipe – 12
Serra da Prata, cfr. *Andes*
Serra Leoa – 154
Serras, picos, morros, montes e montanhas – 43, 87, 233
  – Acaraí – 12
  – Borborema, da – 51
  – Caburaí – 9
  – Caiapó – 13
  – Cara de Cão, cfr. *São João*
  – Cariris Novos, dos – 51
  – Cariris Velhos, dos – 51
  – Castelo, do, *mor.* – 283
  – Geral – 13, 14
    – Aimorés – 13
    – Caparaó – 13
      – Bandeira, pico da – 14
    – Canastra – 12, 13
    – Chibata – 13
    – Cristal, do – 14
    – Espinhaço – 13
      – Cerro Frio – 13
      – Congonhas – 13
      – Ouro Preto – 13
    – Imeri – 14
      – Neblina, pico da – 14
      – 31 de Março, pico – 14
    – Itatiaia – 14
      – Agulhas Negras, pico das – 14
– Glória, da, *mor.* – 278
– Mantiqueira, da – 13
– Mar, do – 13, 14, 16, 265
  – Bocaina – 13
  – Cubatão – 13
  – Graciosa – 13
  – Macaé – 13, 270
  – Paranapiacaba – 13
  – Parati – 13
  – Negra – 13
  – Órgãos, dos – 13, 286
  – Verde – 13

  – Maracaju – 13
  – Pacaraíma – 12, 14
  – Roraima, *mo.* – 14
  – Pão de açúcar, *mor.* – 281
  – Pascoal, *mon.* – 176, 184, 185
  – Pirineus, dos – 12
  – São Januário, *mor.*, de, cfr. do *Castelo*
  – São João, *mor.* – 281
  – São Tomé, de – 205
  – Tumucumaque – 12
  – Urucu-Mirim, *mor.*, cfr. *da Glória*
sertão – 9, 45, 53, 80, 82, 86, 216, 233, 237, 239, 243, 264, 265, 266, 279, 283, 285, 287, 291, 293, 294, 297, 309, 331, 332
Setúbal – 139
Sevilha – 168, 194, 208, 212, 215, 216, 237, 294
Shetland do Sul, ilhas – 35
Sibéria – 32, 33
Solis, rio de, cfr. *Rio da Prata*

T

Tabas, aldeias ameríndias – 83, 88, 92, 95, 96, 98, 102, 103, 118, 271, 280, 283, 291, 292
  – Ariró – 52
  – Caraguatatuba – 53
  – Cumá – 294
  – Geribiracica, tb. do Martinho – 285
  – Mambucaba – 52, 101
  – Maniçoba – 289
  – Tatuapara – 330
  – Tapuitapera – 294
  – Taquaraçu-Tiba – 52
  – Ticoaripe – 52
  – Ubatuba – 52
Taprobana – 165
Tehuantepec, istmo de – 54
Tejo, rio, cfr. *Lisboa*
Tenochtitlan, capital do Império Azteca – 54
Terra do Fogo – 35
Terra Nova – 206, 239

Tocantins – 12
Toledo – 157
Trópico de Capricórnio – 10, 19, 48, 49
Tubarão – 13
tundra – 33

U

Uruguai – 47, 48

V

Valência – 129, 157
ventos – 143, 144, 175, 182, 185, 191
 – alísios:
   – de nordeste – 183
   – de sueste – 144, 175, 176, 182, 183, 191, 384
 – calmarias equatoriais –175, 181, 384
 – carpinteiro-da-praia – 16
 – de leste – 175
 – ponteiros do Sul – 154
 – refergas – 234
Verde, cabo – 314

X

Xingu, alto – 48

Y

Yukon – 33

Z

zona equatorial – 57, 77, 384
zona subtropical – 38, 47, 64, 78
zona tropical – 10, 23, 38, 47, 60, 65, 78, 84, 88, 89, 156

 A marca FSC é a garantia de que a madeira utilizada na fabricação do papel com o qual este livro foi impresso provém de florestas gerenciadas, observando-se rigorosos critérios sociais e ambientais e de sustentabilidade.

FORENSE
UNIVERSITÁRIA

www.forenseuniversitaria.com.br
bilacpinto@grupogen.com.br

Serviços de impressão e acabamento
executados, a partir de arquivos digitais fornecidos,
nas oficinas gráficas da EDITORA SANTUÁRIO
Fone: (0XX12) 3104-2000 - Fax (0XX12) 3104-2016
http://www.editorasantuario.com.br - Aparecida-SP